D0611712

Bescherelle

CHRONOLOGIE de l'histoire de France

DES ORIGINES À NOS JOURS

Guillaume Bourel
agrégé d'Histoire

Marielle Chevallier
agrégée d'Histoire

Axelle Guillausseau
agrégée d'Histoire

Guillaume Joubert
certifié d'Histoire-Géographie

Conception graphique : Laurent Romano
Édition : Aude Marot et François Capelani
Mise en page : Laurent Romano
Infographie : Laurent Blondel
Cartographie : Légendes cartographie
Illustrations : Claire Bouilhac et Catel Muller

© Hatier, Paris 2017
ISBN 978-2-218-99863-8

Toute représentation, traduction, adaptation ou reproduction, même partielle, par tous procédés, en tous pays, faite sans autorisation préalable est illicite et exposerait le contrevenant à des poursuites judiciaires. Ref : loi du 11 mars 1957, alinéas 2 et 3 de l'article 41.
Une représentation ou reproduction sans autorisation de l'éditeur ou du Centre français d'exploitation du droit de copie (20, rue des Grands-Augustins, 75006 Paris) constituerait une contrefaçon sanctionnée par les articles 425 et suivants du code pénal.

Avant-propos

Écrire une chronologie est toujours un défi, dont la principale difficulté réside dans la sélection des dates. Certaines sont incontournables ; d'autres, pourtant moins essentielles, restent ancrées dans la conscience collective et constituent donc un élément de la culture historique.

Ce que nous avons voulu faire

Cet ouvrage a pour ambition de donner une vision claire et cohérente de l'histoire de France à travers ses principaux événements. Nous faisons débuter cette histoire au VIIe siècle avant J.-C. : c'est alors qu'apparaissent, sur notre territoire, les premières sociétés que nous pouvons décrire. Notre travail s'achève en mai 2017 avec l'élection d'Emmanuel Macron à la présidence de la République.

Nous avons tenté de donner un récit non seulement rigoureux – en intégrant les travaux d'historiens les plus récents –, mais aussi vivant et susceptible d'apporter des réponses à chacun en intéressant le plus grand nombre.

La plupart des dates retenues ont trait à des événements politiques (sacres, batailles, révolutions, lois fondatrices, etc.), cependant nous avons également voulu apporter un éclairage plus large en consacrant quelques pages à des thèmes économiques, sociaux ou culturels.

Comment l'ouvrage est organisé

L'ouvrage comprend cinq parties correspondant aux grandes périodes historiques : Antiquité, Moyen Âge, Temps modernes et Époque contemporaine, l'ampleur de cette dernière justifiant de lui consacrer deux sections.

Chaque partie débute par une courte introduction et une frise chronologique récapitulant toutes les dates abordées.

À chaque date, nous avons consacré une double page qui s'ouvre sur un récit ordonné et précis de l'événement et de ses enjeux. Des documents viennent illustrer ce propos factuel, tandis que des encadrés biographiques ou thématiques le replacent dans le temps long. À intervalles réguliers, des dossiers permettent d'évoquer de manière plus détaillée des événements majeurs, tels que la guerre des Gaules ou les croisades.

Pour finir, l'ouvrage propose une chronologie détaillée ainsi qu'un index qui permettent une lecture croisée, facilitée par de nombreux renvois, et des recherches plus ponctuelles.

À l'issue de ce travail de grande ampleur, nous tenons à remercier tous ceux qui nous ont apporté leur concours, leur soutien et leurs conseils, et nous vous souhaitons, à vous qui découvrez cet ouvrage, une très bonne lecture.

Les auteurs

Sommaire

La Gaule
Des Celtes aux invasions barbares

Le Moyen Âge
Du Ve au XVe siècle

Les Temps modernes
De la Renaissance aux Lumières

Le XIXe siècle
De la Révolution française à la Belle Époque

Le XXe siècle
De 1914 à nos jours

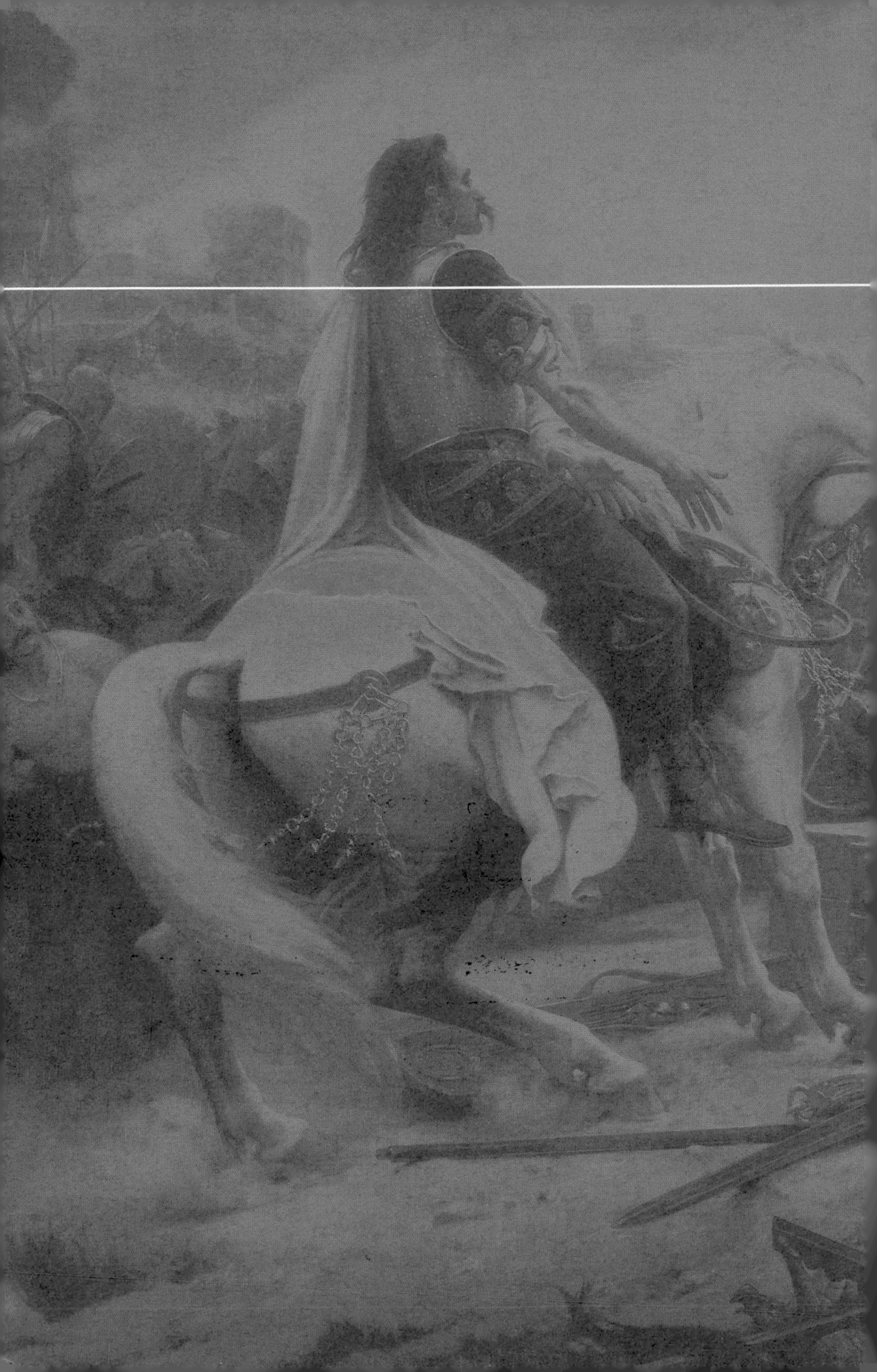

La Gaule

Des Celtes aux invasions barbares

Bien avant de s'appeler « France », notre territoire a vu des peuples d'origines très diverses se mêler, laissant chacun des traces de leur culture.

La population de notre futur pays est donc indéniablement le résultat de métissages et – pour faire écho aux manuels d'histoire de la IIIe République – nous pourrions démarrer ce récit par « Nos ancêtres les Celtes, les Romains et les Francs ».

Vercingétorix jette ses armes aux pieds de César, Lionel Royer, huile sur toile, 482 × 321 cm, 1899, (musée Crozatier, Le Puy-en-Velay).

Les débuts du peuplement

Les plus anciennes traces humaines sur notre territoire remontent à au moins un million d'années.
Entre - 6500 et - 4000, ces hommes, qui vivent de la chasse, se convertissent à l'agriculture.
Cette première civilisation est progressivement supplantée par celle des Celtes qui, d'Europe centrale, arrivent en plusieurs vagues à partir du VIIe siècle av. J.-C. Cette société hiérarchisée, dominée par des chefs guerriers, maîtrise le travail du fer et donne naissance aux premières villes.

Le temps des Gaulois

Au Ier siècle av. J.-C., les Romains désignent du nom de « Gaulois » (*Gallii*) les habitants du territoire qui s'étend entre Marseille, les Pyrénées, l'Atlantique et le Rhin.
La civilisation gauloise est alors à son apogée.
Grands défricheurs, les Gaulois mettent en culture de vastes régions. Leur artisanat est réputé jusque dans l'Empire romain. D'ailleurs, des marchands italiens sillonnent déjà les routes jusqu'au Rhin et à l'Atlantique.

Les Romains puis les « barbares »

Entre 58 et 52 av. J.-C., Jules César conquiert ce territoire auquel il donne le nom de « Gaule » (*Gallia*).
Sujets puis citoyens de l'Empire romain, les Gallo-Romains en adoptent la culture, le latin notamment, l'urbanisme, les institutions et finalement la nouvelle religion officielle, le christianisme.
Au IVe siècle après J.-C., la Gaule gallo-romaine est progressivement occupée par des peuples germaniques.

Plus que des invasions violentes, dites « barbares », ce sont des migrations de petits groupes d'hommes qui s'installent sur le territoire, souvent avec l'accord des autorités romaines.
Parmi eux, les Francs, qui se mêlent progressivement aux populations gallo-romaines.

- 600
Fondation de la cité grecque de Marseille

- 390
Invasion de Rome par les Gaulois

- 121
Alliance des Éduens avec Rome

Gaule celtique | **Gaule romaine**

700 | 0 | 50 | 500

- 700 /- 600 Migrations des Celtes en Gaule

- 200 /- 100 Apogée de la Gaule pré-romaine

- 58 /- 51 Guerre des Gaules

100 / 200 Essor de la civilisation gallo-romaine

400 / 500 Invasions des peuples germaniques

- 12
Autel des Trois Gaules à Lyon

48
Entrée de Gaulois au Sénat romain

v. 80
Fortification de la frontière du Rhin

371
Martin, évêque de Tours

VIIe siècle av. J.-C.

Des migrants celtes s'installent sur notre territoire

Entre le VIIe et le IVe siècle avant notre ère, des tribus celtes venues de l'Est investissent le territoire qui correspond aujourd'hui à la France. Ils créent une civilisation originale dont les archéologues ont retrouvé de nombreuses traces.

Des immigrants à la recherche de terres

Vers le VIIe siècle avant notre ère, arrive sur notre territoire, en petits groupes menés par leurs chefs, une première vague de Celtes originaires de l'est de l'Europe. Poussés par les peuples germaniques, ils sont à la recherche de terres fertiles. Ils veulent également se rapprocher des routes commerciales qui relient le nord de l'Europe à la Méditerranée. Les nouveaux arrivants se mêlent progressivement à une population plus ancienne mal connue des historiens.

Celtes ou Gaulois ?

Au Ve siècle av. J.-C., le terme « Celtes » (*Keltoi*) est employé pour la première fois par le géographe grec Hérodote pour désigner les peuples situés au nord de Marseille. Mais, au moment de la conquête romaine, au Ier siècle av. J.-C., les Romains distinguent par le nom de « Gaulois » (*Gallii*) les Celtes situés entre le Rhin et les Pyrénées et inventent ainsi, en quelque sorte, la Gaule. Les Celtes désignent alors l'ensemble des peuples d'Europe de l'Ouest ou des Balkans parlant des langues celtiques. Parmi eux, les Gaulois ont en commun d'habiter un territoire qui correspond peu ou prou à celui de la France actuelle.

Des princes guerriers

Dans la société qui se met en place, le pouvoir appartient à des princes qui, entourés d'une aristocratie guerrière, dirigent de leur citadelle les campagnes alentour et dominent une population de paysans et d'artisans.

Des artisans et des marchands

La civilisation celte correspond à la période de l'âge du fer – une période qui débute en Europe au VIIIe siècle avant notre ère. Les Celtes maîtrisent la fabrication du fer, plus complexe que celle du bronze, qu'ils utilisent pour l'armement, l'outillage et les parures des vêtements.

Le développement de l'artisanat leur permet d'établir très tôt des relations commerciales avec les Grecs (► p. 16). Témoins de ces échanges, les objets précieux avec lesquels les aristocrates celtes se font enterrer, tels les vases de bronze ou les bijoux de corail.

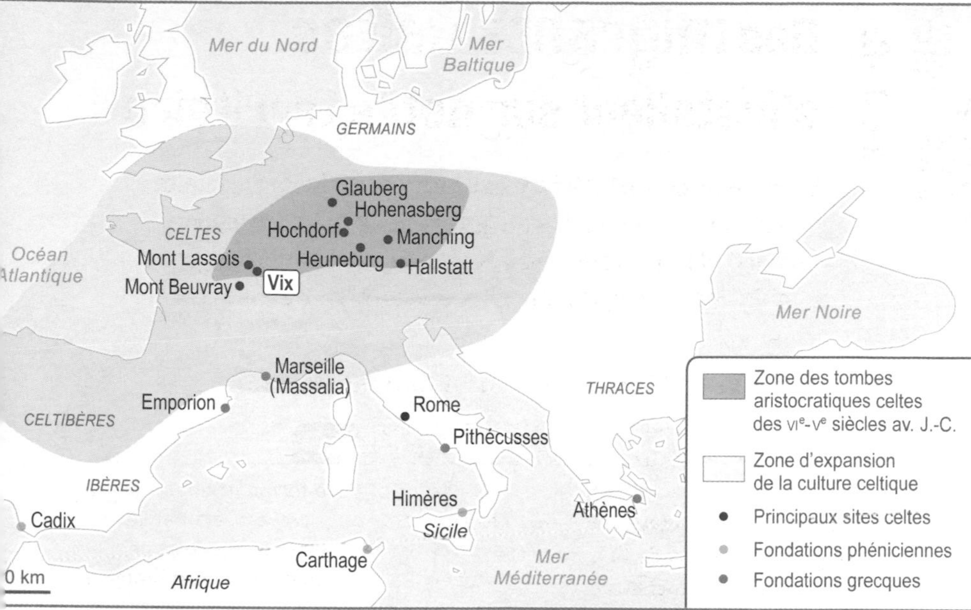

> *Ceux qui, dans leur propre langue, s'appellent Celtes, nous les appelons Gaulois.»*
>
> Jules César, 58 av. J.-C.

Les Celtes en Europe

La civilisation celte naît dans une région correspondant aujourd'hui à l'Autriche et au sud de l'Allemagne. Par l'effet conjugué de la surpopulation, du changement climatique que connaît le continent aux VIe et Ve siècles av. J.-C., et de la pression des Germains, les habitants de cette région migrent vers l'Europe occidentale et diffusent ainsi leur culture.

La tombe de Vix

Les sociétés celtes du VIIe siècle av. J.-C nous ont laissé de magnifiques tombes princières enfouies sous des *tumuli*. En 1953, des archéologues mettent au jour la tombe de Vix (Côte-d'Or). La défunte, sans doute une princesse, y fut enterrée vers 500 av. J.-C. sur un char, parée de nombreux bijoux en or et entourée de pièces de vaisselle luxueuse. C'est de cette tombe que provient le vase de Vix, un immense cratère de bronze de style grec, qui servait à mélanger vin, eau et aromates lors des banquets.

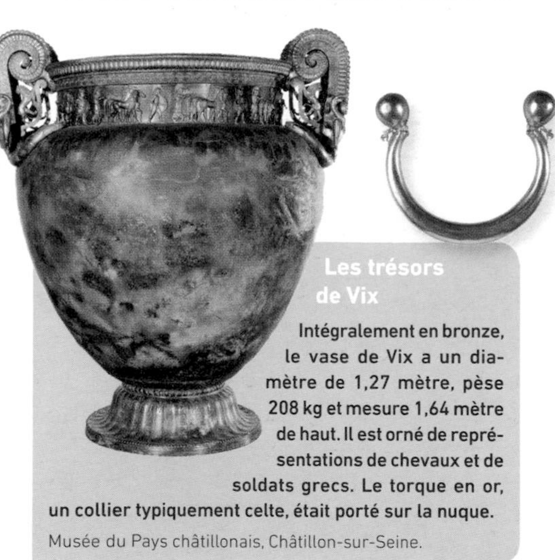

Les trésors de Vix

Intégralement en bronze, le vase de Vix a un diamètre de 1,27 mètre, pèse 208 kg et mesure 1,64 mètre de haut. Il est orné de représentations de chevaux et de soldats grecs. Le torque en or, un collier typiquement celte, était porté sur la nuque.

Musée du Pays châtillonais, Châtillon-sur-Seine.

Gaule romaine

50 | 500

- 58 / - 51 Guerre des Gaules

100 / 200 Essor de la civilisation gallo-romaine

400 / 500 Invasions des peuples germaniques

600 av. J.-C.

Les Grecs fondent Marseille

Au VIIe siècle avant notre ère, des Grecs s'installent dans le sud de la Gaule. Par leur intermédiaire, celle-ci s'ouvre au commerce méditerranéen et à la culture grecque.

Des colons grecs créent le comptoir de Massalia

En 600 avant notre ère, des Grecs quittent la cité de Phocée en Asie mineure. À la recherche d'un site favorable à coloniser sur les rivages de la Gaule, ils choisissent de s'installer dans la baie de Lacydon. Protégé par les calanques, le lieu est propice à l'aménagement d'un port. Situé à l'embouchure du Rhône et sur la route conduisant à la côte espagnole, il paraît idéal pour développer le commerce.

La Grèce au VIIe siècle

Au VIIIe siècle avant notre ère, les Grecs se regroupent au sein de cités, des micro-États dominés par l'aristocratie. Mais au VIIe siècle celles-ci traversent une crise : le manque de terre et les vives tensions sociales qui en résultent poussent une partie des habitants à quitter leur cité et à fonder des colonies, en Méditerranée occidentale principalement. Sur place, les colons se réorganisent en cité-État : ainsi en est-il à Massalia.

Et bientôt une puissante cité

Rapidement, Massalia contrôle tout le commerce de la Méditerranée occidentale, notamment après la victoire de sa flotte sur celles des Carthaginois et des Étrusques à Alalia vers 540 av. J.-C. Elle exporte du vin et de la vaisselle étrusque et grecque en Espagne et en Gaule (► p. 14) tandis que l'essentiel de l'étain ou de l'ambre du nord de l'Europe transite par son port.

Les Massaliotes fondent des villes-comptoirs sur la côte méditerranéenne, dont Agde, Antibes, Nice, mais aussi Avignon sur le Rhône.

Des échanges intenses avec les Gaulois

Le Languedoc et la Provence actuels sont alors peuplés d'Ibères et de Ligures auxquels se mêlent des Celtes (► p. 14). Au Ve siècle av. J.-C., les habitants de ces régions construisent des habitations fortifiées, souvent en hauteur. Des fouilles archéologiques ont permis d'y retrouver de nombreux objets grecs ou étrusques, signe d'un commerce intense avec Massalia.

Les Grecs introduisent également dans la région les cultures méditerranéennes typiques de l'Antiquité : la vigne, l'olivier et le blé. Le sud de la Gaule est donc en partie hellénisé plusieurs siècles avant la conquête romaine.

600 av. J.-C. Fondation de Marseille

Gaule celtique

-700

- 700 / - 600 Migrations des Celtes en Gaule

- 200 / -100 Apogée de la Gaule pré-romaine

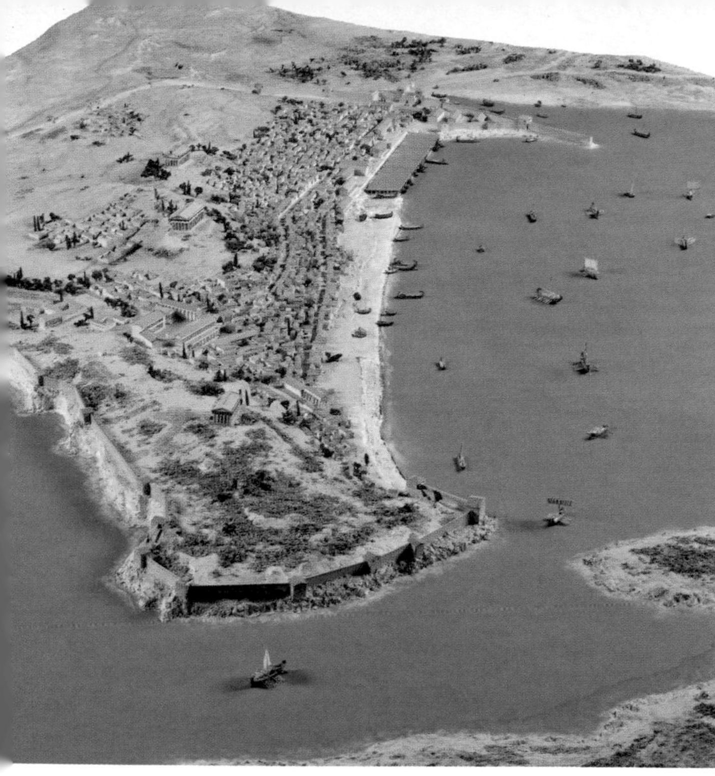

Massalia (reconstitution)

Le port de Marseille bénéficie d'une situation abritée grâce aux calanques. Aménagé par les Grecs, il devient au VIe siècle av. J.-C. le plus important de la Méditerranée occidentale.

Maquette de Marseille au IIIe siècle av. J.-C. (musée d'Histoire de la ville de Marseille).

La Méditerranée au VIe siècle av. J.-C.

Au VIe siècle av. J.-C., au terme d'une longue phase de colonisation, les Grecs dominent le commerce méditerranéen, supplantant les marchands phéniciens. Seule Carthage, ancienne colonie phénicienne, rivalise avec les cités grecques en Méditerranée occidentale.

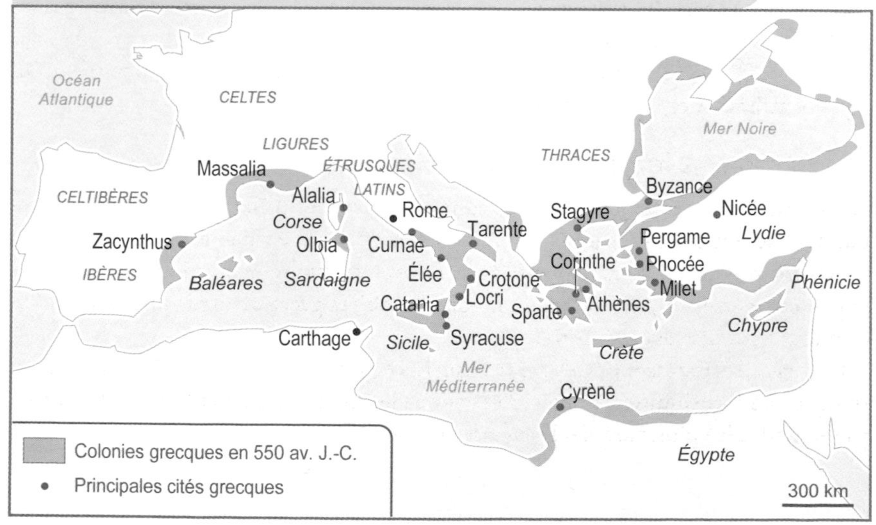

390 av. J.-C. Les Gaulois mettent Rome à sac

Au IVe siècle avant notre ère, en proie à des rivalités incessantes et poussés par une nouvelle vague de migration celte, les Gaulois multiplient les raids en Italie. En 390 av. J.-C., ils s'emparent de Rome. Le pillage de la cité, qui domine alors le centre de la péninsule, est vécu par les Romains comme un traumatisme.

L'invasion gauloise

Menés par leur chef Brennus, des Gaulois venant des Alpes envahissent en 390 av. J.-C. le nord de l'Italie et se dirigent vers Rome. Alertées, les troupes romaines avancent à leur rencontre mais, en minorité numérique, elles ne peuvent résister.

Profitant de la stupeur des Romains qui ont abandonné le centre de la cité, Brennus entre dans Rome. Dès lors, ses hommes installés sur la grande place du forum pillent les maisons, massacrent les vieillards qui ont refusé de fuir et détruisent les monuments.

Les oies du Capitole

Pour garantir la survie de la cité, les plus jeunes Romains et les femmes se sont réfugiés sur le Capitole, l'une des sept collines de Rome. Protégés par le mur qui défend son sommet, ils résistent aux attaques des Gaulois pendant huit mois.

Selon la légende, alors que les Gaulois tentent de surprendre les Romains par un assaut de nuit, les oies sacrées du Capitole donnent l'alerte par leurs cris. Les Gaulois sont repoussés.

Maquette du Capitole au IVe siècle av. J.-C.

Le repli des Gaulois

Menacé au nord par les Vénètes, Brennus finit par accepter de quitter la ville contre le paiement d'un tribut de 1 000 livres d'or. Sur une balance dont l'un des plateaux est rempli de pierres, les Romains commencent à déposer le poids équivalent en or. Mais s'apercevant que les Gaulois ont triché en alourdissant les pierres de plomb, ils refusent de payer. La tradition rapporte que Brennus coupe court à leurs protestations en jetant son épée dans la balance.

Entre-temps, le général romain Camille, exilé quelques années auparavant, a reconstitué des troupes et marche maintenant sur Rome. Brennus doit céder et les Gaulois évacuent finalement le territoire romain.

Le forum romain aujourd'hui

Pendant l'occupation de Rome, les troupes gauloises établissent leur campement sur le forum, la place centrale de la cité où se déroulait la vie politique.

Vae victis ! »
(« Malheur aux vaincus ! »)

Attribué à Brennus, 390 av. J.-C.

Les grandes dates de la République romaine

509 av. J.-C.	Le dernier roi de Rome, Tarquin le Superbe, est renversé. Début de la République dirigée par le Sénat et deux consuls.
451 av. J.-C.	Loi des Douze Tables : premières lois romaines.
396 av. J.-C.	Les Romains prennent la ville étrusque de Véies et se hissent à la tête des peuples latins.
390 av. J.-C.	Sac de Rome par les Gaulois.
264-241 av. J.-C.	Première guerre punique contre le royaume de Carthage.
202 av. J.-C.	La victoire romaine de Zama sur le Carthaginois Hannibal met fin à la deuxième guerre punique : Rome domine la Méditerranée occidentale.
133-121 av. J.-C.	Les frères Gracques tentent de résoudre la crise sociale romaine par une série de réformes.
49-44 av. J.-C.	Dictature de Jules César.
27 av. J.-C.	Début du règne d'Auguste, fin de la République et début de l'Empire.

IIe siècle av. J.-C.

La Gaule avant la conquête romaine

Au IIe siècle avant J.-C., la Gaule connaît une période de développement remarquable. Bien loin de la caricature de guerriers farouches, les Gaulois sont alors organisés en différents petits États, qui entrent parfois en conflit, mais qui partagent de nombreux traits culturels.

Une société bien organisée

Une mosaïque de petits États

Au IIe siècle avant notre ère, la Gaule ne forme pas une nation et une soixantaine de peuples coexistent sur le territoire. Certains, comme les Éduens, ayant soumis les peuples voisins, ont mis en place un système de confédération (► p. 24).

Les principaux peuples gaulois au IIe siècle av. J.-C.

Chaque peuple possède sa propre organisation politique. Si la royauté domine au IIe siècle av. J.-C., elle tend à s'effacer ensuite au profit de régimes aristocratiques avec un sénat, représentant les grandes familles, et des magistrats. La magistrature la plus importante est le vergobret (charge annuelle), aux fonctions politiques et militaires.

Une aristocratie guerrière

C'est bien la guerre qui est au cœur de la société gauloise. D'abord parce qu'elle rapporte du butin, des esclaves et des terres pris sur le peuple voisin. Ensuite parce qu'elle est l'occasion pour les guerriers de montrer leur valeur et d'accéder ainsi à un rang supérieur.

Des villes animées

Bibracte, la capitale des Éduens en Bourgogne, se situe sur le trajet des marchands italiens qui commercent dans le nord de la Gaule (▶ p. 25). Elle connaît un essor important au IIe siècle avant J.-C.

Au sommet de la société se trouvent donc les meilleurs guerriers ; après une victoire, ceux-ci se partagent le butin et en cèdent une partie à leurs hommes, s'assurant par ce moyen de leur fidélité. Les paysans et les artisans, de statuts et de richesses divers, fournissent à cette élite la nourriture et les armes nécessaires au combat.

Un brillant guerrier peut espérer devenir un chef fédérant plusieurs peuples à l'instar de Vercingétorix au milieu du Ier siècle av. J.-C. (▶ p. 28).

Nos « ancêtres » n'étaient pas des barbares !

Les historiens du XIXe siècle ont fixé les éléments du « mythe gaulois » que l'on retrouve dans la bande dessinée *Astérix et Obélix* : le farouche guerrier de haute stature, le goût pour la chasse au sanglier et les banquets copieusement arrosés... Ces clichés reprennent en fait ceux véhiculés par les Romains qui décrivent les Gaulois comme des barbares, c'est-à-dire des peuples mal dégrossis (▶ p. 42). Mais la réalité de la société gauloise est bien différente.

Le guerrier gaulois

Le Courage guerrier ou le courage gaulois, François Gérard, huile sur toile, 142 × 260 cm, 1820 (musée du château de Versailles).

Un territoire en pleine mutation

Des paysans entreprenants

À partir du IIIe siècle avant notre ère, la Gaule connaît un formidable développement agricole. Les grandes plaines de l'actuel Bassin parisien sont alors parsemées de fermes, et certaines forêts que nous connaissons aujourd'hui sont entièrement défrichées par les paysans qui y cultivent des céréales et des légumineuses. Dans le Midi sont produits du vin et de l'huile d'olive.

Cette expansion s'explique par les besoins grandissants d'une population en forte croissance et par l'introduction de nouvelles techniques. Ainsi, les Gaulois labourent avec un araire dont le soc est en fer, enrichissent les terres de marne ou de fumier, utilisent des meules rotatives pour moudre le grain.

Les inventions gauloises

Selon l'auteur romain Pline l'Ancien, les Romains auraient emprunté aux Gaulois certaines de leurs inventions. Dans le domaine agricole, ces derniers utilisent la première forme de moissonneuse, le *vallus*. S'ils ne les ont pas inventés, ils mettent au point des modèles de roues très sophistiqués, utilisés en fonction du poids des charrettes ou des chars. Alors que les Grecs et les Romains utilisent des amphores, les Gaulois adoptent le tonneau de bois pour conserver le vin et la cervoise, une bière à base d'orge.

L'essor des premières villes gauloises

En pleine période gauloise, le modèle de l'habitat groupé connaît un regain de faveur. Ce sont le plus souvent de petites agglomérations « ouvertes », dépourvues de remparts, qui s'installent au cœur des terroirs. Mais, au IIe siècle avant notre ère, un nouveau phénomène, celui des *oppida* fortifiés, où se regroupent les ateliers d'artisans, leur fait concurrence.

Certaines de ces villes s'étendent sur des superficies considérables (300 hectares à Villejoubert en Charente), avec un réseau de voirie bien organisé. Parmi elles, Bibracte, la capitale des Éduens, compte probablement entre 8000 et 10000 habitants (► p. 21).

La ville type s'organise autour d'un marché, de quartiers d'artisans, d'une zone résidentielle et d'une grande place pour les rassemblements, à la manière d'un forum.

Les maisons ne sont guère conformes aux huttes circulaires qui font partie de l'imagerie traditionnelle. Le plus souvent bâties selon un plan rectangulaire, elles sont divisées en plusieurs pièces, certaines d'habitation, les autres pour conserver les ressources.

Un artisanat très recherché

La Gaule du IIe siècle av. J.-C. exporte des produits agricoles, des fourrures et des métaux (fer, cuivre, étain, or). L'artisanat du fer et de l'or s'est beaucoup développé : les fibules, agrafes servant à fixer les vêtements, semblent avoir été fabriquées de façon quasi industrielle. Les bijoux sont décorés d'émaux dont les artisans gaulois maîtrisent la fabrication, alors qu'ils sont inconnus des Grecs et des Romains. De même, les épées et les casques gaulois sont réputés jusqu'à Rome.

La moissonneuse gauloise

Ce bas-relief découvert à Montauban-sous-Buzenol en Belgique provient d'un monument funéraire.

Musée Gaumais, Belgique.

❶ Âne (pousse la moissonneuse)
❷ Roue
❸ Réservoir (recueille les épis coupés)
❹ Dents (arrache les épis)
❺ Paysan (recule tout en raclant les épis sur le « peigne » de bois)

Les druides, des fonctionnaires de la religion

Ces hommes « très savants » (c'est probablement le sens de leur nom) ont plusieurs fonctions. En premier lieu, ils sont les prêtres d'une religion originale : polythéiste, chaque peuple y vénère ses propres divinités, dont, parmi les plus connues, Lug le dieu qui distribue les richesses, Esus le « bon maître », Cernunnos le dieu aux bois de cerf. Les druides sont par ailleurs chargés de dispenser un enseignement aux fils des guerriers. Enfin, ils ont un rôle d'arbitre en cas de conflit entre les peuples gaulois. Indéniablement, ils font figure de sages, garants de la morale celtique et de ses traditions.

Les bijoux gaulois

Les bijoux gaulois en or étaient réputés dans tout le bassin méditerranéen. Ainsi les Romains étaient-ils persuadés que le pays regorgeait du précieux métal : cette conviction a sans doute pesé dans les raisons qui ont poussé Jules César à conquérir la Gaule au Ier siècle av. J.-C (► p. 26).

INRAP, Paris.

Le casque d'Agris

Ce casque en fer recouvert d'or et orné de corail retrouvé en 1981 en Charente témoigne de la finesse de l'artisanat gaulois.

Musée d'Angoulême.

121 av. J.-C.

Les Romains répondent à l'appel des Éduens

En 121 avant J.-C., les Romains apportent une aide militaire à leurs alliés gaulois, les Éduens. Cette intervention, qui renforce la puissance de ces derniers, est aussi l'occasion pour Rome de consolider son implantation en Gaule.

Le traité entre Rome et les Éduens

En 125 av. J.-C., les Romains ont soumis les Salyens et les Voconces qui menaçaient la route reliant Rome à ses provinces d'Hispanie.

Quatre ans plus tard, c'est à la demande des chefs éduens que le Sénat romain envoie des légions repousser les incursions de leurs voisins, les Arvernes et les Allobroges (► p. 20). Les Éduens invoquent à cette occasion un traité, ou *foedus*, passé avec les Romains, aux termes duquel Rome s'était engagé – en contrepartie de la reconnaissance de sa puissance – à protéger son allié éduen, déclaré « frère de sang ».

L'intervention de Rome dans les rivalités gauloises

Accédant à la demande des chefs éduens, les consuls romains Fabius Maximus et Domitius Ahenobarbus écrasent les Arvernes et les Allobroges en 121 av. J.-C., près de Bollène, au confluent du Rhône et de l'Isère.

En 118 av. J.-C., à l'issue de campagnes de pacification, Rome contrôle tout le sud de la Gaule, qui devient en 76 av. J.-C. la province romaine de Gaule transalpine.

L'apogée de la confédération des Éduens

À la faveur des guerres romaines en Transalpine, les Éduens ont étendu leur autorité sur plusieurs autres peuples gaulois (► p. 20) : les Sénons de Sens, les Parisii, les Bituriges de Bourges, les Ségusiaves du Forez, les Ambarres de la Bresse, mettant ainsi sur pied une confédération qui contrôle le centre et l'est de la Gaule. Cette hégémonie, principalement commerciale, avive les tensions avec leurs puissants voisins, les Séquanes du Jura ou les Lingons du plateau de Langres au nord...

La Transalpine, première province romaine en Gaule

Vers 122 av. J.-C., le consul romain Domitius Ahenobarbus fonde la colonie d'Aquae Sextiae (Aix-en-Provence) puis, en -118, celle de Narbo Martius (Narbonne). Ces implantations renforcent la pénétration commerciale romaine en Gaule, au détriment de Marseille. En -118, après des campagnes militaires, la République romaine étend son emprise sur tout le sud de la Gaule, de l'Italie à l'Espagne. Vers la fin des années -70, la région devient la province romaine de Transalpine, avec Narbonne pour capitale (d'où le nom de Narbonnaise qu'elle prend par la suite).

Le mont Beuvray, site de la capitale des Éduens

Le site est occupé jusqu'à la fin du Ier siècle av. J.-C. par la riche capitale des Éduens, Bibracte. Du haut de cette colline, protégé par ses fortifications, l'*oppidum* contrôle un vaste territoire, délimité par les rives de la Loire à l'ouest, la vallée de la Saône au sud-est et incluant la Bourgogne au nord.

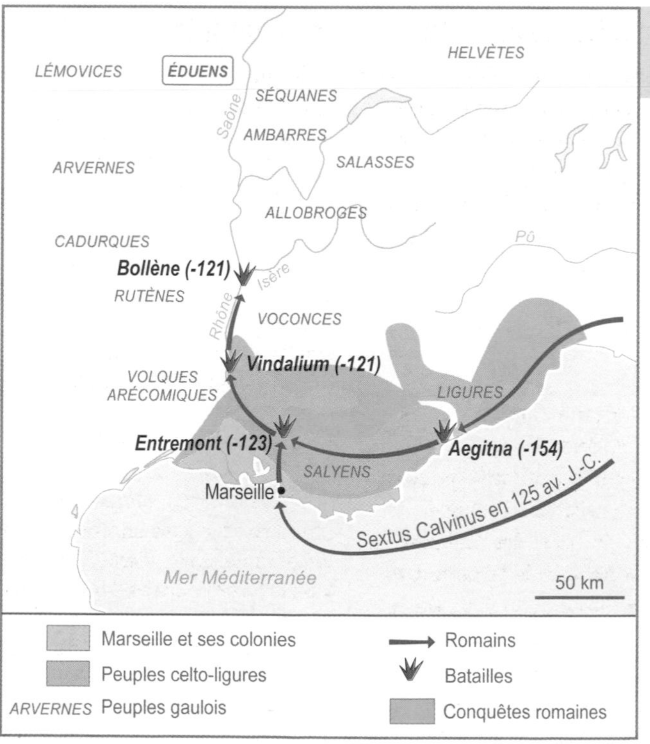

Les campagnes romaines en Gaule (154-121 av. J.-C.)

Gaule romaine

50 — 500

- 58 / - 51 Guerre des Gaules

100 / 200 Essor de la civilisation gallo-romaine

400 / 500 Invasions des peuples germaniques

58-51 av. J.-C.

La guerre des Gaules

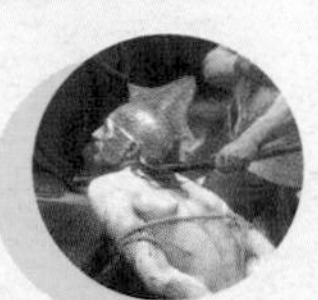

Au terme de seulement huit années de guerre, la majeure partie de la Gaule est soumise à Rome par les armées de Jules César. C'est l'acte de naissance d'une nouvelle civilisation en Gaule, la civilisation gallo-romaine.

58-55 av. J.-C. • Une conquête méthodique

César provoque la guerre

À Rome, Jules César a besoin d'une campagne militaire et de butin pour s'imposer sur la scène politique. En 58 avant notre ère, le Sénat le charge de défendre le nord de l'Italie et le nomme proconsul de la province de Gaule transalpine.

Aux ambassadeurs helvètes venus lui demander l'autorisation de traverser cette province, César oppose un refus, les contraignant ainsi à passer par le territoire des Éduens. Ces derniers, affolés, appellent à l'aide Rome, leur allié (▶ p. 24). César tient une raison légitime de faire la guerre. Le Sénat romain lui en confie alors la direction.

La supériorité des légions romaines

Face à des Gaulois qui peuvent aligner jusqu'à 300 000 hommes, César ne dispose que de 50 000 légionnaires. Mais ce sont des troupes semi-professionnelles, entraînées et disciplinées. César mise surtout sur la vitesse de déplacement des légions, qui lui permet de prendre de court ses adversaires.

Il peut aussi compter sur le soutien de troupes gauloises : certains peuples, comme les Éduens ou les Rèmes, se rangent dès le début du côté des Romains.

Jules César (100-44 av. J.-C.)

Né en 100 av. J.-C. dans une vieille famille de l'aristocratie romaine, César commence sa carrière politique en - 69 et s'allie à partir de - 60 à Pompée, l'homme fort de Rome. La conquête de la Gaule, qu'il relate dans *La Guerre des Gaules*, lui apporte la popularité. Revenant en Italie en - 49 à la tête de ses légions, il en chasse Pompée. Nommé dictateur, César concentre tous les pouvoirs. Une conjuration d'anciens partisans de Pompée et de proches du dictateur décide alors de l'assassiner. Le 15 mars 44, en pleine séance du Sénat, César meurt sous les 23 coups de poinçon qui lui sont portés.

Les combats entre les Gaulois et les légionnaires romains

Gaulois et Romains ont un équipement comparable : une épée, un bouclier, une lance, un casque, une cote de mailles. Mais lors des batailles, la légion romaine l'emporte par son organisation et sa discipline.

Galerie du combat (muséoParc d'Alésia, Côte-d'Or).

Les campagnes de César en Gaule

Après avoir vaincu les Helvètes en - 58 puis les Suèves en - 57, César soumet les peuples du nord, de l'ouest, puis du centre de la Gaule. Dans le même temps, il envoie le général Publius Crassus soumettre l'Armorique puis les peuples de l'Atlantique en - 56.

En - 55, César franchit le Rhin pour tenter de faire cesser les incursions des Germains en Gaule. Il débarque ensuite sur l'île de Bretagne avec deux légions, mais la campagne est un échec. En - 54, il livre une deuxième bataille à la suite de laquelle les Bretons demandent la paix. À cette date, César a soumis l'essentiel de la Gaule.

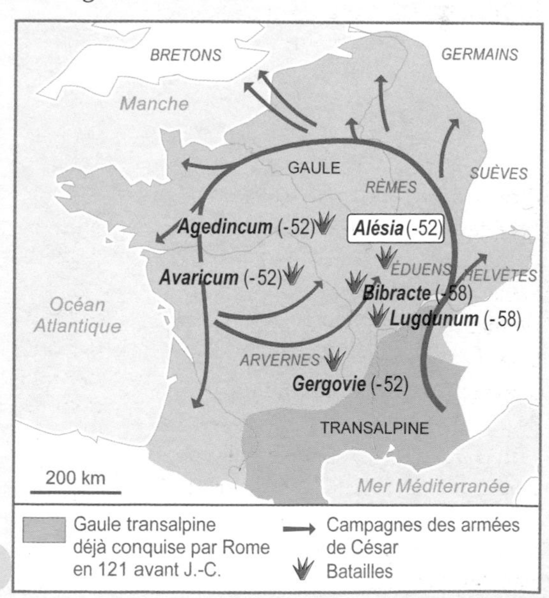

Les campagnes de César en Gaule

54-51 av. J.-C. • La résistance gauloise

« Le plan de C. J. César, je le vois, est tout autre : ce ne sont pas seulement les nations qu'il voyait armées contre Rome qu'il a cru devoir combattre, c'est la Gaule tout entière qu'il a jugé bon de réduire à notre merci. »

Cicéron, *Discours sur les provinces consulaires*, 26-35, 56 av. J.-C.

Vercingétorix rallie les mécontents

Si la puissance de Rome est acceptée par une majorité de peuples gaulois, la rébellion couve dans le centre et le nord de la Gaule. En - 54, les légats romains Sabinus et Cotta tombent dans une embuscade tendue par les Éburons. Leurs légions sont anéanties.

Cette défaite redonne espoir aux irréductibles. La révolte culmine en - 52 quand la plupart des peuples du centre de la Gaule se rallient à Vercingétorix, un jeune aristocrate arverne. César revient en urgence en Gaule avec de nouvelles troupes.

En 52 av. J.-C. à Alésia, César remporte une victoire décisive

Malgré sa demi-victoire sur les légions de César à Gergovie en - 52, Vercingétorix se réfugie dans la place forte d'Alésia. Il commet alors l'erreur de laisser César l'enfermer dans une double ligne de fortifications de 15 km de circonférence, érigée en moins de cinq semaines par les légionnaires romains. La résistance gauloise va se briser sur la logistique romaine. Au bout d'un long mois de siège, Vercingétorix capitule, sans doute contraint par ses guerriers, affamés. Enchaîné, il est traîné dans Rome lors du triomphe organisé pour César en -46 et meurt étranglé en prison.

Au cours de l'année - 51, César met fin aux dernières révoltes gauloises, celles des Bituriges et des Cadurques notamment.

Vercingétorix (v. 72-46 av. J.-C.)

On sait peu de chose de ce jeune aristocrate arverne, même pas son nom ! Vercingétorix, « roi suprême des guerriers », est le surnom qu'il prit sans doute en - 52 av. J.-C. Fils d'un certain Celtillos, il a appris à manier l'épée et à monter à cheval. Il a aussi reçu une formation intellectuelle auprès des druides (► p. 23).

Après avoir combattu aux côtés de César, il ambitionne sans doute de restaurer la royauté dans sa cité. Cependant, méfiants, les Arvernes le chassent. Vercingétorix rassemble alors une armée et cherche à s'imposer en se lançant dans la lutte contre les Romains.

Où s'est déroulée la bataille d'Alésia ?

Depuis le Moyen Âge, la légende faisait du mont Auxois, à 70 km au nord-ouest de Dijon, le site de la bataille d'Alésia. Entre 1861 et 1865, Napoléon III y lance des campagnes de fouilles. Les découvertes archéologiques les plus récentes (1991-1997) ont permis d'y retrouver les fortifications de César.

Le siège d'Alésia en 52 av. J.-C.

Lors du siège d'Alésia, César fait établir deux lignes de fortifications. La première, la contrevallation, empêche toute tentative de percée des Gaulois assiégés. La seconde, la circonvallation, protège les troupes romaines des Gaulois venus en renfort pour briser le siège.

Vercingétorix jette ses armes aux pieds de César

L'historien grec Plutarque rapporte que Vercingétorix se livre en - 52 en échange de la vie des 52 000 survivants d'Alésia. Il est cependant plus probable qu'il ait été livré par les siens, épuisés et affamés après un siège d'un mois.

Lionel Royer, huile sur toile, 482 × 321 cm, 1899 (musée Crozatier, Le Puy-en-Velay).

12 av. J.-C.

Les Romains construisent l'autel des Trois Gaules à Lyon

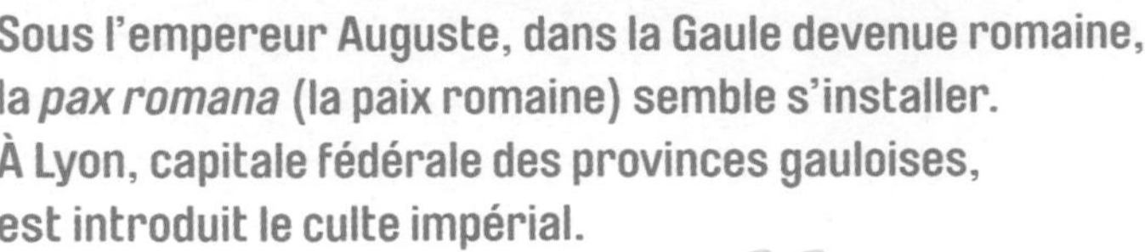

Sous l'empereur Auguste, dans la Gaule devenue romaine, la *pax romana* (la paix romaine) semble s'installer. À Lyon, capitale fédérale des provinces gauloises, est introduit le culte impérial.

> *« Il y a un autel remarquable qui porte inscrit les noms des peuples, au nombre de soixante, et les figures de chacun d'entre eux. »*
>
> Le géographe Strabon, Ier siècle ap. J.-C.

Un sanctuaire monumental

En 12 av. J.-C., les Romains font construire à Lugdunum (Lyon) un autel consacré au culte de Rome et de l'empereur Auguste. Situé sur la colline de la Croix-Rousse, il surplombe le Rhône et la Saône qui traversent la capitale des Gaules.

L'autel se dresse sur une plate-forme entièrement de marbre, de 50 mètres de long. Il est entouré par deux immenses colonnes au sommet desquelles ont été placées deux statues en bronze doré de Victoires, celles des Romains, qui tiennent de grandes palmes et des couronnes d'or.

Le Conseil des Trois Gaules

C'est là que se réunissent, le 1er août de chaque année, au sein du Conseil des Trois Gaules, les représentants des 60 tribus gauloises, choisis par le Sénat de leur cité.

Ils y célèbrent le culte à Rome et à l'empereur. Des animaux sont sacrifiés sur l'autel, des jeux et des processions sont organisés sous l'autorité d'un prêtre gaulois. Par ces cérémonies, les représentants gaulois reconnaissent la domination de Rome.
Le Conseil fait également part des revendications des peuples gaulois au gouverneur de la province, qui les transmet ensuite à l'empereur.

L'autel des Trois Gaules

Denier d'argent frappé entre 15 et 7 av. J.-C., représentant l'autel des Trois Gaules vu de face (revers).

BNF, Paris.

Lugdunum, capitale des Trois Gaules

Lyon a été fondée vers 43 av. J.-C. par les Romains pour y implanter une colonie. Au Ier siècle avant notre ère, le commerce s'y développe et la ville compte 50 000 habitants à la fin du siècle. En 27 av. J-C., elle devient la capitale des Gaules et par la suite reçoit les visites des empereurs Auguste, Tibère, Caligula et Claude.

Maquette (musée gallo-romain, Lyon)

Les provinces gauloises à partir de 27 av. J.-C.

Sous le règne d'Auguste, la Gaule transalpine devient une province sénatoriale et prend le nom de Narbonnaise. Le territoire conquis par Jules César est alors divisé en trois provinces impériales : l'Aquitaine (avec Saintes pour capitale), la Lyonnaise (Lyon) et la Belgique (Reims). Les peuples gaulois sont par ailleurs divisés en 60 cités (ou 64 selon les auteurs romains).

12 av. J.-C. Autel des Trois Gaules

Gaule romaine

50 — 500

- 58 / - 51 Guerre des Gaules

100 / 200 Essor de la civilisation gallo-romaine

400 / 500 Invasions des peuples germaniques

48

Des Gaulois entrent au Sénat romain

En 21, la dernière grande révolte gauloise a échoué. Les élites acceptent majoritairement la domination de Rome et adhèrent à sa culture. L'entrée en 48 de Gaulois au Sénat, soutenue par l'empereur Claude, est une étape majeure du processus de romanisation.

Les Gaulois veulent entrer au Sénat

En ce début d'août 48, les représentants des 60 cités gauloises sont réunis comme tous les ans au sein du Conseil des Trois Gaules à Lyon pour célébrer le culte impérial (► p. 30). À titre exceptionnel, certains notables gaulois ont reçu la citoyenneté romaine en récompense de leur fidélité à Rome. Forts de cette première reconnaissance, ils demandent à entrer au Sénat, aspirant à se hisser au sommet de l'échelle sociale romaine. Ils décident d'envoyer une délégation à l'empereur.

L'empereur Claude accède à leur demande

Dans un discours, retrouvé gravé sur une plaque de bronze à Lyon (les tables claudiennes), Claude appuie la demande des Gaulois face aux sénateurs. Membres de la haute aristocratie romaine et reconnus pour leur vertu, ces derniers sont plutôt réticents à l'idée de devoir siéger aux côtés de ceux qu'ils considéraient peu de temps auparavant comme des barbares.

> « *Ouvertement, à présent il faut plaider la cause de la Gaule chevelue.* »
>
> Claude, 48.

Mais l'empereur veut accélérer l'intégration des élites gauloises, auxquelles est déléguée la gestion des cités des Gaules : il tient donc à renforcer leur loyauté envers Rome. Quelques mois plus tard, alors que l'empereur doit compléter la liste des 600 sénateurs désignés à vie, il fait entrer les premiers Gaulois au Sénat.

Les tables claudiennes

Les tables claudiennes (193 × 139 cm) sont une inscription en bronze de 222 kg retrouvée à Lyon en 1528, sur la colline de la Croix-Rousse.

Musée gallo-romain, Lyon.

Le forum, symbole de la romanisation des villes gauloises

Le forum, construit sur le même plan que celui de Rome, est le centre politique, économique et religieux de la ville, comme ici à Nîmes où y domine la Maison Carrée, temple dédié alors au culte impérial.

L'empereur Claude (4-54)

En 41, Claude (Tiberius Claudius Nero Germanicus) succède à son cousin Caligula assassiné par les soldats de sa garde. Il est désigné par le Sénat sans avoir été adopté par son prédécesseur, comme c'était alors l'usage. Il assoit sa légitimité par la conquête de la Bretagne, de la Lycie en Asie mineure, de la Maurétanie (Maroc actuel), du Norique (Autriche actuelle) et de la Thrace. Claude innove par sa politique de diffusion de la citoyenneté romaine aux sujets de l'Empire. Il meurt empoisonné le 13 octobre 54 à l'instigation de son épouse Agrippine, qui veut imposer son fils Néron comme successeur.

La romanisation

Au sens strict, la romanisation désigne l'octroi de la citoyenneté romaine aux habitants de l'Empire. Elle est attestée quand un Gaulois porte les *tria nomina*, le nom composé à la façon romaine par un prénom, un « nom de famille » et un surnom. Ainsi, Caius Julius Agedemopas, personnage influent de Saintes à l'époque de la conquête des Gaules par César, a ajouté à son nom gaulois (Agedemopas) le prénom et le nom de César (Caius Julius) pour former son nom romain. C'est sous le règne de Claude que s'accélère la romanisation. Par le système du droit latin, les élites locales qui dirigent leur cité deviennent automatiquement citoyens romains au bout d'un an.

48 Entrée des Gaulois au Sénat romain

Gaule romaine

50 — 500

- 58 / - 51 Guerre des Gaules

100 / 200 Essor de la civilisation gallo-romaine

400 / 500 Invasions des peuples germaniques

Vers 80

Les Romains fortifient la frontière du Rhin

Pour assurer la paix romaine en Gaule face à la menace croissante des Germains, l'empereur Domitien fait aménager une frontière fixe le long du Rhin, le *limes*.

Les Germains menacent la paix en Gaule

Au-delà du Rhin, les Germains refusent de se soumettre à la domination de Rome. Malgré les 90 000 légionnaires stationnés dans des camps fortifiés le long du fleuve, ils opèrent régulièrement des pillages en territoire gaulois, détroussent et tuent les marchands.

En l'an 9, les Germains massacrent trois légions romaines en quelques jours, laissant un souvenir traumatisant aux Romains.

Les Romains construisent le *limes*

Au Ier siècle, l'empereur Domitien établit alors un nouveau système de défense : le *limes*. Des tours de guet, alignées le long de la rive droite du Rhin, permettent aux Romains, en cas d'incursion des Germains, d'appeler en renfort par des signaux de fumée les troupes romaines et gauloises stationnées dans les places fortifiées à l'arrière. Le dispositif est complété par des palissades de bois entre les tours.

Plutôt qu'un mur qui nécessiterait d'immobiliser des milliers d'hommes pour le garder, ces palissades ont pour but de ralentir l'avancée des bandes de Germains qui passeraient le *limes*. Si toutefois ceux-ci réussissent à entrer en Gaule, ils doivent, à leur retour, franchir à nouveau cette zone à découvert, cette fois-ci poursuivis par une légion romaine !

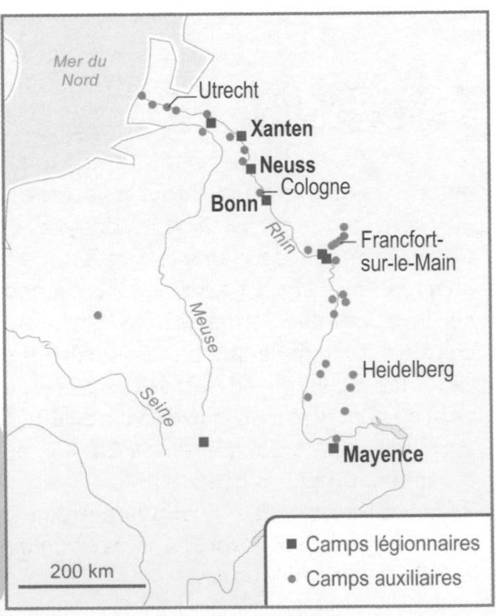

La frontière de Germanie à la fin du Ier siècle

Sous la dynastie flavienne, le *limes* s'étire sur 400 km. Peu à peu, les camps militaires établis en arrière du *limes* deviennent de véritables villes, telles Mayence ou Xanten.

Le *limes*

Le système de fortifications est constitué d'une palissade de troncs de chêne taillés en pointe, précédée d'un fossé. Du haut des tours de guet, les légionnaires peuvent communiquer entre eux et avertir les légions stationnées à l'arrière en allumant des feux.

La *pax romana*

Au cours des Ier et IIe siècles, dans un Empire qui s'étend à son apogée tout autour de la Méditerranée, c'est la paix qui domine. En Gaule, la présence romaine a mis fin aux guerres entre chefs gaulois et à la menace des invasions des Germains à l'Ouest. La stabilité n'est troublée que par deux révoltes : celle des Éduens et des Trévires en 21, et celle des Bataves menés par Civilis en 69-70. Dans leur grande majorité, les Gaulois ont accepté la tutelle romaine.
Pour les Romains, cette longue période de paix, désignée par l'expression *pax romana*, justifie leur domination.

Les dynasties d'empereurs romains du Haut-Empire

27 av. J.-C.-68	**Les Julio-Claudiens :** Auguste, Tibère, Caligula, Claude, Néron.
69-96	**Les Flaviens :** Vespasien, Titus, Domitien.
96-192	**Les Antonins :** Nerva, Trajan, Hadrien, Antonin, Marc-Aurèle, Lucius Aurelius Verus, Commode.
193-235	**Les Sévères :** Septime Sévère, Caracalla, Macrin, Élagabal, Sévère Alexandre.

v. 80 Fortification de la frontière du Rhin

Gaule romaine

50 — 500

- 58 / - 51 Guerre des Gaules

100 / 200 Essor de la civilisation gallo-romaine

400 / 500 Invasions des peuples germaniques

IIe siècle

L'apogée de la Gaule gallo-romaine

Avec la consolidation des frontières du Rhin, la Gaule connaît au IIe siècle une période de paix et de prospérité. Les villes se développent. Intégrées aux cadres de l'armée ou de l'administration, les élites gauloises adoptent volontiers la culture et le mode de vie romains.

L'essor des villes gallo-romaines

Le modèle urbain romain

Après la conquête romaine, les bourgs gaulois laissent place à des villes organisées selon le plan romain en damier. Deux voies principales, larges de 10 à 15 mètres, les traversent : le *decumanus*, orienté est-ouest, et le *cardo*, orienté nord-sud.

Certaines de ces villes sont particulièrement vastes : c'est le cas de Reims qui couvre 500 à 600 hectares. Toutes ont en commun un centre comprenant un forum, une basilique qui sert de tribunal, des temples et des autels (► p. 30).

Des notables gallo-romains

Dans chaque ville, des magistrats élus pour un an (les *duumviri*) dirigent la cité avec le Sénat local. Issus des élites gauloises, ils acquièrent la citoyenneté romaine (► p. 32) et peuvent espérer accéder à des charges prestigieuses dans l'armée ou l'entourage de l'empereur.

Dans les quartiers résidentiels, magistrats et riches marchands se font construire des *domus*, de vastes demeures dont le plan imite celui des maisons romaines, avec, autour d'un *atrium* central, les salles de réception, les chambres et les cuisines.

Vivre à la romaine

Les bains et les thermes, alimentés par des réseaux de canalisations et des aqueducs, apportent un confort inconnu jusqu'alors. Construits par les notables à leurs frais, théâtres et arènes permettent d'assister à des combats de gladiateurs, comme à Rome.

Les Gaulois ont également adopté la religion romaine. Mais, dans les temples, les dieux romains sont parfois associés à des divinités gauloises, ou représentés avec des animaux de la mythologie gauloise : ainsi, Mercure est-il accompagné d'une tortue. Ce syncrétisme religieux témoigne des échanges culturels entre les deux peuples.

Lutèce au IIe siècle (reconstitution)

Fondée après la conquête romaine, la ville de Lutèce (Lutetia) se développe essentiellement sur la rive gauche de la Seine. Même à son apogée, au IIe siècle, elle demeure une cité relativement modeste, d'environ 10 000 habitants.

Un nouveau dynamisme économique

Les transformations de l'agriculture

Au IIe siècle, les notables urbains constituent des *villae*, de vastes domaines agricoles, sur le modèle italien. Au centre de l'exploitation, le maître fait construire une demeure, qui peut être immense, à l'exemple de celles de l'aristocratie romaine. Les pièces peintes, ornées de mosaïques et de colonnades de marbre, et parfois la présence de thermes particuliers, témoignent de sa puissance et de sa richesse.

Aux origines de Paris : Lutèce

Le peuple gaulois des Parisii s'est établi sur le site de l'actuelle ville de Nanterre, sans doute vers 350 avant notre ère. Après la guerre des Gaules, les Romains, devenus maîtres des lieux, construisent – sur un emplacement qui correspond au centre de Paris – une cité qui prend le nom de Lutèce.
Sur la Seine et au croisement d'importantes routes commerciales, la ville se développe rapidement.

Au IIe siècle, elle se partage en deux ensembles urbains : l'un blotti à l'intérieur de l'île de la Cité, l'autre sur la rive gauche de la Seine. C'est là que se concentrent les grandes demeures des riches notables et des monuments grandioses : le forum et la basilique où était rendue la justice, le panthéon, aujourd'hui disparu, dédié à Jupiter sur la colline Sainte-Geneviève, les arènes ainsi que trois ensembles de thermes.

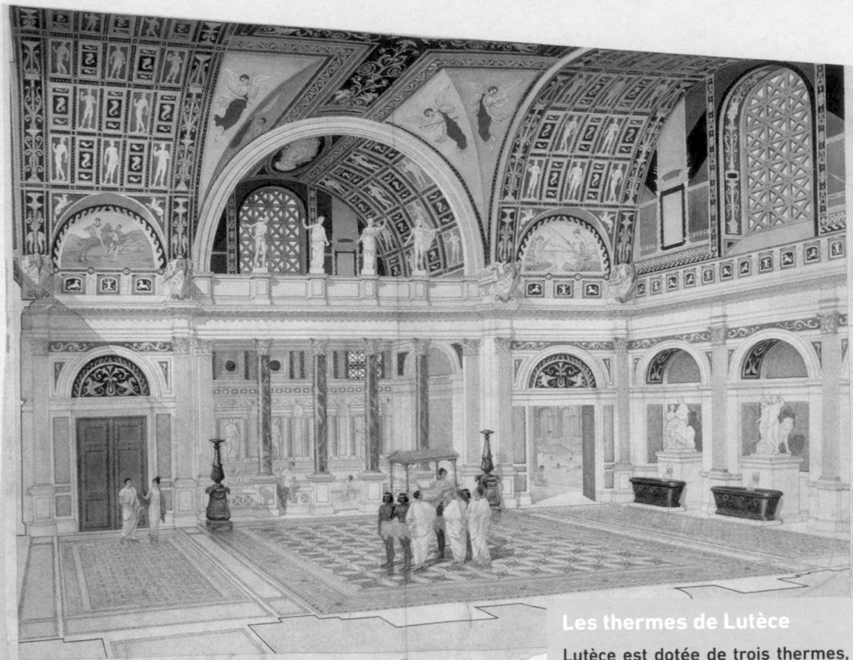

Les thermes de Lutèce

Lutèce est dotée de trois thermes, dont les « thermes du nord », situées dans l'actuel hôtel de Cluny. Dans ce luxueux complexe thermal, le circuit balnéaire se termine par un bain froid dans le *frigidarium* sous une voûte d'une hauteur de plus de 15 mètres !

Reconstitution des thermes de Lutèce, Bernard Camille, *Le Magasin pittoresque*, XXe siècle.

À côté de ces *villae* coexiste une multitude de fermes isolées, exploitées par des petits paysans. Les principales cultures sont alors les céréales et, dans le Sud, la vigne et les oliviers. Une grosse partie de la production des *villae*, en premier lieu le vin, est exportée, notamment vers la Germanie, pour ravitailler les 90 000 légionnaires qui y sont stationnés (► p. 34).

La construction de routes

Sous l'empereur Auguste, les Romains ont établi un vaste réseau de voies carrossables. Agrippa, son gendre, en a établi le plan en étoile à partir de Lugdunum (Lyon), la capitale des Gaules (► p. 31). Au cours des deux premiers siècles, ce réseau s'étend, se densifie et favorise le développement du commerce.

L'essor du commerce et de l'artisanat

La production artisanale se diffuse dans tout l'Empire, jusqu'en Afrique du Nord. Les artisans gaulois sont particulièrement renommés pour leurs amphores et leur vaisselle sigillée – une céramique rouge frappée d'un sceau. Mais ils savent également travailler de manière inégalée le cuir et produire des émaux, des objets en os, en bronze et même en verre. La demande est telle que certains artisans se regroupent, comme à La Gaufresenque, près de Millau, et produisent des poteries en série.

La poterie sigillée

Aux Ier et IIe siècles av. J.-C., les ateliers de la Gaufresenque sont un site important de production de poterie sigillée.

Terre cuite (musée de Millau).

14 millions de Gallo-Romains ?

Il est difficile d'évaluer de manière certaine le nombre d'habitants en Gaule au IIe siècle, les citoyens romains étant les seuls à faire l'objet d'un recensement. Cependant, en croisant les sources romaines et les travaux des archéologues, on estime qu'en 52 av. J.-C., la Gaule comptait entre 5 et 10 millions d'habitants. Au IIe siècle, le chiffre de la population pourrait avoir atteint 10 à 14 millions.

La villa gallo-romaine de Loupian (Languedoc)

Le luxe de la villa traduit l'essor de l'agriculture gauloise et l'enrichissement de certains propriétaires fonciers. Ainsi, la modeste ferme de Loupian du Ier siècle avant J.-C. a laissé place à une vaste exploitation au IIe siècle. La villa gallo-romaine se divise en deux ensembles : la *pars urbana*, résidence du riche maître de l'exploitation et de sa famille, et la *pars rustica*, les bâtiments liés à l'activité agricole.

371

Martin de Tours évangélise les campagnes gauloises

Converti au christianisme en 312, l'empereur Constantin accorde la liberté de culte en 313. La religion chrétienne se répand rapidement dans les villes gallo-romaines. Mais les campagnes sont restées à l'écart du mouvement et Martin, évêque de Tours, entreprend de les évangéliser.

Martin devient évêque de Tours

À la mort de l'évêque de Tours en 371, la population doit élire son successeur, selon les règles de l'Église antique. Son choix se porte sur Martin, alors abbé de Marmoutier. Mais ce dernier refuse, pour ne pas renier son choix de pauvreté.

Selon la légende, les habitants mettent alors en place un stratagème pour faire sortir Martin de son monastère, prétextant qu'il est appelé au chevet d'une malade. Devant l'insistance des fidèles, il finit par accepter la charge, y voyant l'opportunité de diffuser la foi chrétienne.

L'évangélisation à « marche forcée »

Avec les moines de l'abbaye de Marmoutier, Martin voyage alors dans toute la Gaule, de Tours en Germanie. Évêque itinérant, il convertit par les sermons… mais aussi par la force. Les traces de cultes païens, gaulois ou romains, sont détruites : les temples sont brûlés, les bois sacrés des Gaulois coupés. Martin baptise hommes, femmes et enfants lors de cérémonies collectives et fonde les premières paroisses rurales.

> *« Renverser les statues des dieux, couper les bois sacrés, incendier les temples et les sanctuaires, élever église ou chapelle. »*
>
> Sulpice-Sévère, *Vie du Bienheureux Martin*, fin du IVe siècle.

Martin (316-397), le légionnaire devenu moine

Fils d'un officier romain d'origine slave, Martin a lui-même été légionnaire dans l'armée du Rhin. Alors qu'il était en garnison à Amiens, il aurait un jour déchiré son manteau de soldat pour en donner une moitié à un pauvre grelottant de froid. La nuit suivante, le Christ lui apparaît en songe vêtu de ce pan de manteau. Martin décide alors de se faire baptiser. Dans les années 350, abandonnant la carrière militaire, il devient moine. Il fonde alors l'abbaye de Marmoutier, dont la règle imposait aux moines de revêtir une simple robe de toile et de vivre dans une cabane, avec pour seules occupations la prière et la copie des Évangiles. Élu évêque de Tours en 371, il évangélise les campagnes. Il meurt en 397 lors de l'une de ces missions.

L'abbaye de Marmoutier

Détruite par un incendie, l'abbaye fondée par Martin de Tours sur les rives de la Loire en face de Tours a été reconstruite à la fin du IXe siècle et remaniée de nombreuses fois par la suite.

Les débuts de l'Église en Gaule

À compter du IIIe siècle, le nombre de chrétiens ne cesse d'augmenter en Gaule romaine. En 250, l'Église de Rome y envoie sept évêques. Quand, en 313, le christianisme est autorisé par Constantin, son développement s'accélère encore. Le monastère de Marmoutier et la communauté des îles de Lérins, en Provence, sont alors les deux principaux foyers de diffusion de la religion chrétienne en Occident.
Au cours des IVe et Ve siècles, l'Église se structure. Chaque cité gallo-romaine forme un diocèse administré par un évêque. Celui-ci est assisté par les prêtres qui célèbrent la messe et baptisent les fidèles.
Ainsi, dans l'Empire romain affaibli par des guerres civiles et les premières invasions (► p. 42), les évêques ont pris le pas, dans les cités, sur les anciennes magistratures et en sont devenus les véritables dirigeants.

Le christianisme : des persécutions à la religion officielle

Ier et IIe siècles	Persécutions ponctuelles des chrétiens.
177	Martyre de Blandine à Lyon.
250	L'empereur Dèce oblige les chrétiens à sacrifier aux dieux païens sous peine de mort.
312	Date supposée de la conversion de l'empereur Constantin (il est baptisé à la veille de sa mort en 337).
313	L'édit de Milan autorise le christianisme.
330	Fondation de Constantinople, deuxième capitale de l'Empire romain.
380	L'édit de Thessalonique fait du christianisme la seule religion autorisée dans l'Empire.
395	Division de l'Empire romain en un Empire romain d'Occident et un Empire romain d'Orient (appelé ensuite Empire byzantin).

371 Martin, évêque de Tours

Gaule romaine

50 — 500

- 58 / - 51 Guerre des Gaules

100 / 200 Essor de la civilisation gallo-romaine

400 / 500 Invasions des peuples germaniques

Les invasions barbares

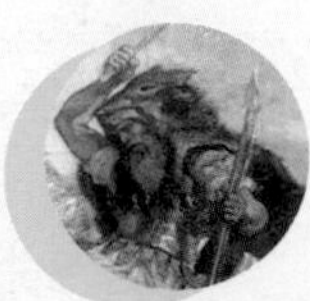

À partir de 407, chassés par les Huns, les Germains passent le Rhin, envahissent l'Occident romain et provoquent la chute de l'Empire. En Gaule, les « barbares » s'installent et fondent des royaumes.

Les Germains pénètrent dans l'Empire romain

Une arrivée progressive

Le 31 décembre 406, des peuples germains franchissent le Rhin gelé à hauteur de Mayence : parmi eux, les Vandales, les Suèves, les Burgondes, les Alamans ainsi qu'un peuple d'origine iranienne, les Alains. Poussés par les Huns venus d'Asie centrale, ils se lancent à l'assaut des Gaules. Ils seront suivis dans les années 430 par un autre peuple germain : les Francs.

De leur côté, les Wisigoths, originaires de la vallée du Danube, avancent vers Rome, dont le roi Alaric organise le sac en 410.

L'installation des Germains en Gaule

Dans l'Empire romain affaibli depuis sa division en 395 (► p. 41), l'armée s'avère incapable d'arrêter des ennemis de plus en plus nombreux. Débordé, Rome conclut avec les peuples germains des traités qui leur octroient des terres, en vertu du droit d'« hospitalité », et leur laissent le choix de leur organisation. En contrepartie, ceux-ci s'engagent à défendre l'Empire… contre d'autres incursions. Ainsi, les Burgondes, les Alamans et les Wisigoths s'établissent en Gaule romaine.

Des barbares ?

À la manière des Grecs, les Romains appellent « barbares » tous les peuples qui n'appartiennent pas à leur civilisation. Dans les textes latins, le barbare est présenté comme l'inverse du Romain : à moitié nu, violent, se nourrissant de la chasse et offrant des sacrifices humains à ses dieux.

Les Francs en Gaule Belgique

Au début du Ve siècle, des tribus franques se fédèrent pour former la ligue des Francs saliens. Sous l'autorité du roi Clodion, elles s'emparent de Tournai en 428 et obtiennent en 431 l'autorisation des Romains de s'installer en Gaule Belgique.

L'Occident romain à la veille des invasions

Avec le règne de Dioclétien à partir de 284 commence le Bas-Empire. Le commandement militaire de l'Empire est alors divisé en quatre préfectures, pour en renforcer la défense face aux barbares et limiter les guerres civiles entre les prétendants au titre d'empereur. En 395, à la mort de Théodose le Grand, l'Empire romain est partagé entre ses deux fils : Honorius reçoit l'Occident, Arcadius l'Orient.

Les Huns déferlent sur la Gaule

Une terrible réputation

Les Huns poursuivent leurs conquêtes sur les traces des Germains : en 451, leurs troupes, commandées par un chef nommé Attila, parviennent en Gaule Belgique, qu'ils ravagent. Puis ils détruisent Metz, Reims, Troyes.

Faisant route vers le sud, Attila s'arrête devant Lutèce. Son but n'est pas de conquérir des territoires mais de faire payer un tribut aux peuples vaincus, au besoin par la terreur. Lutèce, avec son aristocratie et ses riches églises, est une proie de choix.

L'appel à la résistance de Geneviève

Dans la ville assiégée, alors que la population est prête à verser un tribut, une femme de haut rang, Geneviève, alors âgée de 28 ans, convainc les habitants de refuser de payer.

> *« Que les hommes fuient, s'ils veulent, s'ils ne sont plus capables de se battre. Nous les femmes, nous prierons Dieu tant et tant qu'il entendra nos supplications. »*
>
> Attribué à Geneviève lors du siège de Lutèce, 451.

Dès le lendemain, Attila abandonne le siège. Les notables de Lutèce ont-ils finalement payé un tribut ? On ne le sait pas, mais on peut penser que l'objectif principal d'Attila était en fait la riche Aquitaine.

Sainte Geneviève, patronne de Paris

Geneviève s'est convertie à 16 ans à une vie chrétienne d'ascèse et en tire sans doute l'autorité qui lui permet de convaincre les Parisiens de défendre la ville face aux Huns. Elle est vénérée comme une sainte dès sa mort en 502 (ou 512) et devient la patronne de Paris.

Anonyme, huile sur toile, XVIIe siècle (musée Carnavalet, Paris).

La défaite d'Attila

Attila prend alors la route d'Orléans. Mais apprenant que les Alains qui tiennent la ville se sont ralliés aux Romains, il décide de se replier. En 451, aux Champs catalauniques près de Châlons-en-Champagne, l'armée romaine alliée aux Alains, aux Burgondes et aux Francs, défait les Huns qui repassent la frontière.

Pour la première fois, les Romains ont mis fin aux incursions de peuples barbares grâce à d'autres peuples barbares, dont les Francs. À la mort du roi franc Childéric, son fils Clovis est reconnu roi par l'empereur romain (► p. 54).

Attila (395-453)

En 434, Attila et son frère Bleda succèdent à leur père Moundzouk. Cette dynastie hunnique, d'origine turque ou mongole, est à la tête d'un empire qui s'étend de la mer Baltique à la mer Caspienne. Mais Attila veut pousser son influence vers l'ouest. Sa méthode est simple : il lance des raids et impose aux vaincus le paiement d'un lourd tribut. Il bat ainsi les légions romaines en 443 près de Constantinople et exige le paiement de 6 000 livres d'or. Régnant seul après avoir assassiné son frère en 445, il organise une seconde grande campagne en Occident, d'abord en Grèce, puis en Gaule où il est battu aux Champs catalauniques en 451. En 452, il entre en Italie et met à sac les principales villes du nord de la péninsule.

***Attila suivi de ses hordes barbares foule aux pieds l'Italie et les Arts* (détail)**

Eugène Delacroix, huile et cire sur enduit, 735 × 1098 cm, 1847 (Palais Bourbon, Paris).

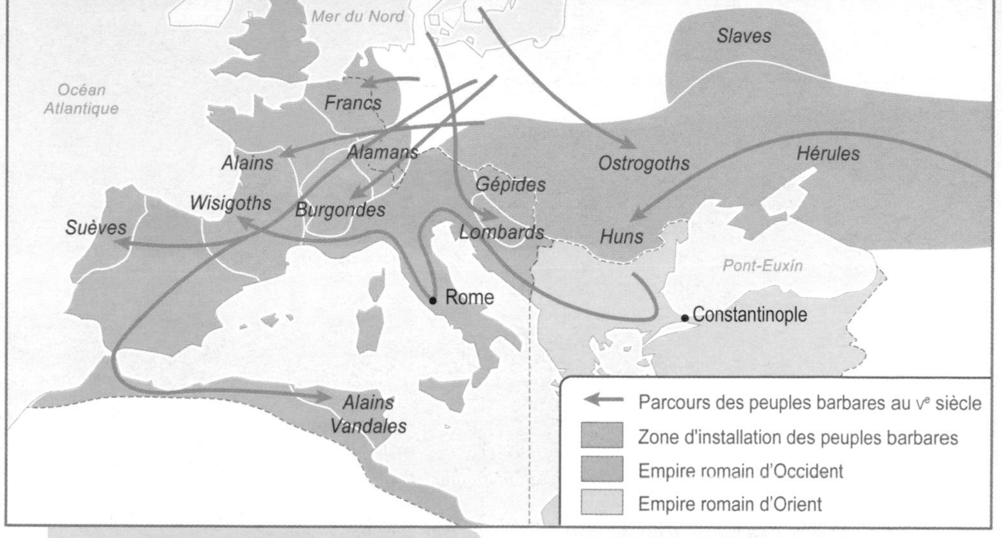

Les « barbares » en Occident au milieu du Ve siècle

À partir du IIIe siècle, plusieurs peuples germaniques, poussés par la progression des Huns originaires du Caucase, migrent vers l'ouest et pénètrent dans l'Empire romain.

Les premiers rois mérovingiens

Les auteurs romains font de Clodion le premier roi des Francs saliens. Clodion établit son peuple en Belgique entre 430 et 450. Une légende bien postérieure lui attribue un fils, Mérovée, né de l'union de sa femme et d'un dieu. Childéric Ier, fils du présumé Mérovée, règne sur les Francs vers 457-458. Les Romains lui octroient le titre de *rex* sur la Gaule Belgique. Son fils Clovis lui succède en 481-482 (► p. 53). La dynastie prend au VIIe siècle le nom du légendaire aïeul : elle est appelée « mérovingienne » (► p. 57).

Childéric Ier

Reconstitution d'après les objets découverts dans sa tombe à Tournai en 1653.

Romulus Augustule, le dernier empereur de Rome

Dans les dernières années de l'Empire, ce sont les généraux qui détiennent le pouvoir à Rome. De 455 à 472, l'un d'eux, Ricimer, fils d'un Suève et d'une Wisigothe, fait et défait les empereurs qui ne sont que des souverains fantoches : Avitus, Majorien, Sévère, Anthémius et Olybrius se succèdent. Après la mort de Ricimer, un certain Flavius Oreste fait proclamer son fils Romulus empereur. Celui-ci est surnommé Augustule, le « petit Auguste ». Mais en 476, le successeur de Ricimer, Odoacre, assassine Oreste et exile Romulus. Désormais, il n'y aura plus d'empereur en Occident. Seul demeure l'Empire d'Orient, issu de la division de 395, avec Constantinople pour capitale.

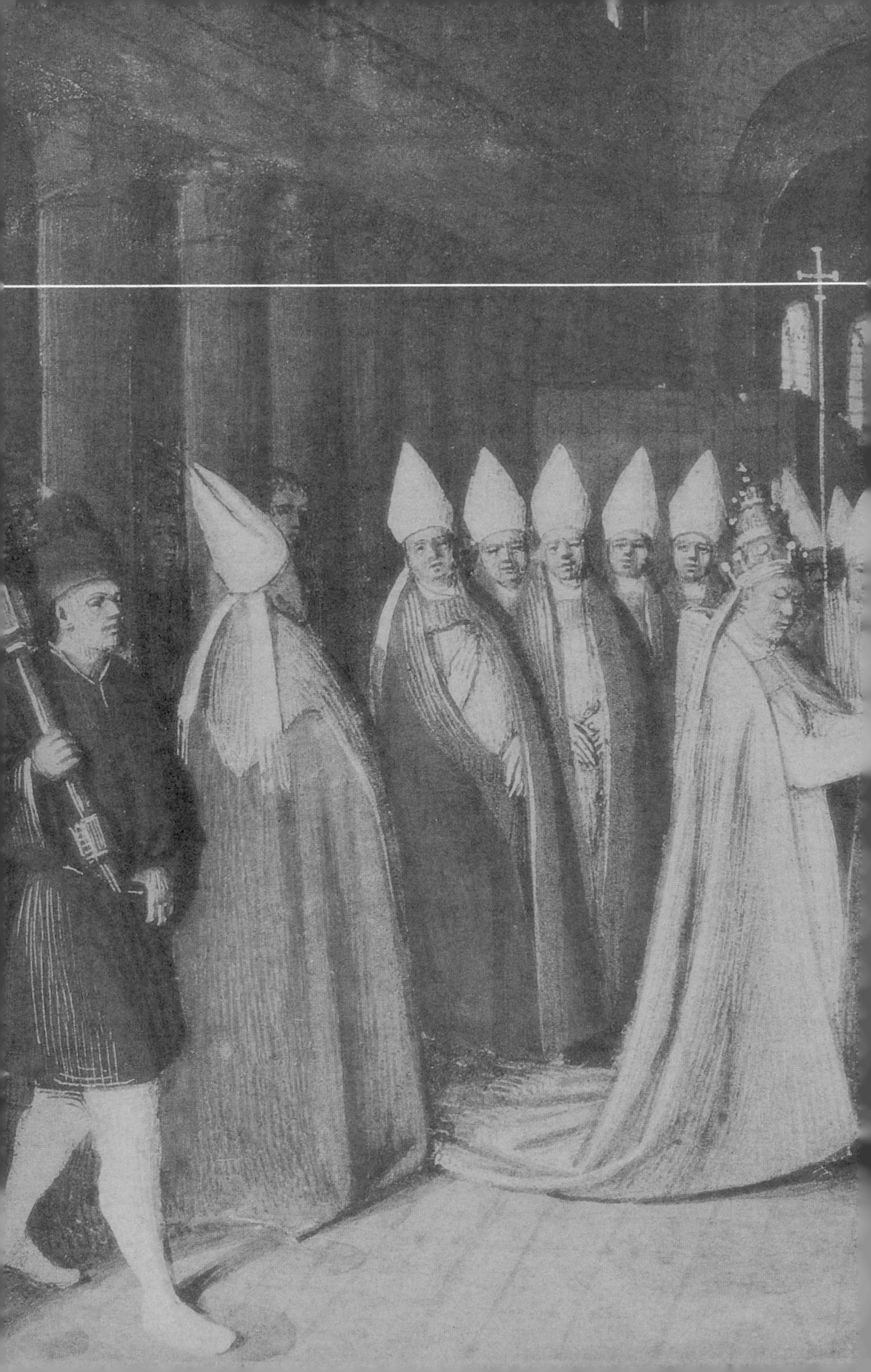

Le Moyen Âge

Du ve au xve siècle

À la fin du ve siècle, les Francs, un peuple d'origine germanique commandé par Clovis, envahissent la Gaule.

Ainsi débute le Moyen Âge, longue période de mille ans longtemps considérée comme un temps de ténèbres entre une Antiquité idéalisée et une Renaissance jugée salvatrice.

En réalité, cette période extrêmement riche est marquée par l'apparition très progressive d'un pays, la France, autour d'un roi, d'un peuple, d'un territoire et d'une religion. C'est au Moyen Âge que naît un sentiment national, fondé sur le partage de références communes.

Le sacre de Charlemagne
Grandes Chroniques de France,
enluminées par Jean Fouquet,
vers 1455-1460 (BNF, Paris).

La religion chrétienne comme facteur d'unité et d'encadrement

Au ve siècle, avec le baptême de Clovis, les Francs deviennent chrétiens. L'Église imprègne alors les mentalités et les consciences. Elle structure aussi la société et tente de s'imposer comme un pouvoir temporel en concurrence avec un pouvoir royal en construction. Si ce dernier utilise l'Église pour administrer le royaume et légitimer son pouvoir, il combat tout empiètement sur ses prérogatives.

Le renforcement du pouvoir royal et la construction du territoire

Au cours du Moyen Âge, le pouvoir royal, qui repose au départ sur le consentement et l'appui de la noblesse, s'émancipe progressivement de toutes les tutelles.
Les rois luttent contre les seigneurs et contre l'Église pour s'imposer comme souverains, détenant de Dieu seul leur pouvoir.
Le territoire qui dépend de leur autorité s'agrandit par des conquêtes, des mariages, des héritages ou des achats.
Au milieu du xve siècle, la guerre de Cent Ans achève, avec la mise en place d'une fiscalité et d'une armée permanentes, l'édifice de l'État monarchique.

Le Moyen Âge marque donc l'émergence d'un sentiment national et la création d'un État monarchique entendu comme une organisation politique efficace, une population consciente d'appartenir au même ensemble et un territoire relevant d'une même autorité.

Vers 500
Baptême de Clovis

476
Chute de l'Empire romain d'Occident
Début du Moyen Âge

778
Bataille de Roncevaux

Les Mérovingiens

76 481

751

768-814
Règne de Charlemagne

486
Clovis et le vase de Soissons

751
Pépin le Bref, roi des Francs

639
Mort de Dagobert Ier

732
Bataille de Poitiers

800
Sacre de Charlemagne

Milieu XIIe siècle
Chanson de *Raoul de Cambrai*

1095
Appel à la première croisade

842
Serments de Strasbourg

Vers 1027
Théorisation des trois ordres

911
Don de la Normandie aux Vikings

Les Carolingiens | **Les Capétiens**

987

768-814
Règne de Charlemagne

1000-1200 (environ) Art roman

1040
Début de la construction de l'église de Conques

843
Partage de Verdun

909-910
Fondation de Cluny

1041
Trêve de Dieu

987
Sacre d'Hugues Capet

1066
Bataille d'Hastings

1115
Fondation de Clairvaux

1214
Bataille
de Bouvines

1177-1181
*Lancelot ou
le Chevalier
de la charrette*

1257
Création du collège
de Sorbon

1347
Peste noire

1346
Bataille de Crécy

1356
Bataille de Poitiers

1244
Reddition de
Montségur

1328
Premier
recensement
de la population

1370
Du Guesclin,
connétable de France

1492
Fin du Moyen Âge

directs | **Les Capétiens Valois**

1328

1095-1291 Croisades en Orient

1337-1453 Guerre de Cent Ans

1100-1500 (environ) Art gothique

1270
Mort de Louis IX

1291
Perte du dernier
État latin d'Orient

1303
Humiliation
de Boniface VIII

1309
Clément V
en Avignon

1407
Assassinat du
duc d'Orléans

Vers 1410
*Les Très Riches Heures
du duc de Berry*

1415
Bataille d'Azincourt

1429-1431
Intervention de Jeanne d'Arc

n XIIe siècle
Essor des
foires de
hampagne

1204
Prise de
Château-
Gaillard

1453
Bataille de Castillon

1477
Mort de
Charles le Téméraire

1211
Début de
la construction
de la cathédrale
de Reims

1491
Mariage de Charles VIII
et Anne de Bretagne

486

Un guerrier franc brise un vase à Soissons devant Clovis

Assailli de toutes parts par les Germains, l'Empire romain se délite. En 486, un roi franc, Clovis, attaque le général romain Syagrius qui contrôle encore la région de Soissons. C'est au lendemain de sa victoire que se serait déroulé l'épisode du fameux vase.

Le partage du butin

Victorieux contre Syagrius, Clovis et ses guerriers s'apprêtent à partager le butin comme le veut la coutume franque. Mais le roi franc souhaite, pour satisfaire la demande de Rémi évêque de Reims, soustraire du lot commun un vase pour le restituer à l'église où il a été volé. L'un de ses guerriers, mécontent, frappe alors de sa hache l'objet « d'une grandeur et d'une beauté merveilleuses » (Grégoire de Tours). Clovis ne réagit pas et rend le vase abîmé à l'évêque.

La rancune de Clovis

Un an plus tard, alors qu'il passe en revue son armée, Clovis reconnaît le guerrier et, d'un coup de hache, lui fracasse le crâne. Il aurait seulement ajouté : « Souviens-toi du vase de Soissons. »

L'épisode est rapporté par l'évêque Grégoire de Tours, soixante-dix ans après la mort de Clovis. Qu'il se soit ou non réellement produit, l'événement rend compte du succès du roi franc dans son entreprise de conquêtes pour étendre son emprise sur la Gaule.

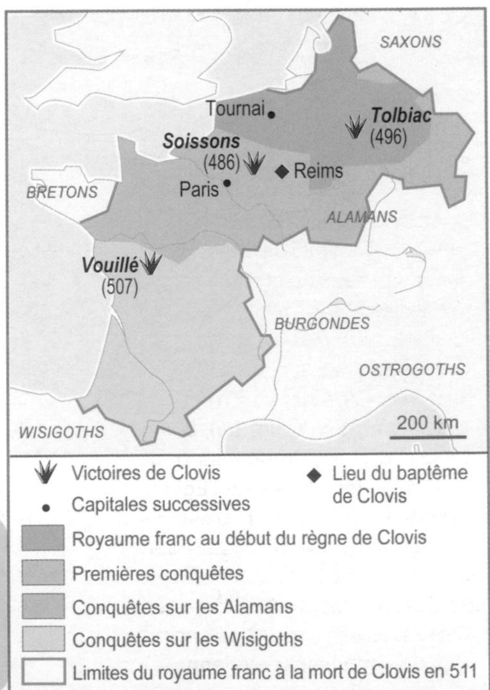

Les conquêtes de Clovis

Après ses victoires contre Syagrius, les Alamans et les Wisigoths, Clovis domine de vastes territoires. En revanche, il échoue à s'emparer de ceux des Burgondes au sud-est de la Gaule.

Clovis et le vase de Soissons

Réalisée à la fin du Moyen Âge, cette enluminure est largement postérieure au règne de Clovis. Les Francs y sont d'ailleurs vêtus comme des chevaliers des XIVe et XVe siècles.

Grandes Chroniques de France, enluminure, vers 1450-1475 (BNF, Paris).

Clovis, roi des Francs (481/482-511)

Le peu d'informations dont on dispose sur Clovis provient des ouvrages de l'évêque Grégoire de Tours, rédigés à la fin du VIe siècle. Son père Childéric, officier romain, dirige un ensemble de tribus du nord de la Gaule, les Francs saliens (► p. 45). Clovis lui succède en 481 et s'impose à la tête de tous les Francs en éliminant les chefs des autres peuples. Il conclut un accord avec l'Empire romain pour gouverner la Belgique seconde, une vaste région au nord-est de la Gaule, autour de Reims. De là, il étend son royaume par une série de conquêtes et fixe sa capitale à Paris. Il meurt en 511, installant les Mérovingiens (► p. 57) à la tête d'une grande partie de la Gaule, devenue le royaume des Francs.

Une politique pragmatique

L'épisode du vase de Soissons témoigne du souci de Clovis d'imposer son autorité et de se concilier le clergé, seul pouvoir encore en place après les invasions et la chute de l'Empire romain d'Occident (► p. 42). Alors qu'il n'est pas encore chrétien (► p. 54), le roi franc entretient de bonnes relations avec les cadres de l'Église, comme le montre sa correspondance abondante avec l'évêque de Reims. Pendant son règne, il s'efforce de rapprocher les élites « barbares » (franques païennes) et gallo-romaines (chrétiennes).

Vers 500

L'évêque Rémi baptise Clovis à Reims

Après sa victoire contre les Alamans à Tolbiac en 496, le roi franc et ses guerriers deviennent chrétiens. Leur baptême marque le début de la conversion du peuple franc au christianisme et renforce les liens entre l'Église et Clovis.

Clovis, un roi païen

Le roi franc vénère des divinités germaniques et, dans la Gaule qu'il est en train de conquérir (► p. 52), fait figure de païen.

Cependant, Clovis entretient déjà des liens étroits avec l'Église. Il appartient à une famille qui protège les membres du clergé et il a épousé une chrétienne, la princesse burgonde Clotilde, qui cherche à le convertir à plusieurs reprises. Par ailleurs, il correspond régulièrement avec les évêques (► p. 53).

Une date bien incertaine

Longtemps, les historiens, suivant les indications de Grégoire de Tours, ont fixé la date du baptême de Clovis à la Noël 496, après la bataille de Tolbiac dont on ignore en fait le lieu et la date. Mais l'utilisation d'autres sources permet aujourd'hui d'envisager des dates postérieures, vers 498 ou vers 506-508.

Un baptême contre une victoire

Le seul récit détaillé de la conversion provient de Grégoire de Tours. En 496, à Tolbiac, alors que les Alamans menacent d'anéantir l'armée franque, Clovis implore ses dieux de lui accorder la victoire. Mais ceux-ci restent sourds à ses appels. Il se tourne alors vers Jésus-Christ et fait le vœu d'être baptisé en cas de succès. D'une manière qui semble alors miraculeuse, les Alamans refluent puis se rendent quand ils apprennent que leur roi est mort. Clovis signe alors la paix et se fait baptiser à Reims par l'évêque Rémi avec 3 000 de ses guerriers.

L'intervention de Dieu

La tradition chrétienne enrichit le récit du baptême d'un épisode légendaire. Au moment où l'évêque Rémi s'apprêtait à oindre Clovis, une colombe envoyée par le Saint-Esprit serait apparue, tenant dans son bec une fiole d'huile sacrée (► p. 61).

Par la suite, la plupart des rois capétiens sont sacrés à Reims et oints avec l'huile de la sainte ampoule. Symbole de la royauté, elle fut solennellement brisée pendant la Révolution française.

v. 500 Baptême de Clovis

Les Mérovingiens | Les Carolingiens

476 481 751 987

768-814 Règne de Charlemagne

Le Baptême de Clovis

Sur ce tableau, Clovis, barbu et chevelu comme les Francs et tenant une francisque, est vêtu comme un Romain. Derrière la cuve baptismale, la reine Clotilde prie les mains jointes. L'évêque Rémi verse l'eau sur sa tête, tandis qu'on avance sur un plateau la sainte ampoule qui doit servir à l'onction.

François-Louis Dejuinne, Théodelinde Dubouché, huile sur toile, 188 × 145 cm, 1837 (musée du château de Versailles).

« Courbe doucement la tête, ô Sicambre ; adore ce que tu as brûlé, brûle ce que tu as adoré. »

L'évêque Rémi à Clovis lors du baptême.

Pourquoi Clovis s'est-il converti ?

Peut-être par conviction personnelle, ou pour des raisons politiques… Cette conversion aide en effet le roi franc dans ses conquêtes et le contrôle de son royaume en expansion. S'installant sur un territoire chrétien, il a besoin de se concilier la population et les évêques des régions nouvellement annexées. Sa conversion lui permet aussi d'obtenir le soutien des cités chrétiennes du Sud dans la guerre contre les Wisigoths et de remporter la bataille de Vouillé en 507 (► p. 52). À l'issue de cette victoire, le roi franc reçoit de l'empereur romain d'Orient les insignes de consul, assurant sa légitimité en Gaule.

Les Capétiens directs | **Les Capétiens Valois**

1328 — **1492**

1095-1291 Croisades en Orient

1000-1200 (environ) Art roman

1337-1453 Guerre de Cent Ans

1100-1500 (environ) Art gothique

639 La mort de Dagobert Ier ouvre une période de déclin pour les Mérovingiens

Divisé depuis le VIe siècle, le royaume des Francs se compose de trois grandes régions : l'Austrasie, la Burgondie et la Neustrie. Le règne de Dagobert est l'un des derniers moments de puissance de la dynastie mérovingienne.

Dagobert, un roi puissant

Nommé par son père Clotaire II, arrière-petit fils de Clovis, Dagobert devient roi d'Austrasie en 623, secondé par le **maire du palais*** Pépin de Landen. À la mort de Clotaire II en 629, il se retrouve à la tête de l'ensemble du royaume des Francs.

Le roi mérovingien renforce les liens du royaume avec l'Église. Il s'entoure ainsi de clercs comme Éloi, Ouen ou Didier et signe des lois fixant la nécessité d'assister à la messe et établissant le repos dominical. Il accorde de nombreux dons à l'abbaye de Saint-Denis et fonde une foire dans la ville, dont les taxes sont reversées aux moines.

Dagobert s'impose aussi face à la noblesse et remporte des victoires à l'extérieur contre les Slaves, ce qui renforce son prestige.

L'affaiblissement des rois mérovingiens

À sa mort en 639, Dagobert est enterré dans l'abbaye de Saint-Denis. Le maire du palais de Neustrie, Aega, fait appliquer le partage décidé par le roi défunt entre ses deux fils : Sigebert III reçoit l'Austrasie et Clovis II la Neustrie-Burgondie. Le royaume est donc à nouveau divisé. Clovis II, âgé de 4 ans, laisse Aega assumer le pouvoir.

Par la suite, l'opposition entre Austrasie et Neustrie se renforce et les minorités royales se multiplient. Puis, progressivement, les maires du palais affermissent leur pouvoir aux côtés des jeunes rois mérovingiens.

* Principal conseiller des rois mérovingiens. À la tête de l'administration, il nomme les fonctionnaires.

Les Mérovingiens, des rois fainéants ?

Cette image des rois mérovingiens apparaît sous la plume d'Eginhard, dans sa *Vie de Charlemagne* (830-836). Proche de l'empereur, ce lettré légitime *a posteriori* la prise de pouvoir des Carolingiens (► p. 60) en ternissant l'image de leurs prédécesseurs : « le roi n'avait plus en dehors de son titre, que la satisfaction de siéger sur son trône, avec sa longue chevelure et sa barbe pendante. [...] Quand il avait à se déplacer, il montait dans une voiture attelée de bœufs [...]. » Cette représentation déformée est reprise et popularisée par les ouvrages du XIXe siècle.

639 Mort de Dagobert Ier

Les Mérovingiens | Les Carolingiens

476 481 751 987

768-814 Règne de Charlemagne

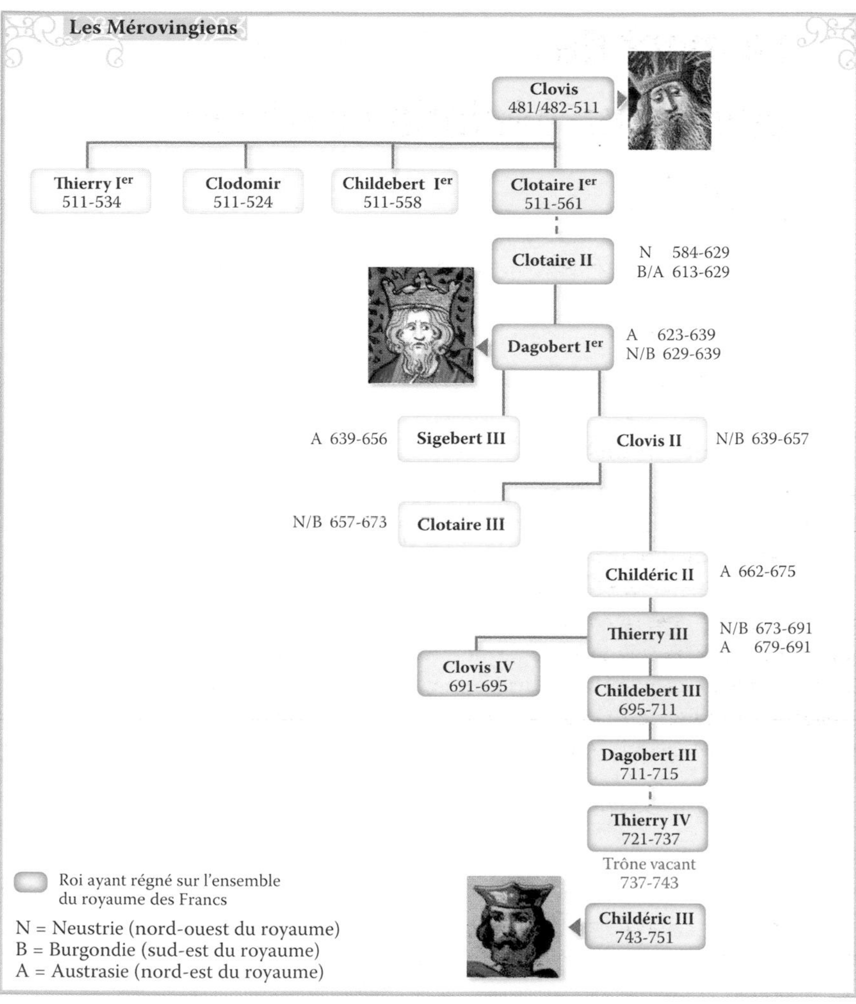

Les Pippinides, une famille de plus en plus puissante

En 623, quand Dagobert devient roi d'Austrasie, les Pippinides, par l'intermédiaire de Pépin de Landen, occupent déjà la fonction de maire du palais. Peu à peu, ils exercent l'essentiel du pouvoir, tout en maintenant les rois mérovingiens sur leur trône. En 714, l'un d'eux, Charles Martel (► p. 58), s'impose face à l'aristocratie austrasienne et combat la Neustrie qui s'est révoltée. Il choisit de conserver la fonction de maire du palais et laisse sur le trône les rois mérovingiens. Mais en 751, son fils Pépin le Bref dépose leur dernier représentant et fonde une nouvelle dynastie, les Carolingiens (► p. 60).

25 octobre 732

Charles Martel
bat les Arabes à Poitiers

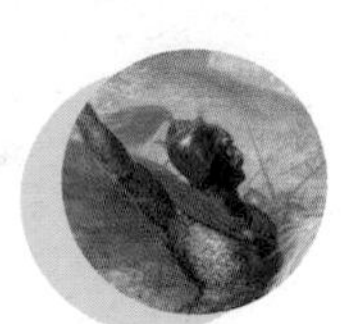

En 732, Charles Martel stoppe une expédition des musulmans dans le sud-ouest du royaume des Francs. Si cette victoire ne met pas un terme aux incursions arabes, elle lui permet d'accroître son prestige et d'étendre son influence au sud.

Les musulmans pillent l'Aquitaine

Depuis 711, les musulmans occupent l'Espagne conquise sur les rois wisigoths et multiplient les raids dans le royaume des Francs. En 732, le gouverneur de l'émirat de Cordoue organise une nouvelle expédition : il ravage le sud de l'Aquitaine puis remonte vers Tours, attiré par les richesses de la ville et du sanctuaire de Saint-Martin (► p. 40). Le duc d'Aquitaine, Eudes, demande alors l'aide de Charles Martel, maire du palais d'Austrasie et de Neustrie, principal conseiller du roi mérovingien Thierry IV (► p. 57).

Les deux armées s'affrontent près de Poitiers

Le 25 octobre 732, après une semaine d'escarmouches, les cavaliers musulmans, légèrement équipés de cimeterres, de boucliers ronds et d'arcs, se brisent sur les lignes des fantassins francs. Ceux-ci sont puissamment armés de casques, de longs boucliers, d'épées longues, de lances et de francisques, et décrits dans une chronique mozarabe comme « immobiles comme un mur, l'épée au poing, tel un rempart de glace ».

Les musulmans sont vaincus et leur gouverneur est tué durant la bataille. Le lendemain matin, dans le camp ennemi abandonné, les Francs se partagent les prises de guerre.

Une bataille décisive ?

La victoire de Poitiers est surtout pour Charles Martel un moyen d'affaiblir le duc d'Aquitaine et d'étendre la zone d'influence de sa famille, les Pippinides (► p. 57), dans le sud de la Gaule.

Un événement fondateur

L'historiographie française n'a cessé, jusqu'à la fin du XIXe siècle, d'instrumentaliser cette bataille, pourtant simple coup d'arrêt ponctuel à une opération de pillage.

Après la prise du pouvoir par Pépin le Bref en 751 (► p. 60), la victoire de Poitiers sert à renforcer la légitimité des Carolingiens. Puis elle devient progressivement l'événement fondateur de l'unité nationale et le symbole de la défense de la chrétienté face aux musulmans. Après la défaite contre les Prussiens en 1870 (► p. 284), la bataille est de nouveau exaltée comme un moment de défense de la patrie, mais désormais sans connotation religieuse, dans une IIIe République qui a fait de la laïcité l'un de ses principes.

732 Bataille de Poitiers

Les Mérovingiens | Les Carolingiens

476 481 751 987

768-814 Règne de Charlemagne

La Bataille de Poitiers

Ce tableau, réalisé peu après la conquête de l'Algérie par la France en 1830, montre Charles Martel à cheval et coiffé d'une couronne, haranguant ses troupes à l'ombre d'une croix, faisant des Francs les défenseurs de la chrétienté.

Charles de Steuben, huile sur toile, 542 × 465 cm, 1837 (musée du château de Versailles).

Une civilisation arabo-musulmane en pleine expansion

Dans la péninsule arabique, à partir de 610, Mahomet convertit les Arabes, jusqu'alors polythéistes, à l'islam. Ses successeurs, les califes, étendent leurs territoires par des conquêtes et diffusent l'islam et l'arabe, la langue du Coran. La civilisation arabo-musulmane se développe grâce au commerce, la région faisant office de plaque tournante entre l'Europe et l'Asie. Les arts et le savoir sont également en plein essor et, dans de nombreux domaines scientifiques comme les mathématiques, la médecine ou l'astronomie, les savants musulmans sont très en avance sur leurs homologues d'Occident.

Les Capétiens directs | Les Capétiens Valois

1328 | 1492

1095-1291 Croisades en Orient

1000-1200 (environ) Art roman

1337-1453 Guerre de Cent Ans

1100-1500 (environ) Art gothique

751

Pépin le Bref devient le premier roi carolingien

Entre 737 et 743, le trône est vacant et le pouvoir aux mains des maires du palais. Pépin III dit le Bref, fils de Charles Martel, rétablit Childéric III, dernier roi mérovingien, pour faire face à des révoltes. En 751, il le dépose et prend le pouvoir.

Pépin, nouveau roi des Francs

Pour être roi, Pépin le Bref a besoin du pape Zacharie III. Consulté, celui-ci affirme que l'autorité royale doit appartenir à celui qui exerce véritablement le pouvoir : il ordonne alors de faire Pépin roi, légitimant ainsi le coup d'État.

À la fin de l'année 751, Pépin réunit à Soissons l'assemblée des Grands qui l'acclame, l'élit roi des Francs et lui jure fidélité. Il est ensuite oint par un évêque. Les derniers rois de la lignée mérovingienne, Childéric III (► p. 57) et son fils, sont déposés, tonsurés et envoyés dans un monastère.

La fondation d'une dynastie

Deux ans plus tard, en 753, Rome est assiégée par les Lombards. Le nouveau pape Étienne II se réfugie en Francie, le territoire des Francs, où il obtient la protection de Pépin le Bref. Le 28 juillet 754, il sacre Pépin à l'abbaye Saint-Denis, procédant à l'onction du roi et de ses deux fils, Charles (futur Charlemagne) et Carloman.

Cette cérémonie scelle de nouveau l'alliance entre la monarchie franque et l'Église. En associant les fils de Pépin au sacre, elle crée une dynastie. Elle rend en outre impossible tout retour en arrière : les Carolingiens s'imposent définitivement après les Mérovingiens.

Le couronnement de Pépin le Bref

Cette représentation n'est pas fidèle : les personnages sont vêtus comme au XVe siècle et la coutume du couronnement est postérieure à Pépin.

Grandes Chroniques de France, enluminées par Jean Fouquet, vers 1455-1460 (BNF, Paris).

751 **Pépin le Bref, roi des Francs**

Les Mérovingiens | Les Carolingiens

476 481 751 987

768-814 Règne de Charlemagne

Un pouvoir de droit divin

Lors du sacre, l'onction est effectuée avec une huile appelée le chrême, en référence à l'Ancien Testament dans lequel les rois Saül puis David sont oints, pour marquer le choix de Dieu en faveur de personnes qui n'étaient pas destinées à régner par leur naissance. L'onction fait donc du roi un être à part et permet de renforcer sa légitimité. Par la suite, l'idée que le chrême provient de la sainte ampoule, apportée par une colombe symbolisant le Saint-Esprit lors du baptême de Clovis (► p. 54), renforce la thèse d'une monarchie de droit divin.

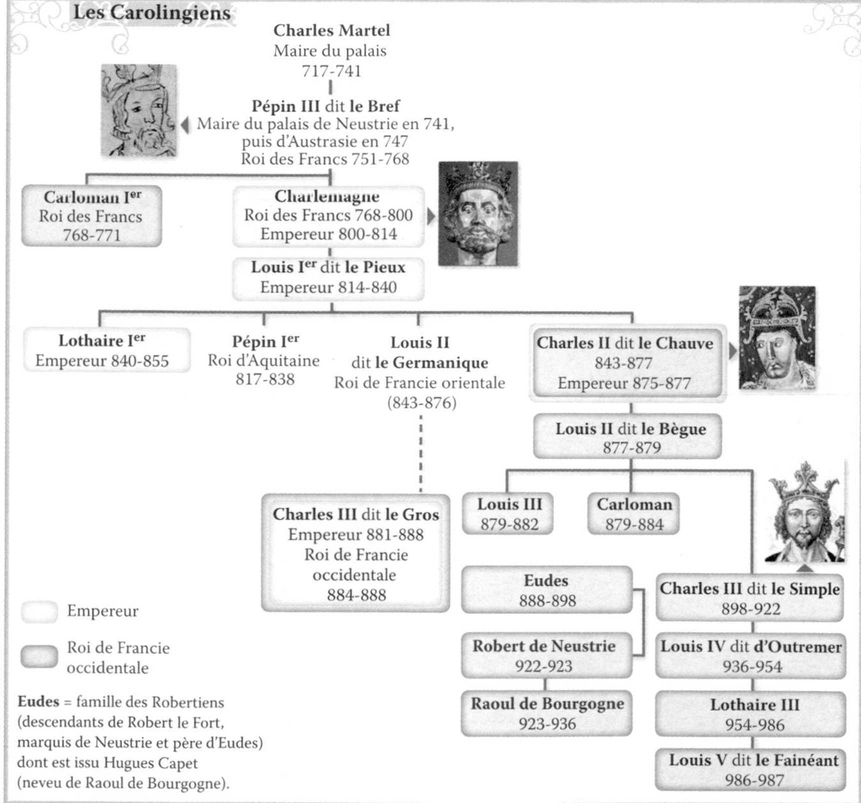

La création des États de l'Église

Au VIIIe siècle, les Lombards, installés dans le nord de l'Italie, cherchent à occuper Rome, obligeant le pape Étienne II à l'exil. Après deux expéditions militaires victorieuses en 755 et 756, Pépin le Bref soumet leur chef Aistulf et offre alors au pape les territoires qu'il a conquis. Progressivement se forment ainsi, dans le centre de l'Italie, les États de l'Église sous l'autorité du pape.

Les Capétiens directs | Les Capétiens Valois

1328 · 1492

1095-1291 Croisades en Orient

1000-1200 (environ) Art roman

1337-1453 Guerre de Cent Ans

1100-1500 (environ) Art gothique

778

L'arrière-garde de l'armée franque est massacrée à Roncevaux

Roi des Francs depuis 768, Charlemagne entreprend d'agrandir le royaume. Alors que son armée quitte l'Espagne pour la Saxe, elle est attaquée dans les Pyrénées lors d'une embuscade tendue par les Basques.

Une expédition en Espagne

En 778, Charlemagne reçoit des émissaires de chefs musulmans révoltés contre l'émir de Cordoue. Voyant là un bon moyen d'étendre l'influence des Francs et de combattre les ennemis des chrétiens, Charlemagne réunit une grande armée qui fait route vers l'Espagne au printemps et franchit les Pyrénées au col de Roncevaux. Après avoir soumis Pampelune, il met le siège devant Saragosse. Mais informé d'une révolte en Saxe, Charlemagne rebrousse chemin, pillant sur son passage Pampelune dont il détruit les remparts.

Une attaque surprise

Furieux de cette humiliation, les Basques tendent une embuscade à l'armée franque, probablement au col de Roncevaux. Alors que les soldats de Charlemagne s'étirent en une longue file pour franchir le col, les Basques cachés dans les bois en hauteur dévalent les pentes et surprennent l'arrière-garde ralentie par le butin et les prisonniers. Ils massacrent les guerriers francs, s'emparent des richesses et s'enfuient rapidement, avantagés par leur armement léger et leur connaissance du terrain. Parmi les victimes figurent plusieurs grands personnages dont Roland, comte de la marche de Bretagne, passé à la postérité 300 ans plus tard dans une célèbre chanson de geste (► p. 92).

« Quand je serai au plus fort de la bataille, je frapperai mille coups et sept cents, de Durandal vous verrez l'acier sanglant. »

Roland à Olivier, *Chanson de Roland*, 1098.

L'Empire carolingien en 814

Après la mort de son frère Carloman Ier en 771 (► p. 61), Charlemagne récupère ses biens et se lance dans des expéditions militaires, soumettant d'abord les Saxons puis les Lombards. Les territoires sont alors rattachés aux possessions franques et Charlemagne devient « roi des Francs et des Lombards ». Après Roncevaux, les Francs ne reconquièrent le nord de l'Espagne qu'en 801. C'est la fin de l'extension territoriale.

778 Bataille de Roncevaux

Les Mérovingiens | Les Carolingiens

476 481 751 987

768-814 Règne de Charlemagne

La mort de Roland

Après avoir vaillamment combattu, Roland, à l'article de la mort, souffle dans son olifant pour appeler en renfort l'armée de Charlemagne. Cependant, celui-ci arrive trop tard et Roland meurt, avec à ses côtés son cor et son épée Durandal.

Grandes Chroniques de France, enluminées par Jean Fouquet, vers 1455-1460 (BNF, Paris).

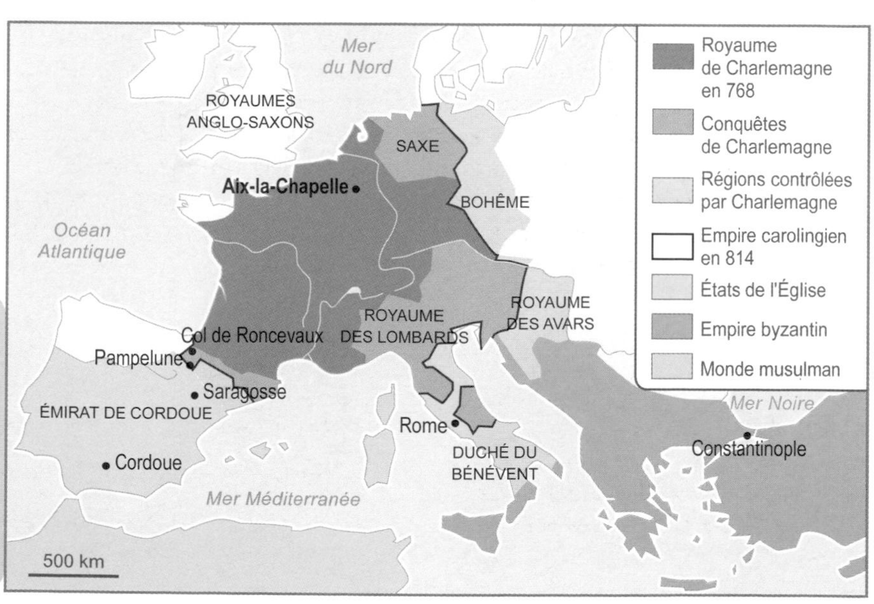

25 décembre 800

Charlemagne est couronné empereur à Rome

Après avoir repoussé les limites de son royaume par des conquêtes, Charlemagne restaure en Occident la dignité impériale avec l'aide de l'Église.

La restauration de l'Empire romain d'Occident

En 476, quand le chef barbare Odoacre dépose le jeune empereur Romulus Augustule (► p. 45), l'Empire romain disparaît en Occident. Seul demeure l'Empire romain d'Orient, bientôt appelé Empire byzantin.

Plus de 300 ans plus tard, Charlemagne règne sur la quasi-totalité des chrétiens d'Occident, soumis ou convertis après conquête (► p. 63). Il apparaît comme le défenseur de la foi, ayant comme son père Pépin le Bref aidé le pape contre les Lombards (► p. 60). En 799, il réitère sa protection au nouveau pape Léon III, menacé par une partie de la noblesse romaine.

Charlemagne peut donc prétendre à la succession des empereurs romains d'Occident.

Le couronnement par le pape

Fort de cette légitimité, Charlemagne arrive à Rome en novembre 800 pour être couronné par le pape. Le matin de Noël, de nombreux dignitaires romains et francs sont présents dans la basilique Saint-Pierre, tandis que Charlemagne s'agenouille devant le tombeau de l'apôtre et prie. Puis il se rend dans le chœur où le pape Léon III pose sur sa tête la couronne impériale sous l'acclamation des grands laïcs et ecclésiastiques. L'assemblée entonne alors les louanges des saints en l'honneur du nouvel empereur et du peuple franc. Puis, selon certaines sources, le pape se serait agenouillé devant lui. Enfin, la cérémonie se termine par l'onction (► p. 61) du fils aîné de Charlemagne, officiellement associé au pouvoir.

> « *À Charles, Auguste, couronné par Dieu grand et pacifique empereur des Romains, vie et victoire.* »
>
> Formule de l'acclamation de Charlemagne, 800.

Les suites de la cérémonie

Selon certaines sources, Charlemagne aurait été mécontent parce que Léon III l'a couronné avant l'acclamation, montrant que c'est le pape qui fait l'empereur et non le consentement des Grands. Cette tradition perdure néanmoins : tous les futurs empereurs recevront leur couronne de la main du pape.

Après la mort de son fils aîné, Charlemagne couronne empereur son unique fils survivant, Louis dit le Pieux (► p. 61), et le fait acclamer le 11 septembre 813 à Aix-la-Chapelle.

800 Sacre de Charlemagne

476	481	Les Mérovingiens	751	Les Carolingiens	987

768-814 Règne de Charlemagne

Le sacre de Charlemagne

Dans la basilique Saint-Pierre-de-Rome, le pape dépose la couronne fermée sur la tête de Charlemagne agenouillé, en présence des grands laïcs et ecclésiastiques.

Grandes Chroniques de France, enluminées par Jean Fouquet, vers 1455-1460 (BNF, Paris).

Aix-la-Chapelle, capitale de l'Empire carolingien

À partir de 790, Charlemagne fait construire à Aix-la-Chapelle un palais sur les restes d'un bâtiment d'époque romaine. Au cœur du berceau des Carolingiens, à la confluence de plusieurs routes, le site offre à l'empereur la proximité de grandes forêts pour chasser et de sources d'eau chaude pour nager.

L'Empire est composé d'environ 300 comtés, dirigés par des comtes. Pour les contrôler, Charlemagne nomme des *missi dominici* (« envoyés du maître ») chargés d'effectuer quatre tournées d'inspection par an.

Sous le règne de Charlemagne, les artistes et les savants sont encouragés, participant notamment à la création d'écoles ou favorisant l'emploi d'une écriture plus lisible, la minuscule caroline. Les historiens du XIXe siècle ont ainsi qualifié ce développement culturel et intellectuel de « Renaissance carolingienne ».

842

Charles et Louis prêtent serment à Strasbourg

À la mort de Charlemagne en 814, Louis Ier dit le Pieux hérite de la totalité de l'Empire. En 817, il partage le territoire entre ses trois fils, Lothaire, Pépin et Louis, mais la naissance de Charles en 823 entraîne un nouveau partage qui plonge l'Empire dans des luttes fratricides. À la mort de Louis le Pieux en 840, ses trois fils survivants se disputent encore la succession.

Une bataille sanglante

Depuis 840, Louis dit le Germanique et Charles dit le Chauve contestent à leur aîné Lothaire Ier, qui a hérité du titre d'empereur (► p. 61), le droit d'avoir plus de territoires qu'eux et une autorité supérieure à la leur.

En 841, à la bataille de Fontenoy-en-Puisaye près d'Auxerre, Louis et Charles mettent en déroute Lothaire qui se réfugie à Aix-la-Chapelle. Cette bataille tourne au massacre sans pour autant résoudre la situation et provoque l'émoi, des chrétiens s'y étant entretués.

Charles et Louis renouvellent leur alliance

En 842, Louis et Charles se retrouvent à Strasbourg. Devant leurs armées et les Grands réunis, les deux frères jurent, chacun dans la langue de l'autre, de s'aider mutuellement face à Lothaire. Louis prête serment en langue romane, comprise des soldats de Charles et ce dernier s'exprime en tudesque pour être entendu des guerriers de Louis. Les armées prêtent ensuite serment, chacune dans son propre dialecte.

Cette grande cérémonie orale montre l'importance des liens personnels entre les guerriers et leur seigneur, mais aussi la détermination des deux frères à combattre leur aîné. Les serments sont ensuite fixés par écrit.

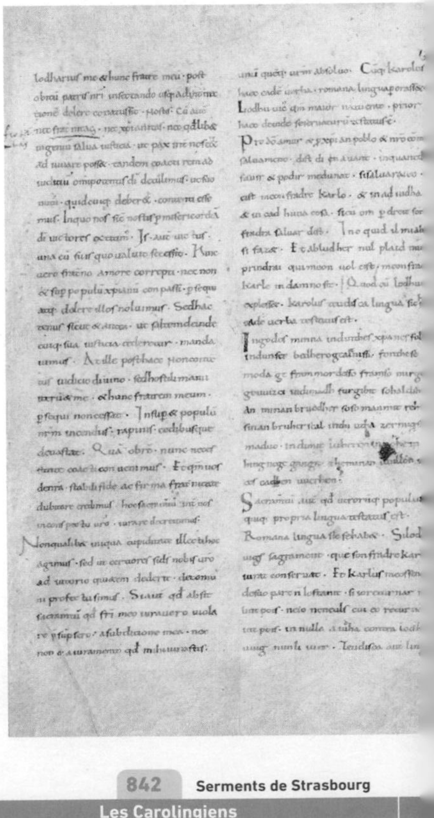

Charles le Chauve et Louis le Germanique prêtent serment devant leurs armées

Paul Lehugeur, gravure, 1891.

« Je secourrai ce mien frère Charles par mon aide et en toute chose, comme on doit secourir son frère, selon l'équité, à condition qu'il fasse de même pour moi. »

Extrait des serments, cité par Nithard, *Histoire des fils de Louis le Pieux*, 842-843.

Les serments de Strasbourg

En 842-843, l'abbé-comte Nithard, petit-fils de Charlemagne et cousin des trois frères, retranscrit dans une *Histoire des fils de Louis le Pieux* les serments de Strasbourg en langues vernaculaires. Ces copies sont les premiers textes rédigés en vieil allemand et en ancien français. Deux grandes aires linguistiques, l'une germanique, l'autre romane, apparaissent alors.

Nithard, *Histoire des fils de Louis le Pieux*, 842-843 (BNF, Paris).

La formation de la langue française

Le français est une langue romane, dérivée du latin imposé lors de la conquête de la Gaule par les Romains (Ier siècle av. J.-C.). Elle intègre des mots et des prononciations empruntés au gaulois (d'origine celtique) puis aux langues franciques d'origine germanique parlées par les Francs qui s'installent en Gaule à partir du Ve siècle. C'est dans cet ancien français que sont retranscrits les serments de Strasbourg en 842. Le français devient la langue officielle du royaume en 1539, quand François Ier impose que tous les actes juridiques soient rédigés dans cette langue (► p. 158).

Les Capétiens directs | Les Capétiens Valois

1328 — 1492

1095-1291 Croisades en Orient

1000-1200 (environ) Art roman

1337-1453 Guerre de Cent Ans

1100-1500 (environ) Art gothique

843

L'empire de Charlemagne est divisé en trois à Verdun

Arrivés à un accord, les trois fils de Louis le Pieux se partagent le pouvoir et les territoires de l'Empire. Charles le Chauve récupère la Francie occidentale, entité qui préfigure la France.

Lothaire accepte de négocier

Après les serments de Strasbourg (▶ p. 66), Louis le Germanique et Charles le Chauve marchent sur Aix-la-Chapelle, rapidement abandonnée par Lothaire Ier. Celui-ci est finalement obligé d'engager des pourparlers.

Les trois frères se rencontrent en juin 842 près de Mâcon et décident de lancer une grande enquête pour délimiter les territoires et évaluer les biens de l'Empire en vue d'un partage équitable.

Un empereur et deux rois

En août 843, Lothaire, Louis et Charles se retrouvent à Verdun pour acter la division de l'Empire. Trois royaumes indépendants de taille à peu près équivalente sont créés. Louis règne sur les territoires à l'est du Rhin (Francie orientale). Lothaire choisit une longue bande médiane qui s'étire sur 2000 kilomètres et englobe la capitale, Aix-la-Chapelle (Lotharingie). Charles récupère les territoires les plus à l'ouest de l'Empire (Francie occidentale). Les trois frères sont « rois des Francs » avec les mêmes prérogatives ; Lothaire conserve la dignité impériale, devenue purement honorifique.

Le partage de Verdun

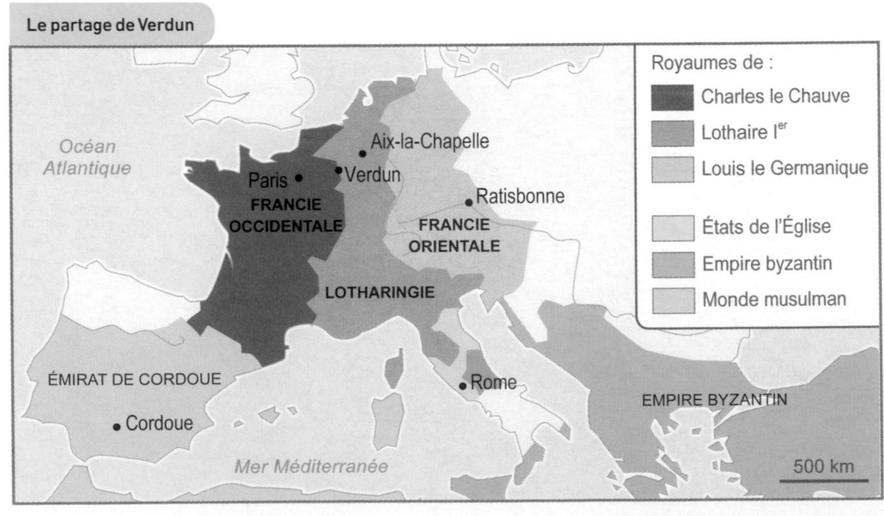

843 Partage de Verdun

Les Mérovingiens | Les Carolingiens

476 481 751 987

768-814 Règne de Charlemagne

Charles II dit le Chauve (843-877)

Né en 823, Charles II est le quatrième fils de Louis le Pieux et de sa seconde épouse Judith de Bavière (► p. 61). Il devient roi de Francie occidentale en 843 et se fait sacrer à Orléans en 848 pour renforcer son autorité. Après la mort des deux fils de Lothaire Ier, il récupère le titre impérial et se fait sacrer à Rome en 875. Il meurt deux ans plus tard de dysenterie dans les Alpes au retour d'une expédition menée en Italie contre les Sarrasins à la demande du pape.

La naissance de la France

Le partage de Verdun débouche sur la création d'entités qui préfigurent la France et l'Allemagne autour de deux pôles linguistiques (► p. 67). Toutefois, chaque royaume est encore formé d'un ensemble de peuples et de territoires assez divers. Très vite, la Francie occidentale est en proie aux raids des Normands (► p. 74) et les grands aristocrates régionaux profitent des faiblesses du pouvoir royal pour s'émanciper progressivement.

Charles II le Chauve, roi des Francs, recevant une Bible des moines de l'abbaye Saint-Martin de Tours

Les clercs, identifiables à leurs tonsures, remettent une Bible enveloppée d'un linge à Charles le Chauve. Ce dernier, assis sur son trône sous un portique doré, est entouré de conseillers et de gardes. En haut, la main symbolise la protection de Dieu et deux vertus tendent une couronne.

Première Bible de Charles le Chauve, enluminure, vers 845, (BNF, Paris).

Les Capétiens directs	Les Capétiens Valois
1328	1492

1095-1291 Croisades en Orient

1000-1200 (environ) Art roman

1337-1453 Guerre de Cent Ans

1100-1500 (environ) Art gothique

L'essor du monachisme

À partir du xe siècle, de puissants ordres religieux apparaissent : Cluny puis Cîteaux. Dans les nombreuses abbayes fondées alors, la vie des moines repose sur la règle de saint Benoît.

909-910 • Le duc d'Aquitaine permet de créer le monastère de Cluny

La création de Cluny

Vers 909, Guillaume, duc d'Aquitaine, fait don à Bernon, abbé de deux monastères dans le Jura, d'un domaine rural près de Mâcon, en Bourgogne. Celui-ci s'installe à Cluny avec six compagnons et fonde un monastère. Il fait alors construire une église abbatiale de dimensions assez modestes (35 mètres de long). De nouvelles églises sont bâties par la suite, à la fin des xe et xie siècles.

Placé sous l'autorité directe du pape à partir du xie siècle, le monastère jouit d'une grande indépendance par rapport aux pouvoirs locaux du seigneur et de l'évêque.

Une communauté de bénédictins

Les moines de Cluny suivent la règle élaborée par Benoît de Nursie au vi^e siècle, complétée et propagée au ixe siècle par Benoît d'Aniane.

Renonçant au monde pour se consacrer à Dieu, les moines doivent vivre en communauté. La règle fixe leur cadre de vie, les relations dans l'abbaye – les bénédictins sont frères et obéissent à l'abbé – et l'organisation de la journée. Les moines partagent ainsi leur temps entre les offices religieux, le travail manuel et la lecture des textes bibliques.

L'extension de Cluny

Les abbés successifs de Cluny mettent rapidement en place un réseau de monastères qui suivent la même règle et obéissent à l'abbaye mère. Au début du xiie siècle, près de 1 200 monastères clunisiens sont disséminés dans toute l'Europe occidentale.

L'ordre s'enrichit grâce aux nombreux dons qu'il reçoit. Puissant, il exerce une influence politique majeure : des clunisiens sont ainsi élus papes, tel Urbain II en 1088.

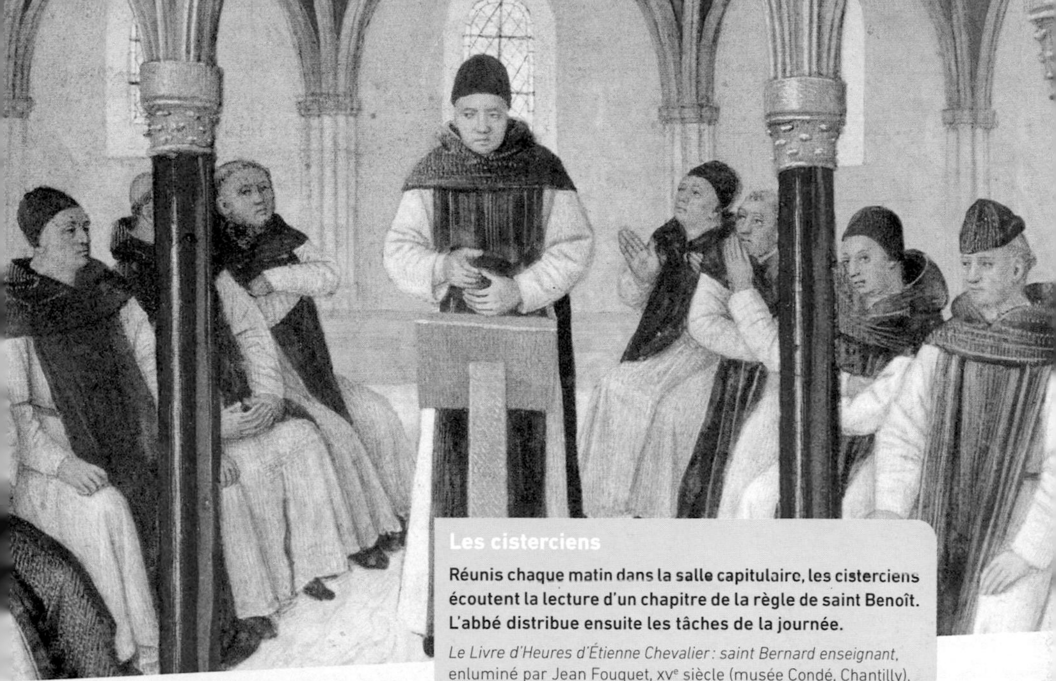

Les cisterciens

Réunis chaque matin dans la salle capitulaire, les cisterciens écoutent la lecture d'un chapitre de la règle de saint Benoît. L'abbé distribue ensuite les tâches de la journée.

Le Livre d'Heures d'Étienne Chevalier : saint Bernard enseignant, enluminé par Jean Fouquet, XVe siècle (musée Condé, Chantilly).

Cluny, instrument de la réforme grégorienne

Au XIe siècle, les papes cherchent à mettre fin aux dérives que connaît l'Église catholique. La réforme grégorienne, qui doit son nom au pape Grégoire VII, a comme premier objectif d'affirmer l'indépendance du clergé face au pouvoir politique, afin que les laïcs ne puissent plus intervenir dans les nominations. Parallèlement, des séminaires sont créés afin d'améliorer la formation du clergé. La réforme réaffirme le célibat des prêtres et l'interdiction de la simonie, c'est-à-dire de la vente d'un sacrement ou d'une charge ecclésiastique. Enfin, elle entend renforcer l'autorité du pape au sein de l'Église, lequel s'appuie alors sur les nouveaux ordres monastiques pour diffuser ces principes.

1115 • Bernard fonde l'abbaye de Clairvaux, fille de Cîteaux

La création de Cîteaux

En réaction à ce qu'il perçoit comme une dérive de l'ordre clunisien, Robert de Molesmes et quelques compagnons fondent en 1098 l'abbaye bourguignonne de Cîteaux. Ils veulent revenir à une stricte observance de la règle de saint Benoît, dévoyée selon eux par Cluny, et vivre à l'écart du monde, dans la pauvreté, sans se mêler des affaires politiques. Les moines cisterciens repoussent tout contact avec les laïcs : ils n'accueillent ni sépultures, ni pèlerins, ni écoles. Ils refusent tout revenu et subsistent grâce à leur travail manuel. Les matériaux luxueux comme l'or ou l'argent sont bannis et les décors des bâtiments sont d'une extrême sobriété.

Bernard de Clairvaux et l'expansion rapide de l'ordre cistercien

En 1115, l'abbé de Cîteaux, Étienne Harding, envoie le moine Bernard de Fontaine fonder une abbaye à l'ouest de Troyes, sur une terre donnée par le comte de Champagne.

Devenu l'abbé de Clairvaux, nouvel établissement dépendant de Cîteaux, Bernard favorise à son tour la création de nouveaux monastères. L'ordre cistercien se développe alors rapidement : à la mort de Bernard en 1153, il regroupe 345 monastères, puis 700 à la fin du XIIIe siècle.

> *« Les murs de l'église resplendissent, mais les pauvres souffrent ! […] Ses pierres sont couvertes d'or, mais ses enfants sont nus ! »*

Bernard de Clairvaux à propos de Cluny, *Apologie adressée à Guillaume*, 1124.

Un renoncement progressif à l'idéal des origines

Vers 1120, une catégorie de moines « subalternes » apparaît : les convers, d'origine généralement paysanne, qui se consacrent entièrement aux travaux manuels. Les autres moines, éduqués et issus de la noblesse, se dédient aux activités intellectuelles, telle la copie de manuscrits, ou à la liturgie.

Les monastères cisterciens commencent à accepter des dîmes, des seigneuries et d'autres dons des laïcs. Enfin, les cisterciens interviennent de plus en plus dans le débat public et certains deviennent conseillers des grands seigneurs ou des rois.

Une controverse vestimentaire

La querelle idéologique qui oppose les ordres clunisien et cistercien s'exprime dans leur tenue vestimentaire.

À partir du IXe siècle, les moines bénédictins teignent, par un procédé onéreux, leurs habits en noir, couleur associée à l'humilité et à la pénitence ; les clunisiens sont ainsi surnommés les « moines noirs ».

En réaction, les cisterciens, qui prônent le retour à la pauvreté, portent des vêtements de laine, filée et tissée dans le monastère, non teinte ; ils deviennent les « moines blancs ».

Bernard de Clairvaux

Représenté dans son habit blanc, le moine tient une crosse d'abbé et une maquette de l'abbaye de Clairvaux. Il porte la tonsure comme tous les clercs ; l'auréole rappelle qu'il a été canonisé par le pape en 1174.

Retable de Clairvaux, XVe siècle (musée des Beaux-Arts, Dijon).

Un moine copiste

Jusqu'à l'invention de l'imprimerie au XVe siècle, les moines assurent une grande part du travail de copie des manuscrits dans les *scriptoria* des monastères. Ici, le moine retranscrit le livre ouvert sur son pupitre, où sont aussi posées ses bésicles, de grosses lunettes rondes.

Histoire des nobles princes de Hainaut, enluminure, Flandre, milieu XVe siècle (BNF, Paris).

Cluny III, la plus vaste église de la chrétienté (reconstitution)

Dédiée aux saints Pierre et Paul, l'église abbatiale de Cluny surnommée Cluny III est construite à partir de 1088, l'église précédente étant devenue trop petite. D'une longueur de 187 mètres, elle est restée la plus grande église de l'Occident jusqu'à l'édification de la basilique Saint-Pierre-de-Rome au XVIe siècle. Elle a été en grande partie détruite pendant la Révolution française.

911

Charles le Simple cède la Normandie aux Vikings

Depuis la fin du VIIIe siècle, les Vikings, les « hommes du Nord », pillent les côtes du monde franc. Pour mettre fin à ces incursions, le roi Charles III dit le Simple cède à leur chef, Rollon, un territoire qui devient la Normandie.

La menace des hommes du Nord

En 911, Rollon et ses hommes, originaires de Norvège ou du Danemark, attaquent la ville de Chartres. Ils sont repoussés par Robert, marquis de Neustrie.

Fort de ce succès et pour éloigner durablement cette menace, Charles le Simple (► p. 61) décide de traiter avec Rollon, déjà partiellement acclimaté au monde franc puisqu'il a épousé la fille d'un comte et que son fils, Guillaume, est chrétien.

Une rencontre mouvementée

Les deux hommes se rencontrent à Saint-Clair-sur-Epte, dans l'actuel Val-d'Oise. Selon le récit postérieur de Dudon de Saint-Quentin, un clerc de l'entourage d'un duc normand, Rollon, trop fier, aurait refusé de baiser le pied de Charles III ainsi que le voulait la coutume.

Un de ses guerriers est alors désigné pour remplir cette tâche. Sans se pencher, il porte le pied de Charles le Simple à sa bouche et le déséquilibre, provoquant « une grande hilarité et un grand tumulte parmi le peuple ».

Une intégration rapide

À l'issue de la rencontre, Charles III donne à Rollon les territoires autour de Rouen, entre l'Epte et la mer. En contrepartie, ce dernier se convertit au christianisme, promet fidélité au roi et s'engage à protéger le monde franc. Si les raids vikings sont stoppés dans la vallée de la Seine, ils se poursuivent dans d'autres régions jusqu'au début du XIe siècle.

Charles le Simple a utilisé le même procédé que ses prédécesseurs : intégrer un peuple étranger menaçant, par la religion et par son imbrication dans les structures politiques du monde franc. Rollon transmet le pouvoir à son fils Guillaume Longue Épée en 932, fondant ainsi une lignée. Le fils de Guillaume, Richard Ier, épouse plus tard la sœur d'Hugues Capet, futur roi de France (► p. 76).

Les drakkars

Le terme « drakkar » désigne au départ la figure de proue des navires vikings. Ces embarcations d'une vingtaine de mètres à fond plat sont adaptées à la navigation en haute mer comme sur les cours d'eau. Rapides et maniables, fonctionnant à voile ou à rame, ils permettent de transporter des guerriers et d'effectuer des raids fulgurants sur des cibles peu protégées.

Bateau d'Oseberg, IXe siècle (musée des Navires vikings, Oslo).

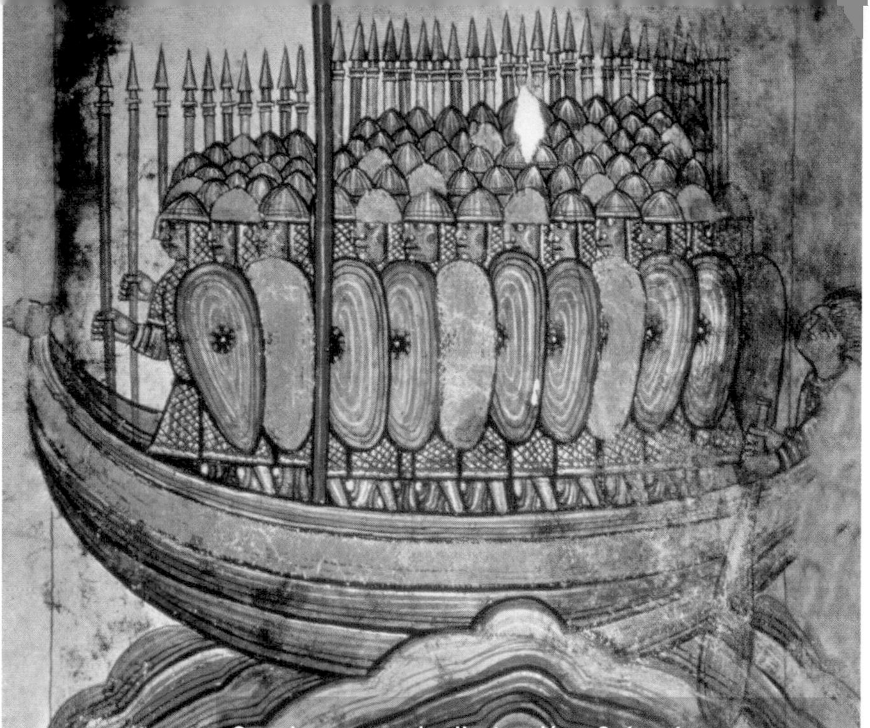

Guerriers normands allant assiéger Guérande

Cette enluminure est réalisée par un Franc bien après 911. Si certains éléments apparaissent réalistes (figure de proue, gouvernail), d'autres sont reconstitués *a posteriori*, comme l'équipement militaire qui correspond à celui des guerriers de la fin du XIe siècle. L'impression de force qu'ils dégagent rappelle la terreur que les raids vikings ont inspirée aux siècles précédents.

Vie de saint Aubin, enluminure, deuxième moitié du XIe siècle (BNF, Paris).

Qui étaient les Vikings ?

Le terme « Viking », qui vient du vieux scandinave, n'est jamais utilisé dans les sources de l'époque. Pour les Francs, ces guerriers venus de Scandinavie sont des « hommes du Nord » – qui deviendront « Normands » – ou des « païens », c'est-à-dire des non-chrétiens. Ils vivent à l'origine dans le nord de l'Europe, en Norvège, en Suède et au Danemark.

Ces guerriers effectuent dès la fin du VIIIe siècle des raids dans le monde franc grâce à leurs drakkars, ciblant et pillant villes et monastères le long des littoraux et des fleuves. Face à ces ennemis très mobiles, les rois et les aristocrates francs n'arrivent pas à protéger les populations. La construction de remparts ou le paiement d'un tribut restent les moyens les plus efficaces pour parer ces attaques.

Les Capétiens directs | **Les Capétiens Valois**

1328 – 1492

1095-1291 Croisades en Orient

00-1200 (environ) Art roman

1100-1500 (environ) Art gothique

1337-1453 Guerre de Cent Ans

3 juillet 987

Hugues Capet est sacré à Noyon

À la mort du dernier Carolingien, Hugues Capet est désigné roi par une assemblée de grands seigneurs. Pour renforcer sa légitimité, il se fait sacrer puis associe son fils au pouvoir.

Le choix d'un nouveau roi

En 987, le dernier roi carolingien (► p. 61), Louis V dit le Fainéant, meurt sans héritier direct des suites d'un accident de chasse. À l'initiative de l'archevêque de Reims, Adalbéron, une assemblée de grands seigneurs est alors convoquée à Senlis dans le domaine de la puissante famille des Robertiens afin d'élire un nouveau roi. Adalbéron s'active pour écarter de la succession Charles de Lorraine, oncle de Louis V, et imposer le Robertien Hugues Capet. Élu, ce dernier devient « roi des Francs ». Mais il n'exerce alors d'autorité réelle que sur son propre domaine.

> *« Le trône ne s'acquiert point par droit héréditaire, et l'on ne doit mettre à la tête du royaume que celui qui se distingue non seulement par la noblesse corporelle, mais encore par les qualités de l'esprit, celui que l'honneur recommande, qu'appuie la magnanimité. »*
>
> Adalbéron à Charles de Lorraine, *Histoire de France (888-995)*, Xe siècle.

Le sacre, un instrument politique

Pour consolider son pouvoir, et sur les conseils d'Adalbéron, Hugues se fait sacrer roi le 3 juillet 987 dans la cathédrale de Noyon. Il prend soin de faire aussi sacrer son fils, Robert, le 25 décembre à Orléans, afin d'asseoir sa lignée sur le trône. Ce faisant, il fonde une nouvelle dynastie qui s'impose durablement en France jusqu'au XIXe siècle.

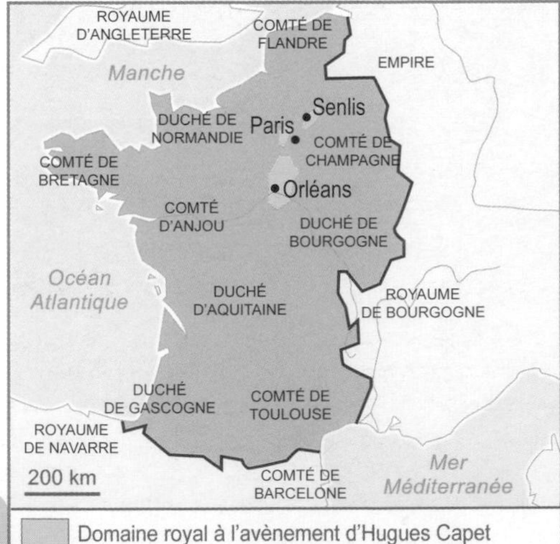

Le royaume de France en 987

De petite taille, le domaine royal procure cependant des revenus importants grâce à des terres fertiles et bien exploitées.

Sacre d'Hugues Capet 987

Les Mérovingiens | Les Carolingiens

476 481 751 987

768-814 Règne de Charlemagne

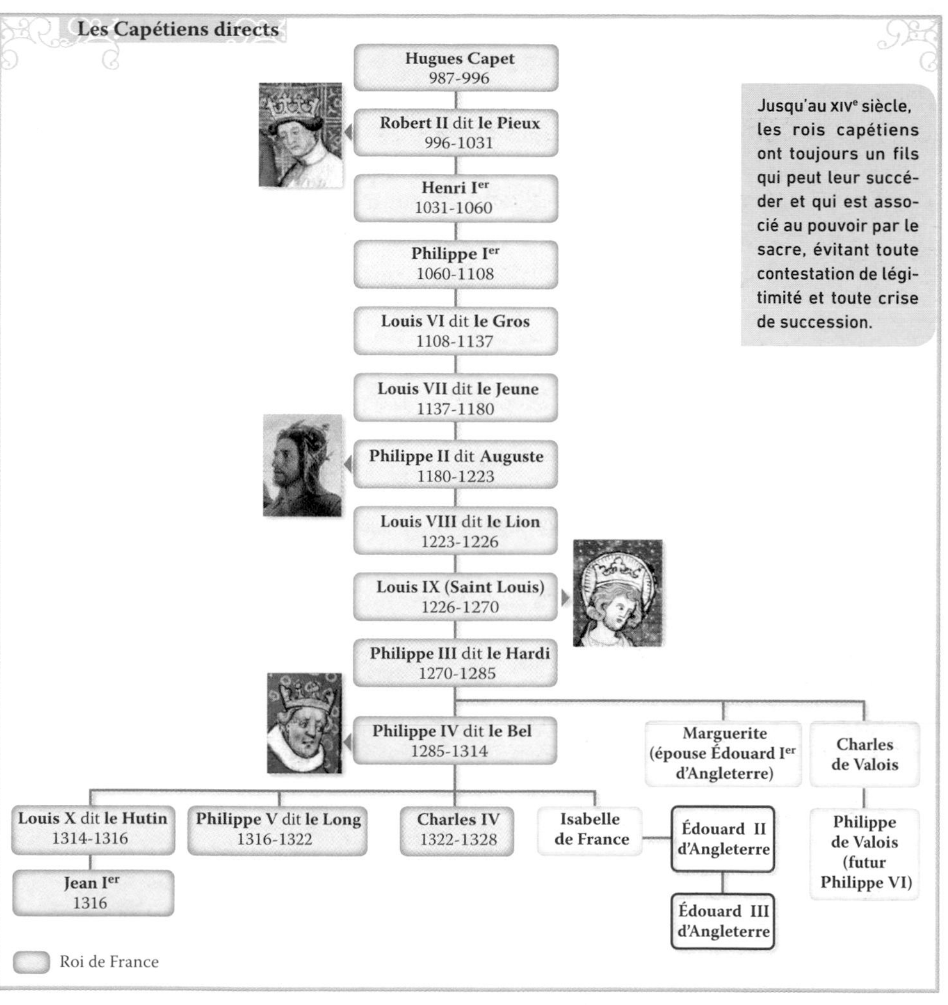

Hugues Capet (987-996), un seigneur désigné roi

Au Xe siècle, avec les invasions normandes (▸ p. 74) et l'affaiblissement du pouvoir royal, des seigneurs régionaux se trouvent à la tête de vastes principautés et jouissent d'une certaine autonomie. Hugues Capet appartient à l'une de ces puissantes familles, les Robertiens, dont deux membres ont déjà été rois, Eudes et Robert, et qui entretient des liens conflictuels avec les Carolingiens (▸ p. 61). Son père Hugues le Grand porte le titre de « duc des Francs » (c'est-à-dire second après le roi) et la famille possède des territoires dans le nord et le centre de la France. Abbé laïc de Saint-Martin de Tours, Hugues Capet tiendrait son surnom du manteau, ou chape, de saint Martin, dont la relique était conservée à l'abbaye (▸ p. 40).

Les Capétiens directs — Les Capétiens Valois

1328 — 1492

1095-1291 Croisades en Orient

[10]00-1200 (environ) Art roman

1337-1453 Guerre de Cent Ans

1100-1500 (environ) Art gothique

Vers 1027

L'évêque de Laon définit la vision chrétienne de la société

Au début du XIe siècle, l'évêque de Laon, Adalbéron, réaffirme la conception selon laquelle Dieu a voulu que la société soit divisée en trois ordres définis par leur fonction. Cette tripartition issue de l'Antiquité perdure jusqu'à la Révolution française.

Les *oratores*, ceux qui prient

Les hommes d'Église, au service de Dieu, se divisent en deux catégories. Le clergé régulier est constitué des moines qui vivent généralement en communauté sous la direction d'un abbé. Ils suivent une règle qui précise leur mode de vie (► p. 70).

Le clergé séculier regroupe les clercs qui vivent au contact quotidien des laïcs. Ce sont essentiellement les curés dans les paroisses et les évêques à la tête des diocèses.

Les *bellatores*, ceux qui combattent

Les seigneurs forment l'aristocratie, désignée plus tard sous le nom de noblesse. Les revenus de leurs terres leur permettent de s'équiper (cheval et armes) et de se consacrer à l'entraînement militaire qu'ils pratiquent dès leur plus jeune âge. Ce sont des chevaliers qui doivent protéger le reste de la population. La paix et l'ordre dans le royaume sont garantis par une collaboration entre les deux premiers ordres, lesquels représentent moins de 5 % de la population.

La mise en place de la féodalité

La féodalité est le nom donné, après le Moyen Âge, à une organisation politique née de l'affaiblissement du pouvoir royal dû aux invasions et à la disparition des Carolingiens. Dans ce contexte, les seigneurs se sont approprié les terres du domaine public et, à partir du XIe siècle, y exercent leur autorité. Pour renforcer leur pouvoir, ils s'entourent de vassaux (d'autres seigneurs et chevaliers) qui leur jurent fidélité lors de la cérémonie de l'hommage, ainsi qu'une aide militaire et financière. En échange, le seigneur remet un fief à son vassal, en général une terre dont ce dernier tire des revenus. Progressivement, tous les seigneurs se lient les uns aux autres.

Les *laboratores*, ceux qui travaillent

Cette catégorie est la plus vaste et la plus hétérogène. Elle regroupe à la fois les paysans dont les revenus sont très variables, du pauvre manouvrier au riche laboureur, mais aussi les artisans et les marchands, dont le nombre croît à partir du XIIe siècle.

Ce schéma idéal et théorique légitime le pouvoir de l'Église et de l'aristocratie sur les paysans, domination qui, en tant qu'œuvre de Dieu, ne peut être remise en cause.

Le clerc, le chevalier et le travailleur

Chaque personnage illustre un ordre de la société : à gauche, le clerc identifié par sa tonsure et sa robe, au centre le chevalier en armure et à droite le paysan avec sa bêche.

Cleric, Knight, and Workman, enluminure, XIIIe siècle (British Library, Londres).

« *Ici-bas, les uns prient, d'autres combattent, d'autres encore travaillent.* »

Adalbéron de Laon, *Poème au roi Robert*, 1027-1030.

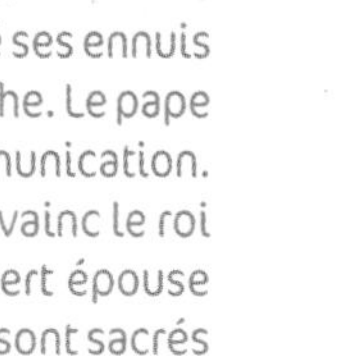

Robert II dit le Pieux (996-1031)

Robert succède en 996 à son père Hugues Capet (► p. 76). Sa vie est connue grâce à Helgaud, moine de l'abbaye de Fleury-sur-Loire qui rédige une *Vie du roi Robert le Pieux* à partir de 1033-1035 et lui donne son surnom de « Pieux », malgré ses ennuis avec l'Église. En effet, en 996, Robert épouse sa cousine Berthe. Le pape Grégoire V condamne ce mariage et menace le roi d'excommunication. Le nouveau pape Sylvestre II, dont Robert a été l'élève, convainc le roi de renoncer à Berthe qui ne lui a pas donné d'enfant. Robert épouse alors Constance, fille du comte de Provence. Leurs trois fils sont sacrés et associés au pouvoir du vivant de leur père.

v. 1027 Théorisation des trois ordres

Les Capétiens directs — **Les Capétiens Valois**

1328 — 1492

1095-1291 Croisades en Orient

000-1200 (environ) Art roman

1337-1453 Guerre de Cent Ans

1100-1500 (environ) Art gothique

1040

La construction de l'église romane de Conques débute

Au XIe siècle, l'abbaye de Conques voit affluer les pèlerins. Pour les accueillir, l'abbé Odolric fait alors construire une grande église abbatiale de style « roman ».

L'essor de Conques

À la fin du VIIIe siècle, l'ermite Dadon et quelques-uns de ses compagnons s'installent à Conques, dans l'actuel département de l'Aveyron. La communauté adopte la règle de saint Benoît (► p. 70) et le monastère est officiellement fondé en 819 par Louis le Pieux (► p. 61).

Le monastère doit son essor au « vol pieux » à Agen en 866 des reliques de sainte Foy, une jeune martyre chrétienne du IIIe siècle. Il voit alors affluer un nombre croissant de pèlerins ; le phénomène s'amplifie encore à la fin du Xe siècle après un miracle au cours duquel l'aveugle Guibert aurait recouvré la vue.

La construction de l'église

En 1040, l'abbé Odolric entreprend alors, sur l'emplacement de la basilique du Xe siècle, la construction d'une nouvelle église capable d'accueillir la foule des fidèles de passage. Ses successeurs, Étienne II et Bégon III, assurent la suite des travaux. L'église est probablement achevée au début du XIIe siècle.

Édifiée en pierre, l'abbatiale possède un plan en croix latine avec trois grandes parties : la nef, le transept et le chœur orienté à l'est. Le déambulatoire permet aux pèlerins de circuler autour du chœur et d'accéder aux trois chapelles.

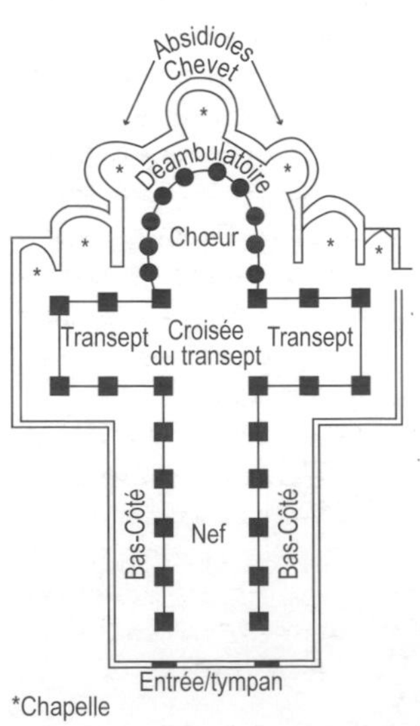

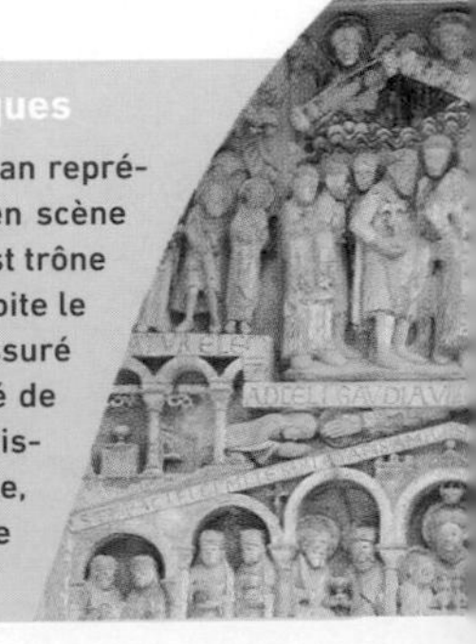

Le tympan de l'église de Conques

Réalisé entre 1120 et 1130, le tympan représente le Jugement dernier et met en scène 124 personnages. Au centre, le Christ trône en majesté. Il indique de sa main droite le paradis pour ceux dont le salut est assuré et de sa main gauche l'enfer, peuplé de démons et d'âmes tourmentées rôtissant dans les flammes. Au Moyen Âge, le tympan était peint, ce qui devait le rendre encore plus spectaculaire.

L'église de Conques

L'édifice a un aspect assez massif. Les fenêtres sont petites pour ne pas affaiblir les murs renforcés par des contreforts extérieurs. Les arcs en plein cintre (semi-circulaires) dominent, tandis qu'à l'intérieur la voûte est en berceau (cylindrique).

L'art roman (XIe-XIIe siècle)

À partir du XIe siècle, apparaît un style architectural qualifié au XIXe siècle de « roman » et caractérisé par des formes arrondies (voûte en berceau, arc en plein cintre). L'art roman regroupe l'architecture romane mais aussi la sculpture et la peinture ornementale de la même époque. L'église romane a un aspect relativement massif : la hauteur est limitée, les murs qui soutiennent le poids de la voûte sont assez épais et renforcés par de puissants contreforts. Le décor, très symbolique, généralement sculpté et peint, représente des scènes bibliques.

À partir du XIIe siècle, les techniques de construction évoluent et donnent naissance à l'art gothique (► p. 99), même si les deux styles continuent de coexister.

1040 Début de la construction de l'église de Conques

Les Capétiens directs | Les Capétiens Valois

1328 | 1492

1095-1291 Croisades en Orient

1000-1200 (environ) Art roman

1337-1453 Guerre de Cent Ans

1100-1500 (environ) Art gothique

1041

Le concile d'Arles officialise la trêve de Dieu

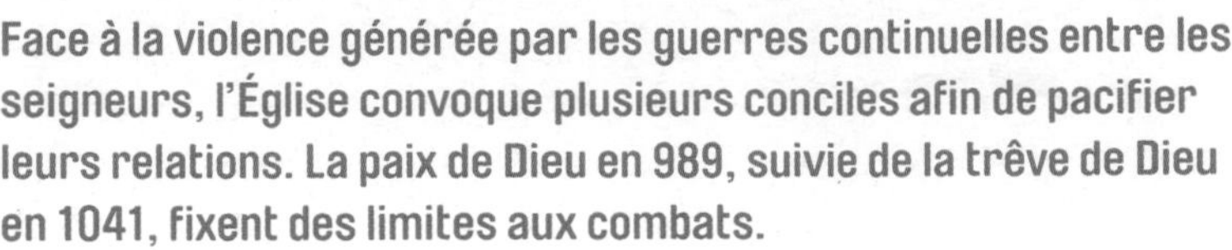

Face à la violence générée par les guerres continuelles entre les seigneurs, l'Église convoque plusieurs conciles afin de pacifier leurs relations. La paix de Dieu en 989, suivie de la trêve de Dieu en 1041, fixent des limites aux combats.

La paix de Dieu

À l'initiative de l'archevêque de Bordeaux en 989, le **concile*** de Charroux interdit aux chevaliers et aux seigneurs d'attaquer les personnes vulnérables non armées (les clercs, les pèlerins, les paysans ou les marchands) et les lieux sacrés comme les églises ou les cimetières. Les contrevenants sont passibles de sanctions pouvant aller jusqu'à l'excommunication, c'est-à-dire l'exclusion de la société et la certitude de ne pas accéder au paradis.

Plusieurs conciles reprennent ces dispositions pour les faire appliquer dans toute la chrétienté. Ils sont parfois suivis de prestations de serments des seigneurs et des chevaliers.

Un serment de paix

Vers 1023, les évêques de Beauvais et de Soissons proposent aux seigneurs de leurs diocèses un serment qui reprend les dispositions de la paix de Dieu et fixe les règles de la guerre. Il interdit aux chevaliers toute une série d'exactions, avec cependant de nombreuses exceptions. Par exemple, le seigneur doit jurer : « Je ne tuerai pas le bétail des vilains [les paysans], sauf pour ma subsistance et celle de mes gens », ce qui limite grandement la portée de l'interdiction.

La trêve de Dieu

Dans le prolongement de la paix de Dieu, le concile d'Arles, réuni de 1037 à 1041 sous la direction de l'archevêque Raimbaud, définit la trêve de Dieu : les combats sont désormais prohibés le dimanche, jour de la résurrection du Christ.

Plus tard, d'autres conciles étendent cette mesure dans le temps et dans l'espace. Les affrontements sont interdits du jeudi, début de la Passion du Christ, au dimanche et durant les périodes de l'Avent et du Carême.

Une violence encadrée par l'Église

Apparues dans le Sud, paix et trêve de Dieu, qui bientôt se confondent, s'imposent plus difficilement dans le Nord. Elles ne sont d'ailleurs pas toujours respectées : ainsi la bataille de Bouvines se déroule un dimanche (► p. 100).

Les dispositions tendent cependant à limiter les conflits. Mais surtout, soutenues par les moines clunisiens (► p. 70), elles permettent à l'Église d'encadrer la noblesse et la chevalerie en régulant et en légitimant une certaine forme de violence.

* **Assemblée d'hommes d'Église réunis pour discuter de questions religieuses et de points de doctrine.**

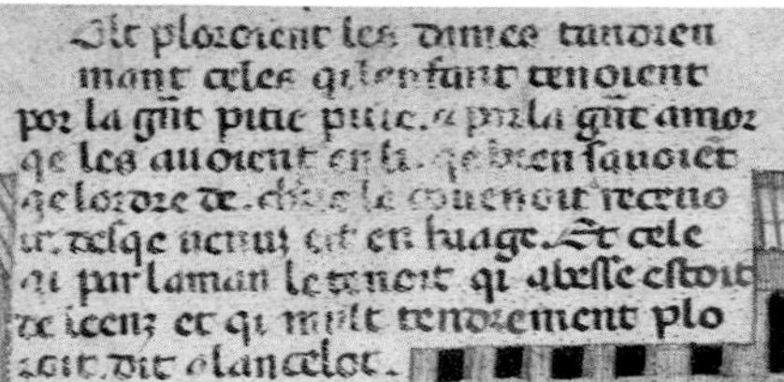

L'encadrement de la chevalerie par l'Église

L'adoubement est la cérémonie par laquelle un jeune écuyer devient chevalier par la remise de ses éperons et de son épée. L'Église, qui tente de contrôler les seigneurs, s'empare du rituel pour lui donner une connotation religieuse. Les chevaliers sont adoubés dans une église, devant des prêtres et prêtent serment sur la Bible ou sur des reliques.

Maître du Lancelot, adoubement de Galaad, miniature sur vélin, XIVe siècle (BNF, Paris).

L'élection du pape : un nouveau mode de désignation au XIe siècle

Pour éviter l'intervention des rois, des seigneurs ou des puissantes familles italiennes, le souverain pontife est élu à partir du XIe siècle par les cardinaux. Après la mort du pape, ceux-ci rejoignent Rome et, à partir du XIIIe siècle, se réunissent en conclave dans une pièce coupée du monde, fermée à clé. L'élection nécessite généralement plusieurs tours de scrutin et peut durer plusieurs jours. À l'issue du vote, la personne désignée, si elle accepte sa charge, choisit son nom de pontife. Enfin, un cardinal annonce l'élection en prononçant la formule latine « *habemus papam* » (« nous avons un pape »).

1041 Trêve de Dieu

Les Capétiens directs — 1328 — Les Capétiens Valois — 1492

1095-1291 Croisades en Orient

1000-1200 (environ) Art roman

1337-1453 Guerre de Cent Ans

1100-1500 (environ) Art gothique

1066

Guillaume, duc de Normandie, remporte la bataille d'Hastings

À la mort de son cousin le roi d'Angleterre, Guillaume de Normandie revendique la Couronne. À Hastings, il remporte une bataille contre son rival saxon Harold et devient ainsi Guillaume le Conquérant.

Quel roi pour l'Angleterre ?

Au début de l'année 1066, Édouard le Confesseur, roi d'Angleterre, meurt sans enfant. Il a toutefois pris soin de désigner son cousin germain Guillaume, duc de Normandie (► p. 74), comme héritier de la Couronne. Mais de son côté, l'assemblée des grands seigneurs anglais choisit le comte de Wessex, Harold Godwinson, beau-frère d'Édouard.

Décidé à conquérir ce qui lui revient de droit, Guillaume met alors sur pied une armée et prépare un débarquement. Il obtient le soutien du pape Alexandre II contre Harold, accusé d'avoir enfreint son serment de fidélité (► p. 78) à Guillaume.

L'armée normande franchit la Manche

Guillaume réunit des navires, des hommes et des vivres près de Saint-Valéry-sur-Somme d'où part l'expédition. Forte de 700 bateaux, 15 000 soldats et 2 000 chevaux, elle débarque sur les côtes anglaises, à Pevensey, le 28 septembre 1066. L'armée normande se dirige alors vers Hastings où elle attend les troupes d'Harold qui reviennent, épuisées, d'une expédition dans le nord de l'Angleterre.

Une bataille longtemps indécise

Le 14 octobre, la bataille s'engage : les cavaliers normands, précédés d'archers, affrontent les fantassins saxons. Ces derniers, réfugiés sur une colline entourée de palissades de bois, résistent aux assauts des Normands. Guillaume intervient au cœur de la bataille, ôtant son casque pour être reconnu et redonner du courage à ses hommes. La nouvelle charge est décisive et la mort d'Harold provoque la déroute de son armée.

Devenu « le Conquérant », Guillaume est couronné roi d'Angleterre à l'abbaye de Westminster le 25 décembre 1066.

La tapisserie de Bayeux, un récit en images

Cette broderie, longue de plus de 68 mètres et large de 50 centimètres, représente la bataille d'Hastings. Elle aurait été réalisée vers 1070 à Cantorbéry à la demande d'Odon, évêque de Bayeux et demi-frère de Guillaume. La tapisserie illustre avec un grand réalisme les préparatifs et les combats. Figurent aussi en haut et en bas, des fables de l'auteur grec Ésope et un bestiaire en grande partie imaginaire. Œuvre de propagande pro-normande, elle légitime la conquête : Guillaume a puni un parjure avec le soutien de Dieu et du pape.

Le couronnement de Guillaume le Conquérant

Flores Historiarum, détail, XIIIe siècle (bibliothèque de Chetham, Manchester).

La bataille d'Hastings

Sur ce détail de la tapisserie de Bayeux, les cavaliers normands chargent les fantassins saxons tandis qu'à gauche, Harold reçoit une flèche dans l'œil. En haut, la frise est ornée d'animaux imaginaires ; en bas, les vainqueurs dépouillent les cadavres pour récupérer leurs armes.

Tapisserie de Bayeux, détail (musée de la tapisserie de Bayeux).

Guillaume Ier, nouveau roi d'Angleterre (1066-1087)

Après sa victoire à Hastings, Guillaume doit faire face, plusieurs années durant, aux révoltes de seigneurs saxons (notamment les fils d'Harold) et aux invasions des Scandinaves. À partir des années 1070, il écarte les Saxons de l'organisation politique et confie le pouvoir aux seigneurs normands auxquels il distribue des territoires ou des dignités ecclésiastiques. Avec la conquête de Guillaume, le roi d'Angleterre est désormais un seigneur qui doit fidélité au roi de France pour la Normandie (► p. 97).

1066 Bataille d'Hastings

Les Capétiens directs | **Les Capétiens Valois**

1328 **1492**

1095-1291 Croisades en Orient

0-1200 (environ) Art roman

1337-1453 Guerre de Cent Ans

1100-1500 (environ) Art gothique

XIe–XIIIe s.

Les croisades en Orient

Le succès de la première croisade à la fin du XIe siècle permet l'expansion de la chrétienté sur le monde musulman. Toutefois, les conquêtes sont précaires et, malgré l'envoi de sept croisades de secours, les chrétiens abandonnent toutes leurs possessions en Orient deux cents ans plus tard.

27 novembre 1095 • Le pape Urbain II appelle à la croisade

Le concile de Clermont

En novembre 1095, Urbain II réunit un concile à Clermont et appelle à la croisade afin de venir en aide aux chrétiens d'Orient, les Byzantins, menacés par les Turcs seldjoukides, et de libérer Jérusalem aux mains des musulmans, ce qui rend impossible les pèlerinages.

Pour le pape, la croisade est aussi un moyen de réduire la violence entre chrétiens (► p. 82) et de l'exporter en Orient contre les musulmans, considérés comme des « païens ». Urbain II promet la rémission des péchés à tous ceux qui s'engageront dans ce combat. Parce qu'elle sert l'Église, la violence est ainsi légitimée.

> *« Qu'ils aillent donc au combat contre les Infidèles […], ceux-là qui jusqu'ici s'adonnaient à des guerres privées et abusives, au grand dam des fidèles ! Qu'ils soient désormais des chevaliers du Christ, ceux-là qui n'étaient que des brigands ! »*
>
> Foucher de Chartres, *Historia Hierosolymitana*, XIe siècle.

La prise de Jérusalem

Une première expédition, composée de chevaliers de second ordre et de pèlerins mal équipés, se fait massacrer par les Turcs.

La principale croisade part à l'été 1096. Elle est organisée par de puissants seigneurs qui regroupent leurs vassaux. Ils portent sur leurs vêtements une croix, à l'origine du nom de « croisés », et plus tard de « croisade ». Victorieux des Turcs, les croisés se dirigent vers Jérusalem. Après un mois de siège, ils y pénètrent le 15 juillet 1099, massacrent la population juive et musulmane et pillent la ville. Ils battent ensuite l'armée égyptienne, venue à leur rencontre, à Ascalon sur la côte méditerranéenne.

L'embarquement des chevaliers du Saint-Esprit pour la croisade

Des croisés venus de toute l'Europe embarquent sur des galères pour traverser la Méditerranée et rejoindre l'Orient.

Statuts de l'Ordre du Saint-Esprit au droit désir, enluminure, 1352 (BNF, Paris).

La conquête de nouveaux territoires

Cette première croisade est un succès rendu possible par la division des musulmans et la bonne préparation des croisés. Mais au lieu de restituer les villes à l'empereur byzantin de Constantinople, les croisés constituent des États latins d'Orient, placés sous leur autorité. Le voyage, dénué au départ d'esprit de conquête, devient l'occasion pour les chrétiens d'Occident de s'étendre en Orient.

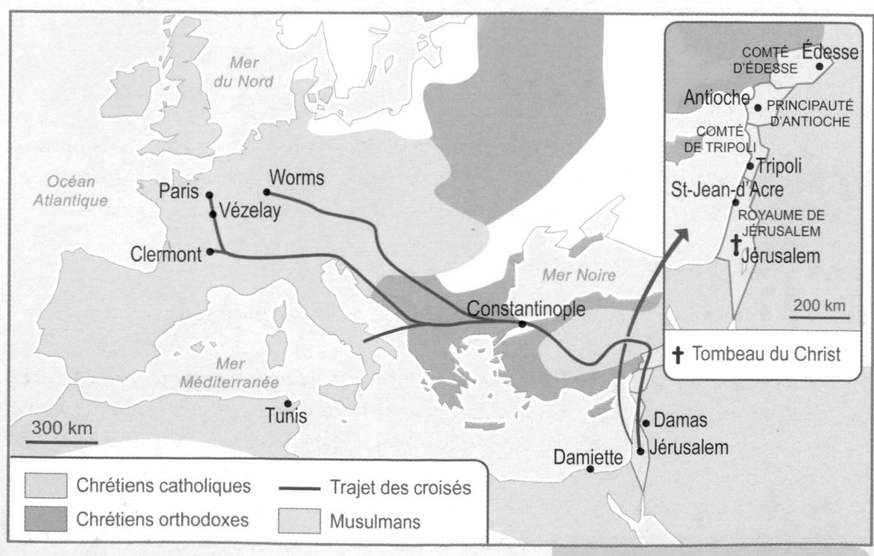

La première croisade et la création des États latins d'Orient

1146-1270 • Les sept croisades de secours

Bernard de Clairvaux et la deuxième croisade

Après la chute du comté d'Édesse en 1144, le pape Eugène III annonce en 1146 une nouvelle croisade. Le cistercien Bernard de Clairvaux (► p. 72) se charge de convaincre les nobles et les clercs réunis à Vézelay pour Pâques. Il effectue ensuite une campagne de prédication dans le nord du royaume de France, invitant les seigneurs à cesser leurs luttes fratricides pour le service de Dieu.

« *De la mort du païen, le chrétien peut tirer gloire, puisqu'il agit pour la gloire du Christ.* »

Bernard de Clairvaux, *De Laude novae militiae*, XIe siècle.

Le roi Louis VII mène avec l'empereur germanique Conrad III la deuxième croisade mais elle se termine par l'échec du siège de Damas en 1148. L'année suivante, Louis VII rentre en France et le comté d'Édesse disparaît.

La participation de Philippe Auguste

En 1187, Saladin, sultan d'Égypte et de Syrie, reconquiert Jérusalem. Le pape Grégoire VIII prêche alors une nouvelle croisade. Philippe II dit Philippe Auguste (► p. 77) et le roi d'Angleterre Richard Cœur de Lion partent de Vézelay en 1190 et prennent Acre en 1191. Philippe Auguste rentre en France, tandis que Richard reste avant de négocier son retrait avec Saladin en 1192.

Aucun roi français ne participe aux quatrième, cinquième et sixième croisades. En 1204, lors de la quatrième croisade, les croisés mettent à sac Constantinople, causant une rupture durable avec l'Empire byzantin.

Les deux croisades de Louis IX

En 1246, Louis IX (► p. 77) embarque à Aigues-Mortes pour la septième croisade. En juin 1249, les croisés remportent une victoire à Damiette et partent à la conquête de l'Égypte. Mais ils sont vaincus à la bataille de la Mansourah : Louis IX, prisonnier, doit payer une rançon et abandonner Damiette. Il rentre en France en 1254. Au cours de la huitième croisade, il meurt le 25 août 1270 devant Tunis (► p. 106). En 1291, la ville d'Acre est prise par les musulmans et les dernières places fortes des croisés se rendent : c'est la fin des États latins d'Orient.

Un chevalier templier

Fondés au XIIe siècle par des chevaliers français installés à Jérusalem sur le site du temple de Salomon, les Templiers sont un ordre militaire et religieux puissant, dont le but est de défendre la chrétienté (► p. 109).

Fresque de la chapelle de la commanderie de Cressac (Charente), XIIe siècle.

Le siège de Jérusalem (1099)

Les croisés ont construit des tours mobiles pour prendre la ville défendue par les musulmans et les juifs. À gauche, un moine encourage les guerriers chrétiens, tandis que l'un d'eux est juché sur le mont des Oliviers.

Roman de Godefroi de Bouillon et de Saladin, enluminure, 1337 (BNF, Paris).

Jérusalem, une ville sainte pour les trois religions monothéistes

Jérusalem est la capitale du monde hébreu : le roi Salomon, fils de David, y fait construire le Temple entre 969 et 962 av. J.-C. Détruit par les Romains, seul demeure un mur d'enceinte, devenu le mur des Lamentations pour les juifs. La ville abrite aussi le Saint-Sépulcre, le tombeau vide du Christ, crucifié sur une colline proche de Jérusalem, le Golgotha. Dès le Moyen Âge, c'est donc un lieu de pèlerinage pour de nombreux chrétiens. Enfin, d'après le Coran, le prophète Mahomet a effectué depuis Jérusalem son voyage céleste. Le dôme du Rocher et la mosquée Al Aqsa sont construits au VIIe siècle pour commémorer l'événement. Avec La Mecque et Médine, Jérusalem est l'une des villes saintes de l'islam.

Les croisades en Orient

1095	Urbain II appelle à la 1re croisade.
1099	Prise de Jérusalem par les croisés (fin de la 1re croisade).
1146	Eugène III appelle à la 2e croisade.
1187	Prise de Jérusalem par Saladin, Grégoire VIII appelle à la 3e croisade.
1198	Innocent III appelle à la 4e croisade.
1204	Les croisés pillent Constantinople.
1215	Innocent III appelle à la 5e croisade.
1228	Grégoire IX appelle à la 6e croisade.
1245	Innocent IV appelle à la 7e croisade.
1263	Urbain IV appelle à la 8e croisade.

Fin du XIIe s.

Les foires de Champagne deviennent un lieu d'échanges incontournable en Europe

Au XIIe siècle, grâce au retour d'une relative sécurité, le développement du commerce de longue distance accompagne l'essor démographique et économique de l'Europe. Dans le royaume de France, les grandes foires de Champagne réunissent plusieurs fois par an les marchands européens.

La sécurité assurée par les comtes de Champagne

Au XIIe siècle, les comtes de Champagne encouragent le commerce sur leur domaine situé entre les des deux grands pôles économiques de l'époque, la Flandre au nord et l'Italie au sud. Ils accordent aux marchands des « conduits de foire » garantissant leur protection, parfois des escortes armées, et la possibilité de faire appel à leur justice. Les taxes sont stables et peu élevées.

Les comtes fixent les dates et les lieux des foires. En 1209, le roi Philippe Auguste se substitue aux comtes de Champagne pour assurer la protection des marchands.

Les marchands européens font leur commerce

Quatre villes accueillent six grandes foires : Provins et Troyes (deux fois par an), Lagny-sur-Aube et Bar-sur-Aube (une fois par an). Pendant 50 jours, les marchands flamands, italiens et allemands examinent, négocient, achètent et vendent des étoffes de laine (des « draps ») confectionnées en Flandre, des épices et des soieries venues d'Asie *via* les ports de Gênes ou Venise, du bois, du fer ou encore des métaux précieux.

L'essor de Provins

Le commerce et les foires entraînent l'essor des villes. Au XIIIe siècle, Provins, avec ses deux foires annuelles, la « froide » en septembre-octobre et la « chaude » en mai-juin, est une ville de 20 000 habitants, protégée par des remparts.

La ville s'enrichit grâce aux marchands qui s'acquittent de taxes pour les péages, paient la location des hôtels pour se loger, des halles et des caves voûtées pour le stockage, des étals pour la vente.

À côté des marchands, de nombreux artisans vivent en ville : 3 000 métiers à tisser y produisent des draps de laine. On trouve aussi des barbiers, des taverniers, des porteurs d'eau, mais aussi des peseurs, des changeurs ou des clercs pour la rédaction des contrats.

Des places financières importantes

L'importance des transactions réalisées lors des foires a développé l'usage des lettres de change, introduites en France par les marchands italiens. Pour éviter de transporter des espèces en or ou en argent, l'acheteur paie le vendeur avec un document écrit qui mentionne le montant de la vente, ainsi que la date et le lieu de remise de cette somme. Ce système permet aussi le crédit puisque l'acheteur paie plus tard. Enfin, il évite les frais liés au change de monnaie.

Une foire dans une ville idéale

L'enluminure représente une place entourée d'habitations. À l'arrière-plan, les marchands proposent des tissus, des ustensiles de cuisine tandis qu'au centre, des paysans viennent vendre leurs produits.

Le Chevalier errant, Thomas III de Saluces, enluminure, vers 1400-1405 (BNF, Paris).

Le grand commerce au XIIIe siècle

Les villes italiennes achètent en Orient aux marchands musulmans de la soie et des épices, produites dans l'est de l'Asie. Le nord de l'Europe est plutôt spécialisé dans la production de laine, de bois et de fer.

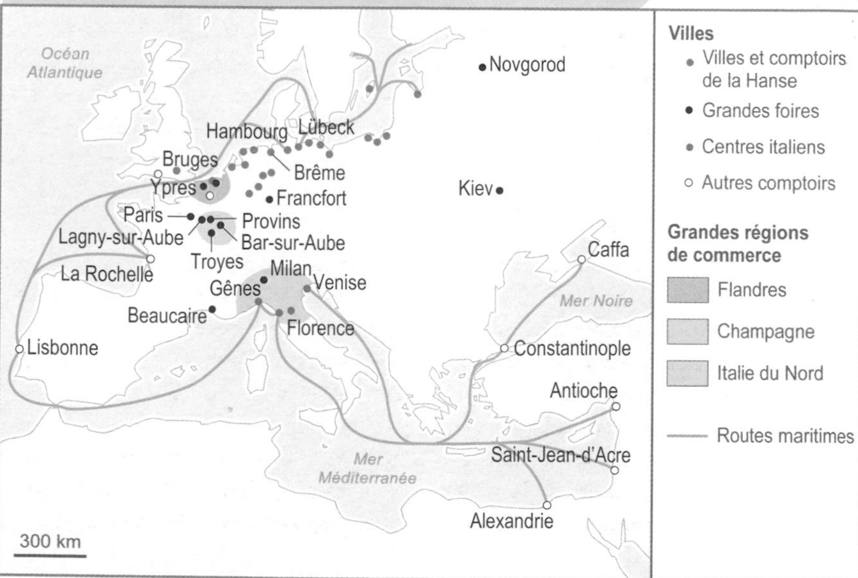

fin XIIe s. Essor des foires de Champagne

Les Capétiens directs | Les Capétiens Valois

1328 | 1492

1095-1291 Croisades en Orient

)-1200 (environ) Art roman

1337-1453 Guerre de Cent Ans

1100-1500 (environ) Art gothique

De la chanson de geste au roman courtois

À la fin du XIe siècle, chansons de geste et romans de chevalerie sont racontés dans les châteaux. Cette littérature courtoise s'adresse avant tout à la noblesse et évoque des thèmes guerriers et sentimentaux qui reflètent ses idéaux.

La chanson de *Raoul de Cambrai*

Une chanson de geste

Raoul de Cambrai est une chanson de geste d'après un récit du Xe siècle peut-être composé par le trouvère Bertholet de Laon. Inspirée de faits réels, il s'agit de l'une des plus sanglantes histoires de la littérature médiévale. Elle se structure en deux parties, la première rimée, la seconde assonancée.

Les chansons de geste, reflets d'une chevalerie idéale

Ces chansons sont rédigées à partir de la fin du XIe siècle en s'inspirant de la tradition orale. La plus ancienne conservée est la *Chanson de Roland* (► p. 62) retranscrite dans un manuscrit de 1098. Ces poèmes épiques racontent les hauts faits de héros, généralement nobles. Ils sont récités par des jongleurs, des troubadours ou des trouvères itinérants, qui animent les foires (► p. 90) ou les veillées des seigneurs. Ces conteurs s'inspirent de faits historiques parfois lointains, auxquels ils ajoutent souvent des éléments merveilleux et improvisés. Divertissement pour les nobles, ces chansons permettent aux historiens de mieux connaître les valeurs et les idéaux des seigneurs.

Une histoire de nobles

Raoul est le fils posthume du comte de Cambrai. À sa naissance, il perd son héritage qui est donné par le roi Louis IV dit d'Outremer (► p. 61) à un autre seigneur. Toutefois, Louis IV lui promet la terre du prochain noble qui mourra.

À la mort de Herbert de Vermandois, Raoul réclame ses possessions et entre en guerre contre les fils d'Herbert. Il est accompagné de Bernier, petit-fils d'Herbert, qui

Les troubadours, conteurs de cour

Les troubadours, poètes et musiciens, sont à l'origine de l'amour courtois dans les régions de langue d'oc, dans le sud de la France. Au Nord, dans les régions de langue d'oïl, on les appelle « trouvères ».

Cantigas de Santa Maria, École espagnole, manuscrit enluminé, XIIIe siècle (bibliothèque de l'Escorial, Madrid).

lui a juré fidélité. Mais Raoul cause la mort de la mère de son compagnon en incendiant l'abbaye d'Origny. Bernier se retourne alors contre Raoul et le tue.

Un sombre héros

Si Raoul possède certaines qualités propres au guerrier telles que la force, le courage ou la beauté, il est cependant brutal et excessif. Poussé par l'injustice dont il est victime, il commet une série d'actes violents et répréhensibles : animé par la démesure, sans morale et sans pitié pour les vaincus, il s'attaque à des gens désarmés ou à des lieux sacrés et se délecte des massacres auxquels il se livre. Raoul est donc à l'opposé de la figure du bon chevalier (► p. 82).

> « *Tout Origny s'embrase. Les petits enfants brûlent dans leurs berceaux. L'odeur de chair grillée se répand dans la campagne. Raoul est content.* »
>
> *Raoul de Cambrai*, milieu du XIIe siècle.

Lancelot ou le Chevalier de la charrette

Un chevalier amoureux

Chrétien de Troyes écrit *Lancelot ou le Chevalier de la charrette* entre 1177 et 1181 à la demande de Marie de Champagne. Adoubé par le roi Arthur, Lancelot s'éprend de la femme de ce dernier, la reine Guenièvre. Mais celle-ci est enlevée par Méléagant et Lancelot doit accomplir une série d'exploits pour la délivrer.

L'une des épreuves, qui donne son titre au récit, est celle de la charrette d'infamie, « commune [...] à ceux qui commettent meurtres ou trahisons, aux vaincus en duel judiciaire, et aux larrons qui ont eu le bien d'autrui par larcin ou qui l'ont pris de force sur les chemins », dans laquelle Lancelot se résout à monter afin de retrouver Guenièvre.

« Mais je me fie à Dieu en qui je crois : il me sauvera n'importe où. Ni ce pont ni cette eau ne me font plus de peur que ce sol ferme sous mes pieds. Passer sur l'autre bord est un péril où je veux me risquer : je vais m'y préparer. Plutôt mourir que reculer. »

Lancelot à ses compagnons avant de franchir le pont de l'Épée.

Un chevalier guidé par sa foi

Lors d'une autre épreuve, Lancelot doit traverser le terrifiant pont de l'Épée qui enjambe une « onde traîtresse, rapide et bruyante, noire et épaisse, aussi laide et épouvantable que si ce fût le fleuve du diable ». Au bout du pont, les compagnons de Lancelot croient distinguer deux lions. Mais guidé par sa foi en Dieu et par son amour, Lancelot ignore la peur et traverse le pont. Il découvre alors le château du père de Méléagant et affronte ce dernier en duel pour délivrer Guenièvre.

Au XIIIe siècle, d'autres récits évoquent la quête du Graal que Lancelot, malgré ses nombreuses qualités de chevalier, ne peut conquérir à cause de l'adultère qu'il commet avec Guenièvre.

L'amour courtois

Déjà présent dans les chansons de geste et les histoires des troubadours, l'amour courtois est un thème central des romans de chevalerie et notamment de ceux de Chrétien de Troyes. Il lie de manière intense et idéale un chevalier et sa dame, parfois mariée. La relation repose sur la réciprocité : l'homme se met au service de sa bien-aimée, lui offre son courage et ses talents militaires, et en retour, celle-ci le récompense d'un regard, d'un baiser ou d'un engagement.

Lancelot passant le pont de l'Épée

Lancelot, mains et pieds nus, préfère se « mutiler que de tomber du pont et s'enfoncer dans l'eau dont jamais il ne serait sorti ».

Manuscrit en quatre volumes, réalisé pour Jacques d'Armagnac, duc de Nemours, enluminure, vers 1475 (BNF, Paris).

L'apparition du Graal aux chevaliers de la Table ronde

Soutenu par deux anges, le Graal apparaît aux chevaliers de la Table ronde réunis autour du roi Arthur et de Lancelot. Cette coupe précieuse est sacrée puisqu'elle fut utilisée, selon la tradition catholique, lors de la Cène et qu'elle servit à recueillir le sang du Christ crucifié.

Lancelot du Lac, manuscrit enluminé, 1466-1470 (BNF, Paris).

Les fabliaux

Les fabliaux, également racontés par des jongleurs, sont des récits assez courts, en vers, souvent inspirés du folklore local. Très en vogue au XIIIe siècle, ils servent de compléments aux récits de cour. Les fabliaux utilisent tous les ressorts du comique (le burlesque, l'obscénité, la répétition) et contiennent généralement une morale. Ce sont d'utiles sources documentaires pour mieux connaître la vie quotidienne de ceux qui n'étaient ni nobles ni clercs au Moyen Âge.

Chrétien de Troyes (v. 1135-v. 1183), un auteur au service des nobles

On sait peu de chose sur Chrétien de Troyes. Son prénom laisse penser qu'il était peut-être un juif converti. Clerc et donc lettré, il a vécu dans la deuxième moitié du XIIe siècle à Troyes dans l'entourage de Marie de Champagne, fille de Louis VII et d'Aliénor d'Aquitaine. Au sein de cette cour brillante et riche, il écrit plusieurs romans en langue vernaculaire, et non en latin (► p. 67), en s'inspirant des récits légendaires du roi Arthur. Ses héros sont des chevaliers errants qui s'engagent dans une quête initiatique, affrontant une série d'épreuves avant la victoire finale. Destinés à être lus par un public noble, ses romans mettent en avant les qualités indispensables du chevalier.

6 mars 1204

Philippe Auguste prend Château-Gaillard

Après un siège de plusieurs mois, le roi de France Philippe Auguste s'empare d'une redoutable forteresse qui lui ouvre les portes de la Normandie, alors possession anglaise. La prise de Château-Gaillard lui permet de renforcer son prestige et d'intégrer au domaine royal un duché peuplé, riche et bien organisé.

Château-Gaillard

Démantelé sur l'ordre d'Henri IV, le château est aujourd'hui en ruine. On aperçoit encore le donjon et son enceinte qui dominent la Seine.

Un conflit féodal

À la mort du roi d'Angleterre Richard Cœur de Lion en 1199, son frère Jean sans Terre lui succède. Il entre rapidement en conflit avec l'un de ses vassaux français (► p. 78), Hugues de Lusignan, qui en appelle au roi de France pour régler la querelle.

Philippe Auguste convoque à sa cour Jean sans Terre, son vassal. Mais ce dernier ne se présente pas et le roi de France saisit cette occasion pour confisquer ses fiefs, dont le duché de Normandie, en avril 1202. Philippe Auguste a usé du droit féodal pour mettre la main sur un riche territoire. Le conflit s'engage alors entre les deux rois.

Une forteresse réputée imprenable

En septembre 1203, Philippe Auguste met le siège devant Château-Gaillard, misant au départ sur une reddition rapide. Mais au début de l'année 1204, la forteresse résiste encore. Le roi de France ordonne l'assaut, mobilisant les meilleurs ingénieurs pour percer l'édifice défensif.

En février, après un intense travail de sape, la tour principale de la barbacane s'effondre et les soldats français y pénètrent. Ils seraient passés par une fenêtre de la chapelle pour envahir la basse-cour, protégée par la première enceinte. La garnison anglaise se réfugie alors dans le donjon entouré de la deuxième enceinte. Celle-ci est percée grâce à un trébuchet et la forteresse se rend le 6 mars.

Le roi d'Angleterre, un vassal encombrant

Depuis la conquête de l'Angleterre par Guillaume, duc de Normandie (► p. 84), le roi d'Angleterre possède des terres sur le continent et se trouve de fait vassal du roi de France. Avec le mariage d'Henri II Plantagenêt et Aliénor d'Aquitaine, répudiée par le roi de France Louis VII, s'ajoute à ses possessions françaises l'Aquitaine, vaste région du sud-ouest de la France englobant la Guyenne, le Poitou et le Limousin. Le vassal paraît alors plus puissant que son seigneur. À la mort d'Henri II en 1189, le pouvoir revient à son fils aîné Richard Cœur de Lion, auquel succède son frère Jean sans Terre en 1199.

Le siège de Château-Gaillard

La forteresse a été construite en deux ans sur ordre du roi d'Angleterre Richard Cœur de Lion afin de protéger la Normandie. Située sur un éperon rocheux, elle est composée d'un poste de défense avancé (barbacane) qui protège l'entrée principale et de deux épaisses murailles. Le donjon, de 18 mètres de haut, constitue le cœur du château dont la défense est assurée par une garnison d'environ trois cents soldats.

Eugène Emmanuel Viollet-le-Duc, gravure, *Dictionnaire raisonné de l'architecture française du XIe au XVIe siècle*, 1854-1868.

❶ Donjon
❷ Basse-cour
❸ Barbacane

1204 **Intégration de la Normandie au domaine royal**

Les Capétiens directs | **Les Capétiens Valois**

1328 **1492**

1095-1291 Croisades en Orient

00-1200 (environ) Art roman

1337-1453 Guerre de Cent Ans

1100-1500 (environ) Art gothique

1211

La construction de la cathédrale de Reims débute

Dès la fin de l'Antiquité, Reims est la résidence de l'évêque. À partir du VIIIe siècle, celui-ci devient archevêque et c'est au XIe siècle que la cathédrale est associée à la dynastie capétienne. Elle s'impose comme le lieu du sacre des rois de France.

Les grandes phases du chantier

Après l'incendie de la première cathédrale de Reims en 1210, l'archevêque Aubry de Humbert ordonne la construction d'un nouvel édifice dédié à la Vierge Marie et digne de recevoir les souverains. La première phase du chantier commence par le chevet et le chœur. Puis, englobant progressivement l'église incendiée, il se poursuit avec la construction du transept et de la nef, achevés trente ans plus tard. Dans la deuxième moitié du XIIIe siècle, la façade occidentale est édifiée tandis que les travaux se poursuivent encore jusqu'au XVe siècle.

Le chantier est financé par les dons des fidèles et les revenus de l'archevêque. Le coût de la construction est très élevé, en raison de la taille de la cathédrale, des matériaux utilisés et du nombre d'artisans et d'ouvriers mobilisés.

De nombreux artisans

Le chantier est dirigé par le maître d'œuvre qui fait office d'architecte et qui coordonne les différents corps de métiers. À Reims, quatre maîtres d'œuvre se sont succédé sur toute la durée de la construction. Les dessinateurs reproduisent les plans sur les parchemins. Les tailleurs de pierre façonnent les blocs de calcaire dur qui viennent d'une carrière proche et qui sont assemblés par les maçons. Les charpentiers et les menuisiers construisent les poutres de la charpente ainsi que les machines qui permettent de lever et tirer les blocs de pierre. Interviennent aussi les couvreurs, les sculpteurs, les verriers qui fabriquent les vitraux, les forgerons qui produisent les pitons joignant les blocs de pierre ou les baguettes en plomb tenant les vitraux.

Des artisans au travail sur le chantier de la construction de la basilique Saint-Denis

Dagobert visitant le chantier de la construction de Saint-Denis, *Grandes Chroniques de France*, enluminées par Jean Fouquet, vers 1455-1460 (BNF, Paris).

Reims, lieu du sacre des rois de France

Le premier roi à être sacré est Pépin le Bref, d'abord en 751 à Soissons puis en 754 à Saint-Denis avec son fils (► p. 60). Il faut attendre le sacre de Louis le Pieux en 816 pour trouver une référence à Reims, rappel du lieu du baptême de Clovis (► p. 54). À partir d'Henri Ier, sacré roi en 1027, tous les souverains jusqu'à Charles X en 1825 viennent à Reims, à l'exception de Louis VI sacré à Orléans et Henri IV à Chartres, Louis XVIII et Louis-Philippe renonçant à la cérémonie. La cathédrale devient donc un lieu incontournable de la dynastie capétienne.

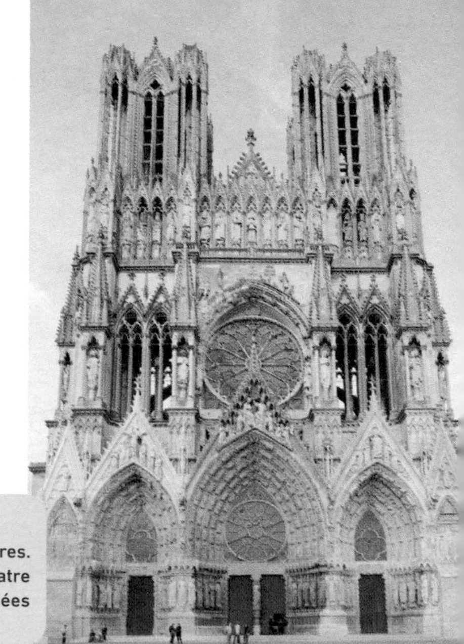

Reims, une cathédrale gothique

La hauteur sous voûte de la cathédrale de Reims atteint 38 mètres. L'emprise au sol est considérable avec 6 650 m². Elle compte quatre grandes rosaces et 80 fenêtres. Plus de 2 300 figures sculptées décorent l'édifice.

L'art gothique (XIIe-XVe siècle)

Aboutissement d'une évolution technique dans la construction, l'art dit « gothique » utilise plusieurs innovations. Contrairement à l'art roman (► p. 81), les arcs sont désormais brisés et le poids des voûtes repose essentiellement sur les croisées d'ogives qui s'appuient elles-mêmes sur des piliers, et non sur les murs qui peuvent donc être percés. Les arcs-boutants permettent de décharger une partie des forces qui jouent à l'intérieur de l'édifice sur des piliers extérieurs, les contreforts, eux-mêmes surmontés de pinacles.

Les cathédrales gothiques se caractérisent par leur élévation et leurs dimensions imposantes. Grâce aux murs percés de larges fenêtres ornées de vitraux, elles sont très lumineuses. À l'origine, la plupart des sculptures et des façades étaient peintes.

Le chevet de la cathédrale de Reims

❶ Arcs-boutants ❷ Contreforts ❸ Pinacles

1211 Début de la construction de la cathédrale de Reims

Les Capétiens directs | Les Capétiens Valois

1328 | 1492

1095-1291 Croisades en Orient

00-1200 (environ) Art roman

1337-1453 Guerre de Cent Ans

1100-1500 (environ) Art gothique

27 juillet 1214

Philippe Auguste remporte la bataille de Bouvines

En 1214, le roi de France Philippe Auguste affronte une coalition rassemblée par le roi d'Angleterre Jean sans Terre. La bataille de Bouvines est considérée comme la première victoire « nationale » et prend rapidement place dans la mémoire collective française.

La menace anglaise

Après avoir perdu la Normandie (► p. 96), Jean sans Terre veut sa revanche sur la France. Il obtient le soutien de son neveu, l'empereur germanique Othon IV, et s'allie avec les comtes de Flandre et de Boulogne, tous deux vassaux (► p. 78) du roi de France.

En février 1214, l'armée anglaise commandée par Jean sans Terre débarque à La Rochelle puis, remontant vers Paris, met le siège devant le château de la Roche-aux-Moines, près d'Angers. Dans le même temps, les coalisés, Othon IV et les comtes de Flandre et de Boulogne, se réunissent dans le nord du royaume.

Les deux batailles

Philippe Auguste a convoqué l'ost royal, composé de tous les seigneurs et chevaliers qui lui ont prêté hommage. Pour éviter d'être pris en tenaille, il divise son armée en deux. Son fils Louis se porte à la rencontre de Jean sans Terre à la Roche-aux-Moines et met en déroute l'armée anglaise le 2 juillet. Vaincu, Jean repart pour l'Angleterre.

Philippe, à la tête d'une armée composée de seigneurs et de milices rurales et urbaines, rencontre les troupes légèrement plus nombreuses des coalisés près du pont de Bouvines, entre Lille et Tournai. À l'initiative de ces derniers, la bataille s'engage le dimanche 27 juillet.

Un succès considérable

À partir de midi, les chevaliers s'affrontent furieusement. Au cœur de la bataille, Philippe Auguste est désarçonné et échappe de peu à la lance du comte de Flandre. Mais à cinq heures du soir, ce dernier ainsi que le comte de Boulogne sont faits prisonniers, et avec eux plus de 130 seigneurs qui devront payer des rançons pour être libérés. Othon IV s'est enfui, abandonnant son emblème.

L'armée de Philippe Auguste revient victorieuse vers Paris, acclamée par la foule massée sur le bord des routes. L'empereur Othon IV perd sa couronne : Frédéric II lui succède, soutenu par Philippe Auguste et le pape Innocent III. Le roi d'Angleterre sort affaibli du conflit.

Philippe Auguste, contesté par certains seigneurs avant la bataille, met au défi ses vassaux de s'emparer de la couronne. Le roi est finalement acclamé. Le tableau, commandé par le roi Charles X pendant la Restauration, rappelle l'importance de cette bataille dans la mémoire collective.

Horace Vernet, huile sur toile, 510 × 958 cm, 1827 (musée du château de Versailles).

Un événement exceptionnel

Rapidement, la victoire de Bouvines est perçue comme un jugement de Dieu, favorable au roi de France. En effet, les ennemis de Philippe Auguste l'ont attaqué un dimanche, jour réservé à Dieu, durant lequel il est formellement interdit de se battre (► p. 82). Le roi a activement participé au combat, risquant d'être tué ou pire d'être capturé, fait rare au début du XIIIe siècle depuis que Louis VI manqua d'être fait prisonnier en 1119.

Enfin, la victoire apparaît comme un événement « national », de la France contre des étrangers, fêté dans une grande partie du royaume.

Philippe Auguste (1180-1223) consolide le pouvoir royal

Avant de partir en croisade en 1190 (► p. 88), Philippe Auguste laisse des instructions pour la gestion du royaume. Il généralise les baillis, directement nommés par le roi et dotés de pouvoirs judiciaires, fiscaux et militaires. Révocables à tout moment, ceux-ci doivent rendre des comptes directement au roi. Cette administration naissante permet à Philippe Auguste d'accroître son pouvoir sur le territoire.

Le roi de France lutte aussi contre ses vassaux récalcitrants. La victoire de Bouvines lui permet de mettre fin aux querelles avec le roi d'Angleterre, de s'emparer de la Flandre, comté extrêmement riche, et d'imposer son autorité face aux seigneurs qui sont finalement battus lors du conflit.

1214 Bataille de Bouvines

Les Capétiens directs | Les Capétiens Valois

1328 | 1492

1095-1291 Croisades en Orient

00-1200 (environ) Art roman

1337-1453 Guerre de Cent Ans

1100-1500 (environ) Art gothique

16 mars 1244

Le château de Montségur se rend à l'armée de Louis IX

Après un long siège, l'armée envoyée par Louis IX obtient la reddition de Montségur défendu par des cathares. Cet événement politico-religieux permet au roi de France de mettre fin à la résistance armée des hérétiques dans la région et de placer définitivement le Midi sous son autorité.

Les croisades contre les Albigeois

En 1208, après l'assassinat de son légat Pierre de Castelnau en Languedoc, le pape Innocent III excommunie le comte Raymond VI de Toulouse, jugé responsable du meurtre et principal soutien des cathares. Le pape appelle à une croisade contre ces hérétiques, la première à l'intérieur de la chrétienté (► p. 86).

Une expédition menée par Simon de Montfort et composée de nombreux seigneurs du Nord part en 1209 et remporte une série de succès, comme à Muret en 1213. Cependant, entre 1218 et 1224, les comtes de Toulouse reconquièrent leurs États. Une seconde croisade est alors organisée en 1226, menée cette fois par le roi de France Louis VIII (► p. 77). Raymond VII doit se soumettre en 1229.

Le siège de Montségur

En 1242, deux inquisiteurs sont assassinés à Avignonet par un groupe venu de Montségur, devenu depuis plusieurs années un refuge pour les cathares pourchassés. En mai 1243, Louis IX (► p. 106) envoie une puissante armée, forte de plus de 5000 hommes, mettre le siège devant Montségur. Le château, construit par Raymond de Péreille sur un piton rocheux, culmine à plus de 1200 mètres d'altitude.

En février 1244, les assaillants parviennent enfin à interrompre les communications des assiégés avec l'extérieur et à prendre un poste défensif sur le bord est du piton, ce qui leur permet d'installer des catapultes. Le 16 mars, le château se rend. Les quelque deux cents cathares qui refusent d'abjurer, c'est-à-dire de renoncer définitivement à l'hérésie, sont envoyés au bûcher et brûlés vifs.

Le catharisme

Au XIIe siècle, le catharisme se développe dans le sud-ouest de la France. Pour les adeptes de ce mouvement chrétien et dissident, nommés Albigeois ou cathares, il existe deux principes, le Bien et le Mal, en lutte perpétuelle. Pour eux, tout ce qui est sur Terre est lié au Mal : il faut donc renoncer aux plaisirs terrestres et rejeter les biens matériels. Refusant les sacrements chrétiens, ils sont guidés par des hommes appelés « Parfaits ». Les cathares sont considérés comme des hérétiques par l'Église catholique et persécutés comme tels par l'Inquisition.

Le château de Montségur

Le site naturel choisi à dessein par les cathares explique la durée du siège. Les ruines actuelles sont celles du château reconstruit par le nouveau seigneur qui obtint la reddition de la forteresse.

« Refusant la conversion à laquelle ils [les cathares de Montségur] étaient invités, ils furent brûlés dans un enclos fait de pals et de pieux où l'on mit le feu et passèrent dans le feu du Tartare. »

Chronique de Guillaume de Puylaurens, XIIIe siècle.

L'Inquisition, instrument de répression contre les hérétiques

L'Inquisition est un tribunal d'exception créé par l'Église catholique à partir de 1231 pour traquer et punir les hérétiques. Cette tâche est essentiellement assurée par les frères dominicains et franciscains. Le pouvoir temporel, des rois ou seigneurs, prête sa force armée et exécute les sanctions. Celles-ci vont jusqu'à la mort si l'hérétique persiste dans son erreur, soit qu'il refuse d'abjurer, soit qu'il soit relaps, c'est-à-dire qu'il retombe dans l'hérésie après abjuration. Le célèbre ouvrage d'Emmanuel Le Roy Ladurie, *Montaillou, village occitan* (1975), montre le travail de l'Inquisition dans un village voisin de Montségur au XIVe siècle.

Les cathares de Montségur sur le bûcher

Miniature, XIIIe siècle (bibliothèque municipale de Toulouse).

1244 Reddition de Montségur

Les Capétiens directs | Les Capétiens Valois

1328 — 1492

1095-1291 Croisades en Orient

0-1200 (environ) Art roman

1100-1500 (environ) Art gothique

1337-1453 Guerre de Cent Ans

1257

Robert de Sorbon fonde un collège à Paris

Au XIIIe siècle, l'université de Paris jouit d'une renommée croissante. Pour permettre à des étudiants pauvres de mener à bien leur cursus, des collèges sont fondés, tel celui de Sorbon en 1257. Devenu un centre d'enseignement très connu, il prend au XVIe siècle le nom de Sorbonne.

Des études longues et chères

Au Moyen Âge, les études, qui durent entre six et quinze ans, sont réservées à une minorité car elles coûtent cher. Les étudiants paient le maître et participent à l'entretien et au chauffage de la salle de cours. Ils doivent aussi se loger, se nourrir et éventuellement acheter des livres qui sont à l'époque des objets de luxe.

La création du collège de Sorbon

Les collèges sont des pensions, essentiellement financées par des donations, qui accueillent gratuitement les étudiants peu fortunés. En février 1257, Louis IX attribue une maison rue Coupe-Gueule dans le Quartier latin à son chapelain Robert de Sorbon, docteur en théologie, afin qu'il y installe un collège. Celui-ci s'agrandit par la suite grâce aux dons accordés par le roi.

Un enseignement de qualité

Le collège de Sorbon héberge une trentaine d'étudiants qui vivent en communauté, prenant ensemble leurs repas dans un réfectoire et dormant dans un dortoir. La discipline y est stricte et les sorties limitées. Les étudiants bénéficient des cours dispensés par Robert de Sorbon et ont accès à une bibliothèque fournie qui compte 1 017 livres en 1290.

Rapidement, le collège acquiert une grande notoriété en Europe dans le domaine de la théologie et devient l'un des centres de l'université de Paris.

Un long cursus universitaire

Les étudiants entrent à la faculté des arts vers 14 ans. Ils y reçoivent pendant six à huit ans les enseignements des sept arts libéraux, ceux du *trivium* (grammaire, rhétorique, dialectique) et du *quadrivium* (géométrie, astronomie, arithmétique, musique), puis obtiennent la maîtrise ès arts. Ils peuvent ensuite entrer dans les facultés supérieures à Paris spécialisées dans le droit canon (droit religieux), la médecine et la théologie qui s'impose comme la discipline reine. Il faut au total quinze ans à un étudiant pour décrocher son doctorat en théologie. Les étudiants diplômés peuvent espérer de belles carrières dans l'Église ou au service des princes et des rois.

Un savoir encadré par l'Église : des écoles aux universités

L'élaboration du savoir et son enseignement sont assurés par l'Église, d'abord dans le cadre d'écoles monastiques puis à partir des XIe et XIIe siècles, avec l'essor des villes, dans des écoles urbaines placées sous l'autorité de l'évêque. Au XIIIe siècle, apparaissent les universités. Celles-ci échappent à la tutelle de l'évêque pour se placer sous celle du pape, leur conférant ainsi une certaine autonomie. Enseignants et étudiants y sont des clercs. Le maître est libre de choisir ses étudiants et leur enseigne en latin un programme très codifié. Pour obtenir les grades universitaires (baccalauréat, licence, maîtrise, doctorat), l'étudiant passe un examen oral devant un jury de maîtres.

La vie des collégiens

Le collège de l'Ave Maria, rue Sainte-Geneviève à Paris, reçoit six étudiants âgés de 8 à 16 ans, originaires du Nivernais. Outre leur formation, ils consacrent une partie de la journée à prier la Vierge et les saints.

Cartulaire du collège de l'Ave Maria, milieu du XIVe siècle (Archives nationales, Paris).

1257 Création du collège de Sorbon

Les Capétiens directs | 1328 | Les Capétiens Valois | 1492

1095-1291 Croisades en Orient

…0-1200 (environ) Art roman

1337-1453 Guerre de Cent Ans

1100-1500 (environ) Art gothique

25 août 1270

Louis IX meurt près de Tunis

À 56 ans, Louis IX conduit la huitième croisade en Terre sainte. Sa mort devant les murs de Tunis sonne la fin des croisades en Orient. Reconnu pour sa grande piété, Louis IX est canonisé en 1297.

L'arrivée à Tunis

En 1267, Louis IX décide de partir en croisade avec ses fils pour la deuxième fois (► p. 88). Peinant à réunir les hommes et la flotte nécessaires, son armée ne quitte Paris que le 15 mars 1270. Elle atteint Aigues-Mortes le 1er juillet et embarque en direction de Tunis, aux mains des musulmans, planifiant d'attaquer ensuite l'Égypte.

Après deux jours de navigation, les croisés débarquent le 7 juillet dans les ruines de l'antique Carthage, face à Tunis. L'armée, qui rassemble 10 000 à 15 000 hommes, est rapidement confrontée à une forte chaleur, au manque de vivres et à une épidémie de dysenterie, empêchant les combats. Louis IX attend les renforts de son frère Charles d'Anjou, roi de Sicile.

La mort du roi

Au début du mois d'août, la maladie fait des ravages. Le 3, l'un des fils cadets du roi meurt. Le 25, alors que les navires de Charles d'Anjou sont en vue, Louis IX s'éteint à son tour. Son corps est placé sur un lit de cendres, les bras en croix, puis il est éviscéré et embaumé. Une partie de la dépouille est enterrée près de Tunis, une autre placée dans une urne et ramenée à Palerme, et une dernière (les ossements obtenus après avoir été bouillis dans du vin pour les séparer des chairs) rapportée à la basilique Saint-Denis par Philippe III.

La fin de la croisade

Charles d'Anjou prend alors la direction de la croisade. Après deux batailles en septembre et en octobre, les croisés signent avec les musulmans, également affaiblis par la maladie, un traité qui prévoit le départ des croisés, sans avantage décisif.

Saint Louis (1226-1270), le modèle du roi chrétien

En 1297, le pape Boniface VIII canonise Louis IX qui devient saint Louis. L'Église récompense ainsi un roi qui a fait preuve à ses yeux d'une grande piété, luttant contre les hérétiques, les cathares notamment (► p.102) ainsi que les juifs, participant à deux croisades en Orient, se comportant avec humilité et pratiquant la charité. Louis IX a fait construire à Paris la Sainte-Chapelle de 1240 à 1245 pour abriter les reliques de la Passion du Christ (la couronne d'épines et un morceau de la croix) achetées aux Vénitiens et à l'empereur byzantin. Cette canonisation rehausse le prestige de la dynastie capétienne.

La mort de Louis IX

Au premier plan, Louis IX est en train de mourir au pied des remparts de Tunis tandis qu'à l'arrière-plan arrivent les navires de Charles d'Anjou. Entre les deux, la bataille du 4 septembre entre les croisés et les musulmans tourne à l'avantage des chrétiens.

Grandes Chroniques de France, enluminées par Jean Fouquet, vers 1455-1460 (BNF, Paris).

Les progrès de la justice royale

Louis IX poursuit l'œuvre de son grand-père Philippe Auguste pour renforcer l'autorité royale, plaçant le roi au sommet, voire en dehors, de la pyramide féodale (► p. 78). Il étend à tout le royaume l'appel à la justice du roi, prérogative régalienne plus ou moins abandonnée depuis les Carolingiens (► p. 61), ôtant ainsi une partie du pouvoir aux seigneurs. L'action de Louis IX dépasse donc la simple image du roi rendant la justice sous un chêne à Vincennes, véhiculée par son biographe pour montrer un souverain accessible et juste.

1270 Mort de Louis IX

Les Capétiens directs | **Les Capétiens Valois**

1328 **1492**

1095-1291 Croisades en Orient

0-1200 (environ) Art roman

1337-1453 Guerre de Cent Ans

1100-1500 (environ) Art gothique

1303

Le pape Boniface VIII est humilié à Anagni

Le conflit latent entre la papauté et la monarchie française culmine à Anagni en 1303. Philippe IV dit le Bel refuse les prétentions du pape qui souhaite imposer son autorité sur le royaume de France.

Une querelle de pouvoirs

Depuis 1294, le pape Boniface VIII est en conflit ouvert avec Philippe le Bel. Le roi de France, qui souhaite davantage contrôler le clergé du royaume, remet en cause la supériorité du pouvoir pontifical sur le pouvoir royal.

En 1301, défiant Boniface VIII, le roi fait arrêter l'évêque de Pamiers pour trahison, en violation des pouvoirs du pape, seul habilité à juger les évêques. En 1302-1303, il met directement en cause le souverain pontife qu'il accuse, entre autres, d'être un hérétique et d'avoir tué son prédécesseur. Boniface VIII prépare alors l'excommunication de Philippe le Bel.

La « gifle » d'Anagni

Pour toute réponse, le roi envoie ses soldats arrêter le pape afin de le faire déposer par un concile. Le matin du 7 septembre 1303, une troupe française en armes se présente devant la résidence de Boniface VIII à Anagni, au sud de Rome. Conduits par Guillaume de Nogaret, conseiller de Philippe le Bel, et par Sciarra Colonna, un noble romain en conflit avec le pape, les soldats forcent l'entrée du palais. Boniface VIII, insulté, molesté, voire giflé selon certaines sources, est retenu prisonnier pendant deux jours dans sa résidence avant d'être délivré par les habitants d'Anagni.

Le triomphe du roi de France

Humilié, le pape regagne Rome où il meurt dans la nuit du 11 au 12 octobre. Philippe le Bel obtient de son successeur, le Français Clément V, son procès posthume. Le nouveau souverain pontife s'installe en Avignon en 1309 (► p. 110) et lève toutes les sanctions contre Philippe le Bel en 1311. L'autorité du roi de France dans son État l'emporte désormais sur celle du pape.

Philippe IV dit le Bel (1285-1314)

Philippe le Bel est à la tête d'un royaume peuplé et prospère sur le plan économique. Si le roi est en conflit avec le pape, il reste très pieux, attaché par exemple à obtenir la canonisation de son grand-père Louis IX (► p.106). Pour financer le développement de l'administration et la guerre contre ses vassaux, le roi a recours à des moyens « extraordinaires », comme l'emprunt, l'imposition exceptionnelle du clergé ou la dévaluation monétaire.
Grand amateur de chasse, il meurt des suites d'une chute de cheval, laissant trois fils qui n'ont pas de descendance masculine (► p.77).

Philippe le Bel entouré de ses conseillers

Le roi choisit ses conseillers pour leurs compétences dans la bourgeoisie ou la petite noblesse, tels Guillaume de Nogaret ou Guillaume de Plaisians qui mènent les accusations contre Boniface VIII. Spécialistes du droit, ils sont appelés légistes.

Grandes Chroniques de France, enluminure, fin XIVe siècle (British Library, Londres).

Le procès des Templiers

Les Templiers sont un ordre militaire créé pendant les croisades pour défendre la Terre sainte (► p. 88). Critiqués pour leur mode de vie, ils sont accusés d'idolâtrie et de sodomie. En 1307, Philippe le Bel fait arrêter les Templiers de France pour les juger tandis que Clément V prononce la dissolution de l'ordre en 1312. Deux grands responsables templiers réfutent les conclusions du tribunal de l'Inquisition (► p. 103): condamnés comme relaps, ils sont brûlés à Paris en 1314.

L'académicien Maurice Druon a fondé sa série de romans *Les Rois maudits* (1955-1977) sur la malédiction lancée sur le bûcher par le dernier grand maître de l'ordre, Jacques de Molay, contre Philippe le Bel, Clément V et Guillaume de Nogaret.

1303 Humiliation de Boniface VIII

Les Capétiens directs — Les Capétiens Valois

1328 — 1492

1095-1291 Croisades en Orient

00-1200 (environ) Art roman

1337-1453 Guerre de Cent Ans

1100-1500 (environ) Art gothique

1309 Le pape Clément V arrive en Avignon

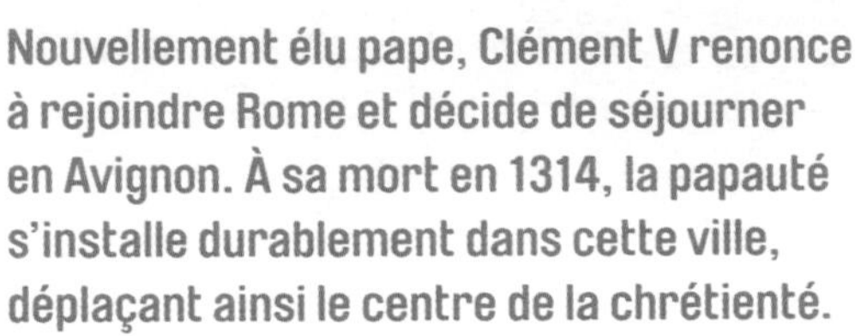

Nouvellement élu pape, Clément V renonce à rejoindre Rome et décide de séjourner en Avignon. À sa mort en 1314, la papauté s'installe durablement dans cette ville, déplaçant ainsi le centre de la chrétienté.

Une élection difficile

Après la mort de Boniface VIII (► p. 108) et le pontificat rapide de son successeur Benoît XI, les cardinaux se réunissent en conclave pour élire le nouveau pape (► p. 83). Divisés en factions rivales, ils désignent au bout de onze mois Bertrand de Got, archevêque de Bordeaux.

Informé de son élection, celui-ci prend le nom de Clément V et se fait couronner le 5 juin 1305 à Lyon en présence de Philippe le Bel. Mais il diffère son départ pour Rome, alors en proie aux luttes des différents clans.

Le choix d'Avignon

Clément V s'installe en Avignon, dans le comtat Venaissin qui appartient à la papauté depuis 1274. En outre, la ville relève de l'autorité du comte d'Anjou et roi de Naples, soutien de la papauté, et ne dépend donc pas directement du roi de France. D'un accès commode, elle se situe sur la vallée du Rhône, axe de communication majeur qui relie le nord au sud de l'Europe.

À la mort de Clément V en 1314, les cardinaux réunis à Lyon élisent l'évêque d'Avignon qui devient pape sous le nom de Jean XXII.

Avignon devient le siège de la papauté

Toute l'administration pontificale s'installe alors en Avignon. Les deux successeurs de Jean XXII font construire le palais des papes. La ville, achetée par le souverain pontife Clément VI en 1348 à la comtesse de Provence, passe de 5 000 à 40 000 habitants. Elle jouit d'une grande prospérité et de nombreux marchands y affluent, répondant aux besoins du pape et de la Curie. Même si son influence culturelle reste limitée, l'université fondée en 1304 se développe et des artistes viennent en Avignon.

Le couronnement de Clément V

Les cardinaux, dont le doyen du Sacré collège Orsini, posent la tiare papale sur la tête du nouveau souverain pontife à Lyon.

Chroniques, Giovanni Villani, XIVe siècle (bibliothèque vaticane, Rome).

Le palais des papes en Avignon

Construit entre 1334 et 1352 sous les pontificats de Benoît XII et de Clément VI, le palais est à la fois une forteresse et une demeure princière. Il permet de loger dans un certain luxe le pape et ses familiers, d'administer la chrétienté et de recevoir des visiteurs.

Le grand schisme d'Occident (1378-1417)

Le schisme est la conséquence de la rivalité à la Curie entre prélats français et romains ; il divise l'Église sur la question de l'autorité respective du pape et des prélats. En 1377, Grégoire XI quitte Avignon pour Rome. À sa mort en 1378, une partie des cardinaux, en majorité italiens, élit Urbain VI tandis que d'autres, dont beaucoup de Français, désignent Clément VII. Cette double élection conduit à la division de la chrétienté. Urbain VI reste à Rome et Clément VII retourne en Avignon. On désigne ce dernier sous le terme d'« antipape », ainsi que ses successeurs en Avignon, Benoît XIII et Jean XXIII, qui ne sont plus aujourd'hui reconnus officiellement comme papes. Le concile de Constance dépose les antipapes en 1417 et met fin à cette division. Le nouveau souverain pontife Martin V s'installe à Rome.

Les papes en Avignon

1309	Clément V s'installe provisoirement en Avignon.
1314	Son successeur Jean XXII demeure en Avignon.
1334	Début de la construction du palais des papes.
1348	La papauté achète la ville d'Avignon.
1377	Grégoire XI quitte Avignon pour Rome.
1378	Début du grand schisme d'Occident, l'antipape Clément VII s'installe en Avignon.
1403	L'antipape Benoît XIII quitte Avignon.
1417	Fin du grand schisme d'Occident.

1309 **Clément V en Avignon**

Les Capétiens directs | **Les Capétiens Valois**

1328 **1492**

1095-1291 Croisades en Orient

00-1200 (environ) Art roman

1337-1453 Guerre de Cent Ans

1100-1500 (environ) Art gothique

1328

Philippe VI compte ses sujets dans un état des paroisses et des feux

Désigné roi en avril 1328, Philippe VI ordonne un recensement de la population. Ce document permet pour la première fois d'avoir une estimation fiable de la population du royaume. Il montre aussi l'efficacité de l'administration royale et l'étendue de l'autorité du roi qui s'impose directement sur plus des trois quarts du territoire.

Un but fiscal

Quand Philippe VI accède au trône en 1328, les villes flamandes sont en révolte. Prévoyant une guerre prochaine, le roi envisage la création d'un nouvel impôt. Pour évaluer ses ressources financières, il fait entreprendre un recensement général, nommé état des paroisses et des **feux***.

Effectuée par l'administration, l'enquête s'étend à l'ensemble du domaine royal, qui couvre près de la moitié de la superficie du royaume, et dans les petits fiefs (► p. 78) qui acceptent les officiers du roi. Sont exclus les terres données aux fils cadets du roi, les apanages, et les grands fiefs comme la Bretagne ou la Bourgogne.

Le royaume le plus peuplé d'Europe

Le recensement fait état de près de 24 000 paroisses et 2,5 millions de feux, soit 12 millions d'habitants. Par extrapolation, on estime à 16 millions la population de tout le royaume de France, 21 millions dans les frontières actuelles. Ce chiffre est vraisemblablement le maximum de population atteint au Moyen Âge.

Si la densité moyenne s'établit à 7,9 feux au km², elle atteint 22 dans le bailliage de Senlis dans l'actuelle Picardie et tombe à 4 dans le Béarn. Paris est l'une des plus grandes villes d'Europe avec 61 000 feux, soit 200 000 à 250 000 habitants.

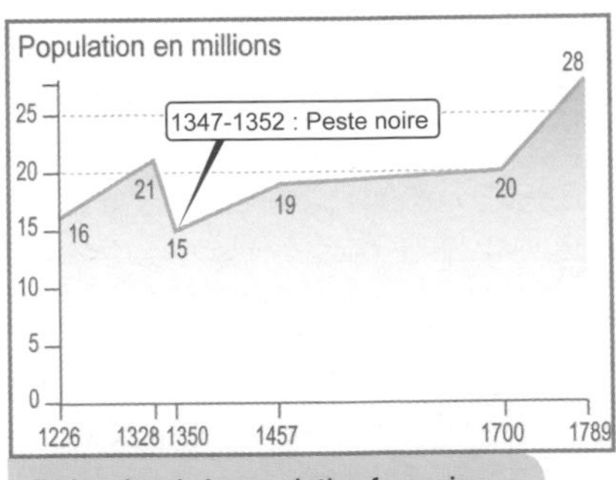

Estimation de la population française

*Désigne par extension le logement et la famille qui y vit. On parle aujourd'hui de foyer fiscal.

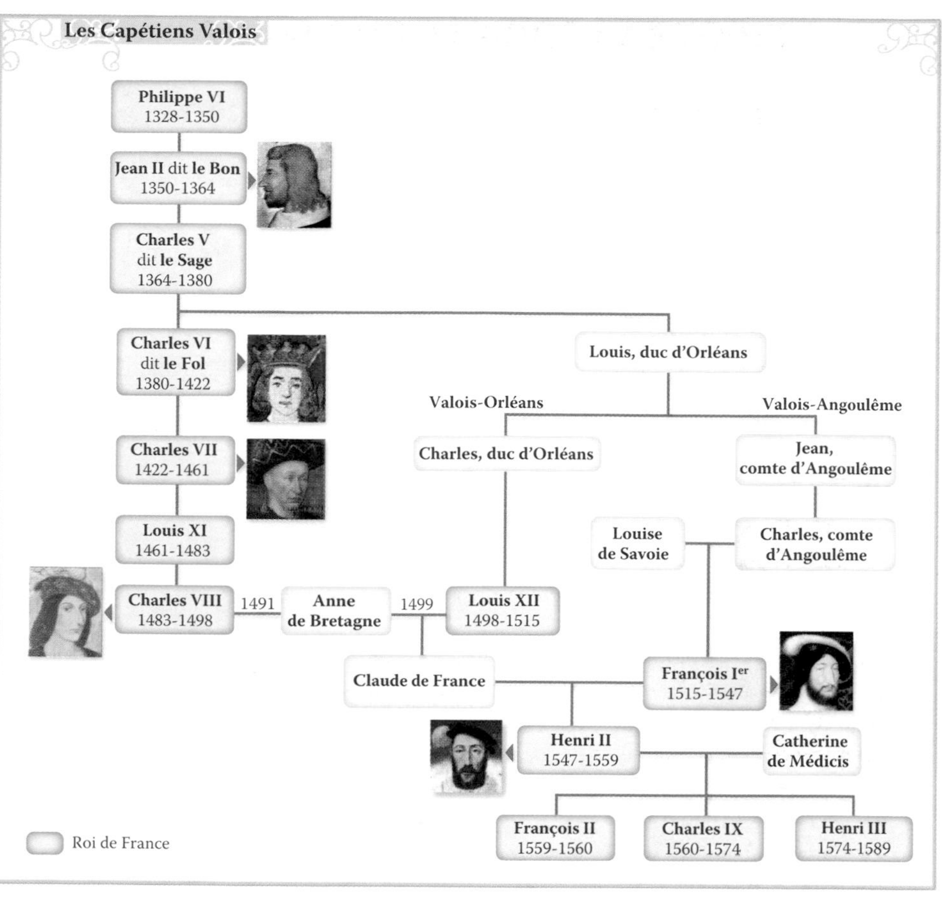

Philippe VI, le premier roi Valois (1328-1350)

Charles IV, troisième fils de Philippe le Bel, meurt sans héritier mâle. Deux candidats briguent alors la succession : Édouard III, roi d'Angleterre et petit-fils de Philippe le Bel, et Philippe de Valois, neveu de ce dernier (► p. 77). L'assemblée des grands seigneurs écarte le souverain anglais parce qu'il n'est pas « né du royaume » et qu'il est jeune. Il est pourtant le plus proche héritier en ligne directe. Édouard III accepte cette décision et Philippe VI devient roi, installant ainsi une nouvelle dynastie sur le trône de France. Plus tard, les conseillers de Charles V invoquent la loi salique, une vieille coutume franque qui écarte les femmes et leurs enfants de la succession (Édouard III est le fils de la fille de Philippe le Bel) pour délégitimer les prétentions des rois anglais à la Couronne durant la guerre de Cent Ans (► p. 114).

1328 Premier recensement de la population

Les Capétiens directs — Les Capétiens Valois

1328 — 1492

1095-1291 Croisades en Orient

00-1200 (environ) Art roman

1337-1453 Guerre de Cent Ans

1100-1500 (environ) Art gothique

1337 La guerre de Cent Ans commence entre la France et l'Angleterre

En mai 1337, le roi de France Philippe VI confisque les fiefs du roi d'Angleterre Édouard III. Cet épisode de la rivalité entre les deux hommes marque le début de la guerre de Cent Ans. À l'origine féodal, le conflit devient dynastique.

Deux héritiers pour une couronne

En 1328, à la mort du dernier roi capétien sans héritier, Philippe VI devient roi, au détriment d'Édouard III pourtant plus proche parent en ligne directe (► p. 113). Le roi d'Angleterre reste toutefois le vassal du roi de France (► p. 97), notamment pour la Guyenne et, de mauvaise grâce, il lui prête serment de fidélité en 1329 puis en 1331.

De vives tensions

Édouard III, en conflit avec les Écossais qui réclament leur indépendance, espère l'appui de Philippe VI. Mais le roi de France soutient l'Écosse et laisse de surcroît les marins normands attaquer les navires anglais. En Guyenne, il encourage la révolte des vassaux d'Édouard III.

En réaction, le roi d'Angleterre multiplie les préparatifs pour la guerre. Il obtient des subsides du Parlement et, surtout, trouve des alliés en Flandre et en Bretagne.

La rupture

Considérant que le roi anglais n'a pas respecté ses devoirs de vassal, Philippe VI confisque ses fiefs en mai 1337. Édouard III envoie une lettre de défi à Philippe « qui se prétend roi de France ». Il revendique officiellement la couronne de ce dernier. La guerre devient officielle entre les deux souverains.

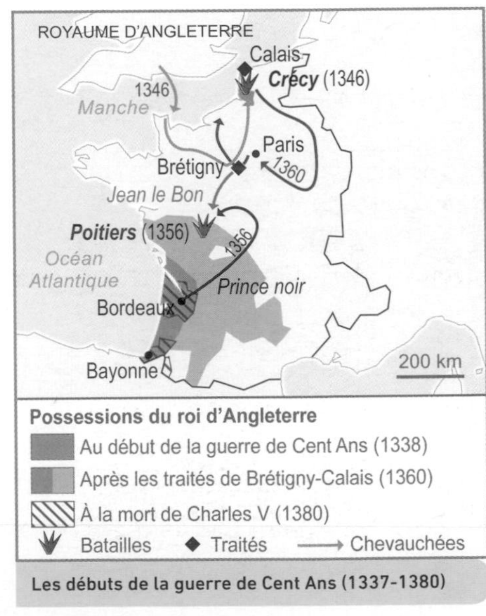

Les débuts de la guerre de Cent Ans (1337-1380)

Édouard III agenouillé devant Philippe VI

En 1331, le roi d'Angleterre Édouard III (manteau avec les léopards d'or sur fond rouge) prête serment à Philippe VI (manteau bleu fleurdelisé) pour ses fiefs en France. Réalisée pour le roi de France, cette miniature met en scène la soumission du roi anglais. Un conseiller de Philippe VI ordonne d'un geste à Édouard III de s'agenouiller.

Grandes Chroniques de France, enluminées par Jean Fouquet, vers 1455-1460 (BNF, Paris).

Les grandes phases de la guerre de Cent Ans

1337-1360	Succès anglais : conquêtes du Poitou, du Limousin, du Périgord, du Béarn et de territoires autour de Ponthieu.
1360-1380	Reconquêtes françaises : les Anglais ne conservent que la Guyenne et Calais.
1380-1415	Période de trêve et d'accalmie.
1415-1429	Succès anglais dans un royaume divisé : les Anglais occupent le nord-ouest du royaume tandis que le duc de Bourgogne domine à l'Est.
1429-1453	Reconquête et victoire française.

D'où vient la guerre de Cent Ans ?

L'expression « guerre de Cent Ans » est forgée au début du XIXe siècle. De 1337 à 1453, pendant les 116 ans qu'a duré le conflit, la France et l'Angleterre jouissent néanmoins de longues périodes de trêve et d'accalmie entre les phases de combat.
Si l'argument utilisé par le roi d'Angleterre est dynastique, les causes de la guerre animent encore les historiens : parmi les motifs évoqués, on retient surtout la volonté d'Édouard III d'exercer une pleine souveraineté sur la Guyenne alors que Philippe VI souhaite au contraire mettre un terme à la présence des Anglais dans le royaume de France. La guerre de Cent Ans est donc bien l'expression de la rivalité entre deux États en formation, prenant progressivement conscience de leurs particularités.

1337 Début de la guerre de Cent Ans

Les Capétiens directs — Les Capétiens Valois

1328 — 1492

1095-1291 Croisades en Orient

00-1200 (environ) Art roman

1100-1500 (environ) Art gothique

1337-1453 Guerre de Cent Ans

26 août 1346

Philippe VI est défait à Crécy par Édouard III

La bataille de Crécy est la première grande bataille rangée de la guerre de Cent Ans. La chevalerie française y est écrasée par les archers anglais.

Les chevauchées d'Édouard III

Depuis 1339, le roi d'Angleterre Édouard III multiplie les chevauchées sur le sol français, pillant les villes et les campagnes dans le but d'affaiblir l'autorité du roi de France Philippe VI, bien en peine de protéger son royaume (► p. 114).

Le 12 juillet 1346, Édouard III débarque à Saint-Vaast-la-Hougue avec une armée de 14000 hommes. Il ravage la Normandie et l'Île-de-France avant de remonter vers le nord, évitant toute bataille rangée. Philippe VI convoque ses vassaux (► p. 78) et réunit 20000 combattants, dont 7000 arbalétriers génois, tous mercenaires.

Le succès des archers anglais

L'affrontement a lieu à Crécy, dans la Somme actuelle, le 26 août. Les Français mettent en première ligne les arbalétriers, dont les armes sont puissantes mais lentes à recharger à raison d'un carreau à la minute. En face, depuis les hauteurs, les 5000 archers gallois font pleuvoir un déluge de flèches meurtrières, tirant, avec une portée de 200 mètres, dix à douze projectiles par minute.

Les chevaliers français décident alors de charger, piétinant leurs propres troupes. Mais, ralentis par la pente du plateau et par les trous creusés par les Anglais, ils sont décimés par les archers. Tombés de leur monture, alourdis par leur armure, ils sont une proie facile pour l'infanterie anglaise.

Le désastre français

L'armée de Philippe VI est anéantie et le roi s'enfuit. Plus de 1500 chevaliers et écuyers français trouvent la mort. Les Anglais achèvent les blessés qui ne peuvent pas payer de rançon.

Édouard III met le siège devant Calais qui se rend au bout d'un an, en août 1347. Le roi anglais dispose désormais d'une porte d'entrée dans le royaume de France alors que l'autorité de Philippe VI est fortement ébranlée.

Les bourgeois de Calais, mythe ou réalité ?

Le 4 août 1347, au bout d'un an de siège, six bourgeois de la ville sortent, selon les exigences du roi anglais, en chemise, la corde autour du cou et avec les clés de la cité. À la demande de la reine, Édouard III épargne les six hommes. Cet épisode, rapporté par une chronique du XIVe siècle, a peut-être été inventé.

La bataille de Crécy

À gauche, l'armée de Philippe VI avec ses arbalétriers recule devant les archers et les troupes d'Édouard III. Le roi d'Angleterre arbore un étendard qui associe les armoiries des couronnes anglaise (trois léopards sur fond rouge) et française (trois fleurs de lys sur fond bleu).

Chroniques, Jean Froissart, XIVe siècle (BNF, Paris).

Monument des *Bourgeois de Calais*

Auguste Rodin, bronze, 1895 (musée Rodin, Paris).

Les balbutiements de l'artillerie

À Crécy, pour la première fois, les Anglais utilisent trois bombardes propulsant des boulets en pierre, réservées jusqu'alors aux sièges. Si ces armes, imprécises et lentes à recharger, font peu de victimes, elles effraient les chevaux. Surtout, leur impact psychologique est indéniable en raison du bruit assourdissant que provoque chaque tir. Ce ne sont certes pas ces bombardes qui ont permis aux Anglais de remporter la bataille, mais leur présence marque le début de l'utilisation de l'artillerie, qui se généralise durant la guerre de Cent Ans.

Bataille de Crécy 1346

Les Capétiens directs — Les Capétiens Valois

1328 — 1492

1095-1291 Croisades en Orient

00-1200 (environ) Art roman

1337-1453 Guerre de Cent Ans

1100-1500 (environ) Art gothique

Novembre 1347

La peste noire débarque à Marseille

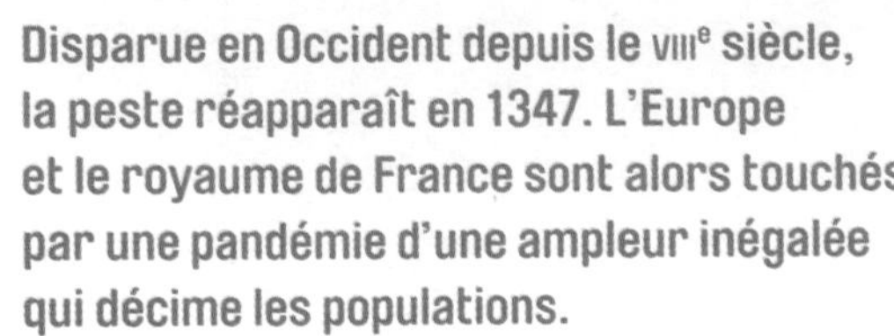

Disparue en Occident depuis le VIIIe siècle, la peste réapparaît en 1347. L'Europe et le royaume de France sont alors touchés par une pandémie d'une ampleur inégalée qui décime les populations.

Une expansion foudroyante

La peste, originaire d'Asie centrale, est apportée par les navires marchands génois qui reviennent de Caffa sur la mer Noire (l'actuelle Feodossia en Ukraine). Elle se répand ensuite rapidement en France à partir de Marseille, en suivant les routes commerciales, touchant la vallée du Rhône et le Languedoc simultanément (février 1348), puis Toulouse (avril 1348) et Bordeaux (juin 1348) à l'ouest, la vallée de la Saône à l'est. Depuis Bordeaux, elle atteint l'Angleterre puis les vallées de la Seine (juillet 1348) et de la Loire (novembre 1348).

Une population décimée

La peste touche toutes les régions du royaume, même les plus reculées, faisant davantage de victimes en ville qu'à la campagne. La médecine est inefficace du fait de la méconnaissance des mécanismes de transmission de la maladie. Il y a peu de mesures de prévention et les soins sont inadaptés. Les médecins se contentent ainsi d'appliquer des emplâtres ou de percer les bubons, pratique aussi douloureuse qu'inutile.

Affaiblie par la guerre, le brigandage et les famines, la population du royaume est décimée : on compte 500 morts par jour à Paris. Au total, on estime qu'environ un tiers des Français et 25 à 40 millions d'Européens succombent à l'épidémie en quatre ans.

Le secours de Dieu

Désemparés, les gens se tournent vers la religion, considérant la maladie comme un châtiment divin. On observe alors un regain de piété afin d'obtenir le pardon de Dieu. Certaines communautés cherchent des responsables et s'en prennent aux juifs, aux lépreux ou aux mendiants.

> *« Les gens mouraient sans serviteur et étaient ensevelis sans prêtre. Le père ne visitait pas son fils, ni le fils son père : la charité était morte, l'espérance abattue. »*
>
> Guy de Chauliac, médecin du pape en Avignon, XIVe siècle.

Après le pic de 1347-1349, la peste noire continue de sévir jusqu'en 1352. L'épidémie s'installe en Europe et revient périodiquement au Moyen Âge et à l'époque moderne, mais de façon moins virulente (► p. 208).

La danse macabre

La danse macabre est une farandole qui représente toutes les catégories de la population : moine, paysan, bourgeois... Chaque personnage est accompagné de son double morbide, un squelette. Le thème des danses macabres se développe dans l'art après 1350. Commandées pour les églises, elles visent à inciter les fidèles à penser au salut de leur âme, en leur rappelant qu'ils sont tous mortels, puissants comme mendiants.

Fresque de l'église Saint-Germain, La Ferté-Loupière, Yonne, fin xve siècle.

Une peste « noire »

Le terme ne fait pas référence à la plaque noirâtre (« charbon pesteux ») qui apparaît sur le corps du malade. En réalité, le qualificatif « noire » est utilisé pour renforcer l'expression dramatique de cette épidémie.

La peste est à l'origine une maladie qui touche le rat, mais elle est transmise à l'homme par la puce. Il en existe deux formes.

La peste bubonique provient de la piqûre de la puce et entraîne de fortes fièvres, l'apparition de grosseurs (bubons) et des douleurs intestinales. Active en été, elle est mortelle dans 80 % des cas.

La peste pulmonaire est transmise par la salive ou la toux d'un malade avec les mêmes symptômes que la précédente, sans les bubons. Active en hiver, elle est mortelle dans tous les cas.

Les grandes épidémies de peste

541-767	La peste justinienne touche le bassin méditerranéen (première pandémie).
1347-1352	La peste noire touche une partie de l'Asie et l'Europe (deuxième pandémie), puis revient de façon récurrente.
1720-1722	Dernières épidémies de peste en Europe de l'Ouest (Marseille, Provence).
1771	Dernières épidémies de peste en Europe de l'Est (Moscou).
Fin xixe siècle	La peste du Yunnan sévit surtout en Chine mais touche d'autres pays et continents (troisième pandémie).
1894	Alexandre Yersin découvre le bacille de la peste à Hong Kong.
Années 2000	Des foyers de peste existent encore, essentiellement dans les pays en développement, en Afrique et en Asie.

1347 **Peste noire**

Les Capétiens directs — 1328 — **Les Capétiens Valois** — 1492

1095-1291 Croisades en Orient

1000-1200 (environ) Art roman

1337-1453 Guerre de Cent Ans

1100-1500 (environ) Art gothique

19 septembre 1356

Jean II est capturé à la bataille de Poitiers

Dix ans après la défaite de Crécy, la bataille de Poitiers est un désastre plus retentissant encore pour la France : le roi Jean II dit le Bon et son jeune fils sont faits prisonniers par les Anglais.

La reprise des chevauchées anglaises

Après une période d'accalmie due à la peste de 1347 (► p. 118) et à la conclusion de plusieurs trêves, les Anglais reprennent leurs campagnes de pillage en France. À l'été 1356, le Prince noir ravage le sud-ouest du royaume jusqu'à la Loire.

À la tête de la fine fleur de la chevalerie française, Jean le Bon, c'est-à-dire le brave, (► p. 113) poursuit l'armée anglaise. Il l'intercepte à Poitiers, alors que celle-ci tente de gagner Bordeaux pour rembarquer vers l'Angleterre, chargée de butin.

Le roi prisonnier

L'armée française est bien équipée et jouit de la supériorité numérique. Elle fait face à une armée anglaise épuisée par de nombreux combats et par une longue route. Jean II offre au Prince noir la possibilité de se rendre mais celui-ci refuse. La bataille s'engage et une fois encore, les archers et la discipline des soldats anglais font la différence (► p. 116).

Jean II prend part à la bataille pour redonner du courage à ses troupes, soutenu par son fils Philippe, âgé de 14 ans, qui gagne là son surnom de Hardi. Vaincus, ils sont capturés avec de nombreux seigneurs, assurant aux Anglais des rançons considérables.

Des conditions de libération sévères

Des négociations s'engagent entre Édouard III et le dauphin Charles, fils aîné de Jean II. Le roi anglais effectue une nouvelle chevauchée à partir de novembre 1359 mais échoue devant Reims, la ville du sacre (► p. 99), puis devant Paris.

Les pourparlers aboutissent à la conclusion du traité de Brétigny, ratifié à Calais en 1360. Jean II est libéré en échange du paiement d'une rançon de 3 millions d'écus d'or et Édouard III obtient la souveraineté de la Guyenne (élargie à d'autres territoires) et du comté de Ponthieu (► p. 114). La première phase de la guerre de Cent Ans se clôt par d'indéniables succès anglais.

Jean II à cheval

Pièce d'or (avers), 29 mm, 3,87 g, XIVe siècle (Fitzwilliam Museum, Cambridge).

La capture de Jean II par les Anglais

Traité avec beaucoup d'égards, Jean II est conduit à Bordeaux puis à Londres tandis que son fils aîné, le dauphin Charles (futur Charles V), gère le royaume. En 1360, Jean II regagne la France, laissant à sa place son fils Louis d'Anjou. Mais celui-ci s'évade en 1364, obligeant le roi à retourner en captivité. Il meurt le 8 avril à Londres.

Chroniques de France et d'Angleterre, Jean Froissart, enluminure, 1472 (musée Condé, Chantilly).

La création du franc

En rentrant de captivité en 1360, Jean II crée une nouvelle monnaie baptisée « franc », qui doit mettre fin aux dévaluations qui permettaient de financer la guerre et de relancer artificiellement l'économie.
Le nom choisi fait encore débat : il renvoie peut-être à la libération du roi – franc signifiant libre – ou à Francion, héros troyen, fondateur mythique du royaume auquel se réfère la monarchie. Le franc est en or 24 carats, pèse 3,885 grammes et vaut une livre tournoi, l'unité de compte de l'époque. La pièce représente sur l'avers le roi Jean II chargeant à cheval. Elle est donc le symbole du retour du roi et de la paix retrouvée.

Le Prince noir (1330-1376)

Surnommé ainsi après sa mort en raison de la couleur de son armure, le Prince noir est le prince de Galles, fils aîné d'Édouard III. Il effectue plusieurs chevauchées ravageuses dans le sud-ouest de la France. Décédé un an avant son père, il ne sera jamais roi. Exposé dans la cathédrale de Salisbury, son gisant le représente en chevalier. Il arbore les armes des couronnes anglaise et française sur son armure. ■

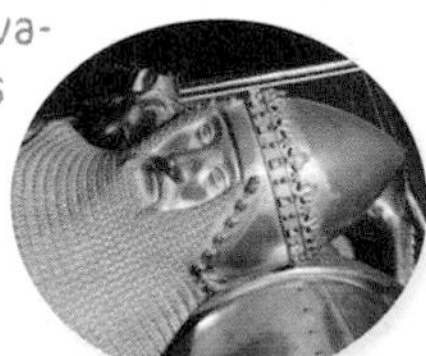

Bataille de Poitiers 1356

Les Capétiens directs | Les Capétiens Valois

1328 — 1492

1095-1291 Croisades en Orient

1000-1200 (environ) Art roman

1337-1453 Guerre de Cent Ans

1100-1500 (environ) Art gothique

1370

Bertrand du Guesclin devient connétable de France

Issu de la petite noblesse bretonne, Bertrand du Guesclin s'illustre durant la guerre de Cent Ans au service de Charles V qui le fait connétable, soit chef des armées du roi. Il participe à la reconquête du territoire et devient un héros abondamment célébré.

L'ascension d'un chevalier au service du roi

Né vers 1320, Bertrand du Guesclin combat d'abord en Bretagne aux côtés de Charles de Blois qui le fait chevalier en 1357. Il se met ensuite sous les ordres du dauphin Charles, futur Charles V. En 1364, il remporte une grande victoire en Normandie à Cocherel contre le roi de Navarre, allié aux Anglais, et obtient alors le comté de Longueville.

Du Guesclin est fait connétable de France le 2 octobre 1370. Il reconquiert ensuite le Poitou et la Saintonge aux mains des Anglais, avant de mourir de maladie lors d'un siège dans le Gévaudan en 1380.

Un instrument de communication

Au cours de sa carrière, Bertrand du Guesclin est capturé deux fois, obligeant Charles V à payer d'énormes rançons pour le libérer, signe de l'intérêt que celui-ci lui accorde. En effet, si le bilan militaire de son connétable est assez mitigé, le roi utilise politiquement du Guesclin, présenté à la population comme un sauveur. De plus, en nommant connétable un petit seigneur à la place d'un membre de la haute noblesse, Charles V veut montrer qu'il agit en souverain sage, récompensant la compétence plutôt que la naissance.

> « *Cœur de lion*
> *épris de hardiment,*
> *La fleur des preux*
> *et la gloire de France,*
> *Victorieux et hardi*
> *combattant,*
> *Sage en vos faits*
> *et bien entreprenant.* »
>
> Eustache Deschamps, *La Mort de Du Guesclin*, 1380.

La construction d'une légende

Du Guesclin devient très populaire. Peu après sa mort, une longue chanson de geste de 24000 vers lui est consacrée (► p. 92). Lorsqu'il écrit le récit des guerres entre la France et l'Angleterre, le principal chroniqueur de l'époque, Jean Froissart, souligne son rôle essentiel et lui attribue des actes de bravoure exceptionnels. Du Guesclin est désormais célébré comme un grand chevalier et le dixième preux aux côtés d'Alexandre, de Charlemagne ou d'Arthur.

Ultime honneur et reconnaissance exceptionnelle, du Geslin est inhumé, selon le vœu de Charles V, dans la nécropole royale de Saint-Denis auprès du roi.

Bertrand du Guesclin reçoit l'épée de connétable

Le roi Charles V remet à Bertrand du Guesclin l'épée de connétable qui fait de lui l'un des plus hauts officiers de la Couronne.

Grandes Chroniques de France, enluminées par Jean Fouquet, vers 1455-1460 (BNF, Paris).

Le changement de stratégie de Charles V

En 1380, à la mort de Charles V, la situation territoriale est presque revenue à celle précédant la défaite de Poitiers (► p. 120). Les Anglais tiennent une Guyenne réduite, Calais et Cherbourg.
Ce succès est dû à l'évolution de la stratégie du roi. Instruit par la mésaventure de son père Jean II prisonnier à Poitiers, Charles V, dit le Sage (le savant), renonce à combattre personnellement. Il répugne aussi à la bataille rangée qui a conduit aux désastres de Crécy (► p. 116) et de Poitiers. L'armée royale est ainsi réduite et son organisation évolue avec l'apparition d'une structure restreinte et permanente composée de compagnies payées par le roi. Celles-ci sont désormais utilisées pour harceler les Anglais pendant leurs chevauchées ou pour assiéger les villes et les places fortes.

Du Guesclin, connétable de France **1370**

Les Capétiens directs | Les Capétiens Valois

1328 — 1492

1095-1291 Croisades en Orient

1000-1200 (environ) Art roman

1337-1453 Guerre de Cent Ans

1100-1500 (environ) Art gothique

23 novembre 1407

Le duc de Bourgogne fait assassiner le duc d'Orléans

Depuis 1392, les crises de folie de Charles VI laissent des factions rivales se disputer le pouvoir. L'assassinat du frère du roi, le duc d'Orléans, par son cousin le duc de Bourgogne plonge le pays dans une guerre civile qui affaiblit le royaume.

Le meurtre de Louis d'Orléans

Abrégé de la chronique d'Enguerrand de Monstrelet, enluminure, XVe siècle (BNF, Paris).

Un meurtre prémédité

Le 23 novembre 1407, à la nuit tombée, Louis, duc d'Orléans (► p. 113), quitte l'hôtel Barbette dans le Marais à Paris, où réside la reine pour retrouver Charles VI à l'hôtel Saint-Pol. Dehors, quinze hommes sont postés en embuscade.

À leur tête, se trouve Raoul d'Anquetonville qui a été engagé par Jean sans Peur, duc de Bourgogne. Ce dernier, de plus en plus exclu des affaires du royaume et privé des subsides royaux, prépare l'assassinat de son cousin depuis juin 1407, recrutant des hommes de main et guettant le moment favorable.

Alors qu'il remonte la rue Vieille-du-Temple, le duc d'Orléans est attaqué. Lardé de plusieurs coups d'épée, il s'effondre tandis que ses serviteurs s'enfuient.

Les Armagnacs contre les Bourguignons

L'assassinat du duc d'Orléans divise la noblesse en deux « partis » : les Armagnacs, autour du jeune Charles d'Orléans, fils de Louis, et de son beau-père Bernard, comte d'Armagnac ; et les Bourguignons, autour de Jean sans Peur, duc de Bourgogne.

Les deux camps, dans leur lutte pour le contrôle du gouvernement royal, cherchent des appuis dans le royaume. Les Armagnacs, qui défendent un État fort, trouvent des soutiens dans le Sud-Ouest et le Centre. Les Bourguignons, qui dénoncent la hausse des impôts pour financer la guerre et le renforcement de l'administration royale, ont des appuis dans le Nord.

Chacune des deux factions mène contre l'autre des expéditions de pillage, des sièges et des massacres : le royaume bascule dans la guerre civile. Profitant de cette faiblesse, les Anglais reprennent les hostilités (► p. 128).

La folie de Charles VI (1380-1422)

À l'été 1392, alors qu'il traverse une forêt près du Mans, Charles VI est pris d'un accès de fureur incontrôlé, tuant quatre de ses hommes avant d'être maîtrisé. Le roi perd alors connaissance et revient à lui trois jours plus tard. Jusqu'à sa mort en 1422, les crises se multiplient. À chaque fois, Charles VI perd tout contrôle, devient violent et tient des propos jugés indignes de la fonction royale. Puis il tombe dans une sorte de coma dont il ressort prostré, avant de reprendre une vie quasi normale. Courtes et espacées au début, les crises deviennent de plus en plus longues et rapprochées, lui valant son surnom « le Fol ». L'entourage du roi, ses oncles, son frère et son cousin se disputent pendant trente ans un pouvoir que Charles VI assume de moins en moins.

Charles d'Orléans (1394-1465)

Charles est le fils de Louis d'Orléans, frère du roi Charles VI (▶ p. 113), et de Valentine Visconti. En 1410, il s'allie avec le comte d'Armagnac dont il épouse la fille. Fait prisonnier à la bataille d'Azincourt (▶ p. 128), il est emmené en Angleterre où il est enfermé dans la tour de Londres. Pendant ses vingt-cinq années de captivité, il écrit de nombreux poèmes sur les thèmes de l'exil, de la solitude ou de la nature. Il rentre en France en 1440 et épouse Marie de Clèves, petite-fille de Jean sans Peur, le meurtrier de son père, mariage qui vise à sceller la réconciliation entre les deux « partis ». Charles vit la plupart du temps à Blois, faisant de sa cour un centre littéraire où il entretient de nombreux écrivains, dont le poète François Villon. À sa mort en 1465, il laisse trois enfants conçus avec Marie de Clèves dont le futur roi Louis XII.

La cour de Bourgogne

À partir de la fin du XIVe siècle, les ducs de Bourgogne deviennent extrêmement puissants : leurs vastes territoires, entre la France et l'Empire germanique, leur procurent des revenus importants. Entretenant une cour fastueuse, d'abord à Dijon puis en Flandre, ils font travailler des artistes venus de toute l'Europe, organisent des fêtes somptueuses et bâtissent de magnifiques demeures.

Vasco da Lucerna présente son Histoire d'Alexandre à Charles le Chauve, enluminure de Liedet Loyset, 1470 (BNF, Paris).

Assassinat du duc d'Orléans **1407**

Les Capétiens directs | Les Capétiens Valois

1328 — 1492

1095-1291 Croisades en Orient

00-1200 (environ) Art roman

1337-1453 Guerre de Cent Ans

1100-1500 (environ) Art gothique

Vers 1410

Jean de Berry commande *Les Très Riches Heures* aux frères de Limbourg

Après le redressement militaire et politique opéré par Charles V, le royaume connaît une période de relative accalmie et de prospérité durant les vingt premières années du règne de Charles VI. Le tout début du XVe siècle est ainsi propice à une intense activité artistique.

Les frères de Limbourg

Herman, Jean et Paul de Limbourg ont reçu à Paris une formation d'orfèvre. D'abord au service de Philippe le Hardi, duc de Bourgogne (► p. 125), ils passent à sa mort en 1404 chez son frère Jean, duc de Berry.

Celui-ci leur demande d'enluminer ses livres d'heures, servant à la dévotion et à la prière. Ils exécutent alors les illustrations des *Très Riches Heures*, manuscrit qui compte 206 folios. Inachevé à la mort du duc et des frères de Limbourg, le livre est terminé entre 1485 et 1489 par Jean Colombe.

Une prouesse technique

La première partie de l'ouvrage est un calendrier. Chacun des douze mois est orné d'une illustration en pleine page. Ces enluminures sont réalisées en trois étapes : les artistes peignent d'abord les fonds, puis les personnages et enfin les décors végétaux, en respectant un temps de séchage entre chaque réalisation.

Les couleurs sont issues de minéraux ou de végétaux : le bleu provient par exemple des lapis-lazuli, pierres semi-précieuses importées du Moyen-Orient. Les réalisations des frères de Limbourg sont réputées pour leurs teintes vives et la finesse des décors, notamment de la nature qui change au fil des saisons.

Une vision idéale de la société médiévale

Ces enluminures illustrent un horoscope avec les signes du zodiaque et des scènes de la vie quotidienne. Les paysans se consacrent aux activités agricoles au rythme des saisons, à l'ombre des puissants châteaux des nobles qui les protègent. Ceux-ci, richement vêtus, s'adonnent aux loisirs, tels la chasse ou les banquets.

Est ainsi représenté un monde idéal, riche et en paix malgré les difficultés que connaît alors le royaume.

Jean de Berry (1340-1416), un prince mécène

Oncle de Charles VI, le duc de Berry assure le gouvernement royal après la première crise de démence du roi en 1392 (► p.125) avec son frère Philippe, duc de Bourgogne, et son neveu, Louis, duc d'Orléans. Après 1407, il tente en vain de réconcilier Armagnacs et Bourguignons (► p.124).
Jean est un prince collectionneur. Amateur d'art, il achète ou fait réaliser bijoux, tapisseries et pièces d'orfèvrerie par les plus grands artisans de son époque. Il se constitue aussi une vaste bibliothèque : il possède plus de 150 manuscrits, chiffre élevé pour l'époque tant les livres coûtent chers, parmi lesquels de nombreux ouvrages religieux, mais aussi des romans de chevalerie, des traités d'astrologie et des livres d'auteurs antiques.

Le mois d'octobre par les frères de Limbourg

Au premier plan, un paysan sème le blé d'hiver à la volée tandis qu'un autre herse le champ. À l'arrière-plan, le château du Louvre se dresse, agrandi par Charles V entre 1360 et 1371.

Les Très Riches Heures du duc de Berry, frères de Limbourg, enluminure, XVe siècle (musée Condé, Chantilly).

Le livre au Moyen Âge

Le livre médiéval est un produit long et complexe à réaliser, dont le coût final est élevé.
C'est un manuscrit : il est donc recopié à la main dans le cadre des monastères (► p. 73). Puis, à partir du XIIe siècle, avec l'essor des villes et des écoles urbaines, des libraires coordonnent le travail des parcheminiers, des copistes (souvent des étudiants), des enlumineurs et des relieurs avant de vendre les livres.
Apparu en Europe au XIIIe siècle, le papier ne se répand que très lentement. Le parchemin sert de support, en peau de mouton le plus souvent, d'agneau ou de veau pour les manuscrits les plus luxueux. Il est d'abord découpé en doubles feuilles qui sont ensuite pliées puis rassemblées en cahiers.
Au milieu du XVe siècle, Johannes Gutenberg met au point à Mayence l'imprimerie avec des caractères mobiles en métal, technique qui révolutionne la production des livres en Europe.

Les Très Riches Heures du duc de Berry v. 1410

Les Capétiens directs | Les Capétiens Valois

1328 | 1492

1095-1291 Croisades en Orient

…0-1200 (environ) Art roman

1337-1453 Guerre de Cent Ans

1100-1500 (environ) Art gothique

25 octobre 1415

L'armée française est écrasée à Azincourt

Après une période d'apaisement, le nouveau roi d'Angleterre Henri V profite de la guerre civile entre Bourguignons et Armagnacs pour reprendre la lutte contre les Français. Il leur inflige une sévère défaite à Azincourt, puis entreprend la conquête du royaume.

La reprise des hostilités

Au début du mois d'août 1415, Henri V débarque près de Harfleur avec 12 000 hommes, dont 8 000 archers, et après un siège de plus d'un mois, il s'empare de la ville, porte d'accès à la Normandie. Estimant la saison trop avancée pour entreprendre la conquête de la région, il laisse une garnison à Harfleur et mène une chevauchée vers Calais afin d'y rembarquer.

De son côté, l'armée française, forte de 15 000 hommes et commandée par le connétable Charles d'Albret du parti armagnac (► p. 124), se prépare à barrer la route aux Anglais.

Une courte bataille

Les deux armées se rencontrent près du village d'Azincourt dans l'actuel Pas-de-Calais. Forts de leur supériorité numérique et sûrs de leur victoire, les Français offrent à Henri V l'occasion de se rendre. Celui-ci refuse et le combat s'engage.

La puissance de l'armée française repose sur la cavalerie lourde, formée de la fine fleur de la noblesse. Mais elle est gênée par l'étroitesse du champ de bataille, coincé entre deux forêts, et par le terrain boueux à cause de la pluie tombée dans la nuit.

En face, les archers anglais se révèlent une fois encore redoutables (► p. 116) : la charge française est brisée par un déluge de flèches qui déciment les premiers rangs sur lesquels trébuchent les cavaliers suivants. Empêtrés dans leur lourde armure, ceux-ci sont impuissants face aux fantassins anglais qui viennent les achever à coups de hache et d'épée.

Une cinglante défaite

À la fin de la journée, le bilan est catastrophique pour l'armée française : 3 000 morts, dont le connétable et les Grands du royaume. 1 500 seigneurs sont faits prisonniers, dont Charles d'Orléans, neveu du roi (► p. 125). Les Anglais ne déplorent quant à eux que 500 morts.

> *« Je viens solliciter pour nous la charitable autorisation – de parcourir cette plaine sanglante, – d'enregistrer nos morts, puis de les enterrer, – après avoir séparé nos nobles de nos simples soldats. »*
>
> Le hérault Monjoie à Henri V, William Shakespeare, *Henri V*, scène XVIII, 1559.

La bataille d'Azincourt

Cette représentation peu réaliste montre les deux armées, à gauche les Anglais et à droite les Français. Au fond, le château d'Azincourt domine la plaine.

Chroniques de Saint-Alban, XVe siècle (Lambeth Palace Library, Londres).

Une situation chaotique dans le royaume

Après Azincourt, le parti armagnac qui a fourni l'essentiel des troupes est fortement affaibli et l'armée royale désorganisée. En 1417, Henri V entreprend la reconquête de la Normandie. Le dauphin Charles, futur Charles VII (► p. 113), se rapproche des Armagnacs et participe à l'assassinat du duc de Bourgogne, Jean sans Peur en 1419 (► p. 124). Le nouveau duc, Philippe le Bon, s'allie alors avec les Anglais.
En position de force, Henri V signe l'année suivante avec Charles VI le traité de Troyes qui déshérite le dauphin Charles et reconnaît le roi anglais comme héritier du royaume de France.

Bataille d'Azincourt 1415

Les Capétiens directs | Les Capétiens Valois

1328 — 1492

1095-1291 Croisades en Orient

0-1200 (environ) Art roman

1337-1453 Guerre de Cent Ans

1100-1500 (environ) Art gothique

1429-1453

Jeanne d'Arc, Charles VII et la fin de la guerre de Cent Ans

En 1422, Charles VII hérite d'une situation très difficile. En théorie exclu de la succession du trône par le traité de Troyes, il ne domine que le sud du royaume, tandis que les Anglais, soutenus par les Bourguignons, occupent le Nord et la capitale.

1429-1431 • L'intervention de Jeanne d'Arc

Jeanne rencontre le roi

Née en 1412 à Domrémy en Lorraine, dans une région qui soutient le roi de France, Jeanne appartient à une famille de paysans aisés. À 13 ans, elle dit entendre des voix célestes qui lui enjoignent de chasser les Anglais du royaume de France. Devant l'insistance de la jeune fille, on lui attribue en février 1429 un équipement et une escorte pour retrouver Charles VII qui séjourne à Chinon. Le 6 mars, alors que le roi s'est glissé parmi les gens de sa cour, elle le reconnaît. Elle converse avec lui en privé et le convainc de lui confier une petite troupe pour porter secours à Orléans.

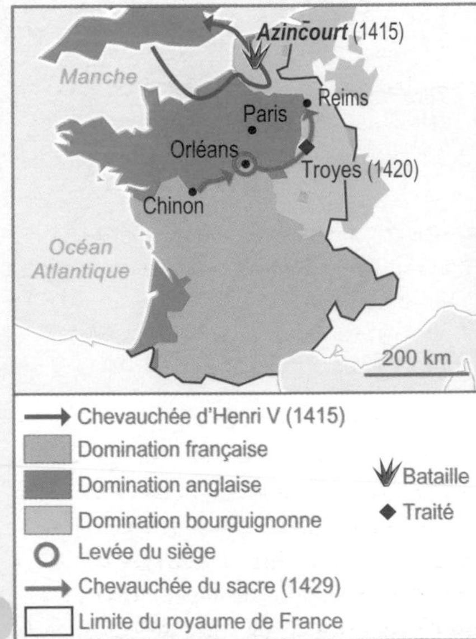

Un royaume divisé (1415-1429)

La mort de Jeanne sur le bûcher

À 19 ans, Jeanne d'Arc est brûlée vive sur le bûcher à Rouen après avoir redonné sa légitimité à Charles VII.

Vigiles de Charles VII, miniature, vers 1484 (BNF, Paris).

La fin du siège d'Orléans et le sacre de Charles VII

Depuis le 12 octobre 1428, les Anglais assiègent Orléans qui commande l'accès des territoires au sud de la Loire, fidèles au roi. Jeanne arrive devant la ville avec une troupe de jeunes compagnons. Son rôle militaire n'est pas essentiel, mais son énergie, son charisme et sa foi – elle se présente comme élue de Dieu – redonnent de l'espoir aux soldats. En une semaine, elle retourne la situation : les Anglais lèvent le siège le 8 mai 1429.

Jeanne persuade alors Charles VII d'aller se faire sacrer à Reims (► p. 99), en territoire bourguignon. Le 17 juillet, il reçoit l'onction de l'évêque de la ville ainsi que les insignes de la royauté. Son autorité est ainsi confortée par le prestige du sacre et le choix de Dieu (► p. 61).

La mort de Jeanne

Après le sacre, l'armée royale enchaîne les succès en territoire bourguignon. Elle se dirige vers Paris mais la capitale résiste. Le roi signe alors une trêve avec Philippe le Bon, duc de Bourgogne. Mais devant Compiègne assiégée, Jeanne est faite prisonnière par les Bourguignons

Le procès de Jeanne d'Arc

Le procès a lieu à Rouen en territoire anglais. Dirigé par un évêque bourguignon, il débute le 20 février 1431 et suit une procédure régulière. L'acte d'accusation, tiré des réponses de l'interrogatoire de Jeanne, est soumis à l'université de Paris qui conclut qu'elle est hérétique. Alors que la sentence doit être prononcée, Jeanne abjure ses fautes et est condamnée à la prison à vie. Puis elle revient sur son abjuration : retombée dans l'hérésie, elle est condamnée comme relapse au bûcher. Cette condamnation permet aux Anglo-Bourguignons de porter atteinte à la légitimité du roi.

qui la livrent aux Anglais pour 10 000 livres. Jugée par un tribunal d'Inquisition (► p. 103), elle est brûlée à Rouen le 30 mai 1431.

Son aventure a créé un sursaut permettant à Charles VII d'agir, de remporter un succès retentissant contre les Anglais et de se présenter comme le roi de France légitime.

Affiche de propagande allemande antibritannique de 1944.

Jeanne d'Arc, une héroïne nationale

En 1456, Charles VII fait réhabiliter Jeanne, dont la condamnation nuit à son prestige. Puis son rôle tombe progressivement dans l'oubli. Il faut attendre le XIXe siècle et notamment l'ouvrage que lui consacre Jules Michelet en 1853 pour la voir réapparaître. Alors que se consolide l'identité nationale, Jeanne d'Arc est présentée comme une fille du peuple qui lutte pour sa patrie. À la fin du XIXe siècle, l'Église catholique s'empare du personnage et Jeanne est canonisée en 1920. Depuis les années 1930, l'extrême droite en a fait une figure du nationalisme. Elle est notamment utilisée par le régime de Vichy (► p. 336) et les autorités allemandes pour dénoncer les bombardements anglo-américains en 1944.

1435-1453 • La fin de la guerre de Cent Ans

Charles VII pousse son avantage

En 1435, Charles VII signe la paix d'Arras avec le duc de Bourgogne puis reconquiert Paris. Il entre officiellement dans la capitale en 1437. Mais les Anglais possèdent encore la Normandie et une partie de la Guyenne autour de Bordeaux. La reconquête est longue et le roi a du mal à faire rentrer les impôts nécessaires à la conduite de la guerre. Profitant d'une trêve conclue avec les Anglais en 1444, Charles VII réorganise ses troupes : il met en place une armée royale permanente dotée d'une artillerie puissante.

La dernière bataille de la guerre de Cent Ans

En 1449, Charles VII rompt la trêve. Il entreprend alors la reconquête systématique de la Normandie par une série de sièges et entre victorieux dans Rouen le 12 novembre. Puis l'armée royale se tourne vers la Guyenne et soumet Bordeaux qui capitule le 23 juin 1451, avant d'être libérée de nouveau par les Anglais à l'été 1452. Les troupes royales reprennent alors le chemin de la Guyenne et affrontent l'armée anglaise commandée par John Talbot le 17 juillet 1453 à Castillon. L'artillerie française, forte de près de 300 pièces, décime les troupes ennemies faisant plus de 4 000 morts. Bordeaux se rend peu après, les Anglais ne conservant que Calais.

La guerre de Cent Ans est terminée. Ses succès ont permis à Charles VII, devenu le Victorieux, de renforcer l'autorité royale et de créer un État efficace.

Charles VII (1422-1461), « le très victorieux roi de France »

Jean Fouquet, peinture sur bois, 70 × 85 cm, vers 1450-1455, (musée du Louvre, Paris).

Des portraits ressemblants

Jusqu'au XIVe siècle, les représentations du roi étaient symboliques et mettaient surtout en avant les signes du pouvoir. Puis la mode des portraits s'impose. Les artistes représentent les traits du personnage, permettant de l'identifier et renforçant la personnification du pouvoir royal. On considère que Jean II est le premier à bénéficier d'un portrait ressemblant (► p. 120). Ce portrait de Charles VII a une portée politique : Jean Fouquet tend ici à magnifier un roi qui, après des débuts difficiles, a surmonté les épreuves et vaincu ses ennemis. Le peintre innove : le roi n'est représenté ni en pied ni de profil comme c'était la tradition depuis l'Antiquité, et l'on insiste sur sa carrure, élargie grâce aux épaules rembourrées en vogue à l'époque. Ce portrait devient un modèle du genre dont s'inspirent plus tard d'autres peintres de cour.

La création d'une armée permanente

Jusqu'au XVe siècle, le roi de France dispose d'une armée de vassaux (► p. 78), peu disciplinée, ne combattant que quelques semaines par an. En cas de péril grave, cette armée était complétée par une levée d'hommes mal équipés et peu entraînés, ou par des mercenaires qui pillaient le pays une fois la paix revenue. En 1445, Charles VII crée 15 compagnies d'ordonnance de 100 lances chacune – une lance est composée de six hommes à cheval, dont un chevalier et deux archers. Ces militaires reçoivent une solde du roi et sont nourris par les villes qui les hébergent. Charles VII dispose désormais en permanence de près de 10 000 soldats. Pour financer cette armée, la taille royale, impôt direct auquel sont assujettis ceux qui doivent racheter leur service militaire – clercs et nobles en sont exclus –, tend elle aussi à devenir régulière.

5 janvier **1477**

Charles le Téméraire meurt devant Nancy

Le duc de Bourgogne, Charles le Téméraire, est un seigneur riche et puissant qui se pose en rival du roi de France, Louis XI. En 1475, il conquiert la Lorraine, mais celle-ci se soulève, soutenue par le roi. La mort de Charles permet d'intégrer au royaume de France une grande partie des territoires bourguignons.

Les prétentions de Charles le Téméraire

Le duché de Bourgogne, vaste ensemble de territoires hétéroclites, s'étend de la Flandre au Jura (► p. 125). Charles le Téméraire, qui succède à son père Philippe le Bon, souhaite en faire un royaume indépendant entre la France et l'Empire germanique. Pour joindre ses possessions du Nord (Hollande, Flandre, Picardie, Luxembourg) à celles du Sud (Bourgogne, Franche-Comté), Charles envisage d'annexer l'Alsace et la Lorraine, possessions du duc de Lorraine René II. Mais Louis XI et l'empereur Frédéric III s'opposent à ses projets d'extension.

Le siège de Nancy

Le duc de Bourgogne entreprend la conquête de la Lorraine mais il est battu à deux reprises par les Suisses, alliés de René II et soutenus par Louis XI. En octobre 1476, il met le siège devant Nancy avec 4000 hommes. Malgré les assauts répétés de Charles, la ville résiste en attendant l'armée de secours conduite par le duc de Lorraine. Celle-ci arrive au début de l'année 1477, forte de près de 20000 soldats.

L'ultime bataille

Le 5 janvier, après un dernier assaut infructueux contre Nancy, Charles dispose son armée, fatiguée et campant sur une terre enneigée, face à celle de René. Il compte sur ses canons pour anéantir ses adversaires, mais il est rapidement débordé par les soldats lorrains largement supérieurs en nombre. Son armée est mise en déroute et son cadavre est découvert quelques jours plus tard, nu et défiguré, dans la boue glacée.

La Bataille de Nancy

Le tableau est une commande du roi Charles X pour le musée de Nancy. Le peintre a choisi de représenter le moment crucial de la bataille, la mort de Charles le Téméraire, à gauche du tableau.

Eugène Delacroix, huile sur toile, 356 × 237 cm, 1831 (musée des Beaux-Arts de Nancy).

Louis XI (1461-1483) poursuit le renforcement de l'autorité royale

Pendant longtemps, Louis XI, dont les rapports avec son père Charles VII étaient conflictuels, a joui d'une mauvaise réputation, dépeint comme avare, cruel et sournois, autant de défauts incompatibles avec la dignité royale. Aujourd'hui, les historiens réhabilitent un souverain au train de vie modeste qui a poursuivi la modernisation de l'État. Régnant à partir de 1461, Louis XI poursuit l'unification du royaume après la guerre de Cent Ans, lutte contre les grands seigneurs et étend les territoires relevant de son autorité directe. Il renforce également l'autorité royale face à la noblesse et à l'Église. Poursuivant les réformes engagées par son père (► p. 133), il augmente les impôts et le nombre de compagnies d'ordonnance dans l'armée. Peu aimé et de moins en moins redouté, Louis XI termine sa vie isolé dans son château de Plessis-Lès-Tours.

La fin de la puissance bourguignonne

La mort de Charles le Téméraire débarrasse Louis XI d'un puissant rival. Le roi de France récupère la Bourgogne et la Picardie après une guerre contre Maximilien Ier d'Autriche. Ce dernier, qui a épousé la fille de Charles, appartient à la puissante famille des Habsbourg et règne comme empereur de 1508 à 1519. En revanche, la Flandre, l'Artois et la Franche-Comté échappent au roi de France et sont transmis à Philippe le Beau, fils de Maximilien, puis au fils de ce dernier, le futur Charles Quint, empereur de 1519 à 1556 (► p. 153).

Mort de Charles le Téméraire **1477**

Les Capétiens directs | **Les Capétiens Valois**

1328 — 1492

1095-1291 Croisades en Orient

0-1200 (environ) Art roman

1337-1453 Guerre de Cent Ans

1100-1500 (environ) Art gothique

6 décembre 1491

Charles VIII épouse Anne de Bretagne

Le mariage entre le roi de France et la jeune duchesse de Bretagne met fin aux conflits dans l'ouest du royaume et amorce le rattachement du duché à la couronne de France.

La Bretagne, un enjeu politique

À la mort du duc François de Bretagne en 1488, sa fille aînée Anne, âgée de 12 ans, devient duchesse. La Bretagne, qui dépend en théorie du roi de France, jouit en fait d'une grande autonomie.

Le parti breton soutient la jeune duchesse et cherche une alliance avec Maximilien Ier d'Autriche, héritier des Habsbourg : un mariage par procuration est signé en décembre 1490 entre Anne et Maximilien. Pour conserver la Bretagne, Charles VIII lève une armée et entreprend de conquérir le duché. Rennes, sa capitale, tombe à l'automne 1491.

Un mariage discret

Charles VIII épouse Anne de Bretagne à la fin de l'année, sans attendre l'annulation de son union avec Maximilien par la papauté. Le mariage est célébré le 6 décembre au château de Langeais, en présence d'un petit nombre de convives.

La veille, le roi et la duchesse ont signé un contrat qui prévoit que si l'un des époux meurt sans héritier légitime, l'autre deviendra propriétaire du duché de Bretagne. En outre, si Charles VIII vient à décéder avant Anne, cette dernière devra épouser le nouveau roi de France ou le plus proche héritier mâle de la Couronne.

Deux mariages plus tard, la Bretagne est intégrée à la France

Les quatre enfants d'Anne de Bretagne et de Charles VIII meurent tous en bas âge. Puis en 1498, le roi décède prématurément à 27 ans. Son cousin Louis d'Orléans lui succède sous le nom de Louis XII (► p. 113). Appliquant le contrat signé en 1491, celui-ci se sépare de sa première femme et épouse Anne à Nantes le 7 janvier 1499.

De cette union naissent deux filles, dont l'une, Claude de France, épouse François d'Angoulême, cousin du roi et héritier probable. À la mort de Louis XII en 1515, celui-ci monte effectivement sur le trône devenant François Ier (► p. 113). En 1532, ce dernier obtient de sa femme un édit d'union qui rattache définitivement le duché de Bretagne à la France.

Le mariage royal, un mariage de raison

Le mariage du roi n'est pas un acte d'amour mais bien une affaire diplomatique et politique. Il est souvent le résultat de négociations et de compromis au sommet de l'État. Il est précédé par la signature d'un contrat qui précise la dot – ensemble des biens ou terres apportés par la mariée – et le douaire – biens laissés à l'épouse si le mari décède avant elle.
La première fonction de la reine est de donner un héritier mâle au trône et la stérilité constitue un motif d'annulation du mariage. C'est d'ailleurs cette raison qui est invoquée par Louis XII à la fin de l'année 1498 pour répudier sa première épouse Jeanne de France, seconde fille de Louis XI.

Charles VIII et Anne de Bretagne

Gravure sur panneau de bois, XVe siècle (château de Langeais).

Tombeaux de Louis XII et d'Anne de Bretagne

Au sommet du monument en marbre de Carrare, le couple royal est figuré agenouillé en train de prier. Un petit temple entouré des douze apôtres et des quatre vertus cardinales renferme les corps des deux souverains représentés figés dans la mort, une cicatrice sur l'abdomen due à l'opération d'éviscération qui suit la mort des rois.

Antoine et Jean Juste, marbre de Carrare, 1516-1531 (basilique Saint-Denis).

Mariage de Charles VIII et Anne de Bretagne 1491

Les Capétiens directs | Les Capétiens Valois

1328 — 1492

1095-1291 Croisades en Orient

0-1200 (environ) Art roman

1337-1453 Guerre de Cent Ans

1100-1500 (environ) Art gothique

Les

Temps modernes

De la Renaissance aux Lumières

L'époque moderne commence à la fin du XVe siècle. Les historiens retiennent traditionnellement la date de 1492, doublement symbolique puisqu'elle marque la fin de la reconquête par les rois catholiques des territoires musulmans d'Espagne et surtout l'ouverture de l'Europe vers d'autres mondes avec la découverte de l'Amérique par Christophe Colomb.

À bien des égards cependant, la France ne connaît pas de rupture majeure entre le Moyen Âge et l'époque moderne.

Portrait de Louis XIV et sa famille, Nicolas de Largillière, huile sur toile, 161 × 129 cm, vers 1710 (Wallace Collection, Londres).

Vers une monarchie absolue de droit divin

En France au XVIe siècle, la progression du pouvoir royal est freinée par les guerres de religion. Catholiques et protestants remettent en cause une autorité qui ne parvient ni à les défendre, ni à assurer la paix. Mais Henri IV réussit à imposer la concorde tandis que Louis XIII réduit la puissance des protestants. Parallèlement, l'administration se développe et relaie dans les provinces les décisions du roi. Au XVIIe siècle, Louis XIV incarne le monarque absolu, tenant son pouvoir de Dieu. Il gouverne seul un État centralisé, en mettant les arts à son service. Au XVIIIe siècle cependant, l'absolutisme et la société d'ordres font l'objet d'une critique de plus en plus vive de la part des philosophes des Lumières et des élites éclairées. La monarchie affronte aussi la révolte des parlements, qui se veulent de plus en plus des représentants de la nation.

La guerre comme manifestation de l'autorité royale

Les nombreuses guerres menées par les rois de France sont un moyen d'agrandir le territoire, mais aussi d'affirmer la gloire du souverain en Europe. Du rêve italien aux guerres de coalitions, en passant par la volonté de briser l'encerclement des Habsbourg, des conflits de plus en plus coûteux grèvent les finances. Ils entraînent une forte augmentation des dépenses de l'État royal qui peine à trouver des ressources et s'endette considérablement. Le déficit budgétaire et la dette se creusent : cette impasse conduit à la convocation des états généraux en 1789.

À l'époque moderne, la construction de l'État et du territoire s'achève. La contestation de l'absolutisme et la conjugaison de plusieurs crises, financière, sociale et économique, conduisent à la rupture de 1789, où en quelques semaines est balayé l'édifice politique et social alors baptisé « Ancien Régime ».

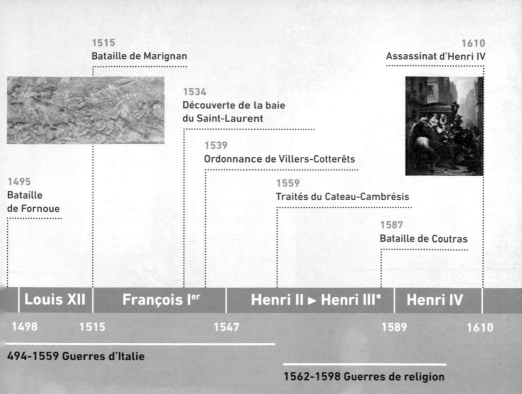

1515
Bataille de Marignan

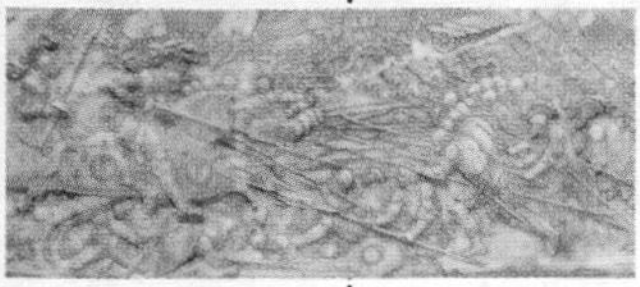

1610
Assassinat d'Henri IV

1534
Découverte de la baie du Saint-Laurent

1539
Ordonnance de Villers-Cotterêts

1495
Bataille de Fornoue

1559
Traités du Cateau-Cambrésis

1587
Bataille de Coutras

Louis XII	François Ier	Henri II ▸ Henri III*	Henri IV
1498	1515	1547	1589 – 1610

494-1559 Guerres d'Italie

1562-1598 Guerres de religion

*Henri II (1547-1559) • François II (1559-1560) • Charles IX (1560-1574) • Henri III (1574-1589)

1516
Concordat de Bologne

1532
Pantagruel de Rabelais

1519
Début de la construction du château de Chambord

1525
Bataille de Pavie

1572
Massacre de la Saint-Barthélemy

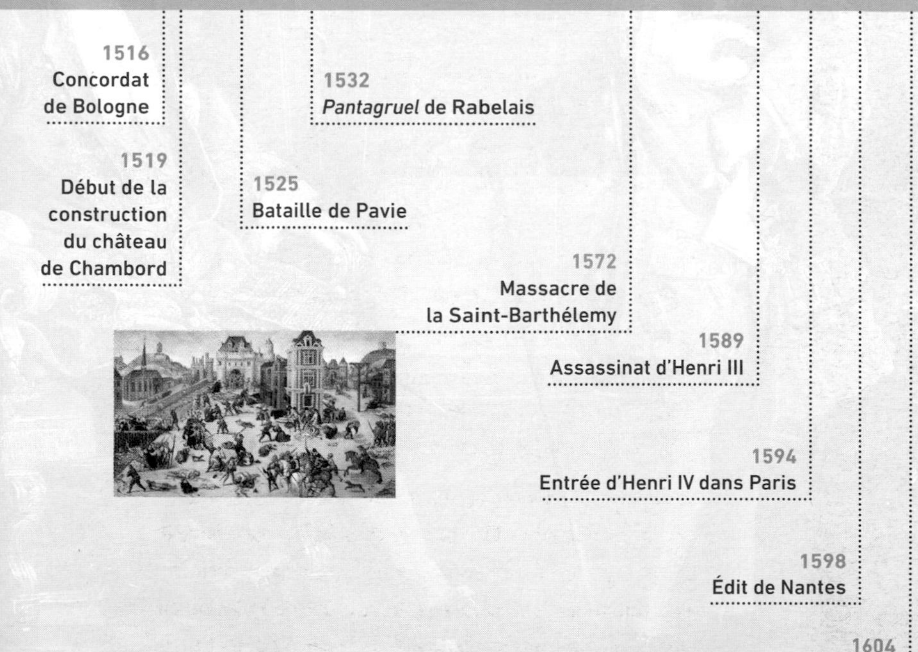

1589
Assassinat d'Henri III

1594
Entrée d'Henri IV dans Paris

1598
Édit de Nantes

1604
La paulette

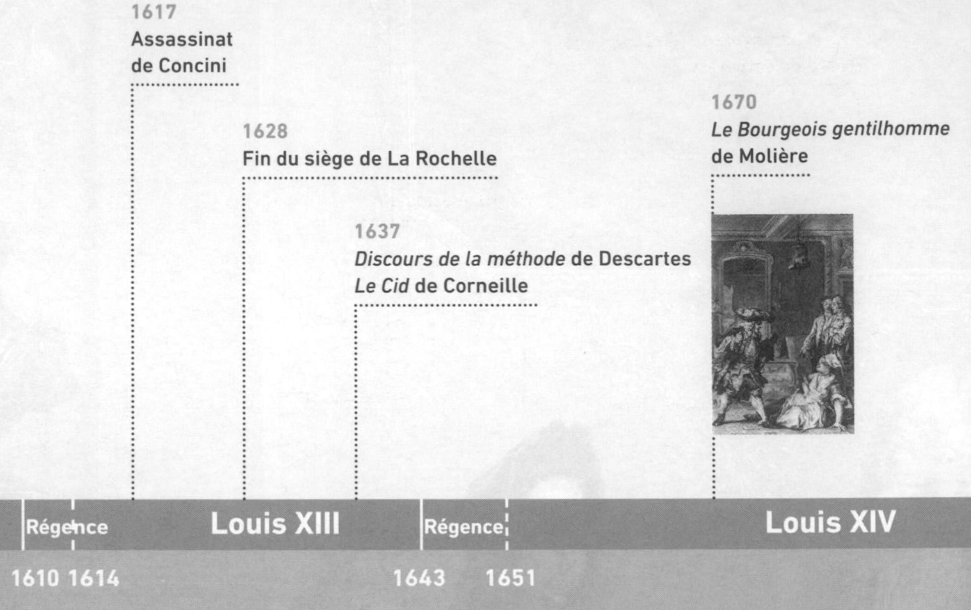

1617
Assassinat de Concini

1628
Fin du siège de La Rochelle

1637
Discours de la méthode de Descartes
Le Cid de Corneille

1670
Le Bourgeois gentilhomme de Molière

Régence | Louis XIII | Régence | Louis XIV

1610 1614 1643 1651

XVIIe siècle Théâtre classique

1661-1715
Règne personnel de Louis XIV

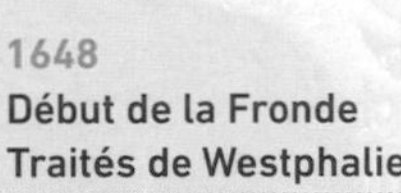

1648
Début de la Fronde
Traités de Westphalie

1682
Installation de la cour à Versailles

1685
Code noir
Édit de Fontainebleau

1692-1694
Famines

1720
Faillite du système de Law
Peste en Provence

1751
Premier tome
de l'*Encyclopédie*

1761-1765
Affaire Calas

1763
Traité de Paris

Régence	Louis XV	Louis XVI
1715	1723	1774	1792

XVIIIe siècle Les Lumières

1775-1783
Guerre
d'indépendance
en Amérique

1771
Réforme des parlements

1774
Début du règne de Louis XVI

1776
Soutien de la France
à la révolution américaine

1785
Départ de l'expédition
de La Pérouse

1787
Tentatives
de réformes financières

1789
Convocation des états généraux

6 juillet 1495

Charles VIII remporte la bataille de Fornoue en Italie

Depuis la fin de la guerre de Cent Ans, le royaume de France s'est relevé. À partir de 1492, Charles VIII, fasciné par l'Italie, fait valoir ses droits contre les Aragonais sur le royaume de Naples légué en 1480 à son père Louis XI par René d'Anjou.

La rapide conquête du royaume de Naples

Après des préparatifs diplomatiques et militaires minutieux, Charles VIII (► p. 113) rassemble son armée à l'été 1494 et prend le chemin de l'Italie. Il entre triomphalement à Naples le 21 février 1495, sans avoir rencontré d'opposition.

Inquiets de cette nouvelle puissance française, le pape Alexandre VI, le duc de Milan, la République de Venise et Ferdinand d'Aragon constituent une coalition contre Charles VIII le 31 mars. Ce dernier se fait couronner roi de Naples avant de quitter la ville le 29 mai pour aller chercher des soutiens au Nord.

Une bataille brève mais violente

Le 5 juillet 1495, après avoir franchi les Apennins, l'armée de Charles VIII, épuisée et manquant de vivres, installe son campement au village de Fornoue alors qu'une armée de coalisés commandée par le marquis de Mantoue tente de lui barrer la route. La nuit, des trombes d'eau s'abattent sur les soldats français dont les sentinelles sont harcelées par les cavaliers albanais de l'armée vénitienne.

Au matin, alors qu'elle franchit un cours d'eau, la cavalerie commandée par Charles VIII est attaquée et le roi manque d'être fait prisonnier. La bataille, qui dure près d'une heure, tourne pourtant à l'avantage des Français qui restent maîtres du champ de bataille.

Une victoire non exploitée

Les coalisés, qui se replient à Parme, ont essuyé de lourdes pertes : 4 000 morts, contre un millier environ du côté français. Toutefois, loin de ses bases et à la tête d'une armée affaiblie et peu nombreuse, Charles VIII choisit de rentrer en France. Le royaume de Naples retombe alors aux mains des Aragonais.

Impressionné par les richesses artistiques découvertes en Italie, le roi fait venir des artisans et des artistes italiens à sa cour. Il prévoit une nouvelle expédition en Italie mais meurt accidentellement le 7 avril 1498 au château d'Amboise après s'être cogné la tête contre le linteau d'une porte.

Malgré la victoire de Charles VIII, la bataille de Fornoue marque la fin du premier épisode italien des rois de France.

1495 Bataille de Fornoue

Louis XII | François Ier | Henri II ► Henri III* | Henri IV | Régence | Louis

1492 1498 1515 1547 1589 1610 1614

1494-1559 Guerres d'Italie

1562-1598 Guerres de religion

*Henri II (1547-1559) • François II (1559-1560) • Charles IX (1560-1574) • Henri III (1574-1589)

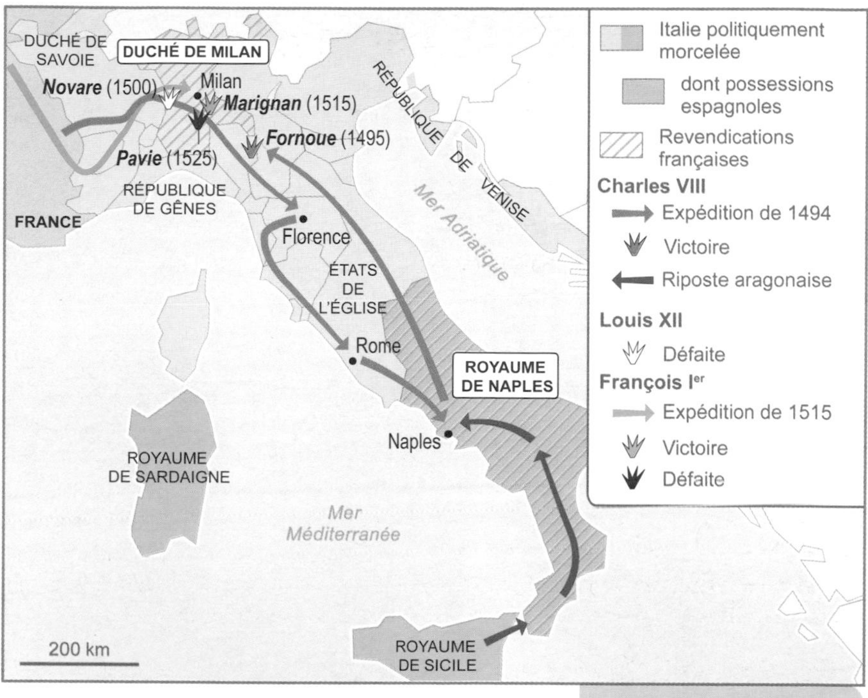

Les guerres d'Italie (1494-1525)

L'Italie à la fin du xve siècle

À la fin du Moyen Âge, l'Italie est très morcelée sur le plan politique. Dans la péninsule, peuplée et urbanisée, de nombreux États se trouvent en concurrence. Certains, telle la République de Venise, se sont enrichis grâce au commerce maritime avec l'Orient. Cette prospérité permet de financer des artistes qui travaillent à la gloire des princes, des villes ou des marchands. À Florence, Milan, Rome ou Venise, peintres, sculpteurs, architectes, influencés par l'Antiquité et les humanistes, changent leurs techniques et leur vision sur l'art. Cette période de foisonnement et de renouveau culturels, qui touchent aussi les sciences et s'inscrivent dans le contexte des Grandes découvertes, est baptisée « Renaissance » au XVIIIe siècle.

Les guerres d'Italie (1494-1559)

1494-1495	Première campagne d'Italie. Charles VIII conquiert puis perd le royaume de Naples.
1499-1501	Deuxième campagne d'Italie. Louis XII conquiert puis perd le Milanais et le royaume de Naples.
1515	Victoire de Marignan. François Ier s'empare du duché de Milan.
1525	Défaite de Pavie. François Ier perd le duché de Milan.
1536-1538	Échec de l'expédition de François Ier dans le Milanais.
1542-1544	Nouvel échec de François Ier dans le Milanais.
1559	Traités du Cateau-Cambrésis : Henri II renonce à l'Italie.

13-14 septembre 1515

François Ier remporte la bataille de Marignan

Dès son accession au trône en janvier 1515, François Ier revendique ses droits sur le duché de Milan. Sa victoire à Marignan permet à la France de se réinstaller dans la péninsule.

Des préparatifs diplomatiques et militaires

Après avoir obtenu la neutralité du roi d'Angleterre Henri VIII, de Charles de Gand, futur Charles Quint (► p. 153), et surtout l'alliance des Républiques de Gênes et de Venise, François Ier prend la route de l'Italie à la tête de son armée, laissant la régence à sa mère Louise de Savoie. À l'été 1515, il franchit les Alpes au col de l'Argentière puis installe son campement à Marignan, près de Milan (► p. 145).

Face à lui se dresse le duc de Milan, Maximilien Sforza, allié à l'Espagne, au pape Léon X et aux Suisses qui jouissent d'une réputation d'invincibilité.

Une longue bataille

Le 13 septembre, des piquiers suisses sortent de Milan et s'avancent vers l'armée de François Ier qui compte près de 35 000 hommes, des chevaliers, toute la noblesse du royaume, mais aussi des lansquenets allemands, armés de piques et d'arquebuses, et 60 canons de bronze. Dans un premier temps, les Suisses tentent de s'emparer de l'artillerie et bousculent les Français qui résistent jusqu'à la nuit. À minuit, les combats s'interrompent pour ne reprendre que le lendemain à l'aube.

Les succès français

L'arrivée des renforts vénitiens au matin permet à François Ier de reprendre l'avantage. Ses canons parviennent à briser la formation des piquiers suisses disposés en carré, tactique traditionnelle qui permet de résister aux charges de cavalerie. Les chevaliers français attaquent alors sur les flancs, provoquant la fuite des Suisses. François Ier prend le contrôle du duché de Milan.

En combinant l'utilisation de l'artillerie et de la cavalerie, la bataille de Marignan marque un tournant dans l'évolution de la tactique militaire du XVIe siècle. Elle a marqué les esprits, tant par le nombre très élevé de victimes (16 000 morts) que par la longueur des combats, alors qu'au Moyen Âge les armées ne s'affrontaient traditionnellement que quelques heures dans une journée.

La bataille de Marignan

Ce bas-relief figure sur le tombeau de François Ier dans la nécropole royale de la basilique Saint-Denis. On distingue, à gauche, le roi de France chargeant les fantassins suisses tandis qu'en arrière-plan se déploie le reste de son armée, les lansquenets, les arbalétriers et les canons.

Une victoire qui renforce François Ier

En 1516, François Ier signe le concordat de Bologne avec le pape (► p. 148) puis la paix avec les cantons suisses. La propagande royale exploite la victoire dans le royaume : elle assure la gloire du nouveau monarque et vante une guerre « juste ». L'adoubement de François Ier à la fin de la bataille par Bayard, seigneur français et chef de guerre, est très contesté mais illustre la volonté du jeune roi de 21 ans de mettre en avant l'idéal chevaleresque. François Ier est en effet imprégné des valeurs de courage, de loyauté et de force propres aux guerriers du Moyen Âge et véhiculées par la littérature courtoise (► p. 92).

François Ier (1515-1547)

Ce portrait représente le roi au début de son règne. François Ier est alors âgé d'une vingtaine d'années. Cousin de Louis XII mort sans héritier, il lui succède en 1515 après avoir épousé l'année précédente sa fille, Claude de France, héritière du duché de Bretagne (► p. 136).

Attribué à Jean Clouet, peinture sur bois, 25 x 35 cm, 1515-1520 (musée Condé, Chantilly).

1516

François Ier et Léon X signent le concordat de Bologne

Depuis Philippe le Bel, les rois de France entretiennent des rapports conflictuels avec la papauté qui tente d'affirmer un pouvoir universel, supérieur à celui des monarques. François Ier négocie en 1516 un compromis avec le pape Léon X.

Les négociations entre François Ier et Léon X

Pour se maintenir en Italie après sa victoire à Marignan en 1515 (► p. 146), François Ier a besoin du soutien du pape Léon X. Ce dernier souhaite réintroduire en France son autorité, réduite après la Pragmatique Sanction signée à Bourges en 1438.

En décembre 1515, le roi de France et le souverain pontife se rencontrent à Bologne, en Italie. L'entrevue aboutit à la signature du **concordat*** en août 1516 à Rome par Léon X et Antoine Duprat, chancelier et représentant de François Ier.

Un compromis avantageux pour les deux parties

Le concordat de Bologne confirme le contrôle du roi sur l'Église catholique en France. Celui-ci nomme la plupart des responsables ecclésiastiques, évêques et abbés (investiture temporelle). Des conditions d'âge sont fixées pour devenir évêque (27 ans) ou abbé (23 ans), même si la haute noblesse peut s'en affranchir.

En contrepartie, le pape obtient l'annulation de la Pragmatique Sanction et accorde l'autorité religieuse aux nouveaux évêques et abbés choisis par le roi (investiture spirituelle).

François Ier, « le Roi Très Chrétien », bénéficie alors d'un pouvoir sur l'Église de son royaume comme peu de souverains en Europe.

*Accord entre le pape et un État pour fixer les droits de l'Église catholique dans un pays.

** Assemblée de clercs qui entourent l'évêque, ou de moines.

La Pragmatique Sanction de Bourges

Édictée par Charles VII le 7 juillet 1438, la Pragmatique Sanction limite fortement les interventions du pape dans la nomination du clergé de France. Les évêques et abbés sont élus par des **chapitres**** et non plus nommés par Rome. Le roi peut recommander des candidats aux chapitres tandis que les appels en justice auprès du Saint-Siège sont limités et certains impôts dus au pape supprimés. Cet acte fonde le gallicanisme royal qui revendique une autonomie de l'Église de France face au pouvoir pontifical.

François Ier et Léon X à Bologne

Giorgio Vasari peint dans le Palazzo Vecchio de Florence une série de fresques retraçant l'histoire des Médicis. Le pape (né Jean de Médicis) domine la scène et accueille à Bologne le roi de France, humble pénitent, agenouillé et tête nue.

Giorgio Vasari, fresque, deuxième moitié du XVIe siècle (Palazzo Vecchio, Florence).

1516 Concordat de Bologne

Louis XII	François Ier	Henri II ► Henri III*	Henri IV	Régence	Louis

1492 1498 1515 1547 1589 1610 1614

1494-1559 Guerres d'Italie

1562-1598 Guerres de religion

*Henri II (1547-1559) • François II (1559-1560) • Charles IX (1560-1574) • Henri III (1574-1589)

La France et l'Église catholique

1303	Attentat d'Anagni (conflit entre Philippe le Bel et Boniface VIII).
1309-1403	Les papes en Avignon.
1438	Pragmatique Sanction de Bourges.
1516	Concordat de Bologne.
1790	Constitution civile du clergé adoptée par l'Assemblée constituante, qui met fin unilatéralement au concordat de Bologne.
1801	Concordat signé entre Napoléon Ier et Pie VII.
1905	Loi de séparation des Églises et de l'État qui met fin au concordat de 1801 (sauf en Alsace et en Moselle qui appartiennent alors à l'Allemagne). La République française devient laïque.

e	Louis XIV	Régence	Louis XV	Louis XVI
651		1715 1723		1774 1792

1661-1715 Règne personnel de Louis XIV

XVIIIe siècle Les Lumières

1775-1783
Guerre d'indépendance en Amérique

1519

La construction du château de Chambord débute

Lors de leurs expéditions en Italie, les rois de France sont fascinés par la Renaissance et ses nouvelles formes artistiques. François Ier, qui veut marquer son règne par la construction d'un monument imposant, ordonne la construction d'un château à Chambord.

Le choix du site

Au XVIe siècle, la cour est itinérante : le roi habite au Louvre à Paris et dans des châteaux construits autour de la capitale puis dans le Val de Loire. Il parcourt son royaume pour mieux l'administrer et se faire connaître de ses sujets, accompagné de sa famille, ses conseillers, ses familiers, ses domestiques et ses gardes. En tout, 4000 à 5000 personnes se déplacent, et avec eux leur mobilier, leur vaisselle, leurs vêtements. François Ier passe ainsi les deux tiers de son règne à voyager.

Situé près de Blois, Chambord est au cœur d'une forêt giboyeuse qui permet au souverain de pratiquer l'un de ses loisirs préférés, la chasse au cerf. Le site, marécageux, nécessite d'importants travaux d'assainissement.

Vingt ans de chantier

Le plan du bâtiment reste très proche de celui d'un château fort médiéval. À l'origine, seul devait exister le « donjon », vaste partie centrale carrée sur cinq niveaux habitables, flanquée de quatre tours d'angle rondes.

Plus de 1800 ouvriers travaillent sur le chantier. Maçons, tailleurs de pierre, charpentiers, ferronniers utilisent les matériaux provenant des régions voisines, tel le tuffeau, une pierre tendre extraite des carrières souterraines près du Cher et acheminée par la Loire.

Un château chargé de symboles

Les influences italiennes sont nombreuses : la symétrie rigoureuse, les toits en terrasse, les décors sculptés à l'intérieur du château ou sur les cheminées et les lanternes, et bien sûr le fameux escalier d'honneur à double vis au centre du donjon.

Les proportions considérables du château et son luxe manifestent la puissance de François Ier. Les symboles de son pouvoir y sont omniprésents sous la forme de la lettre « F » couronnée et de son emblème, la salamandre, animal légendaire résistant au feu.

Le roi réside peu à Chambord, une quarantaine de jours en trois séjours. En 1539, il y reçoit Charles Quint qui s'émerveille des prouesses architecturales.

« Je vois un abrégé de ce que peut effectuer l'industrie humaine. »

Charles Quint, décembre 1539.

1519 Début de la construction du château de Chambord

1492	Louis XII 1498	François Ier 1515	Henri II ► Henri III* 1547	Henri IV 1589	Régence 1610	Louis 1614

1494-1559 Guerres d'Italie

1562-1598 Guerres de religion

*Henri II (1547-1559) • François II (1559-1560) • Charles IX (1560-1574) • Henri III (1574-1589)

XVIIe siècle Théâtre cla

Le château de Chambord

Les artistes italiens accordent beaucoup d'importance à l'harmonie des proportions et à l'utilisation des formes géométriques. À Chambord, le plan est conçu autour du chiffre 9 : l'escalier est au centre d'un carré de 9 mètres de côté et chaque côté du donjon mesure 45 mètres (5 × 9 mètres).

La Renaissance artistique en France

Avec les guerres d'Italie, les rois et d'autres grands seigneurs font venir en France des artistes de la péninsule (architectes, peintres, sculpteurs) et jouent le rôle de mécènes. C'est dans la construction des châteaux au XVIe siècle que l'influence italienne est la plus tangible. Les demeures perdent leur vocation défensive pour devenir plus confortables avec une recherche esthétique. Dans cet esprit sont ainsi construits les châteaux du Val de Loire comme Chenonceau, Azay-le-Rideau ou Chambord mais aussi Fontainebleau près de Paris, où travaillent pour François Ier de nombreux artistes comme les peintres Le Primatice ou Rosso Fiorentino.

Léonard de Vinci (1452-1519)

Né à Florence en 1452, Léonard de Vinci est un savant, à la fois peintre, sculpteur et ingénieur. Il arrive en France en 1516 à l'invitation de François Ier après leur rencontre à Bologne. L'artiste s'installe près d'Amboise, au Clos-Lucé. Il réalise pour le roi, qui lui verse une pension très élevée de mille écus par an, des programmes de fêtes et des plans architecturaux pour des palais et des villes. Les historiens s'interrogent encore pour savoir si Vinci a participé aux plans du château de Chambord. Il meurt en 1519 à l'âge de 67 ans, quatre mois avant le début des travaux.

Louis XIV | Régence | Louis XV | Louis XVI

51 | 1715 | 1723 | 1774 | 1792

1661-1715 Règne personnel de Louis XIV

XVIIIe siècle Les Lumières

1775-1783 Guerre d'indépendance en Amérique

24 février 1525

François Ier est fait prisonnier à la bataille de Pavie

En 1525, François Ier tente de reconquérir le duché de Milan dont les Français ont été chassés par les troupes de Charles Quint trois ans plus tôt. Au soir de la bataille, le désastre militaire et la capture du roi provoquent un traumatisme dans le royaume.

Les opérations militaires en Italie

À l'automne 1524, après avoir réuni une armée et de nouveau laissé la régence à sa mère Louise de Savoie, François Ier reprend le chemin de l'Italie (► p. 146). Il entre dans Milan, abandonnée par l'armée impériale de Charles Quint qui s'est repliée à Lodi et à Pavie. Le roi en entreprend alors le siège qui se prolonge durant quatre mois. Dans le même temps, il envoie une partie de ses troupes attaquer Naples.

Le désastre français

Dans la nuit du 23 au 24 février 1525, une armée de secours impériale surprend les Français devant Pavie. L'artillerie française ouvre le feu puis les cavaliers chargent. Mais ils sont arrêtés par les arquebusiers impériaux qui « enveloppent » ensuite l'armée de François Ier, tandis que ses alliés suisses s'enfuient. Le roi et ses troupes sont rapidement débordés mais François Ier s'obstine à continuer le combat. Blessé, il finit par se rendre et est fait prisonnier.

François Ier prisonnier

À sa demande, François Ier est emmené en captivité à Madrid. Louise de Savoie entame alors des négociations pour le faire libérer. Le roi de France doit renoncer à ses droits sur l'Italie et céder à Charles Quint le duché de Bourgogne. Après six mois de captivité, il rentre en France tandis que ses deux fils sont envoyés comme otages à Madrid.

En 1529, la paix est signée entre la France et l'Empire. François Ier conserve finalement la Bourgogne mais renonce à Milan et à Naples et doit payer une rançon de deux millions d'écus d'or pour faire libérer ses fils.

La naissance des lapalissades

Jacques de La Palice combat aux côtés de Charles VIII lors de la conquête du royaume de Naples puis avec Louis XII (► p. 145). Après la bataille de Marignan, il est fait maréchal de France par François Ier. À sa mort à Pavie, ses soldats composent une chanson en son honneur qui se termine par ces mots : « Un quart d'heure avant sa mort, il était encore en vie. » Ces vers, devenus célèbres sous le nom de « lapalissade », expriment une évidence de façon un peu sentencieuse, donc un peu ridicule.

> *De toutes choses, ne m'est demeuré que l'honneur et la vie qui est sauve.* »
>
> François Ier écrivant à sa mère Louise de Savoie au soir de la bataille, 1525.

L'opposition entre Charles Quint et François Ier

Membre de la puissante famille des Habsbourg, Charles de Gand est le fils du duc de Bourgogne Philippe le Beau (qui possède également la Flandre et la Franche-Comté) et de Jeanne la Folle, héritière du royaume d'Espagne. Régnant d'abord sur les Pays-Bas, Charles devient roi d'Espagne en 1516 puis est élu empereur en 1519. Charles Quint est à la tête d'« un empire sur lequel le soleil ne se couche jamais », soit d'immenses territoires encerclant la France : l'Espagne, les Pays-Bas, la Franche-Comté mais aussi l'Autriche, le royaume de Naples et les territoires conquis en Amérique. Alors que le rapprochement entre François Ier et Henri VIII d'Angleterre échoue, malgré l'entrevue du « camp du Drap d'or » près de Calais, les incidents se multiplient entre François Ier et Charles Quint à partir de 1521. Ce dernier abdique en 1555, laissant en 1556 le titre impérial à son frère Ferdinand Ier et le royaume d'Espagne à son fils Philippe II.

La capture de François Ier

François Ier est pris alors qu'il combat à pied. Il se rend au vice-roi de Naples qui l'autorise à rédiger un billet pour sa mère Louise de Savoie.

Tapisserie, XVIe siècle (Galerie nationale Capodimonte, Naples).

Louis XIV	Régence	Louis XV	Louis XVI
651	1715	1723	1774 – 1792

1661-1715 Règne personnel de Louis XIV

XVIIIe siècle Les Lumières

1775-1783 Guerre d'indépendance en Amérique

1532

François Rabelais publie les aventures de Pantagruel

Moine et médecin, François Rabelais écrit sous le pseudonyme d'Alcofribas Nasier, anagramme de son nom, un livre qui, parodiant les romans de chevalerie, constitue un véritable manifeste humaniste.

Une histoire de géants

Pantagruel. Les horribles et épouvantables faits et prouesses du très renommé Pantagruel, roi des Dipsodes, fils du grand géant Gargantua met en scène le géant Pantagruel, fils de Gargantua et de Badebec. Dans sa jeunesse, Pantagruel voyage, fréquente plusieurs universités de province puis se rend à Paris. Au cours de ses pérégrinations, il a l'occasion de montrer sa valeur intellectuelle mais aussi physique en combattant le roi des Dipsodes qui a envahi son pays.

Le récit est divertissant et drôle, agrémenté de jeux de mots et de parodies, susceptible de toucher un large public. Le plan reprend celui en trois parties des romans de chevalerie du Moyen Âge : l'enfance, les épreuves et l'éloignement, l'exploit final (► p. 92).

Un auteur humaniste

François Rabelais est un homme de la Renaissance, très au fait des découvertes et des idées nouvelles.

Il expose dans son livre le projet humaniste de son époque. Dans une lettre adressée à Pantagruel, Gargantua propose à son fils un programme éducatif qui s'oppose à celui du Moyen Âge. Il y insiste sur la lecture des auteurs de l'Antiquité mais aussi sur la nécessité de s'intéresser à tous les aspects du savoir, et notamment aux disciplines scientifiques. La fin de la lettre est consacrée à la religion qui doit servir de guide moral.

François Rabelais (v. 1490-1553), moine, médecin et écrivain

Né vers 1490 près de Chinon, Rabelais devient moine en 1521. Il obtient le grade de docteur en médecine à l'université de Montpellier puis exerce à l'Hôtel-Dieu de Lyon. Il publie *Pantagruel* en 1532, *La Vie inestimable du grand Gargantua, père de Pantagruel* en 1534, le *Tiers Livre des faicts et dicts héroïques du noble Pantagruel* en 1546 et enfin *Le Quart Livre* en 1548. Condamné à plusieurs reprises par la Sorbonne (► p. 104) qui lui reproche, entre autres, ses propos obscènes, Rabelais effectue plusieurs séjours en Italie où il bénéficie de la protection de personnages influents comme le cardinal Jean du Bellay dont il est le médecin personnel.

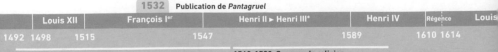

1532 Publication de *Pantagruel*

Louis XII	François Ier	Henri II ► Henri III*	Henri IV	Régence	Louis

1492 1498 1515 1547 1589 1610 1614

1494-1559 Guerres d'Italie

1562-1598 Guerres de religion

*Henri II (1547-1559) • François II (1559-1560) • Charles IX (1560-1574) • Henri III (1574-1589)

Le géant Pantagruel

Pantagruel est doté d'un solide appétit ; c'est d'ailleurs le sens de l'adjectif « pantagruélique » dérivé de son nom. D'autres expressions présentes dans l'œuvre de Rabelais sont entrées dans le langage courant.

Jonard, gravure d'après Gustave Doré pour une édition de *Pantagruel*, 1873 (BNF, Paris).

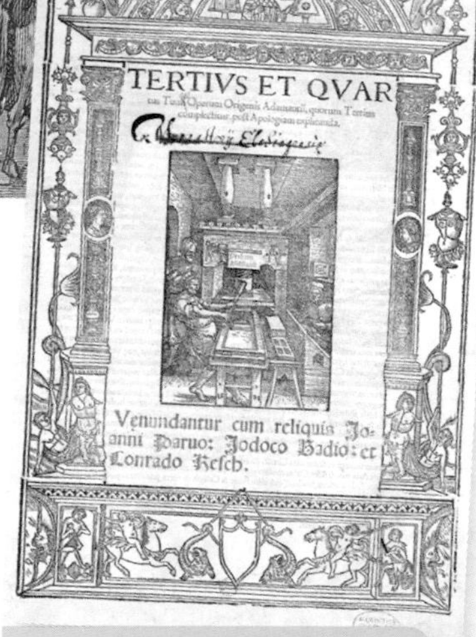

TERTIVS ET QVAR

Venundantur cum reliquis Joanni Paruo: Jodoco Badio: et Conrado Resch.

Les livres imprimés au XVIe siècle

En 1537, François Ier crée le dépôt légal : un exemplaire de chaque livre imprimé en France doit désormais être conservé à la bibliothèque royale.

Livre imprimé par Josse Bade, imprimeur à Paris, début du XVIe siècle.

L'humanisme, une nouvelle forme de savoir

L'humanisme est un courant de pensée qui se développe aux XVe et XVIe siècles, d'abord en Italie puis dans le reste de l'Europe. Les humanistes redécouvrent les penseurs romains et grecs de l'Antiquité et placent l'homme, et non Dieu, au cœur de leurs préoccupations. Ils tentent ainsi de s'affranchir de la tutelle de l'Église et commencent à s'intéresser aux recherches scientifiques et à la pratique expérimentale. Les humanistes voyagent en Europe et correspondent entre eux. Ils diffusent leurs idées dans des livres devenus plus accessibles grâce à l'imprimerie et accordent une place prépondérante à l'éducation, rédigeant de nombreux traités pédagogiques.

Louis XIV | Régence | Louis XV | Louis XVI

51 — 1715 — 1723 — 1774 — 1792

1661-1715 Règne personnel de Louis XIV

XVIIIe siècle Les Lumières

1775-1783 Guerre d'indépendance en Amérique

1534

Jacques Cartier découvre la baie du Saint-Laurent

La France est restée à l'écart des Grandes découvertes. Mais dans les années 1530, François Ier finance trois expéditions vers le nord de l'Amérique pour trouver de nouvelles richesses et découvrir un passage vers la Chine.

L'exploration de la baie du Saint-Laurent

En août 1532, le navigateur malouin Jacques Cartier rencontre François Ier par l'entremise de l'archevêque de Saint-Malo, aumônier du roi. Il le convainc de financer une expédition dans le Nouveau Monde à hauteur de 6000 livres et obtient le titre de pilote du roi. Au printemps 1534, Cartier arme deux navires et recrute 60 hommes d'équipage.

Il atteint Terre-Neuve au bout de vingt jours et commence l'exploration des côtes de la baie du fleuve Saint-Laurent. Il y découvre une faune inconnue, tels les morses, « des grandes bêtes, comme des grands bœufs, elles ont deux dents dans la gueule », et rencontre des tribus indiennes. À la fin du mois d'août, les navires prennent le chemin du retour.

Les bases d'une nouvelle expédition

Cartier a précisément cartographié la baie et demeure persuadé d'avoir découvert un passage permettant d'atteindre la Chine. Il a ramené de son périple deux Indiens qui décrivent un pays plus à l'ouest rempli de richesses, d'or et de cuivre. Le roi se laisse convaincre de financer une deuxième expédition.

La remontée du fleuve Saint-Laurent

En mai 1535, devenu capitaine général et maître pilote des vaisseaux du roi, Cartier repart avec cinq navires et 110 hommes d'équipage. Guidé par les deux Indiens, il remonte le Saint-Laurent et multiplie les échanges avec les Iroquois : sur les bords du fleuve, il découvre le village de Stadaconé (sur le site de l'actuelle Québec) puis Hochelaga (Montréal), petite ville fortifiée près d'une montagne que le navigateur baptise mont Royal. À Stadaconé, il construit un fort pour passer l'hiver. Il est de retour à Saint-Malo en juillet 1536.

Pour la troisième expédition en 1541, Cartier, qui n'a plus la direction des opérations, part en éclaireur à la tête de cinq navires. Il retourne à Stadaconé et Hochelaga mais n'arrive pas à obtenir plus d'informations sur les prétendues richesses de l'Ouest. Il rentre en France en juillet 1542 avec une cargaison de pierres sans valeur et tombe en disgrâce.

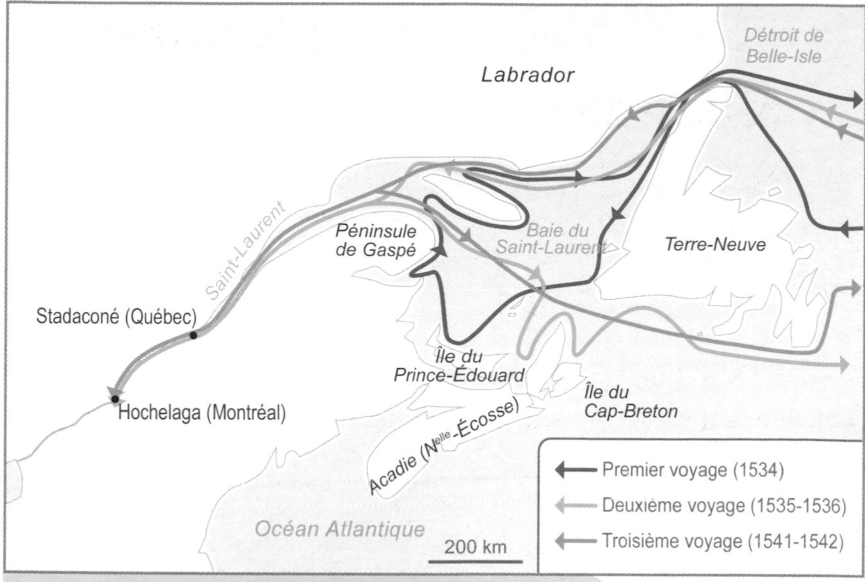

Les trois expéditions de Jacques Cartier

La première expédition permet de reconnaître la baie du Saint-Laurent qui est cartographiée tandis que les deux suivantes entreprennent de remonter le fleuve à la recherche du fameux passage vers la Chine.

La fondation de Québec par Samuel de Champlain

Après les expéditions de Cartier et de Roberval, la colonisation du Canada a peu progressé mais les marchands français ont entrepris le commerce des fourrures. En 1603, Samuel de Champlain accomplit un premier voyage et publie à son retour une relation de son périple. Au total, il effectue onze expéditions vers le Canada et y séjourne près de vingt ans. Le 3 juillet 1608, Champlain construit une habitation fortifiée à l'origine de Québec. Son nom dériverait de la langue indienne micmacque : « kehb » (bouché) et « ek » (là où), c'est-à-dire l'endroit où le fleuve Saint-Laurent se rétrécit.

Les Grandes découvertes

1re moitié du XVe siècle	Le prince portugais Henri le Navigateur finance des expéditions qui reconnaissent les côtes occidentales de l'Afrique.
1492	Le Gênois Christophe Colomb découvre l'Amérique pour le compte des souverains espagnols.
1494	Traité de Tordesillas : les Espagnols et les Portugais se partagent le monde à découvrir.
1498	Le Portugais Vasco de Gama atteint l'Inde après avoir contourné le cap de Bonne-Espérance.
1519	Le Portugais Fernand de Magellan débute son tour du monde puis franchit le détroit qui portera son nom. Il meurt en 1521 durant l'expédition, achevée en 1522 par Juan Sebastían del Cano.
1534	Jacques Cartier explore la baie du Saint-Laurent.

15 août **1539**

Le français devient la langue officielle du royaume

L'ordonnance de Villers-Cotterêts fait partie de la profusion d'actes législatifs adoptés par François Ier, témoignant de sa volonté de renforcer et d'imposer le pouvoir royal. Elle a pour but premier de réformer le système judiciaire.

Édits et ordonnances

Au XVIe siècle, le roi est la loi. Le souverain signe des édits et des ordonnances, qu'il termine par la formule « Car tel est notre plaisir ».
Un édit est un texte qui porte sur un sujet précis : l'édit de Nantes ne concerne par exemple que les protestants (► p. 174). Une ordonnance en revanche couvre plusieurs domaines. Les édits et ordonnances doivent être enregistrés par les parlements qui sont des cours de justice ayant la possibilité de faire des « remontrances » sur le texte. Toutefois, le roi peut imposer sa décision lors d'un « lit de justice », une séance à laquelle il assiste en personne pour faire enregistrer la loi.

Enregistrer les naissances et les décès

L'ordonnance signée par François Ier dans son château de Villers-Cotterêts compte 192 articles. Parmi eux, trois retiennent particulièrement l'attention. L'article 51 stipule que les curés doivent tenir des registres paroissiaux dans lesquels seront enregistrés les baptêmes, autrement dit les naissances. L'article 50 prévoit que soit consignées les sépultures des titulaires de bénéfices ecclésiastiques (évêques, curés, abbés). Cette mesure est étendue à tous les chrétiens par l'ordonnance de Blois en 1579.

La généralisation de l'état civil permet donc de connaître l'âge des personnes, notamment de celles qui prétendent obtenir une charge dans l'Église (► p. 148).

Imposer le français dans les actes juridiques et administratifs

L'article 111 ordonne que tous les actes émanant du pouvoir royal, des juges ou des notaires soient désormais rédigés en français. Le but est de simplifier la compréhension de textes écrits jusqu'ici en latin et d'uniformiser le système judiciaire dans l'ensemble du royaume.

Les décisions royales sont rapidement appliquées, l'ordonnance entérinant l'usage du français sur tout le territoire : depuis la fin du Moyen Âge, la langue de l'Île-de-France parlée par le roi et la cour se diffuse progressivement, d'abord dans le Nord puis dans le Midi et en Bretagne, même si les langues régionales demeurent.

i.xx. 3. **Et** Pource que telles choses sont souuentesfois aduenues/ sur lintelligence des motz latins / contenuz esditz arrestz: Nous voulons que doresenauant tous arrestz ensemble toutes procedures soyent de noz cours souueraines ou autres subalternes et inferieures / soyent des registres/enquestes/contractz/commissions/ sentences/ testamens & autres quelzconques actes/exploictz de iustice/ ou qui en deppendent/soyent prononcees/ enregistrees et deliurees aux parties en langaige maternel francoys et non autrement.*

Article 111 de l'ordonnance de Villers-Cotterêts

Écrit en français, le texte indique que les actes juridiques seront désormais rédigés «en langage maternel français et non autrement»*.

Archives nationales, Paris.

L'essor du français

Au Moyen Âge, un grand nombre de patois régionaux sont parlés dans le royaume. Ils se regroupent en deux grandes catégories: au Nord, les pays de langue d'oïl, et au Sud, les pays de langue d'oc. Progressivement, la langue parlée dans la région d'origine des Capétiens, autour de Paris et d'Orléans, se diffuse. À la fin du Moyen Âge et à l'époque moderne, on distingue ainsi trois niveaux de langues: celle régionale parlée par le plus grand nombre dans la vie quotidienne; le français d'Île-de-France et du Val de Loire, parlé par le roi, son entourage, les notables et véhiculé par les actes juridiques et administratifs; et le latin, mode de communication «international» utilisé par l'Église et les savants.

« *Francois, par La grâce de dieu, Roy de France, Sçavoir faisons, à tous présens et advenir, que pour aucunement pourvoir au bien de notre justice, abréviation des procès, et soulagement de nos sujets, avons, par édit perpétuel et irrévocable, statué et ordonné, statuons et ordonnons les choses qui s'ensuivent.* »

Ordonnance de Villers-Cotterêts, 1539.

Le français, langue nationale

842	Serment de Strasbourg, considéré comme le plus ancien document en français.
1539	Ordonnance de Villers-Cotterêts.
1635	Création de l'Académie française qui fixe les règles de la langue.
1794	Décret qui fait du français la langue de l'administration.
1992	Révision de la Constitution de la Ve République: la langue de la République est le français (article 2).
1994	Loi qui rappelle que le français est la langue de l'enseignement, du travail et des services publics.

2-3 avril 1559

Henri II signe les traités du Cateau-Cambrésis

À la mort de son père François Ier en 1547, Henri II poursuit la lutte en Italie et la guerre contre Charles Quint. Douze ans plus tard, confronté à une situation tendue dans le royaume, il signe la paix avec l'Angleterre et l'Espagne et renonce au rêve italien.

L'affrontement des trois puissances

En 1555-1556, Charles Quint abdique (► p. 153), laissant l'Espagne et le royaume de Naples à son fils Philippe II, marié à la reine d'Angleterre Marie Tudor. Un an plus tard, Henri II rompt la trêve signée avec l'Espagne en apportant son appui au pape Paul IV contre le royaume de Naples.

Les Espagnols, soutenus par les Anglais, attaquent alors le nord du royaume de France à partir des Pays-Bas espagnols (Belgique et Pays-Bas actuels) et en août 1557 prennent la ville de Saint-Quentin, après avoir battu l'armée française et fait prisonnier le connétable de Montmorency. En 1558, les Français s'emparent de la ville de Calais aux mains des Anglais depuis 1347 (► p. 116). Mais aucune de ces victoires n'est décisive.

Une paix contrainte

Trois motifs conduisent les belligérants à s'entendre. L'Espagne et la France ont besoin d'une paix rapide pour régler les affaires intérieures : le protestantisme se diffuse largement en Europe (► p. 163), ce que ne peuvent accepter les souverains espagnol et français, champions de la cause catholique. En outre, l'Espagne a perdu le soutien de l'Angleterre : à la mort de Marie Tudor en 1558, la nouvelle reine anglaise Élisabeth Ire, protestante, refuse d'épouser Philippe II. Enfin, les trois États peinent à financer la guerre.

Les discussions engagées le 11 février 1559 aboutissent rapidement à la signature des traités du Cateau-Cambrésis : le 2 avril, la France signe avec l'Angleterre et le lendemain avec l'Espagne.

La fin du rêve italien

Par les traités, la France rend au duc de Savoie, allié de l'Espagne, la Savoie et le Piémont et renonce à ses droits italiens sur le Milanais et le royaume de Naples. En revanche, elle conserve Calais, ainsi que Metz, Toul et Verdun, conquis par Henri II en 1552, et récupère Saint-Quentin.

Pour sceller ces traités, Henri II marie sa sœur avec le duc de Savoie et sa fille avec le roi d'Espagne.

1559 Traités du Cateau-Cambrésis

Louis XII | François Ier | Henri II ► Henri III* | Henri IV | Régence | Louis

1492 1498 1515 1547 1589 1610 1614

1494-1559 Guerres d'Italie

1562-1598 Guerres de religion

*Henri II (1547-1559) • François II (1559-1560) • Charles IX (1560-1574) • Henri III (1574-1589)

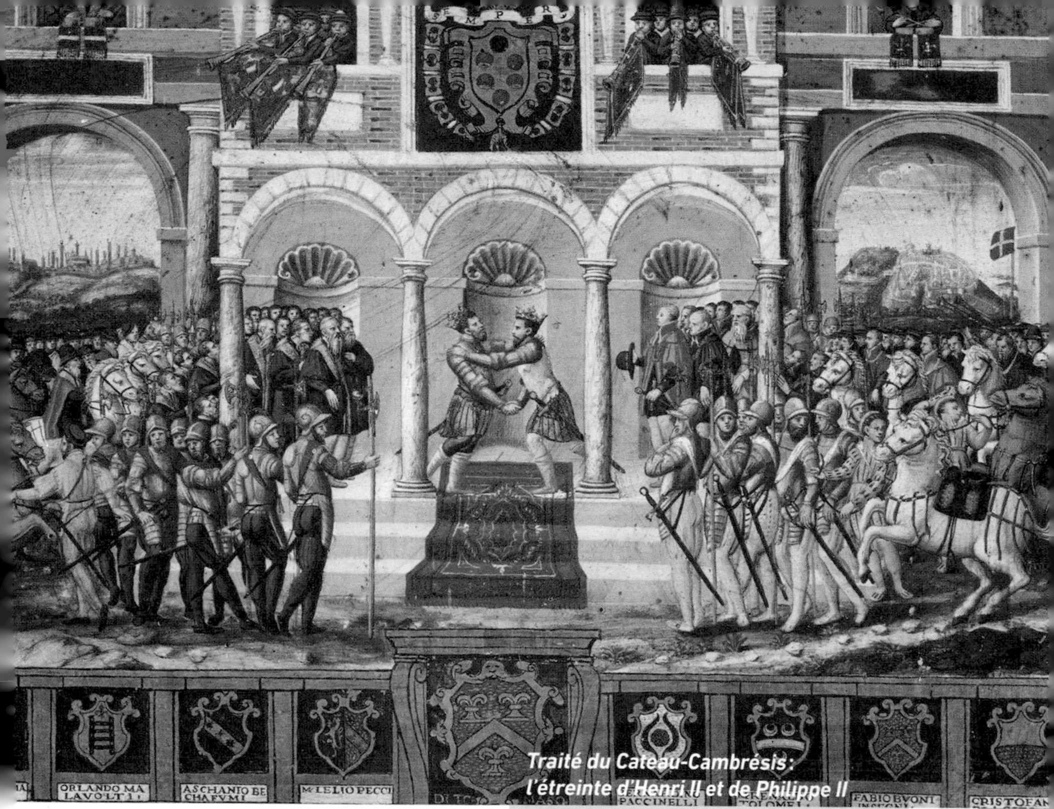

Traité du Cateau-Cambrésis : l'étreinte d'Henri II et de Philippe II

L'accolade entre les deux souverains au centre du tableau illustre la réconciliation entre la France et l'Espagne.

École française, huile sur bois, XVIe siècle (Palazzo Publico, Sienne).

La mort d'Henri II (1559)

Le 30 juin 1559, quelques mois après la signature des traités du Cateau-Cambrésis, le roi participe à un tournoi organisé rue Saint-Antoine à Paris pour fêter les fiançailles de sa sœur Marguerite avec le duc de Savoie. Alors qu'il affronte le capitaine de sa garde écossaise, Gabriel de Montgomery, Henri II reçoit un éclat de lance dans l'œil. Le roi est transporté à l'hôtel des Tournelles sur l'actuelle place des Vosges. Ambroise Paré et André Vésale, médecin personnel de Philippe II, sont appelés à son chevet mais ne parviennent pas à guérir la profonde blessure. Le roi meurt à l'âge de 40 ans le 10 juillet 1559. Son fils François II, âgé de 15 ans, monte sur le trône mais meurt un an plus tard.

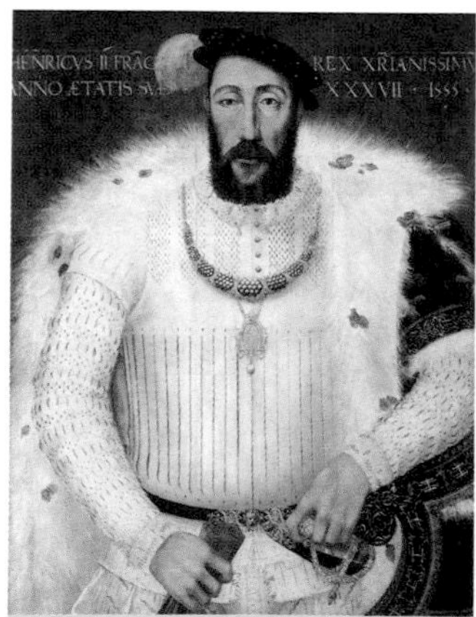

École française, huile sur toile, 77 × 109 cm, 1555 (musée Crozatier, Le Puy-en-Velay).

Louis XIV | Régence | Louis XV | Louis XVI

1651 · 1715 · 1723 · 1774 · 1792

1661-1715 Règne personnel de Louis XIV

XVIIIe siècle Les Lumières

1775-1783 Guerre d'indépendance en Amérique

1562-1570

Les débuts des guerres de religion

Dans la seconde moitié du XVIe siècle, la France est déchirée par une guerre civile dans laquelle s'affrontent catholiques et protestants. Entre 1562 et 1598, huit conflits se succèdent, mêlant causes religieuses et politiques.

1562 • Le massacre des protestants à Wassy plonge la France dans une guerre civile

Une politique d'apaisement

Depuis 1559, les nombreuses conversions de nobles ont renforcé le poids politique des protestants. Avec le concours du chancelier Michel de L'Hospital, la régente Catherine de Médicis réunit en 1561 des évêques et des pasteurs à Poissy mais sa tentative de réconcilier les deux courants chrétiens échoue. En janvier 1562, un édit de tolérance autorise cependant le culte protestant dans les faubourgs des villes.

La rupture

Le dimanche 1er mars 1562, le duc François de Guise et sa suite, en route pour Paris, s'arrêtent à Wassy, en Champagne, pour y entendre la messe. Ils découvrent alors dans la ville, et non dans son faubourg, plusieurs centaines de protestants réunis

Catherine de Médicis (1519-1589)

Catherine de Médicis est une princesse florentine cultivée, descendante de Laurent le Magnifique et nièce d'un pape. En 1533, elle est mariée à Henri duc d'Orléans, deuxième fils de François Ier, qui devient dauphin en 1536 puis roi en 1547. Vêtue de noir après le décès d'Henri II en 1559 (▶ p. 161), Catherine est la mère de trois rois : François II, Charles IX et Henri III (▶ p. 113). Assumant la régence à partir de 1560 pour Charles IX âgé de 11 ans, elle conçoit le pouvoir royal comme un arbitre garant de la paix, au-dessus des clans et des confessions religieuses. Toutefois, quand elle estime l'autorité royale menacée, elle n'hésite pas à réprimer sévèrement les séditions. En 1574, elle est écartée du pouvoir par Henri III et meurt le 5 janvier 1589 à Blois.

Le massacre de Wassy

Les soldats du duc de Guise, représenté au premier plan l'épée à la main, massacrent les protestants désarmés devant les femmes et les enfants.

Jacques Tortorel et Jean Perrissin, gravure, XVIe siècle (BNF, Paris).

dans une grange pour écouter le prêche d'un pasteur. Considérant que l'édit de tolérance est bafoué, l'escorte du duc s'en prend aux protestants, faisant plusieurs dizaines de morts et plus d'une centaine de blessés.

La première guerre de religion

Chaque camp recrute alors des mercenaires, allemands pour les protestants, italiens pour les catholiques. Les protestants conduits par le prince du sang Louis de Condé prennent les armes et s'emparent de plusieurs villes. À Dreux en décembre 1562, la bataille tourne cependant à l'avantage des catholiques. Mais leur chef, le duc de Guise, est assassiné à Orléans le 24 février 1563.

L'édit de pacification d'Amboise signé en mars 1563 parvient à mettre fin à cette première guerre : il reconnaît le protestantisme mais limite la liberté de culte.

La naissance du protestantisme

Au début du XVIe siècle, Martin Luther, un moine allemand, dénonce les dérives de l'Église catholique. Il est à l'origine d'un nouveau courant chrétien, le protestantisme. La doctrine luthérienne se fonde sur l'autorité de la Bible et rejette celle du pape. Elle ne conserve que deux sacrements, le baptême et la communion, et condamne le culte des saints et de la Vierge. Les pasteurs, qui peuvent se marier, guident la communauté. En 1534, une autre Église protestante est fondée par le français Jean Calvin à Genève. Le « calvinisme » s'implante en France, surtout dans le Sud-Ouest, et touche toutes les catégories de la population.

Une troisième grande Église voit le jour quand Henri VIII d'Angleterre, rompant avec le pape, se proclame chef de l'Église anglicane en 1534.

Mais quatre ans plus tard, en 1567, les protestants prennent une série de places fortes et tentent de s'emparer de Charles IX, provoquant une deuxième guerre de religion. La position de la monarchie se durcit alors.

Le tour de France de Charles IX, mars 1564-mai 1566

En 1564, Catherine de Médicis proclame la majorité de son fils Charles IX et organise un voyage à travers le royaume. Pendant plus de deux ans, le roi, son gouvernement et sa cour sont sur les routes, faisant étape dans les principales villes. Le long cortège part de Paris, prend la direction de l'est puis descend vers le Midi *via* la vallée du Rhône, traverse la Provence et le Languedoc, longe la Garonne, fait un détour par Bayonne pour rencontrer la reine d'Espagne, remonte le long des côtes atlantiques, suit la vallée de la Loire avant de rentrer à Paris. Ce voyage permet de montrer le nouveau roi à ses sujets et de présenter le royaume à Charles IX. Il doit en outre favoriser l'application de l'édit d'Amboise de 1563 qui rencontre de nombreuses réticences.

8 août 1570 • L'édit de Saint-Germain conclut la troisième guerre de religion

La reprise des hostilités

En 1568, un édit interdisant le culte protestant en France ouvre la troisième guerre de religion. En mars 1569, l'armée royale, largement supérieure en nombre, écrase à Jarnac l'armée protestante commandée par l'amiral Gaspard de Coligny et Louis de Condé. Ce dernier, prisonnier, est abattu sur ordre d'Henri d'Anjou, le jeune frère de Charles IX et futur Henri III (► p. 170). Coligny, secondé par Henri de Navarre (► p. 168) et Henri de Condé, remonte vers le nord. Il est de nouveau défait par l'armée royale à Moncontour en octobre 1569 et se replie. Le dernier affrontement en juin 1570 est favorable aux protestants qui se fortifient dans la Charité-sur-Loire, menaçant la région parisienne.

Des négociations pour la paix

Les deux camps sont épuisés par ces batailles sanglantes et affaiblis financièrement. Des émissaires protestants et catholiques se rencontrent en juillet 1570 pour négocier une paix. L'édit de Saint-Germain se révèle assez favorable aux protestants. Ceux-ci évoquent pourtant une « paix boiteuse et mal assise » car négociée pour le camp royal par un capitaine boiteux et par un conseiller d'État, le sieur de Malassise.

Les guerres de religion : plus de trente ans de guerres civiles

Mars 1562-mars 1563	1re guerre de religion.
Septembre 1567-mars 1568	2e guerre de religion.
Mars 1569-août 1570	3e guerre de religion.
Août 1572-juillet 1573	4e guerre de religion.
Novembre 1574-mai 1576	5e guerre de religion.
Décembre 1576-octobre 1577	6e guerre de religion.
Novembre 1579-novembre 1580	7e guerre de religion.
Juillet 1585-juin 1598	8e guerre de religion.

Un avantage militaire pour les protestants

La liberté de culte est reconnue aux protestants dans certains lieux et surtout, pour la première fois, le roi leur accorde quatre places de sûreté, dont La Rochelle pour deux ans, où ils peuvent entretenir des troupes. Cette nouveauté, qui témoigne de la méfiance des protestants à l'égard du pouvoir royal, assure leur puissance militaire mais suscite l'hostilité des catholiques. Un article secret prévoit de consolider la paix par le mariage du protestant Henri de Navarre avec Marguerite, la sœur du roi Charles IX (► p. 166).

L'amiral Gaspard de Coligny (1519-1572), un chef protestant

Amiral de France, Gaspard de Coligny sert Henri II. Fait prisonnier par les Espagnols en 1557 au siège de Saint-Quentin, il est libéré en vertu des traités du Cateau-Cambrésis (► p. 160). Il prend alors la tête du camp protestant avec le prince de Condé. Il retrouve toutefois la confiance de Charles IX après la paix de Saint-Germain, à laquelle il a œuvré. Coligny tente de convaincre le roi d'attaquer la très catholique Espagne de Philippe II. Mais Catherine de Médicis s'inquiète de la présence d'un conseiller protestant auprès de son fils et les chefs du clan catholique, la famille de Guise, le détestent. Après avoir échappé à un premier attentat, il est l'une des premières victimes de la Saint-Barthélemy en 1572 (► p. 166).

Les terres protestantes et les places de sûreté en France au XVIe siècle

Les protestants français sont des calvinistes. Surnommés « huguenots », ils sont surtout implantés dans le sud de la France.

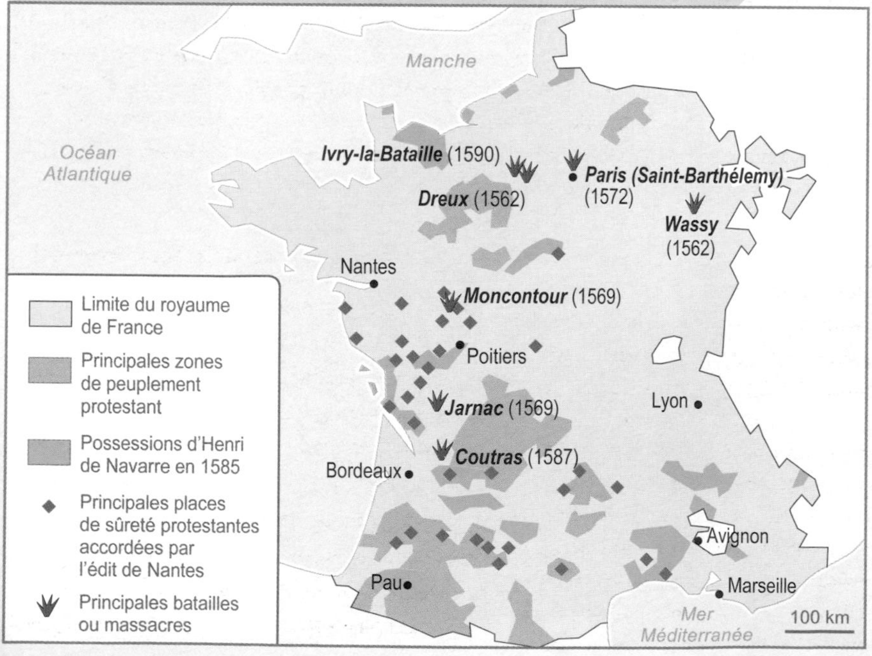

24 août 1572

Les catholiques massacrent les protestants le jour de la Saint-Barthélemy

Sur ordre du roi Charles IX, plus de 2 000 protestants sont massacrés à Paris à partir du 24 août 1572. L'événement brise l'idée d'une réconciliation entre catholiques et protestants et ouvre la quatrième guerre de religion.

L'occasion

Le 18 août 1572, le protestant Henri de Navarre (► p. 168) épouse Marguerite de Valois, la sœur catholique du roi. De nombreux nobles protestants viennent assister au mariage, célébré à Paris et donnant lieu à des fêtes somptueuses.

Mais leur présence dans la capitale, largement catholique, engendre des tensions. Le 22 août, l'amiral de Coligny (► p. 165), chef du parti protestant, est blessé lors d'un attentat. Charles IX lui assure que les coupables seront châtiés.

La décision

Le samedi 23 août au soir, lors d'une réunion du Conseil, Catherine de Médicis rapporte au roi que les protestants, excédés par l'attentat contre Coligny, réclament justice. Elle prétend aussi qu'ils trament un complot contre lui. Elle est soutenue par son autre fils, Henri d'Anjou (futur Henri III, ► p. 170), et par les membres du Conseil, dont le duc Henri de Guise (► p. 169).

Selon eux, l'occasion est trop belle de se débarrasser des chefs protestants qui, logés au Louvre, pourraient s'emparer de la résidence royale. Charles IX cède aux pressions de son Conseil, exigeant en revanche la protection des deux princes du sang, Henri de Navarre et Henri de Condé, qui doivent se convertir.

L'action

Peu avant minuit, le roi ordonne de fermer toutes les portes de la ville et d'armer la milice. Vers deux heures du matin, les cloches de l'église Saint-Germain-l'Auxerrois donnent le signal. Les chefs protestants, surpris dans leur sommeil, sont assassinés. L'amiral de Coligny est poignardé dans son lit, sa dépouille profanée.

La fureur des Parisiens se déchaîne alors contre tous les protestants, hommes, femmes, enfants. Les massacres et les pillages se poursuivent durant six jours à Paris et en province, faisant entre 5 000 et 10 000 victimes.

Le Massacre de la Saint-Barthélemy

Ce tableau réalisé par un protestant témoigne de l'horreur du massacre. À l'arrière-plan, Catherine de Médicis contemple les cadavres des protestants tués dans le Louvre. À droite, l'amiral de Coligny est défenestré, puis émasculé et décapité. Le duc de Guise tient sa tête dans sa main. Son corps est ensuite traîné au gibet de Montfaucon (à l'extrême droite du tableau).

François Dubois, huile sur bois, 154 × 94 cm, 1576-1584 (musée d'Art et d'Histoire, Lausanne).

Charles IX est-il responsable du massacre de la Saint-Barthélemy ?

« Tuez-les, mais tuez-les tous, qu'aucun ne puisse venir me le reprocher ! » Cette citation, attribuée à Charles IX pressé par son Conseil d'approuver la tuerie, est fausse. Deux jours après le massacre, le roi en revendique cependant la responsabilité devant le Parlement, le justifiant par l'existence d'une conjuration des protestants contre le pouvoir royal.

Aujourd'hui encore, on ne sait pas si la décision était préméditée, décidée avant la célébration du mariage d'Henri de Navarre, ou s'il ne s'agit que d'un concours de circonstances après l'attentat contre Coligny. Henri d'Anjou et Henri de Guise semblent en avoir été les principaux instigateurs, et Charles IX n'aurait approuvé que l'exécution des chefs militaires et politiques protestants, à l'exclusion des membres de sa famille. En revanche, il est certain que le roi a été dépassé par les événements et la folie meurtrière des catholiques. Dès le 25 août, il essaie en vain de faire cesser les massacres et réitère chaque jour ses appels au calme et ses tentatives de maintien de l'ordre.

20 octobre 1587

Henri de Navarre
défait l'armée royale à Coutras

La huitième guerre de religion s'organise autour de trois protagonistes : Henri III, roi depuis 1574, Henri de Guise et, à la tête du parti protestant, Henri de Navarre. Si les deux premiers, catholiques, sont d'abord alliés, le roi de France dont le pouvoir est contesté se tourne ensuite vers son cousin Henri de Navarre.

Henri de Navarre, un chef protestant héritier de la Couronne

En 1584, le frère d'Henri III, François d'Alençon, meurt alors que le roi n'a pas de fils. Le plus proche héritier de la Couronne est alors son cousin et beau-frère (► p. 165), le protestant Henri de Navarre qui hérite de son père, Antoine de Bourbon, le titre de premier prince du sang et de sa mère, Jeanne d'Albret, le royaume de Navarre et de vastes terres dans le Sud-Ouest.

Refusant cette situation, les nobles catholiques reforment alors la **Ligue***, financée par l'Espagne et animée par le duc Henri de Guise. Henri III se range du côté des ligueurs, interdit le protestantisme et exclut son cousin de la succession au trône. La guerre reprend entre catholiques et protestants.

Une défaite cinglante pour le roi

Alors qu'Henri de Navarre obtient le soutien de la reine d'Angleterre Élisabeth Ire et des princes allemands, le duc de Joyeuse, favori d'Henri III, est envoyé dans le Poitou à la tête d'une armée. Il fait reculer les protestants et les contraint à la bataille à Coutras, près de Bordeaux, le 20 octobre 1587.

Mais l'artillerie d'Henri de Navarre et sa connaissance du terrain font la différence. De force à peu près équivalente, l'armée protestante écrase en moins de trois heures celle du roi, faisant 2 000 morts, alors que les huguenots perdent moins de cinquante hommes.

> « *Sire, mon seigneur et mon frère, remerciez Dieu : j'ai battu vos ennemis et votre armée !* »
>
> Henri de Navarre à Henri III, 1587.

Une victoire habilement exploitée

Henri de Navarre s'impose dès lors comme le chef politique et militaire des protestants. Il multiplie toutefois les gestes d'apaisement envers Henri III.

Il renonce ainsi à poursuivre l'armée royale, fait procéder à des funérailles pour les nobles tombés à Coutras et se présente comme un allié du souverain face à la Ligue qui se renforce et devient de plus en plus menaçante pour le pouvoir royal.

***Ligue (ou Sainte Ligue) : organisation politique et religieuse créée par les catholiques en 1576 pour défendre leurs droits.**

Henri de Lorraine, duc de Guise, dit le Balafré (1550-1588)

Issu d'une grande famille princière, il est l'une des principales figures de la Ligue. Fils de François de Guise, responsable du massacre de Wassy, Henri de Guise est l'un des artisans de la Saint-Barthélemy.

François Quesnel, huile sur toile, XVIe siècle, (musée Carnavalet, Paris).

L'assassinat du duc de Guise : un coup de majesté

En mai 1588, Henri III doit fuir Paris : pour la première fois, des barricades se dressent dans les rues de la capitale, entièrement acquise à la Ligue. Le roi se réfugie à Chartres et cède aux ligueurs : il nomme le duc de Guise lieutenant général des armées tandis que le frère de ce dernier, le cardinal de Bourbon, prend le titre de premier prince du sang.
Mais lors des états généraux réunis à Blois, Henri III décide d'éliminer ses encombrants rivaux. Le 23 décembre au matin, il convoque Henri de Guise dans ses appartements. Une dizaine d'hommes de la garde rapprochée du roi, cachés derrière une tapisserie, tuent le duc quand il entre dans la pièce. Pour éviter toute vénération, le cadavre est dépecé et brûlé dans les cheminées du château tandis que le roi ordonne l'arrestation de tous les chefs ligueurs. Cette reprise en main du pouvoir par le roi provoque des soulèvements de la Ligue dans tout le royaume.

L'Assassinat du duc de Guise au château de Blois en 1588

Paul Delaroche, huile sur toile, 98 × 57 cm, 1834 (musée Condé, Chantilly).

égence	Louis XIV	Régence	Louis XV	Louis XVI
3 1651		1715 1723	1774	1792

1661-1715 Règne personnel de Louis XIV

XVIIIe siècle Les Lumières

1775-1783 Guerre d'indépendance en Amérique

1589 Après l'assassinat d'Henri III, Henri de Navarre devient roi de France

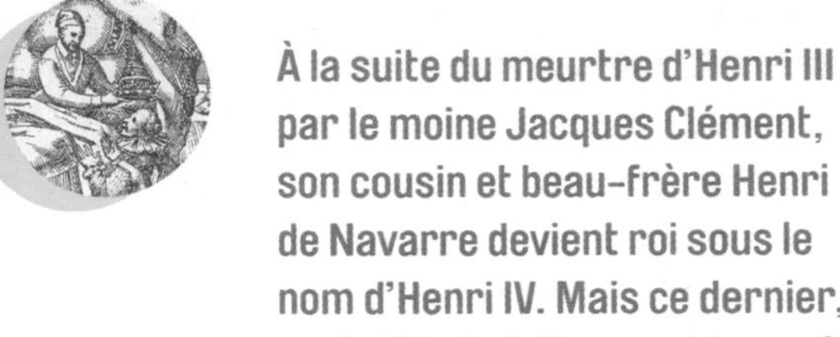

À la suite du meurtre d'Henri III par le moine Jacques Clément, son cousin et beau-frère Henri de Navarre devient roi sous le nom d'Henri IV. Mais ce dernier, protestant, doit encore conquérir son royaume.

Henri III (1574-1589)

Henri d'Anjou, troisième fils d'Henri II et Catherine de Médicis, devient roi de France à la mort de son frère Charles IX en 1574. Il doit faire face à deux oppositions : celle des protestants menés par Henri de Navarre et celle des ultracatholiques, les ligueurs, derrière Henri de Guise.

Attribué à Jean Ducourt, huile sur bois, 22 × 29 cm, 1571-1581 (musée de château de Versailles).

L'alliance d'Henri III et Henri de Navarre

Après l'assassinat d'Henri de Guise en décembre 1588 (▶ p. 169), son frère, le duc de Mayenne, prend la tête de la Ligue soutenue par les villes révoltées contre Henri III.

Le roi s'allie alors avec son cousin et beau-frère le protestant Henri de Navarre (▶ p. 168). Leurs deux armées, composées de 30 000 à 40 000 hommes, assiègent Paris tenue par les ligueurs. Henri III dresse son camp à Saint-Cloud pour contrôler l'un des ponts qui franchit la Seine, tandis qu'Henri de Navarre s'installe à Meudon.

La mort d'Henri III

Le 31 juillet 1589, un jeune moine du nom de Jacques Clément, acquis aux idées de la Ligue (▶ p. 168), quitte Paris pour Saint-Cloud. Il convainc un proche du roi qu'il a des renseignements indispensables pour prendre la capitale.

Le lendemain matin, il est introduit auprès d'Henri III qui le fait approcher. Le moine se penche alors à l'oreille du roi et le frappe au bas-ventre avec un couteau dissimulé dans ses habits. Les hommes du roi se précipitent et tuent l'assassin. Henri III, grièvement blessé, meurt le 2 août vers 2 heures du matin, après avoir désigné Henri de Navarre comme son successeur.

Les premiers pas d'Henri IV

Dès le 2 août, Henri IV s'installe dans la demeure du roi à Saint-Cloud. Il maintient en place les conseillers d'Henri III, même si certains d'entre eux refusent de servir un protestant. Le nouveau souverain écrit aux grandes villes du royaume pour faire connaître la mort de son prédécesseur. Il promet d'être instruit à la foi catholique et de ne pas porter atteinte à cette religion. Toutefois, les ligueurs et une partie de la noblesse catholique refusent de reconnaître Henri IV comme roi.

1589 Assassinat d'Henri III

Louis XII | François Ier | Henri II ▶ Henri III* | Henri IV | Régence | Louis XIII

1492 1498 1515 1547 1589 1610 1614

1494-1559 Guerres d'Italie — **1562-1598 Guerres de religion**

*Henri II (1547-1559) • François II (1559-1560) • Charles IX (1560-1574) • Henri III (1574-1589)

Jacques Clément, régicide ou martyr ?

Bien qu'il fut tué par les gardes du roi, Jacques Clément subit le châtiment réservé aux régicides. Il est d'abord écartelé, puis son corps est brûlé et ses cendres dispersées dans la Seine. Si l'assassinat politique n'est pas nouveau, que l'on songe au duc de Guise (► p. 169), à l'amiral de Coligny (► p. 166) ou à Louis d'Orléans au Moyen Âge (► p. 124), l'acte de Jacques Clément s'appuie sur la théorie du tyrannicide, développée aussi bien par les ultra-catholiques que par les protestants : il est juste de tuer le roi qui ne respecte pas ses devoirs et s'attaque à ses sujets. La Ligue présente alors le jeune moine comme un martyr dont le geste fut inspiré par Dieu.

Crimes et châtiment

En haut : Jacques Clément reçoit la communion puis assassine Henri III avant d'être tué par les gardes.
En bas : Henri III mourant désigne Henri de Navarre comme son successeur tandis que le cadavre de Jacques Clément est écartelé.

Exécution de Jacques Clément, Frans Hogenberg, gravure, fin XVIe siècle (musée national du château de Pau).

Régence | Louis XIV | Régence | Louis XV | Louis XVI

3 1651 — 1715 1723 — 1774 — 1792

1661-1715 Règne personnel de Louis XIV

XVIIIe siècle Les Lumières

1775-1783 Guerre d'indépendance en Amérique

22 mars 1594

Henri IV entre dans Paris

Depuis son avènement en 1589, Henri IV doit affronter les ligueurs qui refusent son autorité et bénéficient du soutien du roi d'Espagne Philippe II. La conversion, le sacre et l'entrée dans Paris d'Henri IV diminuent les contestations et renforcent son autorité.

Première étape : la conversion

Le 9 mars 1593, l'armée espagnole de Philippe II entre dans Paris, acquise à la Ligue depuis la fuite d'Henri III en 1588 (► p. 168). Les ligueurs et le roi d'Espagne souhaitent imposer un nouveau roi lors des états généraux réunis depuis janvier.

Henri IV décide alors de renoncer au protestantisme et embrasse la religion catholique dans la basilique Saint-Denis, le 25 juillet 1593. Progressivement, de nombreuses villes ligueuses négocient leur ralliement au roi.

Deuxième étape : le sacre

Henri IV est sacré le 27 février 1594 à Chartres, car Reims (► p. 99) est encore aux mains des ligueurs. Le rituel est respecté le plus précisément possible pour renforcer la légitimité du souverain, même si l'huile de la sainte ampoule utilisée pour l'onction est remplacée par celle de l'abbaye de Marmoutier, donnée selon la tradition catholique par la Vierge à saint Martin (► p. 40).

Dans le même temps, des négociations sont en cours avec le gouverneur de Paris.

Troisième étape : l'entrée dans Paris

Le 22 mars, à 4 heures du matin, le gouverneur et les autorités de la ville de Paris ouvrent la Porte-Neuve et la porte Saint-Denis. Dès leur entrée dans la ville, les troupes d'Henri IV prennent le contrôle des points stratégiques, la petite garnison espagnole n'opposant aucune résistance. Vers 6 heures du matin, Henri IV franchit à son tour la Porte-Neuve et se rend à la cathédrale Notre-Dame pour entendre une messe et un *Te Deum*.

Dans un tract diffusé dans la journée, le roi promet une amnistie générale scellant la réconciliation avec les Parisiens. Il autorise le départ des Espagnols et des ligueurs les plus extrémistes. Henri IV est désormais un souverain légitime et son règne fonde la dynastie des Bourbons.

1594 Entrée d'Henri IV dans Paris

Louis XII | François Ier | Henri II ► Henri III* | Henri IV | Régence | Louis XIII

1492 1498 1515 1547 1589 1610 1614

1494-1559 Guerres d'Italie

1562-1598 Guerres de religion

*Henri II (1547-1559) • François II (1559-1560) • Charles IX (1560-1574) • Henri III (1574-1589)

L'Entrée d'Henri IV dans Paris

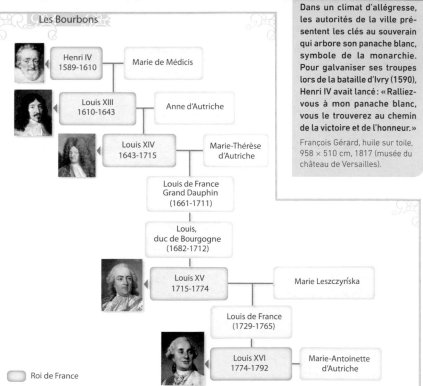

Dans un climat d'allégresse, les autorités de la ville présentent les clés au souverain qui arbore son panache blanc, symbole de la monarchie. Pour galvaniser ses troupes lors de la bataille d'Ivry (1590), Henri IV avait lancé : « Ralliez-vous à mon panache blanc, vous le trouverez au chemin de la victoire et de l'honneur. »

François Gérard, huile sur toile, 958 × 510 cm, 1817 (musée du château de Versailles).

Les Bourbons

- **Henri IV 1589-1610** — Marie de Médicis
  - **Louis XIII 1610-1643** — Anne d'Autriche 
    - **Louis XIV 1643-1715** — Marie-Thérèse d'Autriche 
      - Louis de France Grand Dauphin (1661-1711)
        - Louis, duc de Bourgogne (1682-1712)
          - **Louis XV 1715-1774** — Marie Leszczyńska 
            - Louis de France (1729-1765)
              - **Louis XVI 1774-1792** — Marie-Antoinette d'Autriche 

(en gras) Roi de France

…gence | Louis XIV | Régence | Louis XV | Louis XVI

…3 1651 — 1715 1723 — 1774 — 1792

1661-1715 Règne personnel de Louis XIV

XVIIIe siècle Les Lumières

1775-1783 Guerre d'indépendance en Amérique

1598

L'édit de Nantes
met fin aux guerres de religion

Une fois négociée la soumission de l'un des derniers chefs ligueurs, le duc de Mercœur, Henri IV signe à Nantes en avril 1598 un édit de tolérance pour les protestants, mettant ainsi fin aux guerres de religion.

La signature de l'édit en Bretagne

En 1598, Henri IV s'installe à Angers avec une forte armée et achète la reddition du duc de Mercœur, gouverneur de Bretagne. Le roi arrive à Nantes le 13 avril et signe l'édit (► p. 158) vraisemblablement entre cette date et le 30 avril 1598.

Cet « édit de pacification » a fait l'objet d'une négociation avec les protestants. Rédigé en 92 articles, 56 articles secrets et deux brevets (des clauses très secrètes), il reprend en grande partie les édits antérieurs non appliqués (► p. 162). « Perpétuel et irrévocable », il ne peut être annulé que par un nouvel édit.

Il concerne 1,2 million de protestants sur une population totale du royaume estimée entre 16 et 18 millions d'habitants.

Une liberté de conscience mais pas de culte

L'édit permet aux sujets du royaume de choisir leur religion et les protestants peuvent l'exercer où ils le veulent à titre privé.

En revanche, le culte protestant n'est autorisé que là où il existait ouvertement en 1597, dans les régions traditionnellement protestantes, soit essentiellement en Aquitaine, dans le Val de Loire, dans le Dauphiné ou en Languedoc (► p. 165), ainsi que dans les faubourgs de deux villes par bailliage (circonscription judiciaire du royaume). Il est interdit à Paris et autour des résidences royales.

Privilèges militaires et égalité civique

L'édit accorde également aux protestants 144 places de sûreté, des villes fortifiées où ils peuvent établir des troupes, comme La Rochelle, Montauban ou Grenoble. Les articles secrets prévoient que l'entretien de ces garnisons sera à la charge du roi.

L'édit reconnaît par ailleurs l'égalité entre protestants et catholiques pour l'accès aux emplois et charges réservés à la noblesse.

1598 Édit de Nantes

Louis XII | François Ier | Henri II ► Henri III* | Henri IV | Régence | Louis XIII

1492 1498 1515 1547 1589 1610 1614

1494-1559 Guerres d'Italie

1562-1598 Guerres de religion

*Henri II (1547-1559) • François II (1559-1560) • Charles IX (1560-1574) • Henri III (1574-1589)

Henri IV apporte la paix avec l'édit de Nantes

Vêtu à l'antique, Henri IV s'appuie sur une allégorie de la religion catholique à droite pour tendre à la France un rameau d'olivier. Ce tableau véhicule ainsi l'image d'un roi pacificateur. Le premier article de l'édit de Nantes insiste d'ailleurs sur la nécessaire « oubliance », soit la volonté de délaisser « la mémoire de toutes choses passées d'une part et d'autre » pour réconcilier les Français.

Henri IV s'appuyant sur la Religion pour donner la Paix à la France, seconde école de Fontainebleau, huile sur bois anonyme, 330 × 255 cm, vers 1590 (musée du château de Pau).

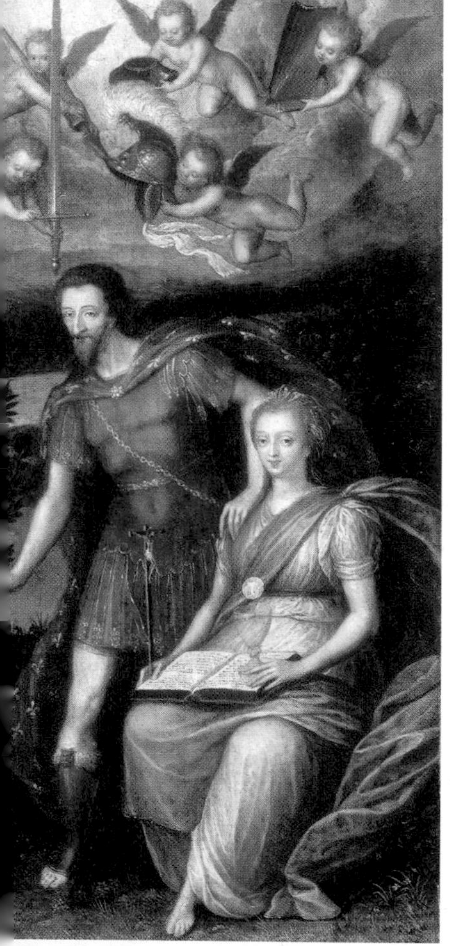

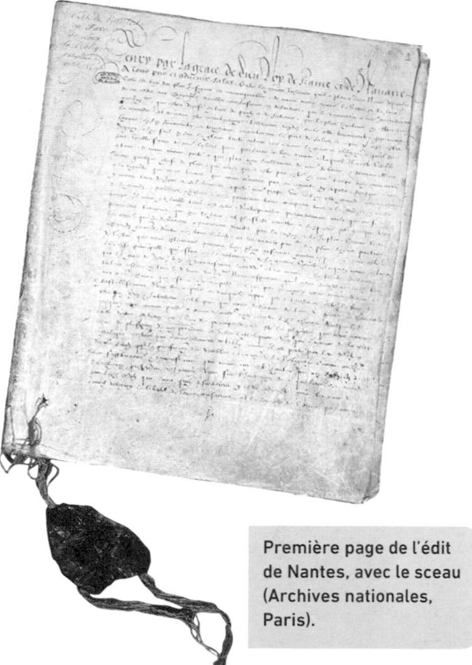

Première page de l'édit de Nantes, avec le sceau (Archives nationales, Paris).

Un pouvoir royal ébranlé

Sur le plan politique, les huit guerres de religion (1562-1598) sont une période de forte remise en cause du pouvoir royal. Dans un premier temps, la monarchie tente de garder le contrôle de la situation en essayant de jouer le rôle d'arbitre entre les deux communautés religieuses. Cependant, très rapidement, elle est contestée par les protestants et débordée par les ultra-catholiques de la Ligue. Seul Henri IV, après le « saut périlleux » de 1594 – sa conversion au catholicisme (► p. 172) – parvient à soumettre les résistances par la guerre ou par l'argent, en achetant le ralliement des seigneurs récalcitrants, et à jouer un rôle de médiateur, au-dessus des religions. Mais les privilèges militaires accordés aux protestants en font une puissance politique encore vive, pouvant contrecarrer la monarchie absolue en formation.

1604 Henri IV impose une nouvelle taxe, la paulette

Assisté de son ministre Sully, Henri IV prend une série de mesures pour réduire les dépenses et augmenter les recettes du royaume. En 1604, il crée une nouvelle taxe sur les offices, surnommée la « paulette ».

Une nouvelle politique de rigueur

En 1596, la dette de la France s'élève à 200 millions de livres, et les 10 millions de livres de recettes ne couvrent pas les 16 millions de livres de dépenses. Dans un premier temps, Sully s'emploie donc à renégocier la dette auprès des prêteurs étrangers.

Dans le domaine fiscal, il lutte contre les concussions, c'est-à-dire les malversations, notamment financières, exercées par les détenteurs de charges publiques. Il tente aussi de mieux répartir le principal impôt direct, la taille (► p. 133), sans hausse afin de préserver la popularité du roi. En revanche, les taxes sur le sel (la gabelle) et sur le commerce (les aides), ainsi que les droits de douane (les traites) sont augmentés.

Une nouvelle taxe sur les offices

À partir de 1602, Sully convainc Henri IV de créer une taxe annuelle que les détenteurs d'un office devront payer à la Couronne, en plus de celle perçue lors de la vente, afin de s'affranchir du délai de quarante jours nécessaire jusqu'alors pour la transmission de la charge.

Cette taxe, qui rentre en application le 12 décembre 1604, est fixée à un soixantième de la valeur de l'office. Elle est rapidement surnommée la « paulette » en référence au financier Charles Paulet désigné pour l'affermer*.

À terme, cette meilleure gestion de l'impôt, alliée à une prospérité économique retrouvée, permet de renflouer les caisses du royaume.

* Par le mécanisme de l'affermage, la somme globale de la nouvelle taxe est avancée au roi, à charge ensuite pour le prêteur (le fermier) de la récupérer chez les officiers qui la prélèvent auprès de la population.

Le système des offices

L'office est une charge publique déléguée par le roi dans les domaines des finances, de la justice ou de la police. Son détenteur, appelé officier, est titulaire à vie et bénéficie de privilèges et de gages variables selon l'office.

À la fin du Moyen Âge, les officiers prennent l'habitude de transmettre leur charge. Si la monarchie finit par entériner ce système en percevant une taxe lors de la mutation, elle exige d'abord un délai d'au moins quarante jours entre la transmission et la mort du détenteur. Sous les règnes de Louis XII et François Ier, la monarchie consacre la vénalité des offices en les vendant elle-même aux officiers.

La noblesse de robe

Les parlementaires sont avant tout des juges, vêtus de longues robes symboles de leur fonction. L'expression « noblesse de robe » est apparue au début du XVIIe siècle puisque certains offices judiciaires permettaient d'anoblir leur titulaire.

Session des Grands Jours d'Auvergne, 26 septembre 1665, école française, gravure, XVIIe siècle (BNF, Paris).

Un système lucratif pour la monarchie

Aux XVIIe et XVIIIe siècles, les offices deviennent pour la monarchie un moyen de renflouer les caisses du royaume. En cas de difficultés financières, elle crée une série d'offices plus ou moins fictifs, comme ramasseurs de pommes, mesureurs de blés, ou encore contrôleurs de perruques. Ces créations lui rapportent de l'argent lors de la vente, mais aussi chaque année avec la paulette et enfin lors de la transmission de l'office.
De leurs côtés, les officiers, qui appartiennent en grande partie à la noblesse de robe, deviennent plus indépendants face à la monarchie puisqu'ils disposent de leur charge à leur entière guise.

Maximilien de Béthune, duc de Sully (1559-1641)

Protestant, Sully échappe de peu au massacre de la Saint-Barthélemy en 1572 (► p. 166), en traversant Paris avec un livre de prières catholique. Il combat ensuite avec Henri IV lors des guerres de religion. À partir de 1596, il prend la tête du Conseil des finances. Travailleur acharné, il redresse les finances du royaume : le budget de l'État est à l'équilibre à partir de 1607 et la dette est remboursée progressivement. Sully encourage aussi le développement de l'agriculture, principale richesse économique du pays, assurant que « labourage et pâturage sont les deux mamelles de la France, ses vraies mines et trésors du Pérou ». En remerciement, le roi lui accorde entre autres le titre de duc et pair de Sully en 1606. Peu apprécié de la reine Marie de Médicis (► p. 179), il se retire à la mort d'Henri IV dans son château de Sully-sur-Loire. ■

14 mai 1610

Henri IV est assassiné par François Ravaillac

Alors qu'il se prépare à partir à la guerre et que la reine Marie de Médicis vient d'être couronnée, le roi est assassiné à Paris. Si ce geste témoigne encore d'une forme de violence politique, il n'ouvre pas une crise de régime.

Henri IV s'apprête à quitter Paris

En mai 1610, Henri IV est sur le point de rejoindre son armée, réunie pour soutenir deux princes protestants contre l'empereur catholique Rodolphe II du Saint Empire. Deux autres armées sont mobilisées pour affronter le roi d'Espagne, allié de l'empereur.

Dans la perspective de ce départ, Marie de Médicis est couronnée à Saint-Denis le 13 mai. Le lendemain, vers 16 heures, Henri IV quitte le Louvre pour se rendre chez son ministre Sully (► p. 177). Il refuse d'être accompagné par des gardes du corps et part avec sept de ses proches.

Une circulation difficile dans les rues

Quelques cavaliers et valets de pied accompagnent le carrosse qui s'engage peu après dans la rue de la Ferronnerie. Celle-ci, très étroite à cause des échoppes installées de part et d'autre, est encombrée et une charrette bloque le passage du cortège qui doit s'arrêter.

Un homme vêtu de vert se hisse alors à la hauteur d'Henri IV en s'appuyant sur la roue du carrosse et le poignarde à deux reprises avec un couteau de cuisine. Malgré la confusion, l'homme est arrêté. Le roi, qui saigne beaucoup, est transporté au Louvre. Il est inconscient, peut-être déjà mort.

L'arrestation de Ravaillac

Pendant 13 jours, le meurtrier du roi, François Ravaillac, est soumis à la torture afin d'obtenir l'identité de ses complices. Il avoue avoir tenté d'approcher le roi par deux fois : le matin à la messe, puis lorsque le carrosse est sorti du Louvre. Il a ensuite suivi le cortège, guettant l'occasion de frapper Henri IV.

Ravaillac ne regrette pas son geste et semble avoir agi seul. Influencé par les idées tyrannicides de la Ligue (► p. 168 et 171), il souhaitait sauver la religion catholique. Il est condamné à subir le châtiment des régicides. Le jeune dauphin, âgé de 8 ans, devient immédiatement roi sous le nom de Louis XIII, tandis que Marie de Médicis est désignée pour assurer la régence jusqu'à sa majorité.

Assassinat d'Henri IV et arrestation de Ravaillac le 14 mai 1610

Tandis que le roi se meurt dans les bras de ses compagnons, un seigneur empêche les gardes de tuer Ravaillac.

Charles-Gustave Housez, huile sur toile, 140 × 118 cm, XIXe siècle (musée du château de Pau).

« *Votre Majesté m'excusera, mais les rois ne meurent point en France.* »

Le chancelier Brûlart de Sillery à Marie de Médicis, 1610.

« Le roi est mort, vive le roi ! »

L'historien Ernst Kantorowicz a formulé à la fin des années 1950 la théorie des deux corps du roi. Ce dernier possède un corps physique, qui meurt, et un corps symbolique et politique qui représente l'État et qui ne meurt jamais. Depuis les funérailles de François Ier, la dépouille du roi est déposée dans un cercueil tandis qu'un mannequin, yeux ouverts et vêtu des insignes de la royauté, est confectionné pour participer aux habitudes réglées de la cour, tels les repas. L'effigie royale reçoit également les honneurs, comme si le souverain était encore vivant. Quand le cercueil est mis au tombeau, un héraut d'armes se tourne alors vers le nouveau roi et prononce la formule rituelle : « Le roi est mort, vive le roi ! »

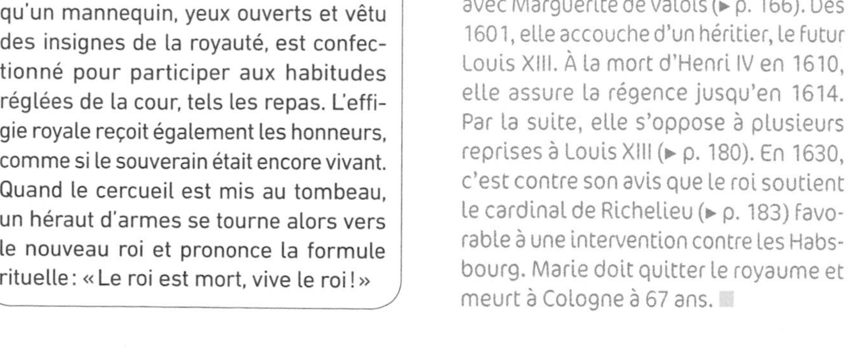

Marie de Médicis (1575-1642)

Fille du grand-duc de Toscane et de l'une des filles de l'empereur Ferdinand Ier, Marie de Médicis épouse Henri IV en 1600, après l'annulation de son mariage avec Marguerite de Valois (► p. 166). Dès 1601, elle accouche d'un héritier, le futur Louis XIII. À la mort d'Henri IV en 1610, elle assure la régence jusqu'en 1614. Par la suite, elle s'oppose à plusieurs reprises à Louis XIII (► p. 180). En 1630, c'est contre son avis que le roi soutient le cardinal de Richelieu (► p. 183) favorable à une intervention contre les Habsbourg. Marie doit quitter le royaume et meurt à Cologne à 67 ans.

ence | Louis XIV | Régence | Louis XV | Louis XVI

1651 — 1715 — 1723 — 1774 — 1792

1661-1715 Règne personnel de Louis XIV

XVIIIe siècle Les Lumières

1775-1783 Guerre d'indépendance en Amérique

24 avril 1617

Louis XIII fait assassiner Concini

À la mort d'Henri IV en 1610, Louis XIII n'a que 8 ans. Marie de Médicis devient régente et impose l'un de ses favoris, Concino Concini, comme principal ministre. En 1617, afin de s'émanciper de la pesante tutelle maternelle, le jeune roi donne l'ordre de le faire assassiner.

La remarquable ascension de Concini

Petit noble florentin, Concino Concini suit Marie de Médicis (► p. 179) en France pour son mariage avec Henri IV en 1600. Il séduit puis épouse l'une des confidentes de la reine, Léonora Dori dite la Galigaï. À partir de 1610, bénéficiant de la protection de Marie de Médicis devenue reine mère, il reçoit des charges de plus en plus importantes et s'enrichit considérablement. Cette position suscite l'hostilité puis la révolte des princes de sang, notamment d'Henri de Condé.

Concini devient en 1613 maréchal de France, puis lieutenant général de Normandie. En 1616, il convainc Marie de Médicis de faire enfermer le prince de Condé à la Bastille puis au château de Vincennes. Il prend alors la direction du gouvernement, installant ses proches aux postes les plus importants.

Le coup de force de Louis XIII

Pourtant déclaré majeur en 1614 à l'âge de 13 ans, Louis XIII est maintenu à l'écart des affaires de l'État par sa mère. Il passe beaucoup de temps avec un jeune noble du Midi, Charles d'Albert de Luynes, qui partage sa passion de la fauconnerie et jouit de sa confiance. Se sentant humilié par sa mère et Concini, Louis XIII prépare avec son favori l'élimination du puissant ministre.

Le 24 avril 1617 au matin, sur ordre du roi, le capitaine des gardes, le baron de Vitry, à la tête d'une petite troupe, arrête Concini à l'entrée du Louvre. Des coups de feu sont échangés entre les soldats du roi et les hommes du ministre qui tente de se défendre. Concini s'écroule. Le lendemain, son cadavre est déterré par la foule et outragé, signe de la détestation qu'il inspirait.

« *À cette heure, je suis roi !* »

Louis XIII, 1617.

Louis XIII affirme son autorité

Dès lors, Louis XIII participe quotidiennement aux conseils et rappelle les vieux ministres de son père, chassés par Concini. Il fait pleuvoir les honneurs sur le duc de Luynes. Début mai, Marie de Médicis est exilée à Blois tandis qu'en juillet, Léonora Dori, condamnée par le Parlement pour sorcellerie, est décapitée. La mort de Concini marque la véritable accession au pouvoir de Louis XIII.

Assassinat de Concini 1617

Louis XII | François Iᵉʳ | Henri II ► Henri III* | Henri IV | Régence | Louis XIII

1492 1498 1515 1547 1589 1610 1614

1494-1559 Guerres d'Italie

1562-1598 Guerres de religion

*Henri II (1547-1559) • François II (1559-1560) • Charles IX (1560-1574) • Henri III (1574-1589)

Louis XIII (1610-1643)

Atelier de Philippe de Champaigne, huile sur toile, 144 × 207 cm, 1647 (musée du Service de santé des armées, Paris).

Louis XIII et ses ministres

Après la mort de Concino Concini en 1617, le duc de Luynes exerce la direction du gouvernement avec le titre de connétable. Après sa mort en 1621, les ministres se succèdent rapidement. En 1624, la reine mère réconciliée avec le roi grâce au cardinal de Richelieu (► p. 183) fait entrer ce dernier au Conseil. Progressivement, il devient le principal ministre de Louis XIII sans que le roi ne délègue son pouvoir ni ne cesse de participer aux affaires de l'État. À la mort de Richelieu en 1642, son homme de confiance, le cardinal Mazarin (► p. 190), entre au Conseil. Le roi meurt quelques mois plus tard, affaibli par la tuberculose. Louis XIV, âgé de cinq ans, devient roi et Anne d'Autriche assure la régence secondée par Mazarin, parrain du jeune Louis.

Le meurtre de Concini

Les gardes du roi assassinent Concini devant l'entrée du Louvre.

Gravure du XVIIe siècle (BNF, Paris).

1628

Louis XIII met fin au siège de La Rochelle

Louis XIII, qui a déjà mené deux guerres contre les protestants en 1621 puis en 1625, réunit une armée pour soumettre La Rochelle, l'une de leur principale place forte. Après plus d'un an de siège, la ville se rend.

Des protestants trop puissants soutenus par les Anglais

La Rochelle est l'une des places de sûreté accordée aux protestants par l'édit de Nantes (► p. 174). Elle s'est enrichie grâce au commerce maritime et fait alors figure de capitale du protestantisme en France. Solidement fortifiée, la ville a la réputation d'être inexpugnable.

En juillet 1627, le duc de Buckingham, conseiller du roi d'Angleterre, assisté des Rochelais, combat la garnison royale enfermée dans la citadelle de Saint-Martin-de-Ré. Louis XIII envoie des renforts et Buckingham rembarque pour l'Angleterre.

Le roi et Richelieu organisent le siège de La Rochelle

Pour le cardinal de Richelieu, le blocus de la ville doit être à la fois terrestre et maritime. À partir d'août 1627, La Rochelle est entourée de 13 forts défendus par 28 000 soldats. Côté mer, une digue longue d'un kilomètre et demi est édifiée avec des pierres et des navires coulés afin d'interdire l'accès au port.

Pendant le siège, l'état d'esprit des Rochelais oscille entre résignation et espoir de voir une flotte anglaise arriver. En mai 1628, une expédition tente en vain de leur porter secours, tandis qu'à l'intérieur de la cité, les habitants meurent de faim.

La reddition de la ville

En août et septembre 1628, des tentatives de négociation échouent et, en octobre, des navires anglais peu combatifs renoncent à briser la digue et le blocus. Le 29 octobre, les représentants de La Rochelle, très affaiblis, se présentent devant Louis XIII et Richelieu qui exigent une capitulation sans condition.

Le lendemain, les troupes royales entrent dans la ville et apportent des vivres aux survivants. Sur près de 30 000 habitants, seulement 6 000 ont survécu au siège qui a duré un an, deux mois et seize jours. Le 1er novembre, le cardinal de Richelieu célèbre la messe à La Rochelle et, l'après-midi, Louis XIII y fait une entrée solennelle. Le roi maintient la liberté de culte et accorde son pardon aux révoltés. En revanche, la ville perd tous ses privilèges et ses remparts sont détruits.

Richelieu sur la digue de La Rochelle

Le cardinal de Richelieu, en armure et cape rouge cardinalice, observe depuis la digue les combats contre la flotte anglaise.

Henri Motte, huile sur toile, 190 × 112 cm, 1881 (musée d'Orbigny-Bernon, La Rochelle).

Armand Jean du Plessis, cardinal de Richelieu (1585-1642)

Issu de la noblesse et évêque de Luçon, Armand du Plessis accède à la dignité de cardinal en 1622. Soutenu par Marie de Médicis (► p. 179), il est admis au Conseil du roi en 1624 et s'impose rapidement comme le principal ministre de Louis XIII. À l'intérieur du pays, il affirme le pouvoir royal et lutte contre les protestants qui tentent de le contester et de s'ériger en puissance autonome. Sur la scène européenne, sa principale préoccupation est de limiter la puissance des Habsbourg d'Autriche à la tête du Saint Empire et de leurs cousins d'Espagne. Après 1630, il oriente la politique de Louis XIII vers la guerre, affrontant l'Espagne et soutenant les princes protestants révoltés contre l'empereur (► p. 189). À sa mort en 1642, la France est devenue une puissance militaire.

Le roi et les protestants au XVIIe siècle

1621	Première guerre de religion de Louis XIII : maintien des grandes dispositions de l'édit de Nantes mais suppression de quelques places fortes protestantes.
1625	Deuxième guerre de religion de Louis XIII : première défaite des protestants à La Rochelle. Un commissaire du roi surveille le conseil de la ville.
1627-1628	Troisième guerre de religion de Louis XIII : défaite des protestants à La Rochelle qui perd ses remparts et ses privilèges.
1629	Paix d'Alès : Louis XIII maintient les clauses religieuses de l'édit de Nantes mais supprime toutes les places fortes protestantes. C'est la fin de leur puissance militaire et politique.
1681	Sous Louis XIV, début des dragonnades pour forcer les conversions.
1685	Révocation de l'édit de Nantes par l'édit de Fontainebleau : le protestantisme est interdit en France.

1637

René Descartes publie le *Discours de la méthode*

Dans un contexte de renouvellement de la science depuis la Renaissance, René Descartes publie le *Discours de la méthode* à Leyde en Hollande. Écrit en français, et non en latin, pour le rendre accessible au plus grand nombre, il y définit une méthode pour élaborer le savoir, reposant sur quatre règles.

Rejeter la tradition : la règle de l'évidence

Rompant avec les théories du philosophe grec Aristote en vogue depuis le Moyen Âge et enseignées dans les universités, René Descartes détermine une méthode qui ne repose plus sur l'argument d'autorité de la Bible. Il pose comme principe fondamental de faire table rase de toutes les connaissances antérieures et de ne tenir compte que de l'évidence, c'est-à-dire ce qui apparaît à l'esprit de façon rationnelle par l'observation et l'expérimentation.

Dans son ouvrage, Descartes incite les lecteurs à réfléchir par eux-mêmes, à utiliser leur esprit critique et à douter de ce qui est établi comme une vérité.

« *Ne recevoir jamais aucune chose pour vraie que je ne la connusse évidemment être telle.* »

René Descartes, *Discours de la méthode*, 1637.

Trouver la vérité : les règles de l'analyse, de la déduction et des dénombrements

Trois autres règles complètent celle de l'évidence. Empruntées aux mathématiques, elles permettent de valider le savoir de façon rationnelle. Descartes préconise de diviser les tâches complexes en tâches simples pour les résoudre plus facilement ; puis de pratiquer avec ordre en allant du plus simple vers le plus complexe ; et enfin de travailler sur des grandes séries pour vérifier les résultats.

Le *Discours de la méthode* est conçu comme une introduction à d'autres ouvrages mettant en œuvre ce processus expérimental.

Un accueil triomphal en Europe

Malgré les condamnations des universités, en particulier de la Sorbonne (► p. 104), l'œuvre de Descartes connaît un grand succès et devient la référence incontournable des savants du XVIIe siècle. Désormais, il est acquis que les phénomènes naturels peuvent être expliqués par des lois mathématiques élaborées d'après des expériences. La communauté scientifique européenne adopte alors un langage et des méthodes communs. Le *Discours* marque ainsi une étape importante dans l'histoire des connaissances.

Les progrès scientifiques aux XVIe et XVIIe siècles

En Europe, les découvertes du XVIe et du début du XVIIe siècle font vaciller les fondements de la science, inspirés par les auteurs antiques et contrôlés par l'Église catholique.
En 1543, le Polonais Nicolas Copernic remet en cause le système de Ptolémée, qui faisait de la Terre le centre de l'univers, et défend l'héliocentrisme. L'Italien Galilée reprend cette thèse et affirme lui aussi que la Terre tourne sur elle-même et autour du Soleil. Condamné par l'Église pour hérésie, il renie ses propos en 1633.

René Descartes (1596-1650) à sa table de travail

René Descartes rédige un traité et foule au pied la théorie aristotélicienne. Après des études chez les jésuites, il s'engage comme soldat et participe à la guerre de Trente Ans (► p. 188). À partir de 1629, Descartes s'installe en Hollande, pays protestant, où il rédige ses ouvrages, notamment les *Méditations métaphysiques* (1641) et *Les Principes de la philosophie* (1644).

C. Hellemans, gravure, XVIIe siècle (BNF, Paris).

Blaise Pascal (1623-1662)

Contemporain de René Descartes, Pascal rédige un premier traité à l'âge de 16 ans et s'intéresse à de nombreux domaines scientifiques. Il met au point une machine à calculer en 1642, surnommée la « Pascaline ». En 1646, s'inspirant des théories de l'Italien Evangelista Torricelli, il procède à des expériences sur la pression. Il prouve alors l'existence du vide et invente le principe du baromètre qui mesure la pression de l'air. Tout en poursuivant ses recherches mathématiques, Pascal, converti au jansénisme, rédige en parallèle une imposante œuvre philosophique et religieuse. À sa mort, son entourage fait recopier ses brouillons qui sont publiés sous le titre des *Pensées*.

ence | Louis XIV | Régence | Louis XV | Louis XVI

1651 — 1715 — 1723 — 1774 — 1792

1661-1715 Règne personnel de Louis XIV

XVIIIe siècle Les Lumières

1775-1783 Guerre d'indépendance en Amérique

26 août **1648**

Paris se soulève contre le pouvoir royal : c'est le début de la Fronde

À la mort de Louis XIII en 1643, Louis XIV est âgé de 5 ans. Sa mère Anne d'Autriche, désignée comme régente, est conseillée par le cardinal Mazarin. Le soulèvement de Paris en 1648 constitue l'un des premiers épisodes de la Fronde, période de révoltes contre le pouvoir royal.

L'opposition de Paris et du Parlement

Au début du mois de janvier 1648, les Parisiens sont excédés par les nouvelles taxes exigées pour financer la guerre contre l'Espagne (► p. 189). Des troubles éclatent dans les rues de la capitale.

Le 15 janvier, Anne d'Autriche décide par un lit de justice (► p. 158) au Parlement la création de nouveaux impôts et offices (► p. 176). En opposition, le Parlement et les autres grandes cours de la capitale se réunissent en une assemblée unique, la chambre de Saint-Louis, qui impose à la régente en juillet 1648 un texte de 27 articles limitant le pouvoir royal.

Les mazarinades, ou un homme à abattre

Durant la Fronde, Louis XIV n'est jamais remis en cause. En revanche, un déchaînement de haine s'exprime contre le cardinal Mazarin (► p. 190) dans plus de 5000 textes qui s'en prennent à son origine étrangère, son emprise sur le roi, ses relations jugées douteuses avec Anne d'Autriche et son enrichissement personnel. Sous la forme de chansons, de pamphlets, de récits ou de satires extrêmement violents, ces textes sont affichés sur les places publiques ou vendus par des colporteurs dans tout le royaume. Leur influence est forte, obligeant Mazarin à l'exil en 1651 et 1652.

La journée des barricades

Le 20 août 1648, l'armée royale remporte une victoire retentissante à Lens contre les Espagnols. Forts de ce succès, Anne d'Autriche et le cardinal Mazarin (► p. 190) font arrêter le 26 août trois meneurs de l'opposition parlementaire, dont le respecté Pierre Broussel.

Immédiatement, une émeute éclate dans le quartier de la Cité puis dans toute la capitale. Les **bourgeois*** prennent les armes et attaquent les soldats du roi. Paris se couvre alors de barricades. La libération de Broussel le 28 août met fin aux troubles quelques jours plus tard, mais la reine doit accepter les 27 articles.

*Habitants de la ville ayant des privilèges.

Louis XII	François Ier	Henri II ► Henri III*	Henri IV	Régence	Louis XI
1492 1498	1515	1547	1589	1610 1614	

1494-1559 Guerres d'Italie — 1562-1598 Guerres de religion

*Henri II (1547-1559) • François II (1559-1560) • Charles IX (1560-1574) • Henri III (1574-1589)

Les troubles de la Fronde (1648-1653)

1648-1649	Fronde parlementaire.
1650-1651	Fronde des princes, dirigée par le prince de Condé.
1651	Union des deux frondes.
7 septembre 1651	Louis XIV est déclaré majeur, fin de la régence.
1652	Grande guerre condéenne dans la région parisienne.
1er et 2 juillet 1652	Bataille du faubourg Saint-Antoine à Paris.
21 octobre 1652	Louis XIV entre triomphalement dans Paris.
3 février 1653	Mazarin revient en France après son exil.

La fronde des parlementaires

La gravure est sous-titrée : « Avis que donne un frondeur aux Parisiens qu'il exhorte de se révolter contre la tyrannie du cardinal Mazarin. »

École française, gravure, XVIIe siècle (BNF, Paris).

Les différentes oppositions au pouvoir royal durant la Fronde

Avec la guerre contre l'Espagne en 1635 (► p. 189), l'État royal se renforce et la pression fiscale augmente considérablement. Différentes oppositions s'expriment alors et s'unissent parfois.
Tandis que le Parlement de Paris cherche à jouer un rôle de modérateur face au pouvoir royal, les autorités des villes se plaignent d'un État de plus en plus centralisateur qui respecte de moins en moins leur autonomie. La population, urbaine ou rurale, réclame une diminution des impôts. Enfin, la haute noblesse regrette la perte de son influence auprès du roi au profit de conseillers tels Richelieu ou Mazarin. La division du mouvement explique en partie l'échec de la Fronde et le rétablissement de l'ordre par Louis XIV devenu majeur.

 Début de la Fronde

nce | Louis XIV | Régence | Louis XV | Louis XVI

1651 — 1715 — 1723 — 1774 — 1792

1661-1715 Règne personnel de Louis XIV

XVIIIe siècle Les Lumières

1775-1783 Guerre d'indépendance en Amérique

1648

La France signe les traités de Westphalie

Les traités de Westphalie mettent fin à la guerre de Trente Ans qui déchire l'Europe depuis 1618. Ils visent à instaurer un nouvel ordre sur le continent au sein duquel la France veut jouer un rôle central en affaiblissant les Habsbourg.

De longues négociations

Épuisés par la guerre, les États et les populations d'Europe souhaitent la paix. À partir de 1644, un congrès se réunit en Westphalie, dans les villes de Münster pour les puissances catholiques et d'Osnabrück pour les puissances protestantes. La plupart des pays européens sont représentés, sauf l'Angleterre alors en pleine révolution.

Des accords influencés par les combats

Durant les négociations de paix, les opérations militaires continuent. Favorables à la France, elles infléchissent les discussions en Westphalie. Ainsi, en mai 1648, l'armée française commandée par le maréchal de Turenne bat Maximilien de Bavière, puis en juillet les Suédois, alliés des Français, pillent Prague qui appartient à l'empereur Ferdinand III. En août, la France écrase les Espagnols à Lens.

Les gains territoriaux pour la France

Les traités qui remodèlent les frontières de l'Europe sont un succès diplomatique pour la France. Elle obtient des territoires à l'Est et est officiellement reconnue souveraine des Trois-Évêchés (Metz, Toul et Verdun) détenus depuis 1552 (► p. 160). Elle récupère également des villes en Alsace, ainsi que deux places fortes sur le Rhin (Brisach et Philippsbourg).

Surtout, grâce à ces territoires, la France coupe les liaisons entre les Habsbourg d'Autriche et leur branche cousine, les Habsbourg d'Espagne, brisant l'encerclement qu'elle subissait depuis le XVIe siècle.

Cependant les traités ne sont pas synonymes de paix totale : la guerre se poursuit jusqu'en 1669 avec l'Espagne qui a refusé de signer les accords généraux.

L'affaiblissement de l'Empire

À l'issue des traités, le Saint Empire est très morcelé, si bien qu'il ne représente plus un danger pour la France à ses frontières. Les Provinces-Unies – anciens territoires espagnols devenus protestants, actuels Pays-Bas – deviennent indépendantes et les États de l'Empire obtiennent une forme de souveraineté, au détriment de l'empereur.

La guerre de Trente Ans (1618-1648)

Les causes de la guerre de Trente Ans sont religieuses et tiennent à la situation intérieure du Saint Empire, vaste entité composée de plus de 350 États dont certains sont catholiques et d'autres protestants.

À Prague, le 23 mai 1618, des nobles protestants défenestrent les représentants du souverain catholique Ferdinand de Habsbourg, archiduc d'Autriche et futur empereur en 1619. Cet événement marque le début de la guerre : les protestants se révoltent en Bohême, le conflit s'étend à l'Empire puis à l'Europe. Soucieux d'affaiblir les Habsbourg, le cardinal de Richelieu (► p. 183) soutient les princes protestants tandis que l'Autriche reçoit l'appui des princes catholiques de l'Empire et de l'Espagne. La France entre en guerre contre cette dernière en 1635 : après une série de défaites, les armées françaises occupent l'Alsace, prennent Arras et Perpignan puis, sous le commandement du prince de Condé, infligent une sévère défaite à l'Espagne le 18 mai 1643 à Rocroi.

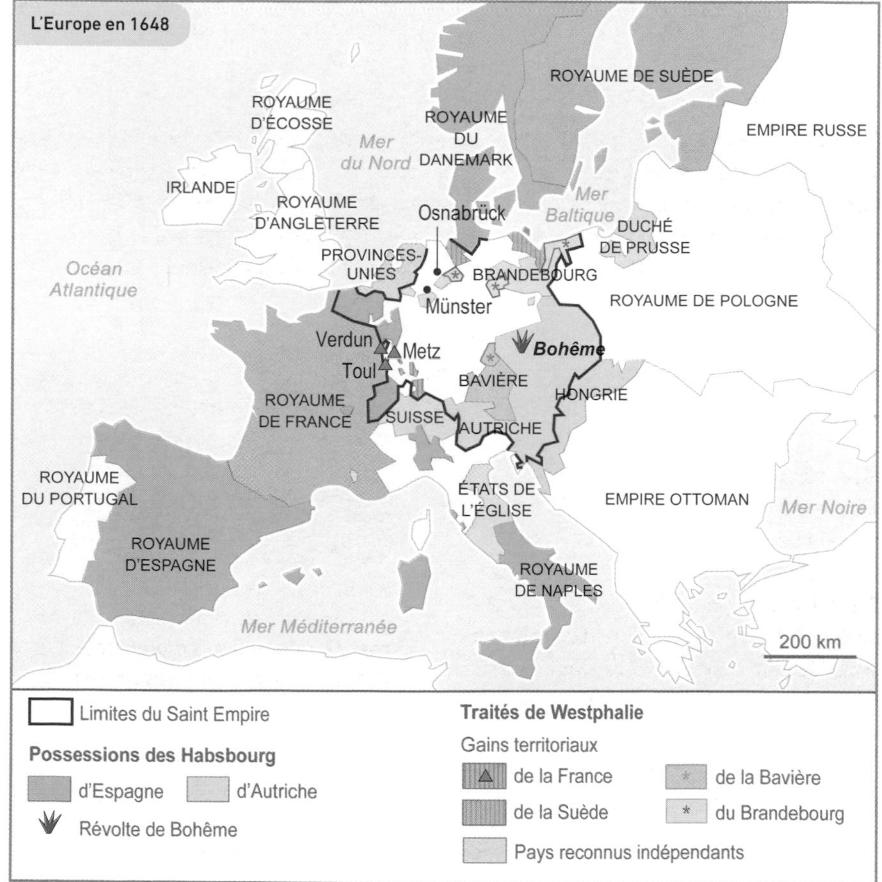

10 mars 1661

Louis XIV décide de gouverner seul

À la mort du cardinal Mazarin, Louis XIV, âgé de 22 ans, annonce son intention de mener seul les affaires de l'État, conseillé par un groupe très restreint d'hommes de confiance. Il affirme alors les principes d'une monarchie absolue, reposant sur une autorité sans partage.

La mort de Mazarin

Le 9 mars 1661, le cardinal Mazarin meurt au château de Vincennes. Homme de confiance du cardinal de Richelieu (▶ p. 183) et parrain du roi, il occupait depuis 1643 la position de principal ministre et, de fait, dirigeait le royaume.

Le lendemain, à 7 heures du matin, Louis XIV convoque dans la chambre de sa mère Anne d'Autriche tous ceux qui autrefois participaient à son Conseil. Il leur annonce que désormais, il entend prendre toutes les décisions et qu'aucun ordre ne peut être exécuté sans sa signature.

Une nouvelle façon de gouverner

Louis XIV ne conserve pour le seconder que trois hommes, recommandés par Mazarin : le secrétaire d'État à la guerre Michel Le Tellier, le surintendant des finances Nicolas Fouquet, et Hugues de Lionne qui s'occupe des Affaires étrangères. Ces trois personnages, qui reçoivent le titre de ministre d'État, forment autour du roi le Conseil d'en-haut, lieu restreint où sont prises les décisions importantes.

Louis XIV écarte les « Grands », c'est-à-dire la haute noblesse, les princes et les membres de sa famille. Il se repose sur des gens de condition modeste au départ, choisis par lui seul pour leur compétence. Le nombre de conseils, autrefois pléthoriques, est réduit : désormais, la gestion des affaires de l'État ne relève plus que du roi.

Jules Mazarin (1602-1661), une réussite spectaculaire

D'origine italienne, Jules Mazarin fait office de diplomate pour le pape. Il est alors repéré par le cardinal de Richelieu (▶ p. 183) qui le fait venir en France en 1639. Il adopte la nationalité française et devient cardinal en 1642. Recommandé par Richelieu à Louis XIII, il entre au Conseil du roi après la mort de son protecteur. Proche d'Anne d'Autriche, parrain de Louis XIV, Mazarin est le « mentor » du jeune roi qu'il initie aux affaires de l'État. Après son exil pendant la Fronde (▶ p. 186), il retrouve sa place de principal ministre jusqu'à sa mort en 1661. Il laisse une grande collection d'œuvres d'art et une fortune colossale amassée au sommet de l'État, gérée par un jeune intendant nommé Jean-Baptiste Colbert (▶ p. 199).

Louis XIV préside le Conseil des parties

Louis XIV fait un geste d'autorité, entouré des conseillers d'État assis et des maîtres de requêtes debout, tous vêtus de noir. Dans la réalité, Louis XIV laissait la plupart du temps le chancelier présider ce conseil réservé aux affaires de justice.

Louis XIV tenant les sceaux en présence des conseillers d'État et des maîtres des Requêtes, huile sur toile anonyme, 128 x 110 cm (musée du château de Versailles).

L'arrestation de Nicolas Fouquet

Le 5 septembre 1661, Nicolas Fouquet, surintendant des finances, est arrêté sur ordre de Louis XIV par d'Artagnan, sous-lieutenant des mousquetaires du roi. Il est jugé puis condamné à la prison à vie. L'arrestation est l'œuvre de Colbert (► p. 199), ancien homme de confiance de Mazarin, qui convainc le roi que Fouquet est responsable du déficit budgétaire et s'enrichit démesurément. Dès mai 1661, Louis XIV prépare l'élimination du surintendant. La magnifique fête donnée par Fouquet dans son somptueux château de Vaux-le-Vicomte le 17 août ne fait que renforcer la décision royale. Colbert succède à Fouquet et prend le titre de contrôleur général des finances en 1665.

« *La face du théâtre change ; j'aurai d'autres principes dans le gouvernement de mon État […] que n'avait feu M. le cardinal. Vous savez mes volontés, c'est à vous maintenant, Messieurs, à les exécuter.* »

Louis XIV, 10 mars 1661.

1661 **Début du règne personnel de Louis XIV**

ce	Louis XIV	Régence	Louis XV	Louis XVI

1651 — 1715 — 1723 — 1774 — 1792

1661-1715 Règne personnel de Louis XIV

XVIIIe siècle Les Lumières

1775-1783 Guerre d'indépendance en Amérique

XVIIe siècle

Le théâtre classique

Au XVIIe siècle, le théâtre s'impose comme un divertissement très populaire qui touche toutes les catégories sociales, à Paris, à Versailles ou en province. Deux grands types de pièces existent alors : des tragédies et des comédies, dont les auteurs à succès sont subventionnés par le pouvoir royal.

1637 • Une tragédie : *Le Cid* de Corneille

Une pièce d'inspiration espagnole

Pierre Corneille est un jeune auteur soutenu par le cardinal de Richelieu (► p. 183). Après sa tragédie *Médée*, il veut obtenir un succès auprès du grand public. Il s'inspire alors d'une pièce espagnole du début du XVIIe siècle mettant en scène le Cid (*el Sidi*, le « seigneur »), un chevalier légendaire du XIe siècle lors de la *Reconquista* (la reconquête par les rois catholiques des territoires musulmans d'Espagne). La pièce est présentée en janvier 1637 au théâtre du Marais à Paris et remporte un triomphe.

Pour les yeux de Chimène : l'amour cornélien

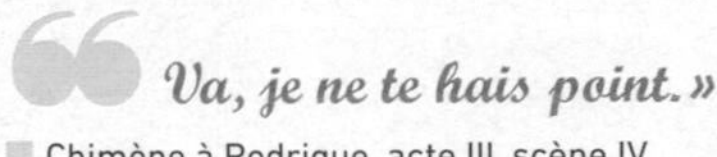

Chimène à Rodrigue, acte III, scène IV.

À la cour de Séville, Rodrigue est déchiré entre son honneur et son amour pour Chimène. Au cours d'un duel organisé pour venger son père humilié, Rodrigue tue Don Gomès, le père de Chimène. Celle-ci rejette alors le jeune homme, tout en continuant à l'aimer secrètement. Pour expier sa faute, Rodrigue part combattre les Maures (les musulmans) aux portes du royaume. Vainqueur, il est nommé général et le roi ordonne son mariage avec Chimène, laquelle oublie sa haine avec la gloire de son futur époux.

La querelle du Cid

La pièce annonce le théâtre classique qui s'affirme face à l'influence baroque. Corneille travaille sur la pureté de la langue et évoque les sentiments éternels : l'amour, l'honneur, l'héroïsme. Malgré le succès populaire, ou peut-être à cause de lui, les critiques pleuvent sur la tragi-comédie de Corneille qui est accusé de ne respecter ni la règle des trois unités – temps, action, lieu –, ni la vraisemblance – comment une jeune femme pourrait-elle épouser l'assassin de son père ? –, ni la bienséance

Une scène du *Cid* de Corneille jouée au théâtre du Marais à Paris

Au XVIIe siècle, la scène est éclairée par des lustres à bougies et les décors peints sont mobiles.

Adrien Marie, estampe, XIXe siècle (BNF, Paris).

– Don Gomès est tué sur scène. La querelle remonte jusqu'à Richelieu qui charge la récente Académie française de trancher. Celle-ci donne raison aux adversaires de Corneille qui remanie alors sa pièce et la renomme tragédie, même si le dénouement reste heureux.

1670 • Une comédie : *Le Bourgeois gentilhomme* de Molière

Une comédie-ballet jouée devant le roi

Le Bourgeois gentilhomme est une comédie-ballet que Molière a écrite en collaboration avec Jean-Baptiste Lully, surintendant de la musique de Louis XIV. Les dialogues s'y interrompent pour intégrer de la musique et de la danse. La première représentation a lieu le 14 octobre 1670 à Chambord, devant la cour. À partir de novembre 1670, la pièce est jouée au théâtre du Palais-Royal à Paris.

L'Académie française

En 1635, Richelieu crée l'Académie française. Composée de quarante hommes de lettres, traducteurs ou hauts personnages élus, l'institution a pour mission de perfectionner la langue française afin d'en faire une arme de la pensée et de supplanter les autres langues, dont le latin (▶ p. 158).
À ces fins, elle recense les écrivains dont la plume peut mettre en valeur le pouvoir et auxquels elle accorde des pensions. Elle émet également un avis sur les œuvres littéraires. L'Académie dote la langue française de règles – un dictionnaire paraît en 1694 – et surveille son usage.
Ainsi, Richelieu puis Louis XIV, protecteur à partir de 1672 de l'Académie qui s'installe au Louvre, utilisent l'institution comme un instrument au service du pouvoir.

La littérature classique

Elle se développe au XVIIe siècle en s'opposant au courant baroque qui la précède. Si ce dernier recourt à des intrigues complexes, avec de nombreux rebondissements et des dialogues sophistiqués, la littérature classique recherche la clarté, la rigueur et le mot juste. Elle respecte des règles de vraisemblance et des unités de temps, de lieu et d'action. Elle met en scène les sentiments humains intemporels et présente des exemples moraux qui façonnent l'« honnête homme ». Alors que le baroque s'inspire des auteurs espagnols ou italiens, les œuvres classiques reposent souvent sur ceux de l'Antiquité. Avec ses pièces, Pierre Corneille fait figure de transition, glissant du baroque vers le classique.

« *Voilà bien les sentiments d'un petit esprit de vouloir demeurer toujours dans la bassesse.* »

M. Jourdain à Madame, acte III, scène XIII.

Elle remporte un grand succès. La pièce intègre notamment des références à la civilisation turque, très en vogue un an après la visite à la cour de l'ambassadeur du sultan.

Le rêve d'ascension sociale d'un bourgeois

Issu d'une famille de marchands de draps, monsieur Jourdain veut vivre comme un gentilhomme. Il prend ainsi des leçons de danse, de musique, d'escrime et de philosophie. Souhaitant marier sa fille Lucile à un noble, il refuse la demande du jeune Cléonte dont sa fille est éprise. Ce dernier se fait alors passer pour le fils du Grand Turc et offre à M. Jourdain la possibilité d'accéder à son rêve en devenant « mamamouchi ». Au dernier acte, le mariage se conclut entre Lucile et Cléonte en costume turc, dans un spectacle de plus en plus burlesque.

Une satire sociale efficace

Molière s'inscrit dans le courant classique et peint les défauts généraux d'après nature. Il se moque des riches bourgeois qui cherchent à imiter le mode de vie des nobles. Tout au long de la pièce, il ridiculise ainsi M. Jourdain qui se montre ignorant des usages, prétentieux et crédule.

Molière (1622-1673)

Fils d'un tapissier du roi, Jean-Baptiste Poquelin choisit très tôt de se consacrer au théâtre, à la fois comme auteur et comédien. En 1643, il fonde avec la comédienne Madeleine Béjart la troupe de L'Illustre Théâtre. Poquelin prend le pseudonyme de Molière et, après la faillite de sa troupe, sillonne pendant quinze ans les routes du royaume avec une troupe de comédiens. De retour à Paris, il rencontre le succès avec *Les Précieuses ridicules* (1659). Il écrit plusieurs comédies-ballets avec Jean-Baptiste Lully et se fait remarquer par Louis XIV qui lui accorde la salle du Palais-Royal. Malgré les déboires engendrés par *Tartuffe* (1664) qui dénonce l'hypocrisie religieuse, Molière reçoit le soutien du roi et reste responsable des divertissements royaux. Il demeure l'ami de Corneille, mais se brouille avec Racine et Lully. Malade depuis 1665, il meurt de la tuberculose lors d'une représentation de sa dernière comédie *Le Malade imaginaire* en 1673.

***Le Bourgeois gentilhomme* de Molière**

Nicole, la servante, se moque de son maître M. Jourdain qui vient de revêtir l'habit qu'il souhaite exhiber dans toute la ville (acte III, scène II).

Gravure d'après Jean-Michel Moreau le Jeune pour l'édition des *Œuvres de Molière*, Paris, 1773.

Jean Racine (1639-1699)

Issu d'un milieu bourgeois, Jean Racine fait des études à Paris, puis écrit de la poésie à partir de 1663 avant de se consacrer au théâtre. Introduit à la cour, il rencontre Molière, dont la troupe joue ses premières pièces. Mais, écrivant pour la compagnie rivale de l'Hôtel de Bourgogne, il se brouille avec ce dernier. Auteur d'une unique comédie, *Les Plaideurs* (1668), Racine s'inspire surtout des auteurs antiques et ses tragédies classiques – *Britannicus* (1669), *Bérénice* (1670) ou *Phèdre* (1677) – rencontrent un grand succès. Il est soutenu par des protecteurs influents, comme Jean-Baptiste Colbert (► p. 199) ou le prince de Conti, et surtout Louis XIV qui le couvre d'honneurs et de gratifications. Racine devient alors historiographe du roi, loge à Versailles, puis entre à l'Académie des inscriptions pour rédiger les textes latins qui légendent les peintures du château royal.

L'essor du théâtre au XVIIe siècle

Dans la première moitié du XVIIe siècle, des théâtres publics ouvrent dans les grandes villes. Chacun peut assister à une représentation en s'acquittant d'un prix d'entrée variable, élevé pour les loges, modique pour le parterre. À côté des comédiens ambulants, des troupes stables, souvent financées par un aristocrate, connaissent un succès grandissant. En 1670, trois troupes de théâtre coexistent à Paris : celle de l'Hôtel de Bourgogne, celle du Marais et celle du Palais-Royal de Molière. À la mort de ce dernier en 1673, Louis XIV ordonne la fusion des troupes du Marais et du Palais-Royal et les installe à l'Hôtel Guénégaud. En 1680, le roi fonde la Comédie-Française pour soutenir le théâtre français face au théâtre italien. Il regroupe alors les deux compagnies de comédiens, et la « troupe unique du roi » devient la seule bénéficiant du monopole des pièces en français à Paris et dans ses environs.

1682

Le roi et la cour s'installent à Versailles

Depuis le Moyen Âge, le roi et la cour se déplacent de résidence en résidence. En 1677, Louis XIV annonce son intention de se fixer à Versailles. Le château devient le centre du royaume et participe à la construction de l'image d'un roi absolu.

Un chantier permanent

En 1682, le château est encore en chantier. Commencés en 1661 après la mort du cardinal Mazarin (► p. 190), les travaux ont été confiés à Louis Le Vau qui avait œuvré à Vaux-le-Vicomte pour Nicolas Fouquet (► p. 191). L'architecte est chargé d'agrandir le château, au départ un pavillon de chasse construit par Louis XIII, tandis qu'André Le Nôtre conçoit les jardins et Charles Le Brun la décoration intérieure.

Jules Hardouin-Mansart succède à Le Vau et construit dans un style classique les deux ailes (du Nord et du Midi) tournées vers les jardins et reliées entre elles par la galerie des Glaces.

Entre 1661 et 1715, Louis XIV consacre près de 82 millions de livres à la construction du château, soit 2 à 3 % des dépenses annuelles de l'État. Jusqu'à la Révolution, le bâtiment ne cesse d'être en travaux.

La résidence de la cour

Le choix de Versailles s'explique d'abord par l'espace disponible pour y faire construire un château digne de la fonction royale et capable d'accueillir l'ensemble des courtisans. Plus d'un millier de nobles et quatre mille serviteurs vivent en effet dans le château ; un millier de personnes le fréquentent régulièrement.

> *« Avec un almanach et une montre, on pouvait, à trois cents lieues d'ici dire ce qu'il faisait. »*
>
> *Mémoires* du duc de Saint-Simon, à propos des journées de Louis XIV.

À Versailles, le roi vit en respectant des horaires fixes et selon une « étiquette » qu'il a lui-même réglée. De son lever à son coucher, Louis XIV se trouve presque constamment sous les yeux des courtisans et fait de chaque moment de la journée une cérémonie ritualisée mettant en scène le pouvoir royal.

Le siège du gouvernement

Si le roi effectue de courts séjours dans les châteaux voisins de Fontainebleau, Saint-Germain-en-Laye ou Marly, Versailles devient la capitale politique du royaume. Les cours souveraines comme le Parlement ou la Chambre des comptes restent à Paris, mais les ailes des ministres abritent au château les bureaux des secrétaires d'État, comme Colbert (► p. 199) ou Louvois, et de leurs commis.

Le château de Versailles, résidence du Roi-Soleil

La partie du château construite par Hardouin-Mansart est de style classique, rappelant l'Antiquité avec ses toits en terrasse, ses frontons et ses colonnes. Ce style est apprécié de Louis XIV pour ses lignes droites et sa symétrie exprimant l'ordre et l'autorité. À partir de 1701, la chambre du roi occupe une place centrale, dans l'axe est-ouest de la course du soleil, comme un hommage au dieu solaire Apollon auquel se réfère Louis XIV.

La journée du roi à Versailles

7h30-8h	Cérémonies du Petit puis du Grand Lever. Une centaine de courtisans y assistent.
10h-11h	Le roi est à la messe après avoir traversé la galerie des Glaces où les courtisans massés peuvent l'apercevoir et lui demander des faveurs.
11h-13h	Le roi réunit l'un de ses conseils dans ses appartements avec cinq ou six personnes.
13h-14h	Le roi mange seul à une table, entouré des courtisans.
14h-18h	Promenade ou chasse.
18h-22h	Le roi participe aux divertissements, comme les soirées d'appartements, ou retourne travailler.
22h-23h30	Le roi et sa famille mangent en public (souper au Grand Couvert).
23h30	Début de la cérémonie du Coucher. Une centaine de courtisans y assistent.

Les femmes du roi

En vertu du traité des Pyrénées, Louis XIV épouse en 1660 l'infante d'Espagne, Marie-Thérèse d'Autriche, dont il a six enfants, tous morts en bas âge à l'exception de Louis dit le Grand Dauphin qui meurt en 1711. Mais comme tous les rois de France, Louis XIV a de nombreuses maîtresses dont les plus célèbres sont Louise de La Vallière, Françoise de Montespan et Marie-Angélique de Fontanges. À la mort de la reine en 1683, Louis XIV renonce à ses favorites et se marie secrètement avec Madame de Maintenon, ancienne gouvernante des enfants nés de l'union du roi et de Madame de Montespan. Assez effacée, la nouvelle épouse joue un rôle politique difficile à évaluer, encourageant la lutte contre les protestants (► p. 200). Surnommée « la vieille guenon » par la belle-sœur du roi, elle se retire de la cour après la mort de Louis XIV en 1715.

1682 Louis XIV à Versailles

ce | Louis XIV | Régence | Louis XV | Louis XVI

651 — 1715 — 1723 — 1774 — 1792

1661-1715 Règne personnel de Louis XIV

XVIIIe siècle Les Lumières

1775-1783 Guerre d'indépendance en Amérique

1685

Louis XIV signe le Code noir

Le Code noir s'inscrit dans un contexte de réforme des lois du royaume, entreprise par Jean-Baptiste Colbert. L'édit de 60 articles qui règlemente la vie des esclaves noirs dans les colonies des Antilles est signé par Louis XIV à Versailles en 1685. Peu appliqué, il nous montre surtout la façon dont on considère les esclaves à la fin du XVIIe siècle.

L'esclave a une âme, même si la « race » noire est jugée inférieure

L'Église catholique, pourvue d'une mission d'évangélisation, doit prendre en considération l'esclave. Les premiers articles du Code prévoient que celui-ci doit être baptisé, éduqué selon les principes de la religion catholique, marié devant un prêtre et enterré dans un cimetière.

À l'esclave soumis et bon travailleur, l'Église promet le salut de son âme, tandis que l'esclave indocile mérite les châtiments de l'enfer.

Pourtant, l'esclave est un bien meuble, propriété de son maître

L'esclave peut être vendu, saisi ou transmis dans une succession. Le Code prescrit cependant de ne pas séparer les parents des jeunes enfants.

L'esclave est privé du droit de propriété – il ne peut rien posséder – et de la capacité juridique, mais pas de la responsabilité pénale – il ne peut aller en justice mais il peut être poursuivi. Il peut néanmoins retrouver sa liberté en étant affranchi par un maître âgé de plus de 20 ans.

L'esclave est protégé des abus mais peut être puni

Le maître ne peut pas torturer ou mutiler son esclave. Si celui-ci meurt des suites de mauvais traitements, son maître peut être poursuivi en justice.

Le Code précise comment nourrir et habiller un esclave et prévoit l'entretien de celui qui est devenu invalide ou trop âgé. Néanmoins, ces mesures sont assez peu appliquées.

Des sanctions, allant des coups de fouet jusqu'à la peine de mort, sont prévues contre l'esclave désobéissant ou qui porterait atteinte à la personne ou aux biens du maître ou d'un autre blanc. Le Code prévoit de couper l'oreille d'un esclave qui tente de fuir et de le marquer d'une fleur de lys sur l'épaule. En cas de récidive, l'esclave a le jarret coupé et est marqué d'une deuxième fleur de lys.

Une plantation aux Antilles au XVIIIe siècle

Cette plantation type montre à gauche les habitations (celle du maître en hauteur et les cases des esclaves en contrebas), au centre les champs de canne à sucre, et à droite les bâtiments servant à transformer la canne en sucre (moulin à eau, sucrerie avec chaudières et purgerie).

Paulo Fumagalli, gravure aquarellée, XVIIIe siècle, reproduite dans une planche illustrée de l'*Encyclopédie* de Diderot et d'Alembert, 1751-1772.

Jean-Baptiste Colbert (1619-1683) et le mercantilisme

Colbert est l'un des principaux ministres de Louis XIV (▶ p. 190). Il parvient à redresser les finances du royaume et cherche à développer son économie. Pour réduire le déficit commercial, il taxe lourdement les importations et favorise la création de manufactures royales.
Parallèlement, en prenant modèle sur les Provinces-Unies (▶ p. 188), il encourage le grand commerce maritime : sont ainsi créées les compagnies des Indes occidentales (Antilles), des Indes orientales (Inde) ou encore du Levant (Méditerranée orientale) qui, bénéficiant du monopole des échanges pour leur région, sont chargées d'établir des comptoirs commerciaux et des colonies. Toutefois, cette politique volontariste ne fut pas toujours suivie d'effet, en butte à la guerre, à la forte concurrence des Anglais et des Néerlandais et à la raréfaction des métaux précieux en Europe.

L'esclavage dans les colonies françaises

1638	Prise de possession de la Réunion (île Bourbon).
Années 1660	Essor de la traite négrière atlantique (ou commerce triangulaire).
1682	La Louisiane devient française.
1687-1724	Application du Code noir aux Antilles (1687), en Guyane (1704), à la Réunion (1723) et en Louisiane (1724).
1794	Abolition de l'esclavage par la Convention.
1802	Rétablissement de l'esclavage par Napoléon Bonaparte.
1848	Abolition définitive de l'esclavage dans les colonies par la IIe République.

1685 Code noir

ce | Louis XIV | Régence | Louis XV | Louis XVI

1651 — 1715 — 1723 — 1774 — 1792

1661-1715 Règne personnel de Louis XIV

XVIIIe siècle Les Lumières

1775-1783 Guerre d'indépendance en Amérique

18 octobre 1685

L'édit de Fontainebleau interdit le culte protestant

Soucieux d'assurer l'unité du royaume et de mieux contrôler ses sujets, Louis XIV interdit le protestantisme en France. Le roi manifeste ainsi son pouvoir absolu et sa volonté de lutter contre l'hérésie afin d'apparaître comme le défenseur de la foi catholique.

Une politique de brimades contre les protestants

À partir des années 1660, Louis XIV signe près de 300 textes pour limiter le culte réformé et favoriser les conversions. Des représentants du roi sont chargés de veiller au strict respect de l'édit de Nantes (► p. 174) : dans tout le royaume, de nombreux temples situés en dehors des lieux prévus sont ainsi détruits.

Les charges judiciaires et administratives sont interdites aux protestants, ainsi que les professions touchant la santé. Le nombre de participants aux cérémonies protestantes est fortement limité, à douze personnes par exemple pour un baptême.

Une période de violence

Au début des années 1680, la politique répressive s'intensifie. Des intendants soucieux de plaire au roi appliquent contre les protestants un procédé ancien qui consiste à faire loger des soldats chez l'habitant.

En 1681, l'intendant du Poitou envoie des dragons, ces soldats redoutés combattant à pied et à cheval. Ils commettent des exactions et forcent les protestants chez qui ils résident à se convertir. Ces « dragonnades » s'interrompent puis reprennent en 1685, notamment dans le Béarn où 5000 soldats s'installent chez l'habitant en avril. Les autorités dressent alors les listes des conversions et les envoient à Versailles.

La révocation de l'édit de Nantes

Devant l'afflux des conversions et sous l'influence du parti dévot attaché à défendre la religion catholique, Louis XIV considère que l'édit de Nantes est devenu inutile. Le 18 octobre 1685, il en décide l'annulation lors d'un Conseil réuni au château de Fontainebleau.

Un nouveau texte est rédigé par le chancelier Michel Le Tellier comprenant douze articles. Si les protestants peuvent conserver leur religion, le culte en est désormais interdit partout en France. L'édit de Fontainebleau prévoit la démolition des temples et le bannissement pour les pasteurs qui refuseraient de se convertir. Il défend par ailleurs aux protestants de quitter le royaume, sous peine des galères.

NOVVEAVX MISSIONNERE enuoyez
Par ordre de Louis Le Grand par tout
Le Royaume de France pour Ramener
les Heretiques a la foy Catholiques de la
Societte de M. de S. Rut marechal de Camp
qui peut me resister est bien fort
Raison invincible
La force passe La Raison
Raison penetrante
DRAGON MISSIONNERE
APPEL evangeliques
Heretique sinant sa conuersion

Un protestant signe sa conversion

Cette gravure, réalisée par un protestant, dénonce de manière ironique les conversions forcées opérées par les dragons, désignés sous le terme de « missionnaires » qui utilisent leur raison « invincible » (fusil) et « pénétrante » (épée) pour convaincre les récalcitrants.

Engelmann, *Les Nouveaux Missionnaires*, gravure, 1686 (BNF, Paris).

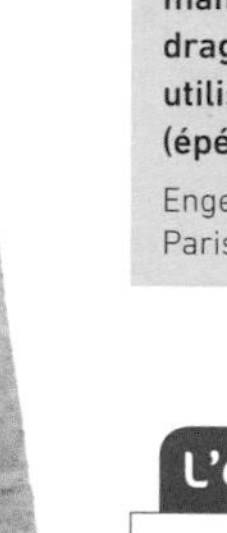

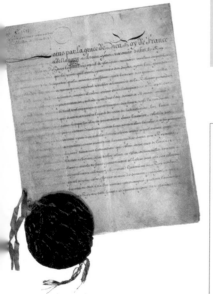

L'édit de Fontainebleau

L'édit est scellé du sceau royal de cire verte et signé par le roi et par le chancelier Le Tellier.

Archives nationales, Paris.

L'exil de nombreux protestants

En 1685, environ 800 000 protestants vivent en France. Les trois quarts d'entre eux se convertissent, souvent du bout des lèvres, et deviennent des « nouveaux catholiques ». Dans certaines régions difficiles d'accès, les protestants organisent un culte clandestin, tandis que dans les Cévennes en 1702, ils se révoltent contre le pouvoir royal.

Près de 200 000 protestants, dont beaucoup d'artisans et de marchands, quittent le royaume pour se réfugier dans les pays de culte réformé : Provinces-Unies (Pays-Bas actuels), Angleterre, Allemagne ou Suisse (► p. 163). Cette émigration a des effets économiques négatifs : elle entraîne une fuite de capitaux, la fermeture de manufactures et un recul du commerce.

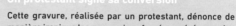

1685 **Édit de Fontainebleau**

Louis XIV | Régence | Louis XV | Louis XVI

1651 · 1715 · 1723 · 1774 · 1792

1661-1715 Règne personnel de Louis XIV

XVIIIe siècle Les Lumières

1775-1783 Guerre d'indépendance en Amérique

Les Français meurent de faim

Après vingt années de croissance démographique, de faibles récoltes, engendrées par de mauvaises conditions climatiques, provoquent des famines dans une grande partie du royaume.

Une météo défavorable

En 1692, l'hiver extrêmement rigoureux ralentit la croissance des céréales puis le printemps et l'été pluvieux finissent d'anéantir les récoltes.

Si l'hiver 1693 est moins froid, le printemps et l'été sont encore très humides. Malgré les processions ordonnées par l'Église pour implorer Dieu, les récoltes sont extrêmement maigres pour la deuxième année consécutive.

Après une période de froid puis de sécheresse, l'année 1694 est meilleure et marque le retour des bonnes récoltes.

> *« La France entière n'est plus qu'un grand hôpital désolé et sans provisions. »*
>
> Fénelon à Louis XIV, 1694.

L'inflation et la chute des revenus

Ces récoltes désastreuses entraînent une forte augmentation du prix des céréales qui constituent alors la base de l'alimentation d'une grande partie de la population. À Paris, le prix du setier de blé (152 litres) est multiplié par cinq entre 1691 et 1694.

Les paysans, qui n'ont pas de surplus de récoltes à vendre, voient leurs revenus fondre. Puisque les paysans ne peuvent plus rien acheter, les marchands et les artisans enregistrent également une forte baisse de leurs bénéfices.

Une catastrophe démographique

Dans les régions qui pratiquent la monoculture céréalière comme le bassin parisien, le Centre ou le Sud-Ouest, les mauvaises récoltes provoquent des famines. Affaiblies, les populations sont décimées par des épidémies de typhoïde. La surmortalité entraîne une chute de la population du royaume : en deux ans, elle passe de 22,3 millions à 20,7 millions d'habitants.

Les autorités sont impuissantes, d'autant plus que l'approvisionnement des armées, engagées depuis 1688 dans la guerre de la Ligue d'Augsbourg (► p. 206), est prioritaire.

À Paris, des distributions de pain à prix réduit sont néanmoins organisées pour éviter des émeutes.

Repas de paysans

La scène se déroule dans un intérieur paysan, dans la pièce principale, peut-être unique. Le sol est en terre battue et les meubles en bois. Trois catégories sociales sont représentées : au centre, un homme assez riche, peut-être un citadin, à gauche un paysan aisé et à droite un ouvrier agricole, voire un mendiant.

Les Frères Le Nain, huile sur toile, 128 × 97 cm, 1642 (musée du Louvre, Paris).

Louis XII	François Ier	Henri II ► Henri III*	Henri IV	Régence	Louis X

1492 1498 1515 1547 1589 1610 1614

1494-1559 Guerres d'Italie

1562-1598 Guerres de religion

*Henri II (1547-1559) • François II (1559-1560) • Charles IX (1560-1574) • Henri III (1574-1589)

Quand la réalité devient fiction : la famine dans les contes

Quand Charles Perrault entame la rédaction du *Petit Poucet* en 1694, l'écrivain s'inspire de la situation du royaume en rendant compte des difficultés d'une famille dont le père est bûcheron et qui, refusant de voir ses enfants mourir de faim, est contraint de les abandonner.
La famille compte sept garçons, âgés de 7 à 10 ans, traduisant par là une fécondité élevée dans le royaume.
Le mode d'alimentation est également évoqué. La consommation de viande est rare dans les familles modestes : dans le conte, les parents en achètent quand ils reçoivent de manière inespérée de l'argent que leur devait le seigneur ; et seul l'ogre, fortuné, en mange à satiété. Sont surtout consommés des aliments à base de céréales – du pain essentiellement, dont se sert le Petit Poucet pour marquer son chemin – et des légumes.
À la fin du conte, le Petit Poucet est devenu riche : pour aider sa famille, il achète alors « des offices de nouvelle création pour son père et pour ses frères ; et par là il les établit tous » (► p. 176).

1692-1694 Famines

Louis XIV | Régence | Louis XV | Louis XVI

1651 — 1715 — 1723 — 1774 — 1792

1661-1715 Règne personnel de Louis XIV

XVIIIe siècle Les Lumières

1775-1783
Guerre d'indépendance en Amérique

1715

La mort de Louis XIV : la fin d'un règne marqué par des guerres

Les dernières années du règne de Louis XIV sont assombries par les décès successifs de ses héritiers. Atteint de la gangrène, le Roi-Soleil meurt en 1715 à 77 ans. Sa mort clôt un long épisode de conflits : durant les 54 années de son règne personnel, la France a été en guerre pendant 33 ans.

1er septembre 1715 • La mort de Louis XIV

L'agonie du roi

Le 9 août 1715, le roi rentre abattu du château de Marly. Le lendemain, il se plaint d'une douleur à la jambe. Le Premier médecin, Guy-Crescent Fagon, diagnostique une sciatique et ordonne des purges. Le roi poursuit ses activités mais mange peu, s'affaiblit et l'état de sa jambe empire.

Le 21 août, les médecins de la faculté de Paris confirment les prescriptions de Fagon. Mais des plaques noires annoncent la gangrène. Le roi, alité, se confesse et reçoit l'extrême onction. Louis XIV fait ses adieux, alors que les courtisans encombrent déjà les appartements du duc d'Orléans qui doit assumer la régence. Le 29 août, son état de santé s'améliore. Mais la gangrène gagne le genou et la cuisse. Louis XIV tombe dans une demi-inconscience et meurt le 1er septembre au matin.

La santé du roi

Les rapports médicaux décrivent précisément et crûment les maux dont Louis XIV a souffert tout au long de son règne. Le roi connaît ainsi des problèmes digestifs, de coliques ou de migraines probablement dues au diabète. Il est aussi en proie à des rhumatismes qui l'obligent à utiliser, dès 1686, une chaise roulante pour se promener dans les jardins de Versailles. Les remèdes et les soins prodigués par les médecins paraissent rudimentaires : nombreuses saignées ou purges qui ont pour but de rétablir l'équilibre des « humeurs », ou opération au fer rouge sans anesthésie.

Louis XIV et la famille royale en 1710

Louis XIV assis est entouré de ses héritiers : derrière lui, son fils le Grand Dauphin (mort en 1711), à sa gauche son petit-fils le duc de Bourgogne (mort en 1712) et à sa droite son arrière-petit-fils né en 1710 (futur Louis XV) avec sa gouvernante.

Portrait de Louis XIV et sa famille, Nicolas de Largillière, huile sur toile, 161 × 129 cm, vers 1710 (Wallace Collection, Londres).

La succession de Louis XIV

À partir de 1711, la famille royale a été frappée par une série de deuils qui ont décimé les héritiers de la Couronne. À la mort de Louis XIV, selon le testament qu'il a rédigé, son arrière-petit-fils âgé de 5 ans devient roi sous le nom de Louis XV, tandis que son neveu Philippe, duc d'Orléans, assure la régence avec des pouvoirs limités.

Le 2 septembre 1715, ce dernier est officiellement désigné régent lors d'une séance solennelle au Parlement de Paris. Mais, contournant le testament du roi défunt, Philippe d'Orléans entend assumer l'essentiel du pouvoir et nomme lui-même les six membres du Conseil de régence.

En février 1723, Louis XV est déclaré majeur et la régence cesse.

Louis XIV et la guerre

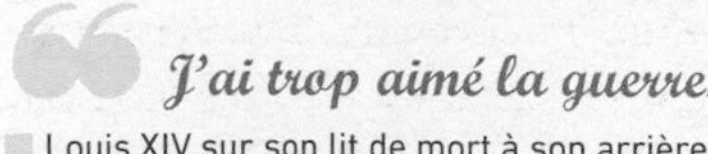

« J'ai trop aimé la guerre. »

Louis XIV sur son lit de mort à son arrière-petit-fils, futur Louis XV.

La gloire du roi de guerre

La guerre faisant partie des prérogatives royales, les jeunes rois y sont éduqués et participent aux opérations militaires. Ainsi, jusqu'en 1692, Louis XIV se rend sur les champs de bataille et assiste aux sièges des villes. Les victoires, dont le mérite revient au roi seul, sont exaltées par les peintres comme Charles Le Brun dans la galerie des Glaces du château de Versailles (► p. 196).

Les gains territoriaux

Par la guerre, Louis XIV agrandit le royaume au Nord et à l'Est. Il annexe la Franche-Comté ainsi que des territoires autour de Lille et conforte la possession de l'Alsace, Strasbourg étant rattachée au royaume en 1681. Avec la guerre de succession d'Espagne, il parvient à maintenir son petit-fils Philippe V sur le trône espagnol et met donc fin à la domination des Habsbourg sur la péninsule (► p. 188).

Des guerres très coûteuses

Sous le règne de Louis XIV, la hausse des impôts ainsi que les mauvaises conditions climatiques (► p. 202) provoquent un ralentissement de l'économie dans le royaume le plus peuplé d'Europe.

À partir de 1672, le budget de l'État est sans cesse déficitaire et la pression fiscale s'accroît pour entretenir les armées. En 1695, un nouvel impôt est créé, la capitation, qui pèse sur tous les habitants du royaume. Supprimé en 1698, il est rétabli au début de la guerre de succession d'Espagne puis perdure. En 1710, le dixième est instauré : les sujets paient un dixième des revenus de la propriété foncière. Supprimé en 1717 puis rétabli lors des guerres sous Louis XV, il devient le vingtième en 1749.

Les guerres durant le règne de Louis XIV (1661-1715)

1667-1668	Guerre de Dévolution : la France reçoit des places fortes et des villes dans le Nord au détriment des Pays-Bas espagnols (traité d'Aix-la-Chapelle).
1672-1678	Guerre de Hollande : la France reçoit la Franche-Comté et des territoires dans le Nord, en Artois et en Flandre (traité de Nimègue).
1679-1683	Politique des réunions : en période de paix, la France veille à une stricte application des traités et annexe les dépendances des territoires accordés par les traités. La France annexe Strasbourg en 1681.
1688-1697	Guerre de la Ligue d'Augsbourg : la France conserve l'Alsace et Strasbourg (traité de Ryswick).
1701-1714	Guerre de succession d'Espagne : Philippe V est reconnu roi d'Espagne mais renonce à toute prétention sur la couronne de France (traités d'Utrecht et de Rastatt).

La « ceinture de fer » de Vauban

La grande idée du marquis de Vauban, ingénieur et architecte militaire nommé maréchal de France à la fin de sa carrière, est de constituer un pré carré, c'est-à-dire d'abandonner le mitage existant de places fortes isolées en territoires ennemis pour constituer une ligne continue de fortifications.

Vauban construit ou remanie près de 300 places fortes pour assurer la protection des frontières du royaume, principalement dans le Nord-Est, mais aussi dans les Pyrénées, les Alpes et sur le littoral atlantique.

Ces constructions symbolisent aussi l'emprise du roi de France sur ses nouvelles acquisitions tout en les protégeant (Dunkerque achetée en 1662, Lille annexée en 1667, Besançon en 1678 ou Strasbourg en 1681).

Le plan-relief de la place forte de Mont-Dauphin (1709)

La citadelle de Mont-Dauphin, dans le département actuel des Hautes-Alpes, est construite par Vauban en 1693 pour protéger la frontière des Alpes. Le tracé de ses fortifications est étudié pour résister au mieux aux boulets de canons et aux attaques ennemies.

Échelle 1/600, superficie 9,92 m², 1709 (musée des Plans-reliefs, Paris).

Un outil de programmation militaire : les plans-reliefs

Les plans-reliefs sont réalisés à partir de 1668 à la demande de Louvois, secrétaire d'État à la guerre puis ministre. Réalisés à l'échelle 1/600 à partir de cartes et de relevés topographiques, ils servent à montrer au roi les frontières du royaume, à mieux préparer les sièges et à connaître les ressources de l'arrière-pays pour soutenir les armées.

L'Europe à la fin du règne de Louis XIV

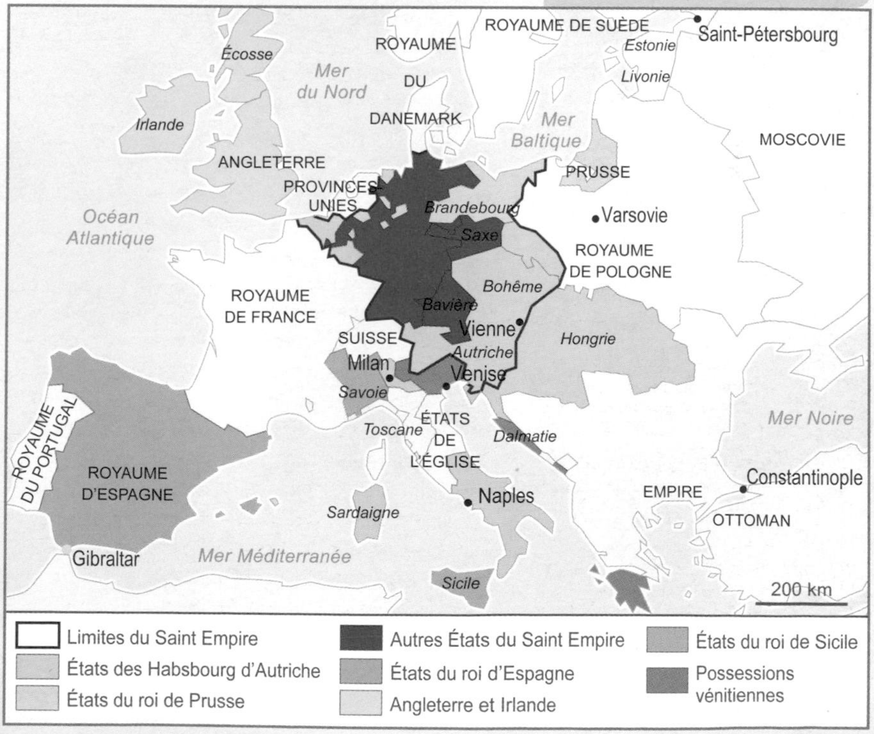

ROYAUME DE SUÈDE
Saint-Pétersbourg
Estonie
Livonie
ROYAUME DU DANEMARK
Écosse
Mer du Nord
Irlande
Mer Baltique
MOSCOVIE
ANGLETERRE
PRUSSE
PROVINCES-UNIES
Brandebourg
Varsovie
Océan Atlantique
Saxe
ROYAUME DE POLOGNE
Bohême
ROYAUME DE FRANCE
Bavière
Vienne
Hongrie
SUISSE
Autriche
Milan
Venise
Savoie
ROYAUME DU PORTUGAL
ÉTATS DE L'ÉGLISE
Toscane
Dalmatie
Mer Noire
ROYAUME D'ESPAGNE
Naples
Constantinople
EMPIRE OTTOMAN
Sardaigne
Gibraltar
Mer Méditerranée
Sicile
200 km

- Limites du Saint Empire
- États des Habsbourg d'Autriche
- États du roi de Prusse
- Autres États du Saint Empire
- États du roi d'Espagne
- Angleterre et Irlande
- États du roi de Sicile
- Possessions vénitiennes

1720

La peste frappe la Provence

Depuis 1347, la peste touche régulièrement le royaume de France. En 1720, une épidémie de grande ampleur sévit à partir de Marseille et se répand en Provence. C'est le dernier grand épisode de peste en France.

Des autorités intéressées et négligentes

Le 25 mai 1720, le voilier le *Grand Saint-Antoine* accoste à Marseille. Il revient du Proche-Orient, les cales chargées d'étoffes précieuses, notamment de soieries. Durant la traversée, huit membres d'équipage sont morts et le capitaine dissimule ses soupçons sur une probable épidémie de peste (► p. 118). À chaque escale, les autorités portuaires permettent au navire de poursuivre sa route.

À Marseille, des hommes influents, tel le Premier échevin, font partie du groupe d'armateurs du bateau. Ils minimisent ainsi volontairement les risques d'épidémie pour récupérer leurs produits au plus tôt et ne pas entraver l'activité économique de la ville. Les marchandises sont déchargées et les passagers peuvent débarquer sans quarantaine.

Des mesures tardives et inefficaces

Les doutes sur la présence de la maladie se transforment bientôt en certitude : le 9 juillet, après plusieurs décès suspects, deux médecins identifient formellement la peste sur le cadavre d'un jeune garçon et en informent les échevins. Ordre est donné d'enterrer désormais les cadavres dans la chaux vive et de murer leurs maisons. Mais il est déjà trop tard et la peste se répand très rapidement.

À partir de la vieille ville, tous les quartiers de Marseille sont bientôt touchés. Le 31 juillet, le parlement d'Aix ordonne la fermeture de la cité phocéenne mais la maladie a déjà franchi les murs de la ville et frappe désormais toute la Provence. Début août, plus de 100 personnes succombent chaque jour. Les hôpitaux sont débordés, les cadavres jetés dans les rues. En septembre, le régent Philippe d'Orléans (► p. 205) envoie des soldats pour garantir le blocus de la région.

Une population décimée à Marseille et en Provence

Après un pic atteint fin août avec plus de 1 000 décès quotidiens, un lent reflux s'opère à partir de l'automne 1720. Le nombre de morts baisse à une vingtaine par jour. À partir de 1721, l'activité économique reprend et fin août, les autorités constatent la fin de l'épidémie.

La peste a frappé toute la Provence : en plus de Marseille, sont touchées les villes d'Arles, Aix-en-Provence, Toulon mais aussi Alès et Avignon. Au total, elle a fait près de 40 000 morts à Marseille et 60 000 dans le reste de la région.

L'évacuation des cadavres

À la tête de 150 soldats et galériens, le chevalier Roze fait évacuer les cadavres des pestiférés de l'esplanade de la Tourette.

Scène de la peste de 1720 à la Tourette, Michel Serres, huile sur toile, 210 × 125 cm, 1720 (musée Atger, Montpellier).

Joseph Vernet (1714-1789)

Né à Avignon, Joseph Vernet apprend le métier de peintre avec son père. Il quitte l'atelier familial vers 15 ans et travaille pour des artistes réputés à Avignon puis Aix-en-Provence. Pour achever sa formation, il part en 1734 à Rome où il se spécialise dans les paysages et les marines. En 1753, il rentre en France et intègre l'Académie royale de peinture. Louis XV lui commande alors de représenter les ports de France. Vernet réalise 15 tableaux qui rendent compte de l'activité marchande de Marseille, Bordeaux, Antibes ou encore La Rochelle.

Le port de Marseille

Marseille, premier port de France, connaît une intense activité commerciale, notamment avec l'est de l'Europe, comme le montre la présence de marchands étrangers sur ce tableau.

Intérieur du port de Marseille (détail), Joseph Vernet, huile sur toile, 165 × 263 cm, 1754 (musée du Louvre, Paris).

1720 **Peste en Provence**

nce | Louis XIV | Régence | Louis XV | Louis XVI

1651 1715 1723 1774 1792

1661-1715 Règne personnel de Louis XIV

XVIIIe siècle Les Lumières

1775-1783 Guerre d'indépendance en Amérique

1720

John Law fuit Paris après la faillite de son système

À partir de 1715, la France fait face à une lourde dette et à un fort déficit budgétaire hérité du règne de Louis XIV. En 1716, l'écossais John Law convainc le régent Philippe d'Orléans de mettre en place son système financier pour résoudre la crise.

Relancer l'activité économique

Le système de Law vise à favoriser le commerce et les échanges par la circulation de papier-monnaie. Il repose sur la création, grâce à l'émission d'actions, d'une banque associée à une compagnie de commerce.

En 1716 est ainsi fondée la Banque générale où les particuliers reçoivent des billets en échange de leurs métaux précieux qui sont utilisés pour payer les dépenses de l'État. Afin d'accroître la consommation, la Banque émet plus de billets que son encaisse métallique.

Deuxième pilier du système, la Compagnie d'Occident est créée en 1717 et obtient le monopole du commerce maritime et colonial avec le Canada et la Louisiane.

Un système soutenu par l'État

À la fin de l'année 1718, la Banque générale devient la Banque royale, garantie par le roi. Dans le même temps, la Compagnie absorbe les autres maisons de commerce et prend le nom de Compagnie des Indes. Surtout, elle reçoit le monopole de création de la monnaie et de perception des impôts. Toutes les catégories de la population sont attirées par la perspective de profits rapides et spectaculaires, faisant grimper le cours des actions de 500 à près de 20 000 livres en 1720. John Law est alors nommé contrôleur général des finances, tandis que la banque et la Compagnie fusionnent.

Le système s'écroule

En 1720, le doute s'installe chez les actionnaires. Les dividendes des actions paraissent bien faibles aux investisseurs et certains clients importants, comme le prince de Conti, viennent échanger leurs billets contre des espèces métalliques.

Le 24 mars, la foule afflue au siège de la Compagnie des Indes pour vendre ses actions à tout prix. Law tente d'enrayer la crise boursière : il rachète les actions et ferme les guichets, mais la panique s'accentue.

Discrédité, Law s'enfuit à Bruxelles en décembre 1720 et le système est liquidé par l'État. Si elle a permis de désendetter en partie ce dernier et de relancer l'activité économique, l'expérience a provoqué la ruine de milliers de foyers et a créé une forte défiance à l'égard du papier-monnaie.

La foule se presse rue Quincampoix, au siège de la Compagnie des Indes, pour acheter des actions. Des bagarres éclatent, traduisant la fièvre spéculative, et des soldats sont déployés sur place pour assurer l'ordre.

Gravure, XVIIIe siècle (collection particulière).

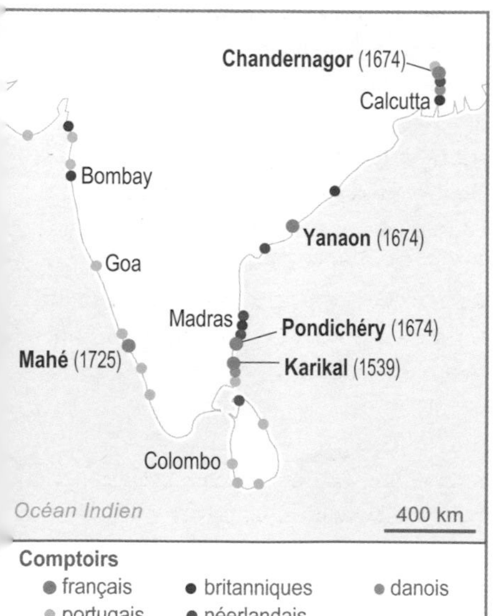

Les comptoirs occidentaux en Inde

Le commerce avec les colonies : la Compagnie des Indes

Sous Louis XIV, Colbert avait favorisé la création des compagnies de commerce en leur accordant des monopoles (► p. 199). Avec le système de Law, toutes les compagnies sont regroupées en une seule, la Compagnie des Indes. Échappant à la faillite de Law, celle-ci est réorganisée par Philibert Orry en 1731. Elle abandonne les Indes occidentales (Amérique) pour se concentrer sur l'Asie en installant des comptoirs en Inde (Pondichéry, Chandernagor, Mahé...) mais aussi à Sumatra, à Manille et en Chine. La Compagnie des Indes possède également des établissements dans les Mascareignes (actuelles îles Maurice et de la Réunion), dans le golfe Persique et en Birmanie. Elle importe essentiellement des tissus (soies et cotonnades), des produits agricoles (riz, thé, indigo) et de la porcelaine dans les ports de Lorient ou Nantes.

1720 Faillite du système de Law

...nce | Louis XIV | Régence | Louis XV | Louis XVI

1651 — 1715 — 1723 — 1774 — 1792

1661-1715 Règne personnel de Louis XIV

XVIIIe siècle Les Lumières

1775-1783 Guerre d'indépendance en Amérique

1751

Diderot et d'Alembert dirigent la rédaction de l'*Encyclopédie*

Rédigée par des noms illustres, l'*Encyclopédie* répond aux ambitions des Lumières et diffuse certaines des idées des philosophes. Publiée sur plus de vingt ans, elle connaît un succès qui annonce l'encyclopédisme du XIXe siècle.

Un projet novateur en France

En 1745, le libraire parisien André Le Breton obtient de Louis XV un privilège afin de traduire une encyclopédie anglaise parue en 1728. Il en confie le projet à Jean le Rond d'Alembert et Denis Diderot.

Or, tel que décrit par ce dernier en 1750 dans un prospectus publicitaire, l'ouvrage s'éloigne rapidement du modèle original. Dans l'esprit des Lumières, l'*Encyclopédie* veut faire le point sur l'ensemble des connaissances de l'époque et ainsi permettre aux hommes d'utiliser leur raison, de rejeter l'emprise de l'Église sur le savoir et de critiquer de manière indirecte la monarchie absolue.

> « *Il faut tout examiner, tout remuer sans exception et sans ménagement. Il faut fouler aux pieds toutes ces vieilles puérilités, renverser les barrières que la raison n'aura point posées.* »
>
> Extrait du *Prospectus* de 1750.

Un dictionnaire collectif écrit par plus de 150 auteurs

Les deux directeurs, d'Alembert pour la partie scientifique et Diderot pour les autres sujets, rédigent des articles et coordonnent le travail des auteurs, scientifiques, ingénieurs ou philosophes. À côté des 17 volumes de texte, des illustrations regroupées dans 11 volumes décrivent, notamment, les techniques artisanales ou les outils agricoles.

Le prix de l'*Encyclopédie* grimpe de 280 livres au départ à près de 1000 livres. Au total, 4000 personnes l'achètent.

Un succès qui se heurte à de fortes oppositions

Dès le deuxième tome en 1752, l'*Encyclopédie* déclenche une forte opposition de l'Église et du Parlement, et sa parution n'est plus autorisée. Elle reprend en 1753 et l'interdiction des deux premiers tomes assure le succès des suivants.

En 1759, Louis XV révoque le privilège accordé tandis que le pape Clément XIII met l'ouvrage à l'Index : le projet est de nouveau interrompu. Mais la publication des volumes de planches est accordée, ce qui permet aux libraires d'éviter la débâcle financière. Les dix derniers volumes de texte sont achevés discrètement hors du royaume et les articles litigieux sont remaniés par Le Breton avant parution.

Louis XII | François Ier | Henri II ▸ Henri III* | Henri IV | Régence | Louis XI

1492 1498 1515 1547 1589 1610 1614

1494-1559 Guerres d'Italie

1562-1598 Guerres de religion

*Henri II (1547-1559) • François II (1559-1560) • Charles IX (1560-1574) • Henri III (1574-1589)

Denis Diderot (1713-1784)

Après des études au collège jésuite de Langres, Denis Diderot part à Paris où il semble mener une vie de bohème.
À partir de 1742 et sa rencontre avec Jean-Jacques Rousseau, il entame une carrière d'écrivain, ne vivant que de la vente de ses ouvrages. Il est emprisonné trois mois au château de Vincennes en 1749 pour sa *Lettre sur les aveugles à l'usage de ceux qui voient*. Parallèlement à son travail sur l'*Encyclopédie*, il continue d'écrire, touchant à de nombreux genres comme le roman, le théâtre ou la critique d'art. Admiratrice de son œuvre, Catherine II de Russie lui rachète en 1756 sa bibliothèque dont elle lui laisse l'usage et l'invite à sa cour où Diderot séjourne d'octobre 1773 à mars 1774. Après un autre voyage dans les Provinces-Unies (Pays-Bas actuels), le philosophe passe les dix dernières années de sa vie en France.

ENCYCLOPÉDIE,
OU
DICTIONNAIRE RAISONNÉ
DES SCIENCES,
DES ARTS ET DES MÉTIERS,
PAR UNE SOCIÉTÉ DE GENS DE LETTRES.

Mis en ordre & publié par M. *DIDEROT*, de l'Académie Royale des Sciences & des Belles-Lettres de Pruſſe ; & quant à la PARTIE MATHÉMATIQUE, par M. *D'ALEMBERT*, de l'Académie Royale des Sciences de Paris, de celle de Pruſſe, & de la Société Royale de Londres.

Tantùm ſeries juncturaque pollet,
Tantùm de medio ſumptis accedit honoris ! HORAT.

TOME PREMIER.

A PARIS,

Chez
BRIASSON, *rue Saint Jacques, à la Science.*
DAVID l'aîné, *rue Saint Jacques, à la Plume d'or.*
LE BRETON, Imprimeur ordinaire du Roy, *rue de la Harpe.*
DURAND, *rue Saint Jacques, à Saint Landry, & au Griffon.*

Page de titre du premier tome de l'*Encyclopédie* (1751)

L'*Encyclopédie* porte comme titre complet *Dictionnaire raisonné des sciences, des arts et des métiers*, rappelant l'idée du projet global.

Les Lumières en Europe

Les Lumières symbolisent les connaissances et traduisent un nouveau mode de pensée qui se développe au XVIIIe siècle dans toute l'Europe.
En réaction aux traditions et à l'Église, les philosophes encouragent les hommes à utiliser leur esprit critique et leur raison pour balayer les ténèbres de l'ignorance et de la superstition. Dans une perspective de progrès, ils examinent les religions, les régimes politiques et les organisations sociales pour les améliorer. La liberté individuelle et la souveraineté du peuple sont placées au cœur de leur réflexion. S'ils sont en butte aux autorités, notamment en France, les philosophes des Lumières sont soutenus par certains souverains européens, tels Frédéric II de Prusse à l'égard de Voltaire (► p. 215) et Catherine II en faveur de Diderot.

1751 **Premier tome de l'*Encyclopédie***

ence | **Louis XIV** | **Régence** | **Louis XV** | **Louis XVI**

1651 — 1715 — 1723 — 1774 — 1792

1661-1715 Règne personnel de Louis XIV

XVIIIe siècle Les Lumières

1775-1783 Guerre d'indépendance en Amérique

1761-1765

L'affaire Calas connaît un grand retentissement en France

Dans un climat hostile aux protestants depuis la révocation de l'édit de Nantes, Jean Calas est condamné pour avoir tué son fils parce que celui-ci voulait se convertir au catholicisme. Convaincu de l'innocence du père, Voltaire se saisit de cette affaire pour dénoncer l'intolérance et obtenir la réhabilitation de Jean Calas.

La condamnation de Jean Calas

Le 13 octobre 1761 à Toulouse, un jeune protestant, Marc-Antoine Calas, est retrouvé pendu chez lui. La rumeur publique désigne immédiatement son père, Jean Calas, comme l'assassin. Les enquêteurs, qui croient à la thèse d'un complot familial, interrogent longuement ce dernier et ses autres fils mais n'obtiennent pas d'aveux.

Le premier procès, un mois après les faits, oblige alors sans preuve les Calas à subir la question préalable (la torture).

Le 10 mars 1762, le parlement de Toulouse condamne à l'issue d'un deuxième procès Jean Calas à la peine de mort, précédée de la question ordinaire et extraordinaire pour lui soutirer des aveux. Il subit la torture puis le supplice de la roue mais nie toujours son implication. Il est alors étranglé, son corps brûlé et ses cendres dispersées. Ses fils sont contraints au bannissement tandis que leur mère, un ami et la servante de la famille sont acquittés.

Voltaire mène l'enquête

L'affaire, connue dans tout le royaume, provoque l'émoi d'une partie de la population. Voltaire décide de reprendre l'enquête et interroge les fils Calas réfugiés à Genève. Convaincu de l'innocence de leur père, il déploie une intense énergie pour obtenir la révision du procès, écrivant à ses amis et multipliant les interventions auprès de la cour à Versailles. Il entame la rédaction d'un *Traité sur la tolérance* publié en 1763 qui donne encore plus de publicité à l'affaire.

La réhabilitation de Jean Calas

En 1763, le Conseil du roi demande les pièces du procès. En 1764, la procédure est réexaminée par 80 juges qui annulent la décision du parlement de Toulouse et ordonnent la révision du procès. Un tribunal royal juge de nouveau l'affaire à Paris le 9 mars 1765 et innocente Jean Calas et ses fils. Louis XV reçoit la veuve Calas à Versailles et accorde à la famille une forte pension de 36 000 livres.

Si l'affaire a déchaîné les passions, elle n'aboutit pas à une amélioration du sort des protestants en France, dont le culte reste interdit (► p. 200).

Voltaire promettant son appui à la famille Calas

Voltaire, la plume à la main, reçoit chez lui à Ferney près de la frontière suisse les membres de la famille Calas qui l'implorent de les aider à réhabiliter la mémoire de Jean Calas.

C. de Last d'après Bergeret, lithographie, fin du XVIIIᵉ s. (BNF, Paris).

Les œuvres des Lumières

1748	*Zadig*, Voltaire ; *De l'Esprit des lois*, Montesquieu.
1751	Premier tome de l'*Encyclopédie*.
1759	*Candide*, Voltaire.
1762	*Du Contrat social*, Rousseau.
1763	*Traité sur la tolérance*, Voltaire.
1771	Rédaction de *Jacques le Fataliste et son maître*, Diderot (publié en 1796).
1784	Première représentation du *Mariage de Figaro*, Beaumarchais.

François-Marie Arouet, dit Voltaire (1694-1778)

Né dans une famille aisée de notaires parisiens, Voltaire fait des études de droit après un passage chez les jésuites puis commence une carrière d'écrivain. Embastillé en 1717 puis en 1726, il s'exile en Angleterre jusqu'en 1728. De retour en France, il poursuit son œuvre tout en s'assurant par la spéculation des revenus très importants qui lui permettent d'être indépendant. En 1734, il s'installe chez Émilie du Châtelet et publie des ouvrages historiques et scientifiques ainsi que des contes philosophiques (*Zadig*). Il entretient une correspondance suivie avec Frédéric II de Prusse et, à la mort de sa maîtresse, il se rend à Potsdam en 1750 auprès de ce dernier. Il achète en 1758 le domaine de Ferney à la frontière franco-suisse, où il mène une intense activité littéraire, participant à l'*Encyclopédie* et recevant des visiteurs de toute l'Europe.

1761-1765 Affaire Calas

ence | **Louis XIV** | Régence | **Louis XV** | **Louis XVI**

1651 — 1715 — 1723 — 1774 — 1792

1661-1715 Règne personnel de Louis XIV

XVIIIᵉ siècle Les Lumières

1775-1783 Guerre d'indépendance en Amérique

1763

Le traité de Paris met fin à la guerre de Sept Ans

Après la guerre de Succession d'Autriche (1740-1748), de fortes tensions entre Anglais et Français débouchent en mai 1756 sur un nouveau conflit. Le traité de Paris, qui met fin aux hostilités, consacre le recul de la présence française en Amérique et en Inde.

Un conflit « mondial »

La guerre de Sept Ans (1756-1763) oppose d'un côté l'Angleterre et la Prusse, et de l'autre la France, l'Autriche et la Russie. D'une ampleur encore inégalée par les effectifs engagés, le conflit se déroule à la fois dans le centre de l'Europe, en Amérique du Nord, aux Antilles, sur les côtes africaines et en Inde.

Une série d'échecs pour la France

Si sur le continent européen la France remporte quelques succès mitigés, sur mer elle affronte la redoutable *Royal Navy* anglaise et essuie une série de défaites dans les colonies.

Confrontée à une opinion publique de plus en plus hostile au conflit, la France ne parvient pas à retourner la situation malgré l'entrée en guerre de l'Espagne à ses côtés. De longues négociations aboutissent en février 1763 à la signature du traité de paix de Paris entre l'Angleterre, la France et l'Espagne.

Une paix défavorable à la France

La France cherche à maintenir les relations commerciales avec ses colonies : elle récupère ainsi la Martinique, la Guadeloupe et Sainte-Lucie, essentielles pour la production sucrière. Toutefois, elle laisse aux Anglais de petites îles (Tobago).

Surtout, la France cède le Canada (► p. 156), jugé d'un faible intérêt économique. Ce faisant, elle se prive de débouchés pour ses produits et d'une source d'approvisionnement en bois et peaux. Sur le plan stratégique, elle perd un territoire au cœur des possessions anglaises.

Conquête de Québec par les Anglais (13 septembre 1759(
Gravure (Royal Ontario Museum, Toronto, Canada).

Louis XII	François Ier	Henri II ► Henri III*	Henri IV	Régence	Louis XI

1492 1498 1515 1547 1589 1610 1614

1494-1559 Guerres d'Italie

1562-1598 Guerres de religion

*Henri II (1547-1559) • François II (1559-1560) • Charles IX (1560-1574) • Henri III (1574-1589)

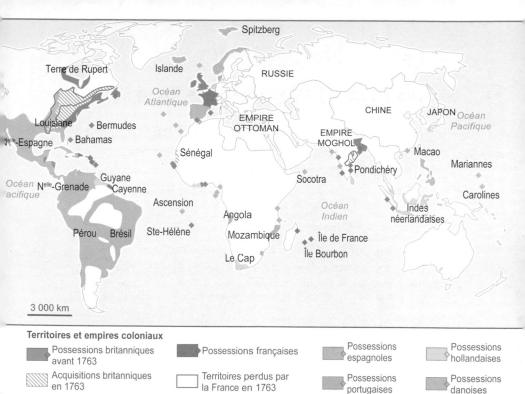

Spitzberg
Terre de Rupert
Islande
RUSSIE
Océan Atlantique
Louisiane
Bermudes
Nelle-Espagne
Bahamas
EMPIRE OTTOMAN
CHINE
JAPON
Océan Pacifique
EMPIRE MOGHOL
Sénégal
Macao
Pondichéry
Mariannes
Guyane
Cayenne
Océan Pacifique
Nelle-Grenade
Socotra
Carolines
Ascension
Océan Indien
Angola
Indes néerlandaises
Pérou
Brésil
Ste-Hélène
Mozambique
Île de France
Île Bourbon
Le Cap
3 000 km

Territoires et empires coloniaux

- Possessions britanniques avant 1763
- Acquisitions britanniques en 1763
- Possessions françaises
- Territoires perdus par la France en 1763
- Possessions espagnoles
- Possessions portugaises
- Possessions hollandaises
- Possessions danoises

L'Europe et le monde après le traité de Paris de 1763

La France perd toutes ses possessions en Amérique du Nord sauf Saint-Pierre-et-Miquelon. Louis XV donne à son cousin le roi d'Espagne la Louisiane pour le récompenser de son soutien durant le conflit. En Inde, la France ne garde que les comptoirs commerciaux qu'elle possédait avant 1749 (► p. 211).

La prise de Québec : une bataille décisive

Fin juin 1759, les Britanniques entreprennent le siège de la ville de Québec qui contrôle la voie de communication du Saint-Laurent. Malgré l'absence de renforts du fait du blocus anglais sur terre et sur mer, la place forte résiste. Le 12 septembre, le général anglais James Wolfe parvient à faire débarquer 4 000 soldats dans un endroit non défendu et, le lendemain, engage le combat sur les plaines d'Abraham. Les troupes françaises du marquis de Montcalm, fortes de 3 500 hommes, perdent la bataille au cours de laquelle périssent Montcalm et Wolfe. La chute de Québec ouvre la conquête du Canada par les Britanniques, effective avec la prise de Montréal en septembre 1760.

Traité de Paris **1763**

nce | **Louis XIV** | Régence | **Louis XV** | **Louis XVI**

1651 — 1715 — 1723 — 1774 — 1792

1661-1715 Règne personnel de Louis XIV

XVIIIe siècle Les Lumières

1775-1783
Guerre d'indépendance en Amérique

1771 Louis XV réforme les parlements

Le règne de Louis XV est marqué par une crise politique prenant la forme d'un affrontement entre le roi et les parlements qui se présentent comme un rempart face à l'arbitraire royal. En 1771, Louis XV et son nouveau chancelier Maupeou entendent briser cette résistance.

Les tensions entre Louis XV et les parlements

Après 1750, les parlements s'opposent aux tentatives de réformes fiscales mises en place par la monarchie pour renflouer les caisses du royaume, éprouvées par les guerres (► p. 206). À plusieurs reprises, Louis XV, sur les conseils de son principal ministre, le duc de Choiseul, cherche à éviter l'affrontement.

Mais, en 1766, après un conflit entre le parlement de Bretagne et le gouverneur de la province, le duc d'Aiguillon, Louis XV rappelle lors d'une séance au Parlement de Paris qu'il est le seul détenteur de la souveraineté et le seul à disposer du pouvoir de faire les lois.

La mise au pas des parlements

La nomination de René Nicolas de Maupeou comme chancelier en 1768 et la disgrâce du duc de Choiseul en 1770 annoncent une politique de fermeté du pouvoir royal à l'égard des parlements.

En décembre 1770, un édit du roi interdit au Parlement de Paris de se joindre à ceux de province pour former une seule cour baptisée « parlement de France », qui se voudrait le porte-parole de la population. Devant le refus de l'assemblée parisienne d'appliquer l'édit, le roi fait arrêter puis exiler 130 parlementaires le 20 janvier 1771.

Une réforme de la justice

Entre février et décembre 1771, à l'initiative de Maupeou, plusieurs réformes sont décidées : la vénalité des offices est supprimée (► p. 176) et la justice devient gratuite. Les parlementaires, dont le nombre est réduit, sont désormais des juges nommés par le roi et payés par l'État, ne recevant rien des justiciables. Le ressort du Parlement de Paris est divisé en six circonscriptions pour rapprocher les tribunaux des usagers et diminuer le poids de l'institution. Si les parlements conservent leur droit de remontrances (► p. 158), celles-ci ne sont toutefois plus publiées. Trois ans plus tard, lorsque Louis XVI monte sur le trône, la réforme est abrogée.

Louis XV en tenue de sacre

Louis XV se fait représenter comme Louis XIV devant le trône, en grand manteau bleu fleurdelisé doublé d'hermine, avec les insignes de la royauté. Le roi, collier du Saint-Esprit au cou, s'appuie sur le sceptre et porte l'épée au côté tandis que sont posées près de lui la couronne et la main de justice.

Louis-Michel Van Loo, huile sur toile, 142 × 198 cm, XVIIIe siècle (musée du château de Versailles).

Louis XV (1715-1774)

Louis XV commence à gouverner en 1723 à sa majorité et épouse une princesse polonaise, Marie Leszczyńska, en 1725. Il bénéficie de l'aide de son précepteur, le cardinal de Fleury, qui exerce la fonction de Premier ministre jusqu'à sa mort en 1743. En 1744, le roi tombe malade à Metz où il conduit les armées. Pour obtenir l'absolution, il est obligé de se confesser publiquement, révélant notamment ses relations avec ses maîtresses. La popularité de Louis XV dit le Bien-Aimé diminue encore pendant les guerres de Succession d'Autriche puis de Sept Ans, défavorables à la France. À partir de 1758, le duc de Choiseul domine le Conseil du roi jusqu'à sa disgrâce en 1770. Le chancelier Maupeou devient alors le principal conseiller du roi. Louis XV meurt de la petite vérole le 10 mai 1774 à Versailles.

Le rôle des parlements

Les parlements sont avant tout des tribunaux qui jugent en appel ou en première instance certaines affaires. Au XVIIIe siècle, le ressort du Parlement de Paris couvre les deux tiers du royaume, à côté d'autres assemblées en province comme Toulouse, Grenoble ou Bordeaux. Les parlementaires sont détenteurs d'un office royal (► p. 176) et sont payés par les justiciables qui leur versent des « épices ».

Les parlements enregistrent aussi les édits et les ordonnances signés par le roi et disposent du droit d'adresser des remontrances. Mais le souverain peut imposer son édit lors d'un lit de justice (► p. 158). Toutefois, depuis la fin du Moyen Âge, les parlements ont eu la tentation d'outrepasser leur fonction pour jouer un rôle politique, se posant en défenseurs des sujets du royaume et des libertés locales (► p. 186).

Réforme des parlements 1771

ce | Louis XIV | Régence | Louis XV | Louis XVI

1651 — 1715 — 1723 — 1774 — 1792

1661-1715 Règne personnel de Louis XIV

XVIIIe siècle Les Lumières

1775-1783 Guerre d'indépendance en Amérique

Louis XVI succède à son grand-père Louis XV

Quand il monte sur le trône, Louis XVI a presque 20 ans et incarne un souffle nouveau pour la monarchie. Face à la crise financière qui agite le royaume depuis longtemps, il fait appel à Turgot qui entreprend rapidement des réformes.

Un nouvel espoir pour la monarchie

L'avènement de Louis XVI en 1774 suscite un grand enthousiasme et le jeune roi prend sur le champ des mesures qui rompent avec le règne précédent : il exile la favorite de Louis XV, la comtesse du Barry, exécrée de tous, renvoie les conseillers de son grand-père comme Maupeou et rappelle les parlements dissous en 1771 (► p. 218).

Une solide formation intellectuelle

Louis XVI a été élevé dans la tradition de la monarchie absolue et du Roi Très Chrétien, oint lors du sacre (► p. 61) et détenteur de toute souveraineté. Mais il est aussi instruit des théories de certains philosophes des Lumières (► p. 213) comme Montesquieu ou l'Écossais David Hume. Louis XVI a reçu un enseignement littéraire et scientifique de qualité et parle plusieurs langues (latin, allemand, espagnol et anglais). Il a des compétences en économie et s'intéresse à l'astronomie, à l'histoire et à la géographie, se passionnant pour les cartes et les explorations maritimes (► p. 224). Toutefois, fils cadet du dauphin, il ne participe à aucun conseil avant 1774 et sa formation politique est très lacunaire.

Des projets audacieux de réformes fiscales

En 1774, Louis XVI nomme Jacques Turgot contrôleur général des finances. Cet ancien intendant veut résoudre la crise financière sans nouvel emprunt ni impôt supplémentaire. Il compte réduire les dépenses du roi et de la cour, et réorganiser la fiscalité en supprimant dîme et droits féodaux, et en faisant payer tous les propriétaires terriens, y compris les nobles et le clergé. Turgot cristallise vite les mécontentements de la reine, de la cour, des privilégiés, des parlementaires et même des financiers qui ne lui font pas confiance.

Louis XVI, tiraillé entre les deux courants, réformiste et réactionnaire, finit par céder : il renvoie Turgot en mai 1776. Les premières tentatives de réformes fiscales ont échoué comme d'autres plus tard (► p. 226).

Louis XVI (1774-1792)

À chaque début de règne, le roi fait appel à un peintre renommé pour le représenter et faire ainsi connaître son image dans le royaume.

Joseph Siffred Duplessis, huile sur toile, 62 × 80 cm, 1776 (musée du château de Versailles).

Le mariage de Louis XVI et Marie-Antoinette

Le 16 mai 1770, le jeune dauphin de 15 ans épouse Marie-Antoinette, âgée de 14, fille de l'impératrice d'Autriche Marie-Thérèse. Cette union matrimoniale doit renforcer l'alliance entre la France et l'Autriche conclue avant la guerre de Sept Ans (► p. 216). En avril 1770, la jeune archiduchesse d'Autriche quitte Vienne et parvient le 7 mai à la frontière française. Là, selon le protocole, elle se dévêt pour renoncer à toutes ses attaches autrichiennes et revêt ses habits de future reine de France. Célébré à Versailles, le mariage est suivi de plusieurs jours de festivités. Il suscite tant d'enthousiasme que des débordements ont lieu : à Paris, un mouvement de foule durant un feu d'artifice fait plusieurs centaines de morts le 30 mai place Louis XV (actuelle place de la Concorde).

Une popularité éphémère

Le jeune couple royal, offrant une image dynamique et rajeunie de la monarchie, jouit d'une grande popularité dans les années 1770. Toutefois, la reine provoque rapidement le mécontentement de ses sujets. Accusée de dépenses excessives dans une période de crise budgétaire, elle devient aux yeux de la population « Madame Déficit ». On lui prête des aventures extra-conjugales, d'autant qu'elle n'accouche que tardivement d'une fille en 1778 puis d'un premier garçon en 1781. L'hostilité de Marie-Antoinette aux changements apportés par la Révolution à partir de 1789 dégrade encore son image et la fuite à Varennes du couple royal en 1791 achève de ruiner son crédit (► p. 242). Soupçonnée de trahison, elle devient « l'Autrichienne » quand la France se bat contre la Prusse et l'Autriche l'année suivante.

Marie-Antoinette d'Autriche (1755-1793)

La jeune archiduchesse d'Autriche est représentée avant son mariage par le peintre de la cour de Vienne.

Martin van Meytens, huile sur toile, 1767 (château de Schönbrunn, Vienne).

Début du règne de Louis XVI 1774

Louis XIV	Régence	Louis XV	Louis XVI
1651	1715 1723	1774	1792

1661-1715 Règne personnel de Louis XIV

XVIIIe siècle Les Lumières

1775-1783 Guerre d'indépendance en Amérique

1776-1783

La France soutient les colonies américaines révoltées

En 1775, les nouvelles taxes imposées par l'Angleterre déclenchent l'insurrection de ses treize colonies d'Amérique du Nord. Malgré l'état catastrophique des finances, Louis XVI accepte d'aider les révoltés américains.

Une aide progressive

Dès le mois de mai 1776, la France, par l'intermédiaire de Beaumarchais, vend clandestinement des munitions et de la poudre aux colons insurgés en lutte contre l'Angleterre. En septembre, Benjamin Franklin, alors ambassadeur des Américains en France, vient plaider leur cause à Versailles.

Après la victoire des insurgés contre les Anglais à Saratoga en octobre, Louis XVI reconnaît le 17 décembre 1777 l'indépendance des États-Unis et signe en février 1778 une alliance et un traité de commerce avec ce nouveau pays.

Ce soutien permet au roi de France de prendre sa revanche sur l'Angleterre (► p. 216) et de l'affaiblir sur mer.

L'envoi des troupes en Amérique

Au printemps 1778, une escadre sous le commandement du comte d'Estaing parvient à prendre quelques îles des Antilles. Puis, en 1780, 6000 soldats sous les ordres du comte de Rochambeau viennent renforcer les volontaires français qui, tel le marquis de La Fayette, s'étaient déjà joints individuellement aux Américains.

En 1781, une nouvelle escadre commandée par l'amiral de Grasse apporte son appui aux troupes de George Washington et de Rochambeau et permet de remporter une grande victoire à Yorktown contre le général anglais Cornwallis.

La guerre s'achève en 1783 par la victoire des Américains. En France, elle a entraîné une aggravation de la dette, mais a aussi permis la diffusion des idées des insurgés.

La Fayette et les trois révolutions (1757-1834)

En 1777, à l'âge de 20 ans, Gilbert du Motier, marquis de La Fayette, s'embarque comme volontaire pour l'Amérique. À son retour, rendu très populaire par son combat aux côtés des insurgés américains, il participe à la Révolution française comme représentant de la noblesse aux états généraux de 1789 puis chef de la garde nationale. Après la prise des Tuileries en 1792, La Fayette, qui défendait l'idée d'une monarchie constitutionnelle, préfère se rendre aux Autrichiens plutôt que de servir le nouveau régime républicain. Rentré en France en 1799 après le coup d'État de Bonaparte, il participe ensuite à la révolution de 1830 en soutenant Louis-Philippe.

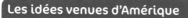

La Prise de Yorktown **(octobre 1781)**

Devant la tente de l'état-major, le comte de Rochambeau et le général Washington donnent leurs ordres lors de la bataille. La Fayette est en mouvement derrière Rochambeau. Le tableau met l'accent sur l'alliance franco-américaine comme en témoignent les drapeaux et la présence des deux commandants en chef.

Louis Charles Auguste Couder, huile sur toile, 543 × 465 cm, 1836 (musée du château de Versailles).

Les idées venues d'Amérique

Le 4 juillet 1776, les représentants des treize colonies rédigent leur Déclaration d'indépendance. Ils y proclament l'égalité et définissent des droits naturels, donc inaliénables, parmi lesquels la liberté. Les insurgés affirment que les gouvernements tiennent leur pouvoir des gouvernés et précisent que les citoyens peuvent se révolter contre toute autorité qui se conduirait de manière despotique, c'est-à-dire qui ne respecterait pas leurs droits. Le 17 septembre 1787, la Constitution des États-Unis, reprenant les théories de Montesquieu, indique que les pouvoirs exécutif, législatif et judiciaire sont séparés.

Ces idées, elles-mêmes inspirées des Lumières (► p. 213), servent de modèle à ceux qui, en France, critiquent la monarchie absolue et la société d'ordres. Le 26 août 1789, les députés français reprennent le principe d'une déclaration solennelle pour affirmer les droits de l'homme et du citoyen (► p. 238).

Soutien de la France à la révolution américaine **1776-1783**

nce | **Louis XIV** | Régence | **Louis XV** | **Louis XVI**

1651 — 1715 — 1723 — 1774 — 1792

1661-1715 Règne personnel de Louis XIV

XVIIIe siècle Les Lumières

1775-1783 Guerre d'indépendance en Amérique

1er août 1785

La Pérouse part explorer l'océan Pacifique

Intéressé par les découvertes du navigateur James Cook dans le Pacifique, Louis XVI charge le comte de La Pérouse, marin expérimenté, d'aller reconnaître les côtes septentrionales d'Amérique et d'Asie ainsi que les îles du Pacifique. L'expédition doit aussi établir des relations commerciales avec ces parties du monde.

Une soif de connaissances au siècle des Lumières

Deux navires, *L'Astrolabe* et *La Boussole*, quittent Brest le 1er août 1785 avec 220 hommes à bord. Des scientifiques, botanistes, physiciens et astronomes, participent au voyage afin d'étudier la flore et la faune et de dresser des cartes fiables. Des peintres sont également embarqués pour représenter les paysages et les autochtones. Les bateaux ont été aménagés de façon à permettre aux savants de travailler avec leurs livres et leurs instruments.

Un long voyage

Les deux vaisseaux franchissent le cap Horn en février 1786 et remontent l'océan Pacifique vers le nord jusqu'à l'Alaska qu'ils atteignent en juillet. Ils traversent ensuite l'océan Pacifique vers l'Asie, faisant escale à Macao en janvier 1787.

Pour la première fois, une expédition européenne longe les côtes asiatiques jusqu'au Kamtchatka (septembre 1787), établissant des relevés hydrographiques et des cartes marines. Un interprète parlant russe y est débarqué pour rapporter à Versailles les premiers comptes rendus de l'expédition.

Une disparition mystérieuse

En octobre 1787, les bateaux prennent la direction du sud et parviennent en décembre aux îles Samoa où des membres de l'expédition sont massacrés par les indigènes.

La Pérouse, renseigné sur les voyages de l'anglais James Cook, a pu jusque-là éviter à son équipage le scorbut grâce à la distribution de vivres frais. Mais dans l'océan Pacifique, les conditions de navigation deviennent plus difficiles et les escales plus rares. Les marins les moins expérimentés commencent à être atteints par la maladie, tout comme La Pérouse lui-même si l'on en juge par les symptômes décrits dans sa dernière lettre.

Les navires repartent pour l'Australie et mouillent à Botany Bay en janvier 1788. Les dernières missives sont alors envoyées en France. L'expédition repart en mars vers le nord-est puis disparaît…

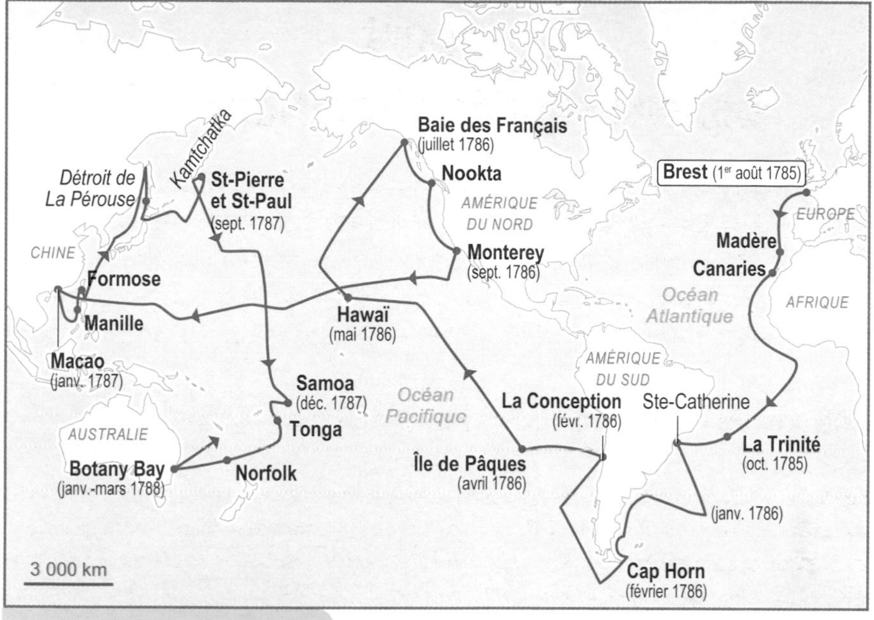

Le trajet de l'expédition de La Pérouse

Qu'est devenu La Pérouse ?

Le 21 janvier 1793, Louis XVI inquiet aurait demandé sur l'échafaud : « A-t-on des nouvelles de Monsieur de La Pérouse ? » Dès 1791, deux navires, *La Recherche* et *L'Espérance*, sont envoyés dans le Pacifique mais ne trouvent aucune trace de La Pérouse ni de ses compagnons. Les expéditions de Peter Dillon en 1827 et de Jules Dumont d'Urville en 1828 établissent que les vaisseaux ont fait naufrage au large de l'île Vanikoro (archipel des Salomon). Des fouilles récentes ont permis de découvrir le camp des rescapés, un squelette presque complet d'un homme de 32 ans et un sextant qui permet d'identifier formellement l'épave de *La Boussole*. On ignore encore aujourd'hui les causes du naufrage des deux bateaux ainsi que le nombre de rescapés ayant vécu sur l'île.

La Boussole et _L'Astrolabe_ dans la baie des Français (Amérique du Nord)

« Vue de l'intérieur du Port des Français », dessin de François Blondéla, *Recueil des dessins exécutés durant l'expédition du comte Lapérouse*, 1785-1787 (Service historique de la Défense, Vincennes).

Départ de l'expédition de La Pérouse 1785

...ce	Louis XIV	Régence	Louis XV	Louis XVI

1651 — 1715 — 1723 — 1774 — 1792

1661-1715 Règne personnel de Louis XIV

XVIIIe siècle Les Lumières

1775-1783 Guerre d'indépendance en Amérique

1787-1789

Trouver une solution à la crise financière de l'État

Comme ses prédécesseurs, Louis XVI est confronté à un déficit budgétaire chronique doublé d'un fort endettement. Alors que les réformes précédentes ont échoué, de nouvelles solutions sont envisagées à partir de 1787.

1787-1788 • L'échec des tentatives de réformes

Une situation budgétaire catastrophique

En 1787, les dépenses du royaume sont en forte hausse, alourdies par le remboursement des intérêts de la dette. Celle-ci a considérablement gonflé sous le règne de Louis XVI, à cause des nombreux emprunts contractés par les ministres du roi qui trouvent ainsi facilement de l'argent sans chercher à changer le système fiscal.

Les recettes quant à elles sont stables, la moitié provenant des impôts indirects et un tiers environ des impôts directs payés par le tiers état.

Le déficit budgétaire, de plus en plus lourd, nécessite donc des réformes de fond.

L'expérience Calonne

À l'été 1786, Charles Alexandre de Calonne, contrôleur général des finances de Louis XVI, avait proposé un vaste projet de réformes. Parmi les plus audacieuses figurait la création de la « subvention territoriale », un impôt direct permanent pesant sur tous les revenus fonciers, y compris ceux de la noblesse et du clergé. Mais ceux-ci, comme la cour, la reine et les frères du roi, sont très hostiles à Calonne. Louis XVI finit par céder et renvoie son ministre le 10 avril 1787.

L'expérience Loménie de Brienne

Étienne Charles Loménie de Brienne reprend l'idée de la subvention territoriale, en la rendant toutefois temporaire. Mais il se heurte cette fois au Parlement qui refuse d'enregistrer l'édit à l'été 1787 et demande la convocation des états généraux.

L'inégalité entre les trois ordres

De nombreuses caricatures sont imprimées au printemps 1789 et vendues par les colporteurs ou les marchands d'estampes. Ici, le paysan (tiers état) est accablé par le travail, dominé par les privilégiés (clerc et noble) et harcelé par leurs animaux (représentant impôts, corvées, dîme). Toutefois, la légende exprime l'espoir de changement à la veille des états généraux.

« Ça n'durra pas toujours », gravure, 1789 (BNF, Paris).

Exilé à Troyes par Louis XVI, le Parlement de Paris reçoit le soutien de ceux de province et d'une partie de l'opinion. Loménie de Brienne abandonne alors la subvention, obtient de contracter de nouveaux emprunts et promet la réunion des états généraux pour 1792. Mais la fronde parlementaire se poursuit et la contestation enfle. En août 1788, à court d'argent, Louis XVI accepte finalement la convocation des états généraux pour 1789.

1788 : un hiver particulièrement rigoureux

Alors que la population est appelée à rédiger les cahiers de doléances, les récoltes s'annoncent mauvaises pour la deuxième année consécutive. Dans les campagnes, les revenus des paysans s'effondrent, les forçant à restreindre leurs achats. La crise s'étend alors aux artisans et aux marchands, notamment dans les villes où le prix des céréales connaît une forte hausse. À la veille des états généraux, les émeutes se multiplient.

1788-1789 • La réunion des états généraux

La rédaction des cahiers de doléances

Le roi appelle aux Finances Jacques Necker, un banquier genevois qui jouit de la confiance de la cour et des milieux d'affaires. Il double le nombre de représentants du Tiers aux états généraux mais conserve le vote par ordre qui donne la majorité à la noblesse et au clergé : ceux-ci disposent de deux voix, alors que le tiers état n'en a qu'une.

Chaque ordre rédige des cahiers de doléances pour exposer les questions qui doivent être soumises aux états généraux. Les cahiers du tiers état souhaitent des changements mais témoignent d'une grande confiance envers Louis XVI et la monarchie.

L'arrivée des députés à Versailles

Environ 1 200 députés sont élus dans tout le royaume aux mois de mars et avril 1789, dont la moitié, essentiellement des juristes et des officiers du roi, représente le tiers état, soit près de 98 % de la population.

Le 2 mai, Louis XVI reçoit à Versailles les députés, puis le 5 mai, au cours de la cérémonie d'ouverture dans la salle des Menus-Plaisirs, il rappelle dans un bref discours les principes de la monarchie absolue (► p. 190).

La Révolution des députés

Les députés du tiers état apprennent alors que le vote final n'aura pas lieu par tête, comme ils l'espéraient pour avoir la majorité en ralliant le bas clergé. Le 17 juin, rejoints par une partie de ce dernier, ils se déclarent Assemblée nationale tandis que le roi fait fermer la salle de réunion.

Le 20 juin, dans la salle voisine du Jeu de paume, les députés jurent de ne pas se séparer avant d'avoir rédigé une Constitution. Le 27, Louis XVI semble céder en demandant à la noblesse et au clergé de se joindre à l'Assemblée nationale.

Cependant la veille, le roi a ordonné le rassemblement de 20 000 soldats près de Paris. Quand il renvoie Necker le 11 juillet, ceux qui soutiennent les changements craignent « une Saint-Barthélemy des patriotes », selon l'expression de Camille Desmoulins (► p. 237).

Les états généraux

Les premiers états généraux sont convoqués par Philippe le Bel en 1302. Ils ne donnent qu'un avis consultatif et n'ont aucun pouvoir de décision. Leur convocation dépend de la volonté royale et varie en fonction de la conjoncture. En période de crise, comme pendant la guerre de Cent Ans ou les guerres de religion, ils sont fréquemment réunis, notamment pour trouver des subsides. En 1789, si les parlements, rejoints par certains nobles, réclament la convocation des états généraux, c'est dans le but de s'opposer aux réformes fiscales qui entraîneraient la disparition des privilèges.

Le Serment du Jeu de paume, 20 juin 1789

Tous les députés, sauf un, prêtent serment. Jean Bailly, astronome, doyen des députés du tiers état et président de l'Assemblée, domine la scène. Les bras levés et le vent dans les rideaux soulignent l'enthousiasme des députés.

Jacques Louis David, dessin, 1791 (musée du château de Versailles).

L'ouverture des états généraux à Versailles, le 5 mai 1789

La disposition de la salle reflète l'inégal traitement des trois ordres. Les 308 députés du clergé se trouvent à la droite du roi, tandis qu'à sa gauche siègent les 290 représentants de la noblesse. Relégués au fond de la vaste salle, vêtus de noir, les 598 députés du tiers état n'entendent pas toujours les discours tenus sur l'estrade.

Isidore Stanislas Helman, gravure d'après un dessin de C. Monet, 1790 (BNF, Paris).

« *Allez dire à votre maître que nous sommes ici par la volonté du peuple, et nous n'en sortirons que par la force des baïonnettes.* »

Le comte de Mirabeau, élu du tiers état, au marquis de Dreux-Brézé, 23 juin 1789.

« Je crois que la nation assemblée ne peut recevoir d'ordres » (Bailly)

Le 23 juin 1789, lors d'une séance solennelle, Louis XVI rappelle le principe de la monarchie absolue et exige que les députés évacuent la salle et délibèrent par ordre. Alors que les représentants de la noblesse et du haut-clergé quittent la salle, ceux du tiers état et du bas clergé demeurent assis après le départ du roi. Au marquis de Dreux-Brézé, grand maître des cérémonies, venu réitérer l'ordre d'évacuation, Bailly répond que la nation assemblée n'a d'ordre à recevoir de personne, signifiant la primauté de la souveraineté de la nation sur celle du roi. Informé de ce défi à son autorité, Louis XVI envisage d'abord de recourir à la force mais se range finalement à l'avis de son entourage et fait venir des troupes près de Versailles.

Le XIXe siècle

De la Révolution française à la Belle Époque

En 1789, la Révolution française met fin à la monarchie absolue de droit divin et à la société d'Ancien Régime. Elle entraîne de profondes mutations politiques et sociales. Tout au long du XIXe siècle, la succession des régimes et des révolutions révèle l'hésitation entre retour à l'ordre et préservation des acquis de 1789. Sur le plan extérieur, l'hégémonie française qui culmine avec les guerres napoléoniennes est bientôt battue en brèche par l'éveil des nationalités. L'équilibre européen se reconstruit aux dépens de la France.

La Liberté guidant le peuple, Eugène Delacroix, huile sur toile, 325 × 260 cm, 1830 (musée du Louvre, Paris).

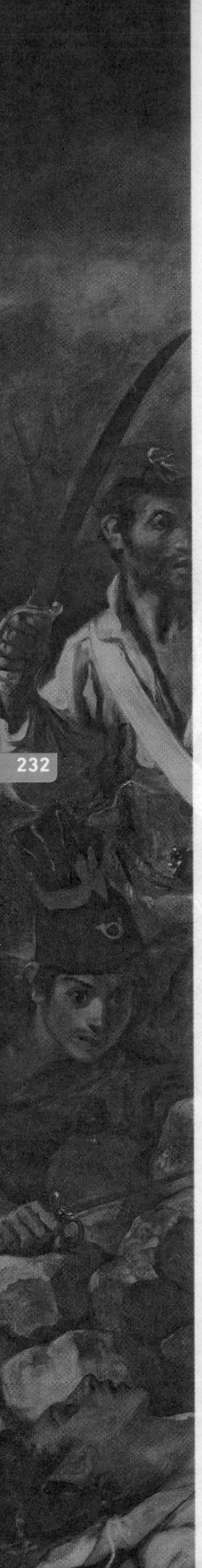

Le difficile enracinement de la République

Tout au long du XIXe siècle, la Révolution française est au centre de l'imaginaire politique français. Modèle attractif ou répulsif, elle est l'aune à partir de laquelle chaque régime se mesure.
En renversant l'absolutisme, la Révolution a transformé les sujets en citoyens et leur a donné de nouveaux droits.
Ces acquis sont progressivement élargis, mais la question du régime n'est véritablement résolue qu'avec l'installation de la IIIe République en 1870 et le vote des lois constitutionnelles en 1875. D'abord fragile et contesté, ce régime finit par s'enraciner. La loi de séparation des Églises et de l'État de 1905 achève l'œuvre de laïcisation de la République et confirme la sécularisation de la société française.

Une France modernisée

L'industrialisation, initiée dans le premier tiers du XIXe siècle, s'accompagne d'une révolution technique et scientifique qui change en profondeur le visage de la France.
Sous le Second Empire, la prospérité favorise la modernisation des structures économiques. Le territoire est progressivement maîtrisé et unifié grâce au développement du réseau ferré qui renforce cependant la centralisation autour de la capitale. Mais l'urbanisation reste lente jusqu'au début du XXe siècle, tandis que la modernisation agricole et l'essor industriel affectent inégalement le territoire.
À l'extérieur, le pays entame, avec la conquête de l'Algérie, une ambitieuse politique de colonisation.

À la veille de la Première Guerre mondiale, un consensus s'est établi autour des valeurs républicaines. La France, devenue une puissance industrielle, reste pourtant un pays à dominante rurale et présente un visage contrasté.

14 juillet 1789
Prise de la Bastille

20-22 juin 1791
Fuite à Varennes

10 août 1792
Chute de la monarchie

Septembre 1793
Loi des suspects

2 décembre 1804
Sacre de Napoléon

Novembre 1799
Coup d'État
du 18 brumaire

Nov. 1814 – juin 1815
Congrès de Vienne

1. C.*	Ire République	Consulat	Premier Empire	Restauration
9 1792		1799	1804	1814

1789-1799
Révolution française

1805-1815
Conquêtes napoléoniennes

*Monarchie constitutionnelle

1798
Expédition
d'Égypte

2 décembre 1805
Bataille d'Austerlitz

18 juin 1815
Bataille
de Waterloo

1795
Fin de la Terreur
Début du Directoire

21 janvier 1793
Exécution de Louis XVI

20 septembre 1792
Bataille de Valmy

août 1789
:laration des droits
l'homme et du citoyen

Juillet 1830
Les Trois Glorieuses

2 décembre 1851
Coup d'État de Louis-Napoléon Bonaparte

2 décembre 1852
Instauration du Second Empire

Restauration	Monarchie de Juillet	IIe Rép.	Second

1830 — 1848 — 1852

1830-1905 Expansion coloniale française

1830-1880 Première révolution industrielle en France

29 mai 1825
Sacre de Charles X

1846
Inauguration de la gare Denfert-Rochereau

1853
Travaux d'Haussmann

Février 1848
Proclamation de la IIe République

1830
Conquête de l'Algérie

1870-1871
Guerre franco-prussienne

1871
Commune de Paris

1860
Rattachement de la Savoie et du comté de Nice à la France

Empire | **IIIe République**

1870 — 1905

1880 Début de la deuxième révolution industrielle

1894-1906 Affaire Dreyfus

1880
14 juillet, fête nationale

1884
Légalisation des syndicats

1885
Louis Pasteur découvre le vaccin contre la rage

28 décembre 1895
Projection des frères Lumière au Grand Café

1900
Exposition universelle à Paris

1901
Loi sur les associations

1904
Entente cordiale

1905
Loi de séparation des Églises et de l'État

14 juillet 1789

La Bastille est prise

Alors qu'à Versailles, une révolution juridique menée par les députés des états généraux fait vaciller la monarchie absolue, l'assaut lancé par les Parisiens contre la prison de la Bastille le 14 juillet marque l'entrée en scène du peuple dans la Révolution.

La rumeur d'un complot aristocratique contre la Révolution

Le 11 juillet, le roi révoque son ministre Jacques Necker, très populaire, mais qu'il juge trop libéral. Cette décision suscite le trouble à Paris où l'effervescence est forte depuis la fin du mois de juin 1789 du fait de la hausse des prix et du chômage (► p. 227).

Bientôt se répand la rumeur selon laquelle le roi a ordonné un mouvement de troupes pour encercler la capitale. Le 13 juillet, le peuple est en quête d'armes et de munitions. Le même jour, une municipalité révolutionnaire remplace les autorités de la ville ; elle met sur pied une milice bourgeoise : la garde nationale, commandée par La Fayette (► p. 222).

> « *Citoyens, il n'y a pas un moment à perdre. J'arrive de Versailles. Monsieur Necker est renvoyé. Ce soir, tous les bataillons suisses et allemands sortiront du Champ-de-Mars pour nous égorger. Il ne nous reste qu'une ressource : c'est de courir aux armes et de prendre les cocardes pour nous reconnaître.* »
>
> Camille Desmoulins, 12 juillet 1789.

Le 14 juillet, les Parisiens s'attaquent à un symbole

Le matin du 14, la foule se rend aux Invalides pour trouver des armes puis se dirige vers la prison de la Bastille. Le gouverneur Launay s'est retranché avec ses hommes derrière les douves et ordonne de tirer sur les Parisiens parvenus jusqu'au pont-levis, faisant bientôt une centaine de morts.

La fureur populaire décuple. Quatre canons sont alors traînés jusqu'à la vieille prison. Launay se rend bientôt mais les assaillants se ruent à l'intérieur. Exhibé à travers les rues, le gouverneur est mis à mort sur la place de Grève ; sa tête, brandie en haut d'une pique, est promenée jusqu'au Palais-Royal. Dans la prison, on ne trouve que sept prisonniers.

La Révolution fait reculer le roi

Pour calmer les esprits, Louis XVI annonce le lendemain à l'Assemblée nationale le départ des troupes. Le 16, il rappelle Necker et ses collègues congédiés et, le 17, il se rend à Paris où, arborant la cocarde bleue et rouge, il est applaudi par le peuple. La révolution politique est consolidée et l'attachement au roi réaffirmé.

1789 **Prise de la Bastille**

M. C.*	Ire République	Consulat	Premier Empire	Restauration	Monarchie de Juillet
1789 1792	1799	1804	1814	1830	

1789-1799
Révolution française

1805-1815
Conquêtes napoléoniennes

*Monarchie constitutionnelle

***La Prise de la Bastille* le 14 juillet 1789**

Dans le faubourg Saint-Antoine, la Bastille est une forteresse aux allures médiévales où, au XVIIIᵉ siècle, sont enfermés ceux qui se risquent à critiquer publiquement le roi. Elle symbolise l'arbitraire royal. Après l'assaut, dès le 16 juillet, le chantier de démolition devient un lieu de promenade. Des visites guidées sont organisées et les pierres de l'édifice transformées en petites bastilles vendues comme souvenirs.

Jean-Baptiste Lallemand, huile sur toile, 104 × 80 cm, 1789 (musée Carnavalet, Paris).

Camille Desmoulins (1760-1794)

Jeune avocat, Camille Desmoulins est l'une des principales voix de la Révolution : le 12 juillet 1789, il appelle les Parisiens à prendre la Bastille et fonde en novembre le journal *Révolutions de France et de Brabant*. Ami de Georges Danton (► p. 244), membre du club des Cordeliers, c'est un partisan de la République. Il est élu à la Convention où il siège avec les Montagnards. Il meurt sur l'échafaud le 5 avril 1794, pendant la Terreur (► p. 250).

Clubs et sociétés populaires : les Français prennent la parole

À l'automne 1789, la Société des amis de la Constitution quitte Versailles pour Paris et s'installe au couvent des Jacobins, d'où son nom de club des Jacobins. Ainsi se constitue une structure politique centrale de la Révolution qui va essaimer dans tout le pays : 90 clubs affiliés en province en 1790, 700 en 1793. Grâce aux journaux qu'ils contrôlent, les Jacobins diffusent leurs idées politiques et leurs proclamations. Parallèlement, des sociétés populaires sans droits d'adhésion, telles les sections à Paris, réunissent les citoyens pauvres désireux de soutenir la Révolution.

Août 1789

La Révolution et la fin de l'Ancien Régime

DÉCLARATION DES DROITS DE L'HOMME ET DU CITOYEN. ARTICLE I.

Après la prise de la Bastille le 14 juillet, la Révolution s'est diffusée en province. La Grande Peur pousse l'Assemblée nationale à abolir les privilèges. Quelques jours plus tard, la Déclaration des droits de l'homme et du citoyen met à bas l'Ancien Régime.

4 août 1789 • L'Assemblée abolit les privilèges et met fin à la société d'ordres

> *« L'Assemblée nationale détruit entièrement le régime féodal. »*
>
> Décret de l'abolition des privilèges, 4 août 1789.

La Grande Peur

Depuis la mi-juillet, les paysans se sont soulevés pour réclamer leur « part » de la Révolution. Dans tout le pays, ils détruisent les actes de propriété des seigneurs et incendient leurs châteaux. Les députés s'inquiètent de ce mouvement spontané qui menace l'ordre.

Dans la soirée du 4 août, afin de répondre aux revendications paysannes mais aussi de protéger la propriété privée, le vicomte de Noailles propose à l'Assemblée nationale de voter l'abolition des privilèges.

La nuit du 4 août

Après des débats enflammés, c'est sous les ovations et les manifestations de joie collective qu'est proclamée l'égalité fiscale et que sont abolis privilèges seigneuriaux et personnels, corvées et servitudes, privilèges des provinces et des villes, dîme ecclésias-

La Déclaration des droits de l'homme et du citoyen

C'est sous les auspices de la Raison – le triangle – que la Déclaration prétend rétablir les droits « naturels et imprescriptibles » de l'homme.

Jean-Jacques François Le Barbier, huile sur bois, 56 × 71 cm, 1789 (musée Carnavalet, Paris).

tique. Les autres droits féodaux, et notamment la propriété de la terre, sont déclarés rachetables. À l'issue des débats, Louis XVI, que l'on veut associer à l'événement, est proclamé « restaurateur de la liberté française ».

26 août 1789 • L'Assemblée vote la Déclaration des droits de l'homme et du citoyen

Les débats à l'Assemblée

Le débat sur la rédaction d'une Déclaration des droits a commencé dès juillet 1789. Les auteurs du texte ont à l'esprit les précédents anglais et américain. La Déclaration américaine de 1776 (► p. 223) affirme déjà que « tous les hommes sont créés égaux », mais la visée universaliste est plus nettement affirmée par les constituants français lors des débats du mois d'août 1789.

Le texte final, composé d'un préambule et de 17 articles, est le fruit d'un compromis entre plusieurs projets. Alors que certains modérés de l'Assemblée réclamaient une Déclaration des droits et des devoirs, c'est uniquement l'idée de droits « naturels et imprescriptibles » qui est retenue.

La nuit du 4 août

Ces hommes, qui détruisent au fléau les attributs des privilèges, symbolisent l'irruption de la paysannerie dans la Révolution et célèbrent la nuit du 4 août qui a mis fin à la société d'ordres (► p. 78).

La Nuit du 4 août ou le délire patriotique, gravure, 1789 (BNF, Paris).

L'acte de décès de l'Ancien Régime

Les 17 articles, posés comme « inaliénables et sacrés », fondent la société nouvelle sur la liberté, l'égalité civile et la souveraineté nationale. La Déclaration répond ainsi aux abus de l'arbitraire royal que dénonçaient les Lumières (► p. 213). Elle satisfait les révolutionnaires, mais rallie aussi les conservateurs dans la mesure où chaque article du texte fait référence à la loi. Ces derniers y voient une digue qui fixe les limites de l'autonomie individuelle.

La Déclaration, promulguée par le roi le 3 novembre 1789, constitue le préambule de la Constitution de 1791.

« *Il faut proclamer des axiomes tellement simples, évidents et féconds qu'il serait impossible de s'en écarter sans être absurde.* »

Mirabeau à propos du projet de Déclaration des droits de l'homme et du citoyen, 1789.

Mirabeau (1749-1791)

Issu d'une famille de la noblesse provençale, Honoré-Gabriel Riqueti de Mirabeau connaît une jeunesse tumultueuse et se retrouve à plusieurs reprises en prison, où il rédige un essai critiquant l'arbitraire royal. En 1789, il est élu aux états généraux (► p. 228) par le tiers état d'Aix-en-Provence. Remarqué pour son éloquence, il devient « l'orateur du peuple ». Il participe à la rédaction de la Déclaration des droits de l'homme et du citoyen et soutient la nationalisation des biens du clergé (► p. 243). Élu président de l'Assemblée nationale le 30 janvier 1791, il meurt le 2 avril. Ses cendres sont d'abord transférées au Panthéon, mais il est soupçonné de traîtrise et de collusion avec le roi par la Convention. Sa dépouille est alors « dépanthéonisée » et ses cendres jetées dans les égouts.

« Les hommes naissent et demeurent libres et égaux en droits »

La Déclaration des droits de l'homme et du citoyen constitue l'aboutissement du processus engagé dans la nuit du 4 août. Elle confirme la disparition des ordres (► p. 78) et des privilèges : les Français ne sont plus des sujets mais des citoyens, égaux devant la loi et face à l'impôt. Ils bénéficient des libertés d'opinion, d'expression et de conscience religieuse. La liberté de disposer souverainement de soi, qui interdit toutes les formes de servitude – dont l'esclavage aboli une première fois en 1794 (► p. 199) –, met fin à l'emprisonnement arbitraire. La défense de la « propriété », de la « sûreté » et de la « résistance à l'oppression » contribue à l'affirmation de la liberté.

La Déclaration consacre également des principes politiques affirmés en juin 1789. La loi est la clé de voûte de la société nouvelle. Universelle, elle met fin aux privilèges de l'Ancien Régime et organise les relations entre des citoyens devenus libres. « Expression de la volonté générale », elle fonde le principe de la souveraineté nationale. L'article 16, en posant le principe de la séparation des pouvoirs (► p. 223), enlève au roi la puissance législative.

Allégorie de l'Égalité tenant la Déclaration des droits de l'homme et du citoyen

Si le texte de 1789 pose, comme principe, l'égalité civile entre les hommes, la Déclaration de 1793 va plus loin en reconnaissant une égalité naturelle.

Lithographie, XVIIIe siècle (musée de l'Histoire vivante, Montreuil).

Les Droits de l'homme

1776	Déclaration d'indépendance américaine : elle affirme que « tous les hommes sont créés égaux », reprenant ainsi la philosophie du droit naturel cher aux Lumières.
1789	Première Déclaration des droits de l'homme et du citoyen en France.
1791	Déclaration des droits de la femme et de la citoyenne, rédigée par Olympe de Gouges : elle n'a jamais été adoptée.
1793	Déclaration des droits de l'homme et du citoyen qui prévoit le droit au travail et à l'instruction, ainsi que le suffrage universel. Elle n'est pas appliquée.
1795	Déclaration des droits et des devoirs de l'homme et du citoyen, en retrait par rapport à celle de 1789.
1948	Déclaration universelle des droits de l'homme adoptée par l'ONU.
1950	Convention européenne des droits de l'homme.
1959	Déclaration des droits de l'enfant adoptée par l'ONU.

20-22 juin 1791

Louis XVI est arrêté à Varennes

En octobre 1789, sous la menace d'une foule venue de Paris, Louis XVI et sa famille sont contraints de quitter Versailles pour le palais des Tuileries. Leur fuite à Varennes en juin 1791 rompt définitivement la confiance entre la monarchie et le peuple.

Fuir Paris

Depuis octobre 1789, la famille royale vit sous le contrôle des Parisiens. Encouragé par la reine Marie-Antoinette, Louis XVI cherche l'appui des monarchies étrangères (► p. 247) et décide de quitter Paris. Des régiments fidèles au roi et des troupes envoyées par l'empereur d'Autriche, neveu de la reine, les attendent à la frontière du Luxembourg.

Le 20 juin à minuit, la famille royale, affublée de déguisements et de faux noms, prend la route dans une grosse berline. Mais rien ne se passe comme prévu : le retard pris dès Paris s'accentue tout au long du voyage ; à Pont-de-Somme-Vesle, après Châlons, le détachement de hussards qui devait accueillir le roi est déjà parti.

L'échappée s'arrête à Varennes

À Sainte-Menehould, le maître de poste, Jean-Baptiste Drouet, croit reconnaître le roi. Il racontera plus tard devant l'Assemblée avoir été « frappé de la ressemblance de sa physionomie avec l'effigie d'un assignat de 50 livres ». La berline atteint Varennes à 11 heures du soir, et l'on s'arrête pour le dîner. Ayant suivi l'équipage, Drouet prévient la municipalité et fait barrer le pont. Louis XVI est pris et contraint de retourner à Paris.

Le 25 juin, le cortège entre dans Paris et gagne les Tuileries avec peine. La foule massée reste silencieuse et refuse de se découvrir au passage du roi, avant de laisser éclater sa colère et d'envahir le palais, détruisant les bustes de Louis XVI.

« Qui applaudira le roi sera bastonné, qui l'insultera sera pendu. »

La garde nationale aux Parisiens, 25 juin 1791.

Que faire du roi ?

À la colère spontanée des Parisiens s'ajoute la peur d'un complot fomenté depuis l'étranger par les aristocrates **émigrés*** : on en appelle alors à juger le roi.

Mais l'Assemblée nationale refuse et met au point la fiction d'un enlèvement tandis que la personne du roi est déclarée inviolable. Le 17 juillet, la garde nationale tire sur la foule réunie au Champ-de-Mars pour réclamer la déchéance de Louis XVI et l'abolition de la royauté. Finalement, c'est un roi rétabli dans ses prérogatives qui, le 14 septembre, valide la nouvelle Constitution et jure fidélité à la nation.

*Ceux qui, hostiles à la Révolution, quittent la France pour se réfugier dans les monarchies voisines, d'où ils tentent d'organiser la contre-révolution.

Arrestation du roi et de la famille royale à Varennes, le 22 juin 1791

La fuite à Varennes a donné lieu à une abondante iconographie qui révèle l'impact de l'événement. L'atmosphère nocturne confère ici une grande intensité dramatique à l'arrestation.

Jean-Louis Prieur, dessin au crayon et encre de Chine, XVIIIe siècle (BNF, Paris).

La Constitution civile du clergé

Les biens du clergé ont été nationalisés dès novembre 1789 pour répondre aux problèmes financiers du régime. Adoptée en juillet 1790 et sanctionnée par le roi malgré ses réticences, la Constitution civile du clergé prévoit l'élection des évêques et des curés par les assemblées électorales des départements et des districts. Le clergé doit également prêter serment à la Constitution et passe ainsi sous l'autorité de l'État (► p. 148).

Le clergé se divise alors entre prêtres « jureurs », fidèles à la nation, et prêtres « réfractaires » qui refusent de prêter serment. Louis XVI, qui place la Couronne et la religion au-dessus de la nation, s'alarme des risques de rupture entre Rome et l'Église de France lorsque le pape Pie VI, qui juge la Constitution civile « hérétique », finit par la condamner en 1791.

Les caricatures du roi

La Révolution s'accompagne d'une désacralisation progressive de l'image du roi. La « trahison » royale de la fuite à Varennes laisse libre cours à un foisonnement de caricatures où le corps du roi, animalisé (le plus souvent en cochon) ou tourné en dérision (roi ivrogne, roi en cage), est offert à la vindicte populaire.

Estampe, 1791 (BNF, Paris).

Second Empire | IIIe République

352 — 1870 — 1905

30-1905 Expansion coloniale française

30-1880 Première révolution industrielle en France

1880 Début de la deuxième révolution industrielle

1894-1906 Affaire Dreyfus

Août-septembre 1792

La monarchie est abolie

Le 10 août 1792, dans le tumulte lié aux défaites militaires et face à la menace d'invasion des Prussiens et des Autrichiens, la monarchie constitutionnelle est suspendue et la famille royale emprisonnée. Le 21 septembre, la royauté est abolie.

La guerre attise l'agitation révolutionnaire

Depuis avril 1792, la France révolutionnaire lutte contre une coalition de monarchies européennes dirigée par l'Autriche (▶ p. 247). Louis XVI s'est résolu au conflit, espérant secrètement la victoire des princes étrangers.

L'accumulation des défaites militaires ravive la thèse du complot royal contre la Révolution et le 11 juillet, l'Assemblée nationale proclame la « patrie en danger ». L'arrivée de volontaires, les fédérés, venus de tous les départements, maintient dans Paris une grande effervescence. Les sans-culottes réunis au sein des **sections parisiennes*** réclament, à l'instar de Robespierre (▶ p. 251), la déchéance du roi.

Les Parisiens prennent le palais des Tuileries

Le duc de Brunswick, généralissime des armées coalisées, menace Paris d'une « exécution militaire » en cas d'attentat contre le roi et sa famille. Quand la nouvelle parvient dans la capitale le 1er août, loin de terroriser les Parisiens, elle les mobilise et redouble la colère des sections.

Dans la nuit du 9 au 10 août, une commune insurrectionnelle chasse l'ancienne municipalité. Des milliers d'émeutiers marchent sur le palais des Tuileries, tandis que Louis XVI et sa famille trouvent refuge dans la salle du Manège où siège l'Assemblée nationale. Celle-ci, impuissante face à l'émeute, suspend le roi. La Commune décide alors de faire enfermer Louis XVI et la famille royale à la prison du Temple.

La Convention abolit la royauté

Le roi est remplacé par un Conseil exécutif provisoire animé par Danton. Une nouvelle assemblée, la Convention, est élue au suffrage élargi à tous les hommes actifs de plus de 21 ans. Elle doit donner une nouvelle Constitution au pays tout en exerçant provisoirement le pouvoir.

Le 20 septembre, les armées coalisées sont défaites à Valmy (▶ p. 246). Le 21 septembre, la Convention abolit la royauté puis décrète le lendemain que les actes publics seront dorénavant datés de l'An I de la République.

Gravure anonyme, XVIIIe siècle (BNF, Paris).

***Unités de vote devenues de petites entités administratives et des tribunes politiques.**

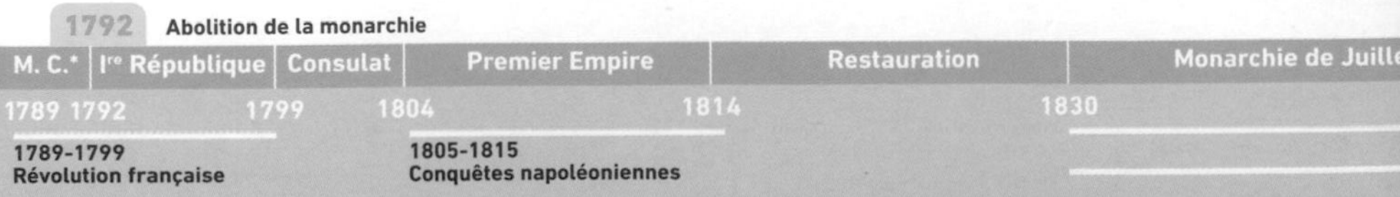

La Prise des Tuileries le 10 août 1792

Les 950 gardes suisses (en uniforme rouge), mercenaires chargés de la protection du roi, subissent la fureur des assaillants où se mêlent gardes nationaux (en bleu), fédérés et sans-culottes. Le corps-à-corps est d'une grande violence : 600 gardes suisses et plus de 300 assaillants sont tués durant le combat.

Jean Duplessis-Bertaux, huile sur toile, 192 × 124 cm, 1792 (musée du château de Versailles).

Les sans-culottes

À l'origine, le terme « sans-culotte » est une expression péjorative utilisée par les contre-révolutionnaires pour désigner les déguenillés qui errent dans les jardins du Palais-Royal et soutiennent les députés de gauche. Peu à peu, le sans-culotte personnifie le peuple et le terme devient un titre de gloire. Portant bonnet rouge et pantalon rayé, le sans-culotte arbore la cocarde. La pique devient son emblème. Au sein de sa section, il débat, pétitionne et n'hésite pas à prendre les armes pour faire pression sur la Convention au nom du « droit à l'insurrection » conçu comme un devoir absolu. Lors des grandes journées révolutionnaires, les sans-culottes peuvent se retrouver 150 000 dans les rues de Paris.

Georges Danton (1759-1794)

Avocat de formation, Danton fonde le club des Cordeliers où il exerce ses talents d'orateur. Démocrate, il devient ministre de la Justice après le 10 août. Au sein de la Convention, il siège avec les Montagnards avec qui il vote la mort du roi (► p. 248). Il participe à la création du tribunal révolutionnaire en mars 1793, qu'il préside à partir de juillet, puis entre au Comité de Salut public et soutient la politique de Terreur (► p. 250). Accusé d'être trop modéré, il est arrêté et guillotiné avec ses amis, les Indulgents, en avril 1794.

20 septembre 1792

L'armée révolutionnaire remporte sa première victoire à Valmy

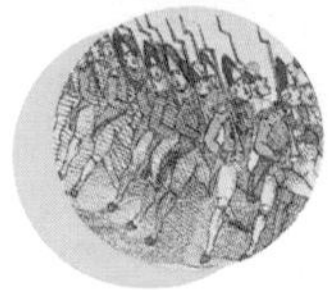

La bataille de Valmy contre les monarchies européennes est la première victoire d'une armée de citoyens portés par la défense de la patrie.

La patrie en danger

En avril 1792, l'Assemblée législative a déclaré la guerre à l'Autriche. Mais l'armée française est désorganisée par l'émigration de 6000 de ses 9000 officiers et fragilisée par de nombreuses désertions. Le 11 juillet 1792, après l'entrée en guerre des Prussiens, la patrie est déclarée en danger : de nouveaux bataillons de volontaires sont levés, la garde nationale est enrôlée dans l'armée tandis que le manifeste du duc de Brunswick mobilise encore davantage les Parisiens (► p. 244).

Le péril aux frontières

Fin août, les frontières sont franchies au nord par les Autrichiens et à l'est par les Prussiens qui, commandés par Brunswick, prennent Longwy et Verdun. La route de Paris est ouverte. Le général en chef de l'armée du Nord, Charles-François Dumouriez, positionne ses troupes en Argonne en attendant la jonction avec les soldats de l'armée du Centre. La victoire de Brunswick à la Croix-au-Bois force les Français à se replier sur le plateau de Valmy pour contre-attaquer.

Valmy, une victoire symbolique

> « *De ce lieu et de ce jour date une nouvelle époque de l'histoire du monde.* »
>
> J. W. von Goethe, *Campagne de France*, 1822.

Au matin du 20 septembre, un échange d'artillerie entre Prussiens et Français ne suffit pas à décider de l'issue de la bataille. Brunswick lance alors l'assaut. Les Français, bien qu'en infériorité numérique, avancent, galvanisés par leurs officiers qui les enjoignent de combattre pour la nation. Les Austro-Prussiens sont repoussés et battent en retraite. La bataille, qui a fait 500 morts, est bientôt suivie de l'évacuation du territoire par l'armée coalisée.

Plus qu'une victoire stratégique, Valmy est une victoire morale et politique, celle d'une armée de soldats-citoyens, « enfants de la patrie ». Le même jour à Paris, la Convention remplace l'Assemblée législative. Son premier acte, le 21 septembre, est d'abolir la royauté (► p. 244).

L'Europe monarchique et la France révolutionnaire

L'Europe monarchique craint la contagion révolutionnaire. Dès août 1791, l'empereur germanique Léopold II et le roi de Prusse Frédéric-Guillaume II signent un texte de soutien à Louis XVI, la déclaration de Pillnitz, qui suscite en France des réactions patriotiques enflammées. Cependant, l'armée française, désorganisée, n'est pas prête à engager une guerre. Mais Louis XVI y voit un moyen de rétablir son autorité et l'Assemblée défend l'idée d'une croisade révolutionnaire pour la liberté : elle déclare la guerre à l'Autriche en avril 1792. Dès 1793, l'avancée des armées françaises suscite la formation d'une première coalition (1793-1797) puis d'une deuxième (1798-1800). Après Valmy, les Français occupent la Savoie, Nice et la Belgique en 1793, la Catalogne et la rive gauche du Rhin en 1794. En 1796, par le traité de Paris, le royaume de Piémont-Sardaigne cède la Savoie et Nice à la France et en 1797, le traité de Campo Formio conclut victorieusement la première campagne d'Italie de Bonaparte (► p. 253). Le traité de Lunéville, signé avec l'Autriche en 1801, reconnaît les Républiques sœurs et confirme à la France la possession de la Belgique et de la rive gauche du Rhin.

Les guerres révolutionnaires

En 1792, la Révolution décrète apporter « fraternité et secours à tous les peuples qui voudront recouvrer leur liberté ». Les armées françaises contribuent dans la péninsule italienne et en Hollande à la formation des Républiques sœurs (1795-1799), qui se dotent d'une Constitution sur le modèle français.

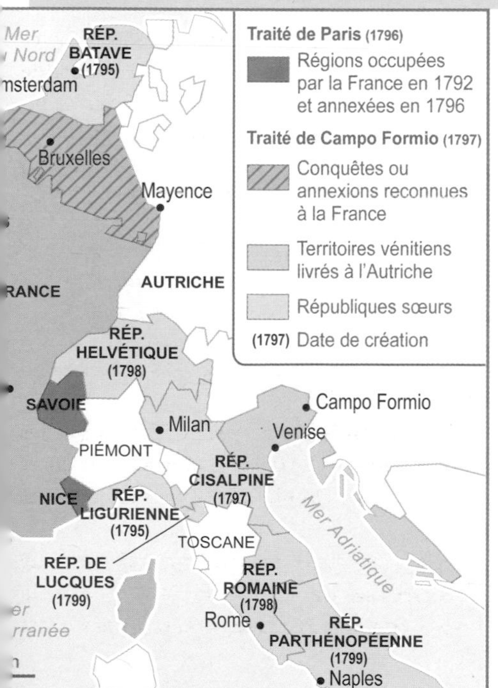

La Marseillaise

À Strasbourg, en avril 1792, le capitaine du génie Rouget de Lisle compose un *Chant de guerre pour l'armée du Rhin* qui exprime toute la passion patriotique de l'époque : haine des tyrans et des perfides, amour de la patrie. Entonné par les volontaires marseillais arrivant à Paris à la fin du mois de juillet 1792, il s'impose, sous le nom de *Marseillaise*, comme le chant révolutionnaire et patriotique de la nation en armes. Goethe, présent à Valmy dans les armées coalisées, le qualifie de « *Te Deum* révolutionnaire ».

21 janvier 1793

Louis XVI est guillotiné

L'exécution de Louis XVI signe la fin de la monarchie de droit divin et montre la volonté des révolutionnaires d'empêcher tout retour en arrière.

Le procès du roi

C'est dans un contexte troublé par la guerre avec l'Autriche et la Prusse (► p. 247), la menace d'un conflit avec l'Angleterre et l'Espagne, et les rumeurs de complots contre-révolutionnaires que les Conventionnels doivent juger le roi. Les documents saisis au palais des Tuileries en novembre 1792 prouvent le double jeu de Louis XVI et sa correspondance secrète avec la contre-révolution.

Le 11 décembre, un « acte énonciatif des crimes » de Louis Capet, ainsi que le roi est désormais appelé (► p. 76), est dressé. Il comparaît le 26 décembre. Pour ses avocats, « l'inviolabilité » de la personne royale, telle que la Constitution de 1791 l'a imposée, rend impossible toute atteinte à sa personne et à sa fonction. À ses accusateurs, Louis XVI répond que sa « conscience ne [lui] reproche rien ».

Après trois semaines de débats, le roi est déclaré « coupable de conspiration contre la liberté publique et d'attentats contre la sûreté générale de l'État » à la quasi-unanimité des votants. La mort est prononcée à une majorité de cinq voix.

La mort du roi sacré

Le 20 janvier 1793, dans sa prison du Temple, le roi fait ses adieux aux siens et se confesse. Le lendemain, il est amené place de la Révolution (actuelle place de la Concorde). Le long du trajet, qui dure une heure et demie, une foule immense et silencieuse s'est massée sur le passage du cortège. Sur la place, 20 000 hommes (gardes nationaux, fédérés, membres armés des sections ► p. 244) assistent à la mort de Louis XVI.

Cet événement, fondamental, met fin à la mystique de la royauté sacrée (► p. 61). Ce sont les deux corps du roi qui sont morts sur l'échafaud : le corps physique et le corps symbolique, incarnation de la monarchie de droit divin (► p. 179).

La guillotine, symbole de la Révolution

En 1789, le député Joseph Guillotin présente la guillotine aux députés de l'Assemblée constituante comme « le moyen le plus sûr, le plus rapide et le moins barbare » de donner la mort. Une fois le principe adopté, le code pénal de 1791 prévoit que « tout condamné à mort aura la tête tranchée », quels que soient son rang et son état, contrairement aux pratiques de l'Ancien Régime qui réservait la décollation à la noblesse.
Le 25 avril 1792 à Paris, le premier exécuté est un bandit de grand chemin. À partir du 21 août, la guillotine est déclarée permanente et reste installée sur la place des exécutions.

L'exécution de Louis XVI

Les trois motifs principaux de la gravure sont la guillotine, la tête du roi et le peuple réuni, incarnation de la nation. Cependant, il ne s'agit pas d'une foule révolutionnaire : les soldats qui entourent l'échafaud font régner l'ordre. L'exécution du roi est une décision politique de la Convention qui affirme son rôle dirigeant de la Révolution, et non pas la conséquence d'une journée révolutionnaire.

Gravure anonyme, 1793
(musée Carnavalet, Paris).

L'Europe monarchique se coalise contre la France révolutionnaire

Les monarques européens sont horrifiés par la mort de Louis XVI. La menace que fait peser la Révolution sur le principe monarchique dans toute l'Europe, ainsi que la politique annexionniste menée par la Convention – les armées françaises progressent vers la Belgique et menacent Anvers – amènent l'Angleterre à se placer à la tête d'une coalition contre la France (▶ p. 247).

Alors que la rupture est déjà consommée avec le pape, les ducs de Parme et de Modène, le roi de Naples et les États allemands, la Convention déclare la guerre à l'Angleterre et à la Hollande le 1er février 1793, puis à l'Espagne le 7 mars.

« Ce jour sera tout à la fois, pour les rois et pour les peuples, un exemple mémorable de la juste punition des despotes et de la morne dignité que doit conserver un peuple souverain dans l'exercice de sa puissance. »

Affiche placardée sur les murs de Paris, 21 janvier 1793.

5 et 17 septembre 1793

La loi des suspects, instrument de la Terreur, est votée

Face aux périls intérieurs et extérieurs qui menacent la France, la Terreur vise à débusquer les ennemis, déclarés ou supposés, de la Révolution.

La Révolution menacée

Pour faire face au désastre de la guerre contre les monarchies européennes (► p. 247), la Convention ordonne en mars 1793 une levée en masse de 300 000 hommes, provoquant le soulèvement de la Vendée. Sous la pression populaire, les Girondins acceptent la mise en place d'un tribunal révolutionnaire et d'un Comité de Salut public, véritable gouvernement dictatorial, avant d'être eux-mêmes arrêtés. Au sein de la Convention, le pouvoir passe aux Montagnards.

La Terreur à l'ordre du jour

Le 5 septembre 1793, sous la pression des sans-culottes, Bertrand Barère, membre du Comité de Salut public, demande à la Convention de mettre « la terreur à l'ordre du jour » afin de sauver les acquis de la Révolution.

> *« La Terreur n'est autre chose que la justice prompte, sévère, inflexible : elle est donc une émanation de la vertu. »*
>
> Robespierre, 1793.

La Constitution et les libertés sont suspendues. Le Comité de Salut public, contrôlé par Robespierre, concentre tous les pouvoirs et prend des mesures d'exception dictées par les nécessités et la pression de la rue : seconde levée en masse, envoi de représentants munis des pleins pouvoirs dans les provinces et aux armées, fixation d'un prix maximum des denrées alimentaires, fermeture des églises.

De la loi des suspects à la Grande Terreur

Votée le 17 septembre 1793, la loi des suspects permet de traquer les « ennemis » de la Révolution : nobles, Vendéens, fédéralistes, mais aussi tous ceux qui « n'ayant rien fait contre la Liberté, n'ont rien fait pour elle ». La liste en est dressée par les comités révolutionnaires, et il revient ensuite au tribunal révolutionnaire, dont Fouquier-Tinville est l'accusateur public, de les juger. Entre septembre 1793 et août 1794, 500 000 personnes sont ainsi arrêtées.

Le 10 juin 1794, la Grande Terreur est votée : les accusés perdent tout moyen de défense, le verdict ne peut être que l'acquittement ou la mort. Entre le 11 juin et le 27 juillet 1794 (9 thermidor), 1 376 condamnations à mort sont prononcées à Paris, dont celles de Marie-Antoinette, Danton (► p. 245) ou encore Camille Desmoulins. Au total, 17 000 personnes sont guillotinées durant la Terreur.

1793 Loi des suspects

M. C.*	Ire République	Consulat	Premier Empire	Restauration	Monarchie de Juillet
1789	1792	1799	1804	1814	1830

1789-1799 Révolution française

1805-1815 Conquêtes napoléoniennes

*Monarchie constitutionnelle

Appel des dernières victimes de la Terreur dans la prison Saint-Lazare, 7-9 Thermidor 1794

Les prisonniers représentés ici sont en majorité des aristocrates, alors que les derniers condamnés furent surtout des artisans et des sans-culottes. Au centre, le poète André Chénier semble attendre sereinement la mort, tandis que la lecture des noms plonge les prisonniers dans l'effroi.

Charles-Louis Müller, huile sur toile, 505 × 890 cm, 1850 (musée du château de Versailles).

La guerre de Vendée

Face à l'insurrection des régions de l'Ouest en mars 1793 contre la levée en masse, la Convention répond par la force. En Vendée, une armée catholique et royale s'organise alors sous l'autorité de chefs d'origine modeste, comme le voiturier Cathelineau, ou d'anciens officiers nobles de l'armée royale. Aidée par les émigrés et la coalition européenne, les Vendéens gagnent plusieurs batailles contre les armées républicaines. La Convention décide en retour de « pacifier » la Vendée : destruction des récoltes, exécution des suspects, massacres de civils, etc. La guerre dure jusqu'en 1796.

Maximilien de Robespierre, l'Incorruptible (1758-1794)

Robespierre est l'incarnation de la Terreur et, avec Couthon et Saint-Just, l'âme de la dictature montagnarde. Orateur éminent du club des Jacobins, il devient l'un des meneurs de la Montagne à la Convention. Parmi les députés, son élégance stricte le distingue du débraillé de ses collègues. Chantre de la vertu, travailleur infatigable, politicien habile, il exerce le pouvoir dans un contexte de crise extérieure et intérieure. Il s'allie aux sans-culottes dont il comprend très vite la force politique (► p. 245). En butte aux factions radicales (les Enragés) et modérées (les Indulgents), il exerce un pouvoir de plus en plus solitaire et justifie la Grande Terreur. Arrêté le 27 juillet 1794 (9 thermidor), il est guillotiné sur ordre de la Convention le lendemain. Sa mort met fin à la Terreur.

1795

Le Directoire met fin à la Terreur

Après la chute de Robespierre le 9 thermidor, un nouveau régime qui prétend revenir aux principes de 1789 s'organise en réaction à la Terreur.

Le rejet de la République jacobine

Les députés de la Convention veulent conserver le régime républicain mais oublier les excès de la Terreur (► p. 250) : les prisonniers sont libérés, la loi des suspects abrogée, la liberté économique rétablie.

En septembre 1795, une nouvelle Constitution est adoptée. Le pouvoir législatif est confié au Conseil des Anciens et au Conseil des Cinq-Cents ; le pouvoir exécutif revient à cinq Directeurs. Le droit de vote est limité aux seuls 30 000 propriétaires. Le Directoire veut renouer avec 1789 (► p. 238) et oublier 1793.

Un régime fragile et contesté

Mais face à la double menace des royalistes et des Jacobins, le Directoire ne trouve d'appui que dans l'armée qui se pose en arbitre des conflits politiques.

Très vite, le régime est discrédité par la corruption de la classe politique, l'affairisme des fournisseurs aux armées et l'aggravation des contrastes sociaux.

La conjuration des Égaux, fomentée par Gracchus Babeuf, témoigne de la permanence d'une opposition jacobine. Directeur du *Tribun du peuple*, Babeuf y publie des articles violemment hostiles à la réaction thermidorienne. Contraint à la clandestinité, il organise une conspiration regroupant ceux qui veulent, comme lui, établir une république égalitaire par la suppression de la propriété. Leur objectif est de renverser le Directoire et de mettre en place une dictature provisoire. Dénoncés, les principaux meneurs sont arrêtés le 10 mai 1796 et Babeuf est guillotiné le 27 mai 1797.

La fin de la sans-culotterie

Durant l'hiver 1794, la situation économique se dégrade. Les sans-culottes (► p. 245) parisiens réclament le retour des mesures prises sous la Terreur pour limiter l'augmentation des prix (loi du Maximum). Le 20 mai 1795, ils se révoltent mais, pour la première fois depuis 1789, ils sont réduits à l'impuissance par l'armée.

La Disette du pain, Les Frères Lesueur, gouache, vers 1796 (musée Carnavalet, Paris).

1795 **Début du Directoire**

M. C.*	Ire République	Consulat	Premier Empire	Restauration	Monarchie de Juillet
1789	1792	1799	1804	1814	1830

1789-1799
Révolution française

1805-1815
Conquêtes napoléoniennes

*Monarchie constitutionnelle

Incroyables et Merveilleuses

Avec la fin de la Terreur, une nouvelle jeunesse dorée s'impose, reconnaissable à sa mise extravagante : les Incroyables coiffés en « pattes de chien » arborent monocles et bâtons ; les Merveilleuses cèdent à la mode de l'antique. L'austérité de la Terreur laisse place à une quête frénétique des plaisirs et les lieux de divertissement se multiplient.

Les Frères Lesueur, gouache, XVIIIe siècle (collection particulière).

Bonaparte au pont d'Arcole

Antoine-Jean Gros, huile sur toile, 59 × 73 cm, 1801 (musée du château de Versailles).

Bonaparte en Italie : la naissance d'une légende

Militaire d'origine corse, jacobin mais acteur timide de la Révolution, Napoléon Bonaparte entre dans les bonnes grâces du Directoire après la répression de l'insurrection royaliste du 13 vendémiaire an IV (5 octobre 1795). Il est nommé général divisionnaire puis commandant de l'armée de l'Intérieur, en remplacement de Paul Barras à qui il doit sa rencontre avec Joséphine de Beauharnais, qu'il épouse le 9 mars 1796.

De mars 1796 à décembre 1797, le jeune général en chef de l'armée d'Italie mène une campagne militaire fulgurante, marquée par les victoires d'Arcole et de Rivoli et couronnée par la signature du traité de Campo Formio avec l'Autriche le 18 octobre 1797 (► p. 247).

Attentif à sa popularité, Bonaparte fait affluer en France les richesses et les œuvres d'art pillées en Italie et s'arrange pour que ses exploits soient largement diffusés.

1798

Bonaparte conduit l'expédition d'Égypte

La campagne d'Égypte menée par Napoléon Bonaparte se double d'une expédition scientifique à l'origine de l'égyptologie moderne.

Une campagne militaire stratégique

L'expédition d'Égypte est l'occasion pour le Directoire de ruiner les intérêts commerciaux anglais en mer Rouge et dans l'océan Indien et d'étendre l'influence française en Orient, tout en éloignant le général Bonaparte que ses victoires en Italie ont rendu un peu trop populaire. Le convoi de 280 bateaux (13 navires de haut bord, 17 frégates, 50 petits vaisseaux de guerre, des navires de commerce réquisitionnés transportant 35 000 soldats, 1 200 chevaux, 170 canons) part de Toulon le 19 mai 1798. Bonaparte, passionné par l'Orient, dirige l'expédition et a sous ses ordres 32 généraux.

Les revers français

Après la victoire française des Pyramides le 21 juillet 1798 sur les mamelouks, l'amiral anglais Nelson détruit la flotte française à Aboukir le 1er août tandis que le sultan ottoman rejoint la coalition européenne (► p. 249).

« *Soldats, songez que du haut de ces pyramides, quarante siècles vous contemplent.* »

Bonaparte à la bataille des Pyramides, 21 juillet 1798.

Bonaparte, informé des revers militaires subis par la France en Italie et de la fragilité du Directoire, quitte l'Égypte en août 1799 (► p. 256). Le 1er mars 1801, un puissant contingent anglais débarque et obtient la capitulation de l'armée française qui est rapatriée sur des navires anglais.

La naissance de l'égyptologie

Près de deux cents scientifiques accompagnent Bonaparte : mathématiciens, physiciens, chimistes, astronomes, ingénieurs, géographes, hommes de lettres, archéologues. Ils entreprennent un inventaire architectural, étudient la faune et la flore, dressent des relevés topographiques. Ce savoir est recensé dans une monumentale *Description de l'Égypte ou Recueil des observations et des recherches qui ont été faites en Égypte pendant l'expédition de l'armée française* publiée entre 1809 et 1828.

Parallèlement, l'Institut d'Égypte, fondé au Caire en août 1798 et dirigé par Gaspard Monge, doit permettre d'améliorer les pratiques agricoles et les techniques d'architecture en Égypte.

Des savants mesurent le sphinx de Gizeh

L'expédition est l'occasion d'une minutieuse enquête archéologique, dirigée par Dominique Vivant Denon : exploration, mesures, dessins et relevés des inscriptions hiéroglyphiques.

Dominique Vivant Denon, gravure sur cuivre, *Voyage dans la Basse et la Haute-Égypte pendant les campagnes du général Bonaprte*, 1802 (BNF, Paris).

1798 Expédition d'Égypte

M. C.*	Ire République	Consulat	Premier Empire	Restauration	Monarchie de Juillet
1789	1792	1799	1804	1814	1830

1789-1799 Révolution française

1805-1815 Conquêtes napoléoniennes

*Monarchie constitutionnelle

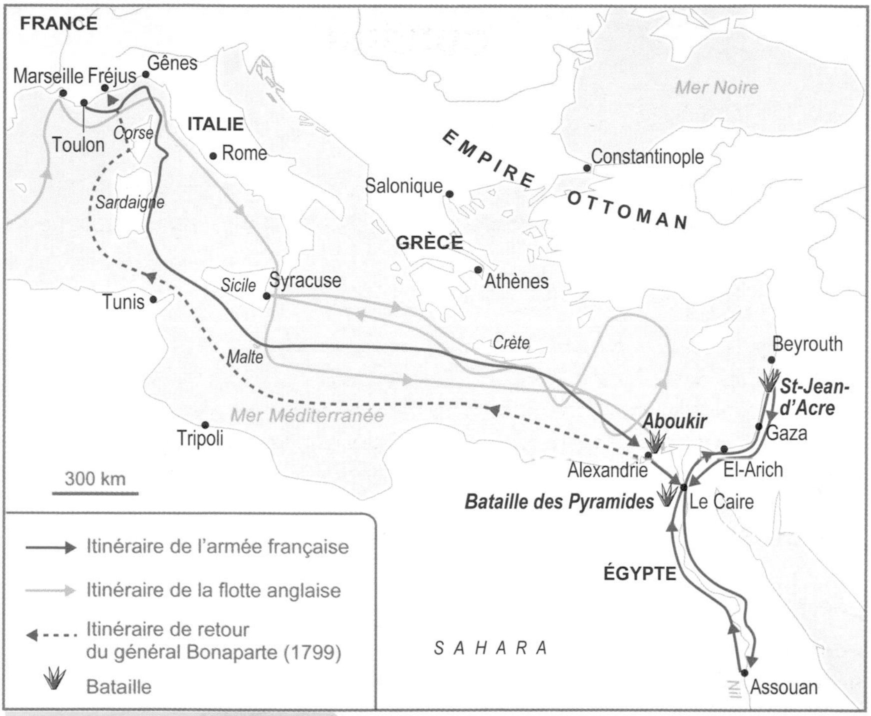

La campagne d'Égypte

La campagne militaire française commencée à l'été 1798 s'étend jusqu'en Syrie mais échoue face aux Anglais.

Jean-François Champollion et la pierre de Rosette

Le 15 juillet 1799, les soldats français découvrent à el-Rashid (Rosette) dans le delta du Nil, une pierre en granit noir, fragment d'une stèle gravée comportant trois textes identiques, en hiéroglyphes, en démotique (écriture cursive de l'égyptien) et en grec. L'inscription est un décret sacerdotal en l'honneur du roi Ptolémée V Épiphane, daté du 27 mars 196 av. J.-C. Remise aux Anglais en 1802, la pierre est transférée au British Museum à Londres.
L'égyptologue Jean-François Champollion, passionné de langues anciennes, peut néanmoins s'en procurer une copie. Le 14 septembre 1822, après des années de travail de comparaison avec des relevés faits sur d'autres monuments égyptiens, il perce le mystère des hiéroglyphes.

9-10 novembre 1799

Le coup d'État du 18 brumaire met en place le Consulat

De retour d'Égypte, Bonaparte fait une entrée triomphale à Paris. Plusieurs solutions s'offrent à lui : sauver le Directoire fragilisé, renverser le régime en mettant son sabre au service des Jacobins ou des royalistes, ou prendre le pouvoir pour son propre compte.

Un général victorieux au secours du Directoire

Le Directoire est un régime fragile menacé à la fois par les Jacobins et les royalistes (► p. 252). La guerre civile reprend dans l'Ouest : l'insécurité grandit. Bonaparte, revenu d'Égypte auréolé de ses victoires militaires (► p. 254), comprend les perspectives que lui offre cette situation. Le Directeur Sieyès lui a réservé une place centrale dans son complot pour imposer une nouvelle Constitution.

Un coup d'État militaire

Le 18 brumaire an VIII (9 novembre 1799), le Conseil des Anciens et le Conseil des Cinq-Cents sont transférés à Saint-Cloud, officiellement afin de les préserver d'une menace de coup d'État jacobin. Au même moment, Bonaparte est nommé commandant des troupes de Paris.

Le lendemain dans la matinée, à Saint-Cloud, les Directeurs démissionnent, laissant le pouvoir exécutif vacant. Après une confrontation violente avec le Conseil des Cinq-Cents, Bonaparte donne l'ordre aux **grenadiers*** d'évacuer les députés. C'est la fin du Directoire.

> « *Français, une Constitution vous est présentée. [...] Les pouvoirs qu'elle institue seront forts et stables, tels qu'ils doivent être pour garantir les droits des citoyens et les intérêts de l'État. Citoyens, la Révolution est fixée aux principes qui l'ont commencée ; elle est finie.* »
>
> Proclamation du 15 décembre 1799.

Un nouveau régime, le Consulat

Le pouvoir est alors confié à trois consuls : Bonaparte, Roger Ducos et Emmanuel-Joseph Sieyès. Par la Constitution de l'an VIII (1800), Bonaparte institue à son profit un régime fort, le Consulat, qui lui octroie le pouvoir exécutif et l'initiative des lois. Le suffrage universel est rétabli, mais les élections sont remplacées par des plébiscites.

Bonaparte détient seul la réalité du pouvoir. Les nouveaux deuxième et troisième consuls, Jean-Jacques-Régis de Cambacérès et Charles-François Lebrun, ne jouent plus qu'un rôle consultatif. En 1802, Bonaparte est nommé consul à vie.

*Unité d'élite au sein de l'infanterie.

1799 Coup d'État du 18 brumaire

M. C.*	Ire République	Consulat	Premier Empire	Restauration	Monarchie de Juillet
1789	1792	1799	1804	1814	1830

1789-1799 Révolution française

1805-1815 Conquêtes napoléoniennes

*Monarchie constitutionnelle

Le général Bonaparte au Conseil des Cinq-Cents, à Saint-Cloud, 10 novembre 1799

Le 19 brumaire, lors de la réunion du Conseil des Cinq-Cents dans l'orangerie du château de Saint-Cloud, Napoléon Bonaparte est conspué – les cris et les insultes fusent – et menacé d'être mis hors-la-loi. Il est sauvé par les grenadiers envoyés par son frère Lucien.

François Bouchot, huile sur toile, 401 × 421 cm, 1840 (musée du château de Versailles).

Le Consulat : terminer la Révolution, donner un nouveau cadre à la France

14 juin 1800	Défaite des Autrichiens à Marengo qui débouche sur la paix de Lunéville.
15 juillet 1801	Signature du Concordat : réconciliation de la France et de la papauté.
25 mars 1802	Traité d'Amiens avec la Grande-Bretagne qui met fin à la deuxième coalition.
1er mai 1802	Création des premiers lycées qui doivent former l'élite de la nation.
19 mai 1802	Fondation de l'ordre national de la Légion d'honneur.
Février 1804	Publication du Code civil qui confirme les conquêtes de 1789 : les privilèges sont abolis, la loi est la même pour tous les citoyens, la liberté de conscience est garantie ainsi que le droit de propriété. La famille est le socle de la société. Le divorce, instauré sous la Révolution, est cependant maintenu.
28 mars 1803	Création du franc germinal, en vigueur jusqu'en 1914.

2 décembre 1804

Napoléon est sacré empereur

Nommé consul à vie en 1802, Bonaparte est proclamé empereur des Français à la suite du plébiscite d'août 1804. Le sacre consolide son pouvoir.

« Le très glorieux et auguste Napoléon, empereur des Français, est sacré et intronisé. »

Le 2 décembre 1804 au matin, la foule massée devant l'entrée de la cathédrale Notre-Dame de Paris attend le cortège impérial, composé de 25 voitures escortées par six régiments de cavalerie. La cérémonie du sacre, qui dure trois heures, a été soigneusement mise en scène par le peintre officiel du régime, Jacques-Louis David. Il a conçu les costumes des dignitaires présents.

> *« Au commencement de ce siècle, la France était pour les nations un magnifique spectacle. Un homme la remplissait alors et la faisait si grande qu'elle remplissait l'Europe. [...] Une révolution l'avait enfanté, un peuple l'avait choisi, un pape l'avait couronné. »*
>
> Victor Hugo, discours à l'Académie française, 3 juin 1841.

Bonaparte et son épouse, Joséphine de Beauharnais, parés de manteaux d'hermine longs de 22 mètres, se rendent dans le chœur de la cathédrale. Le pape Pie VII donne l'onction au couple et bénit les emblèmes impériaux (la couronne, l'anneau, l'épée, le manteau, la main de justice, le sceptre). Napoléon Ier se couronne lui-même, debout face à l'assistance, puis il couronne l'impératrice.

Une nouvelle dynastie ?

La représentation du sacre par David répond au désir de grandeur de l'empereur. Élisa, Pauline et Caroline, les sœurs de Napoléon, portent le manteau de Joséphine. Laetizia, la mère de Bonaparte – absente le jour du sacre –, occupe la loge d'honneur.

Les familles Bonaparte et Beauharnais entourent le couple impérial, installant ainsi à la tête de l'État une nouvelle dynastie, la dignité impériale étant en effet déclarée héréditaire. Maréchaux, anciens et nouveaux dignitaires constituent les soutiens du régime. L'Église est présente, mais soumise.

Quand les Bonaparte gouvernaient l'Europe

Joseph (1768-1844)	Roi de Naples (1806-1808) Roi d'Espagne (1806-1813)
Napoléon (1769-1821)	Empereur des Français (1804-1815)
Lucien (1775-1840)	Prince de Canino (1815) Prince de Musignano (1824)
Élisa (1777-1820)	Princesse de Lucques (1805), Grande-Duchesse de Toscane (1809)
Louis (1778-1846)	Roi de Hollande (1806-1810)
Pauline (1780-1825)	Princesse Borghèse (1803)
Caroline (1782-1839)	Reine de Naples (1808-1815)
Jérôme (1784-1860)	Roi de Westphalie (1807-1813)

1804 Sacre de Napoléon

M. C.* | Ire République | Consulat | Premier Empire | Restauration | Monarchie de Juillet

1789 1792 1799 1804 1814 1830

1789-1799 Révolution française

1805-1815 Conquêtes napoléoniennes

*Monarchie constitutionnelle

Sacre de l'empereur Napoléon et couronnement de l'impératrice Joséphine

Joséphine, agenouillée, s'apprête à recevoir la couronne impériale des mains de son époux.

Jacques-Louis David, huile sur toile, 979 × 621 cm, 1806 (musée du Louvre, Paris).

Un régime personnel et autoritaire

Après le plébiscite populaire, le sacre symbolise le retour d'un consensus national autour de l'empereur. Mais à l'image de la composition de David, le peuple n'a que peu de place dans l'événement.

Si Napoléon a consolidé les conquêtes essentielles de la Révolution (égalité civile, respect de la propriété, abolition de la féodalité ► p. 238), il n'en limite pas moins les libertés publiques, installe un pouvoir dictatorial et viole même l'idéal révolutionnaire d'une société d'égaux en recréant une noblesse. L'Empire réorganise et centralise l'enseignement, cherchant à former les nouveaux cadres de la nation : le catéchisme impérial (1806) enseigné aux enfants impose une obéissance absolue à l'empereur ; la création des lycées (1802) et de l'université (1808) assure à l'État le recrutement de futurs fonctionnaires.

Napoléon appuie son pouvoir sur une administration centralisée. Dans les départements, les préfets représentent l'État : ils interviennent dans tous les domaines de la puissance publique, transmettent au gouvernement enquêtes et statistiques, et surveillent l'opinion.

2 décembre 1805

La France bat l'Autriche et la Russie à Austerlitz

Depuis 1803, la France est encore opposée à l'Angleterre qui prend la tête d'une nouvelle coalition avec l'Autriche et la Russie. « La bataille des Trois Empereurs », la plus célèbre des victoires de Napoléon, permet à ce dernier d'imposer sa domination à l'Europe.

Un modèle de stratégie militaire

En septembre 1803, afin de secourir la Bavière attaquée par la coalition, 100 000 soldats de la Grande Armée traversent le Rhin et encerclent les troupes autrichiennes. Après la capitulation de ces dernières à Ulm le 20 octobre 1805, la route de Vienne est ouverte aux Français. Le 13 novembre, la capitale autrichienne tombe sans livrer bataille.

Napoléon dirige alors son armée à 100 kilomètres à l'est, à Austerlitz. Voulant faire croire qu'il ne dispose pas des forces nécessaires pour attaquer, il n'occupe ni le village, ni le plateau du Pratzen. François II d'Autriche et Alexandre Ier de Russie, dupés par les offres de paix trompeuses de Napoléon, pensent que les Français préparent leur retraite. Le 29 novembre, l'aide de camp du tsar, venu proposer un armistice, repart convaincu que la victoire est proche. Les troupes coalisées se déploient largement sur le plateau.

La bataille d'Austerlitz

Le soleil d'Austerlitz

Le 2 décembre au matin, les coalisés attaquent l'aile droite de l'armée française volontairement dégarnie. Le lever du soleil dissipe la brume et révèle alors la ruse de Napoléon : les troupes françaises se lancent à l'assaut du plateau et divisent les deux ailes de l'armée austro-russe. Une partie se noie dans les étangs, après l'ordre donné de faire tonner le canon pour briser la glace.

Brillante victoire militaire – 65 000 Français ont vaincu 100 000 Austro-Russes –, Austerlitz est aussi une victoire politique et symbolique pour Napoléon le jour du premier anniversaire du sacre (► p. 258). Elle lui permet surtout d'imposer la paix de Presbourg le 26 décembre et de fonder en 1806, sur les ruines du Saint Empire germanique, la Confédération du Rhin dont il devient le protecteur.

1805 Bataille d'Austerlitz

M. C.*	Ire République	Consulat	Premier Empire	Restauration	Monarchie de Juillet
1789 1792	1799	1804	1814	1830	

1789-1799 Révolution française

1805-1815 Conquêtes napoléoniennes

*Monarchie constitutionnelle

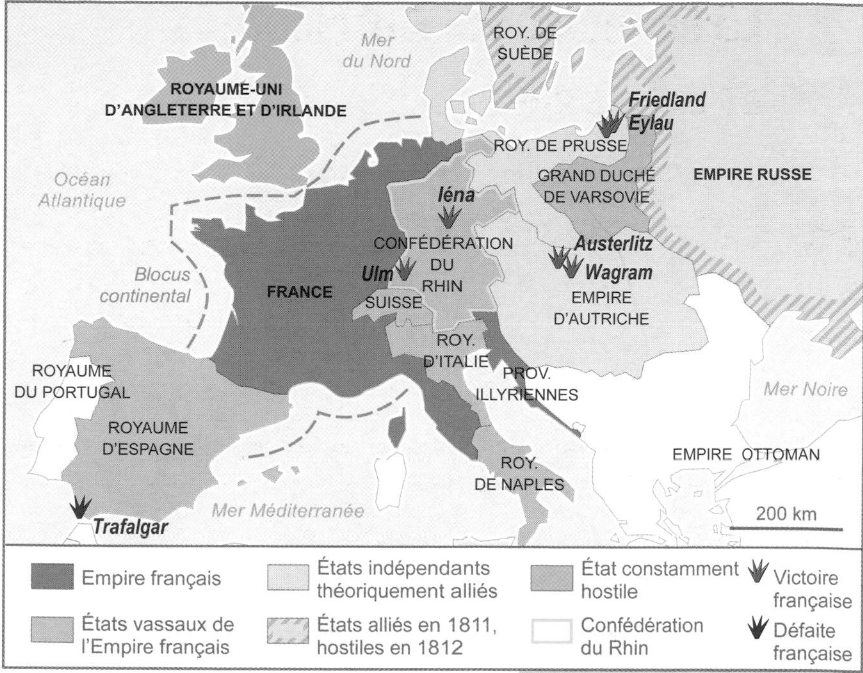

L'Europe en 1811

En 1811, l'Empire napoléonien est à son apogée. Les victoires d'Austerlitz, Iéna, Friedland et Wagram assurent la domination de la France sur l'Europe. Mais en 1812, l'échec de la campagne de Russie marque le début des revers français.

« *Soldats, je suis content de vous. [...] Mon peuple vous reverra avec joie, et il vous suffira de dire "J'étais à la bataille d'Austerlitz", pour que l'on réponde, "Voilà un brave".* »

Napoléon à ses soldats après la bataille d'Austerlitz, 1805.

Napoléon domine l'Europe

2 décembre 1805	Bataille d'Austerlitz.
12 juillet 1806	Création de la Confédération du Rhin par Napoléon Ier.
1806	Mise en place d'un blocus continental pour priver la Grande-Bretagne de relations commerciales avec le continent.
14 octobre 1806	Victoire contre les Prussiens à Iéna.
14 juin 1807	Victoire contre les Russes à Friedland.
8 juillet 1807	Traité de Tilsit créant le Grand-Duché de Varsovie.
Mai 1808	Soulèvement de Madrid contre l'invasion de l'armée française.
5-6 juillet 1809	Victoire contre les Autrichiens à Wagram.
Septembre 1812	Bataille de la Moskova qui ouvre la route de Moscou aux Français.
Décembre 1812	Retraite de Russie.

9 juin 1815

L'Acte final du congrès de Vienne impose un nouvel ordre européen

Défait par une sixième coalition européenne, Napoléon abdique le 6 avril 1814 et part en exil sur l'île d'Elbe. Ses vainqueurs, réunis à Vienne, redessinent alors les frontières de l'Europe.

Le « concert » européen

Les puissances coalisées (la Prusse, le Royaume-Uni, l'Autriche et la Russie) veulent mettre « fin aux longues agitations de l'Europe et aux malheurs des peuples, par une paix solide, fondée sur une juste répartition des forces entre les Puissances ». Dès septembre 1814, leurs ministres respectifs tiennent des réunions préliminaires.

Le 1er novembre, le congrès s'ouvre à Vienne sous la direction du prince de Metternich, ministre autrichien des Affaires extérieures. Charles Maurice de Talleyrand, représentant de Louis XVIII restauré sur le trône de France, a été autorisé à assister aux discussions. Tournant le dos à l'idée chère aux révolutionnaires d'un droit des peuples, le congrès rétablit la prééminence du droit monarchique et impose un « équilibre » européen.

Un nouvel ordre politique européen

Dix-sept traités sont coordonnés dans un Acte final signé le 9 juin 1815, sans même attendre la défaite de Napoléon à Waterloo (► p. 264). Les quatre puissances remodèlent l'Europe et se partagent les dépouilles de l'Empire napoléonien.

Parallèlement, la Prusse, l'Autriche et la Russie signent le traité de la Sainte-Alliance et veillent au maintien du nouvel ordre européen. La France est sous surveillance, encerclée par des États tampons, tandis que le Royaume-Uni reste la grande puissance maritime.

Le Congrès s'amuse

Pendant huit mois, souverains, princes, et diplomates se retrouvent à Vienne, accompagnés d'un cortège de courtisans, d'observateurs et d'espions, dans la tradition des réunions diplomatiques d'Ancien Régime. Metternich organise les divertissements : concerts dirigés par Beethoven, bals, réceptions, revues militaires, sorties en luge.

Gravure, XIXe siècle (musée Carnavalet, Paris).

1815 **Congrès de Vienne**

M. C.*	Ire République	Consulat	Premier Empire	Restauration	Monarchie de Juillet

1789 1792 1799 1804 1814 1830

1789-1799
Révolution française

1805-1815
Conquêtes napoléoniennes

*Monarchie constitutionnelle

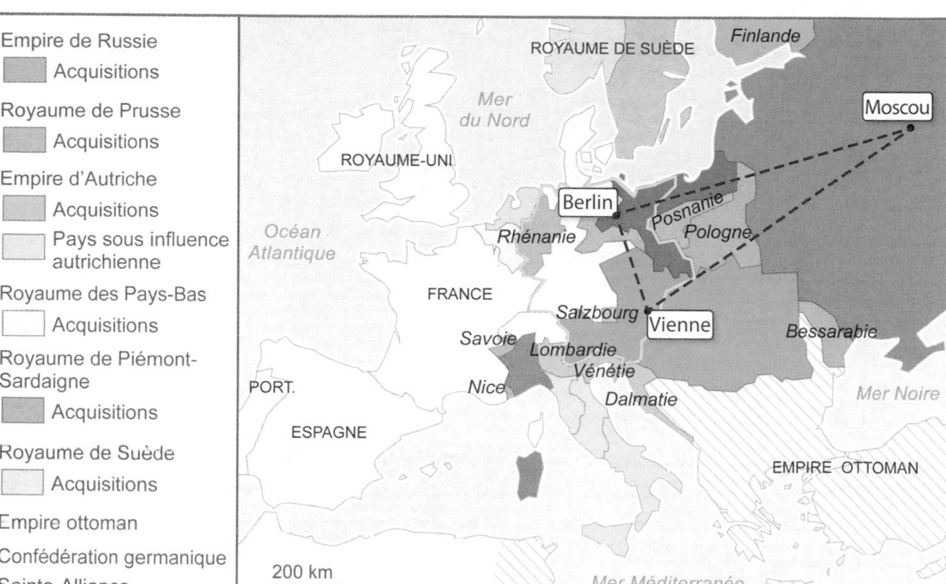

L'Europe du congrès de Vienne

Le congrès de Vienne réorganise l'Europe en s'inspirant du droit monarchique et de l'équilibre européen.

Charles Maurice de Talleyrand-Périgord (1754-1838)

Fin politique et habile diplomate, Talleyrand parvient à traverser sans dommage la Révolution, le Consulat, l'Empire et la Restauration. Issu d'une famille de la haute noblesse d'Ancien Régime, évêque d'Autun, c'est lui qui propose la nationalisation des biens du clergé (► p. 243), avant de le quitter. Émigré après le 10 août 1792, il devient ministre des Affaires étrangères durant le Directoire puis de Bonaparte. Fait prince de Bénévent par Napoléon, il s'éloigne néanmoins de l'empereur en 1807. Il représente la France au congrès de Vienne en tant que ministre des Affaires étrangères de Louis XVIII.

La Restauration monarchique en France

En 1814, la France destabilisée par la défaite se découvre un roi, le frère de Louis XVI devenu Louis XVIII. Le retour des Bourbons apparaît comme une solution politique de nature à garantir la paix et la stabilité politique, à condition que le nouveau roi s'engage à ne pas ignorer les changements intervenus depuis 1789. Aussi, quand il rentre en France après l'abdication de Napoléon en avril 1814, Louis XVIII accepte-t-il le principe d'une Constitution et de deux chambres comme dans la monarchie anglaise. Proclamée le 4 juin 1814, la Charte constitutionnelle reprend certains principes de 1789 (égalité civile, libertés publiques, liberté de culte, droit de propriété) tout en restaurant un pouvoir monarchique fort.

p. | Second Empire | IIIe République

1852 — 1870 — 1905

1830-1905 Expansion coloniale française

1830-1880 Première révolution industrielle en France

1880 Début de la deuxième révolution industrielle

1894-1906 Affaire Dreyfus

18 juin 1815

La bataille de Waterloo met fin au Premier Empire

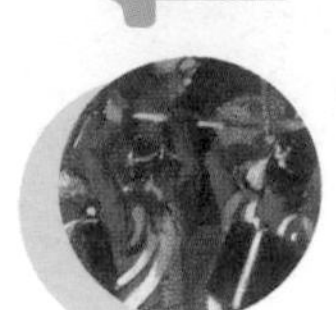

Cent jours après son retour de l'île d'Elbe, Napoléon est vaincu à Waterloo. Cette défaite met un terme au système napoléonien en Europe.

La chute de l'Empire et les Cent-Jours

Après la désastreuse retraite de Russie à l'hiver 1812, la défaite française de Leipzig en 1813 donne l'occasion aux monarchies coalisées de pousser leurs armées jusqu'à Paris. Napoléon abdique le 6 avril 1814 et part en exil sur l'île d'Elbe. Le jour même, Louis XVIII, frère de Louis XVI, est proclamé roi de France (► p. 263).

Un an plus tard, le 1er mars 1815, profitant de l'impopularité du nouveau régime, Napoléon débarque en Provence avec 800 hommes. La légende napoléonienne n'est pas morte : les ralliements se multiplient – soldats, officiers, chefs de corps comme le maréchal Ney. Le roi quitte Paris le 19 mars, Napoléon y entre le 20.

Mais l'enthousiasme retombe rapidement et son retour pousse l'Angleterre, la Prusse et l'Autriche à relancer la guerre, alors même que leurs souverains sont en pleines négociations à Vienne (► p. 262).

Le plan de bataille de Napoléon

Napoléon rassemble une nouvelle armée de 120 000 hommes et gagne la Belgique. Son objectif est de séparer les Anglais commandés par le duc de Wellington et les Prussiens du feld-maréchal Blücher, puis de se retourner contre les Russes et les Autrichiens dont les armées sont encore en route.

Le 15 juin, Napoléon traverse la Sambre et place ses troupes de manière à empêcher Blücher de rallier le champ de bataille. Les Prussiens sont battus le 16 juin et le maréchal Grouchy a ordre de les poursuivre pour éviter qu'ils ne rejoignent les Anglais qui campent sur le plateau du Mont-Saint-Jean, au sud de Waterloo.

Waterloo, la dernière bataille de l'empereur

Le matin du 18 juin, l'offensive française contre les Anglais, sur un sol détrempé qui rend difficile le transport de l'artillerie, est repoussée. Alors que l'empereur attend Grouchy qui doit prendre en tenaille l'armée anglaise, les Prussiens menacent son aile droite. La tentative de Ney de percer les lignes anglaises au centre échoue et l'assaut de la vieille garde n'empêche pas la jonction de Blücher et Wellington.

La bataille fait 40 000 morts, blessés et disparus côté français, 15 000 victimes anglaises et 7 000 prussiennes. Napoléon abdique une seconde fois et est déporté sur l'île de Sainte-Hélène où il meurt en 1821.

1815 Bataille de Waterloo

M. C.* | Iʳᵉ République | Consulat | Premier Empire | Restauration | Monarchie de Juillet

1789 1792 1799 1804 1814 1830

1789-1799 Révolution française

1805-1815 Conquêtes napoléoniennes

*Monarchie constitutionnelle

La Bataille de Waterloo. 18 juin 1815

L'échec de l'offensive de Ney contre les Anglais signe la défaite de Napoléon. Celui-ci rentre à Paris et est contraint à l'abdication, s'offrant comme il le déclare « en sacrifice à la haine des ennemis de la France ».

Clément-Auguste Andrieux, huile sur toile, 193 × 110 cm, 1852 (musée du château de Versailles).

Waterloo ! morne plaine ! [...]
D'un côté c'est l'Europe et de l'autre la France.
Choc sanglant ! des héros Dieu trompait l'espérance ;
Tu désertais, victoire, et le sort était las.
O Waterloo ! je pleure et je m'arrête, hélas !

Victor Hugo, « L'Expiation », *Les Châtiments*, 1853.

Le bilan de l'Empire

Glorifié par les uns, honni par les autres, Napoléon laisse derrière lui une œuvre importante.

À l'intérieur, il a mis en place les organes d'une administration centralisée, restauré la paix religieuse, organisé l'enseignement public, unifié les codes civil et pénal (► p. 257). Mais, dans le même temps, les libertés ont été supprimées, les assemblées muselées, le suffrage en partie escamoté, la presse écrasée par étapes (► p. 259).

Sur le plan extérieur, les guerres de l'Empire ont fait un million de morts côté français. Après une période d'expansion (► p. 261), Napoléon laisse une France amputée des conquêtes révolutionnaires et réduite à ses frontières de 1792.

ép. | Second Empire | IIIe République

1852 — 1870 — 1905

1830-1905 Expansion coloniale française

1830-1880 Première révolution industrielle en France

1880 Début de la deuxième révolution industrielle

1894-1906 Affaire Dreyfus

29 mai 1825

Charles X est sacré roi à Reims

À la mort de son frère Louis XVIII, Charles X monte sur le trône. Il espère restaurer la monarchie d'Ancien Régime.

Charles X à Reims, les derniers feux de la monarchie sacrée

Désireux de rétablir le rituel de la monarchie de droit divin, Charles X décide de se faire sacrer dans la cathédrale de Reims, où 33 rois de France ont reçu l'onction.

Le 27 mai 1825, le cortège royal part de Compiègne pour rejoindre Reims. Là, le cérémonial se déploie : le roi prête serment puis il est adoubé et reçoit l'huile de la sainte ampoule, signe de son élection divine (► p. 61). Les insignes royaux lui sont ensuite apportés et une messe clôt la cérémonie. Quelques jours plus tard, le roi exerce, selon la tradition monarchique, ses pouvoirs de thaumaturge en touchant les **écrouelles*** de 130 malades.

Le règne des ultras

> *« Fermer les dernières plaies de la Révolution. »*
>
> Charles X, 22 décembre 1824.

Avant son sacre, Charles X a prêté serment de fidélité à la Charte accordée par son frère Louis XVIII en juin 1814 (► p. 263). Il veut rassurer l'opinion, mais laisse rapidement triompher les ultra-royalistes.

Très pieux, le nouveau roi redonne une place centrale au clergé, appui traditionnel de la monarchie. L'université est surveillée et l'Église catholique se lance à la reconquête du pays : la « loi du sacrilège » condamne aux travaux forcés les pilleurs d'églises tandis que les congrégations sillonnent le pays dans un but de rechristianisation.

Dans le même temps, les modérés (libéraux) sont écartés des postes importants et la censure est progressivement rétablie à partir de 1825.

Le « milliard des émigrés »

En avril 1825, la Chambre vote une loi qui vise à dédommager tous ceux dont les biens ont été confisqués et vendus comme bien national pendant la Révolution, mais aussi à rassurer les acquéreurs. La loi indemnise en partie 50 000 anciens propriétaires par des rentes qui représentent au total 630 millions de francs. Charles X tente ainsi de faire oublier les humiliations subies par la noblesse durant la Révolution et à s'attirer son soutien politique. Cette loi, très impopulaire, est connue sous le nom du « milliard des émigrés ».

*Atteinte des ganglions lymphatiques se manifestant par des abcès au niveau du cou.

1825 Sacre de Charles X

M. C.*	Ire République	Consulat	Premier Empire	Restauration	Monarchie de Juillet
1789	1792 1799	1799 1804	1804 1814	1814 1830	1830

1789-1799 Révolution française

1805-1815 Conquêtes napoléoniennes

*Monarchie constitutionnelle

Le café des Mille Colonnes

La bonne société parisienne se retrouve chez Madame Romain, la belle « limonadière » du café des Mille Colonnes.

Georges Cruikshank, gravure publiée dans *Life in Paris*, David Carey, Londres, 1922 (musée des Arts décoratifs, Paris).

La France des notables

La Restauration a favorisé le triomphe d'une élite de notables composée de membres de l'ancienne noblesse, de bourgeois ou de « gros » paysans enrichis par l'achat des biens nationaux. Dans une France encore essentiellement rurale, leur pouvoir et leur richesse reposent sur la terre. En tant que propriétaires, ils fournissent le travail aux fermiers et métayers. Ils s'installent aux postes de pouvoir dans les conseils généraux ou comme maires. Instruits, ils bénéficient d'un ascendant moral sur leurs concitoyens.

***Charles X* (1824-1830)**

Charles-Philippe, comte d'Artois, petit-fils de Louis XV, est le frère cadet de Louis XVI et Louis XVIII. Il quitte la France dès le 16 juillet 1789 et passe vingt-cinq ans en exil. Il succède à Louis XVIII, mort sans descendance en 1824.

François Gérard, huile sur toile, 260 × 364 cm, 1825 (musée du château de Versailles).

ép. | **Second Empire** | **IIIe République**

1852 — 1870 — 1905

1830-1905 Expansion coloniale française

1830-1880 Première révolution industrielle en France

1880 Début de la deuxième révolution industrielle

1894-1906 Affaire Dreyfus

5 juillet 1830

La France entreprend la conquête de l'Algérie

Déclenchée en 1830, la conquête de l'Algérie s'achève un siècle plus tard au Sahara. La colonisation des terres se fait au détriment des populations autochtones qui sont expropriées.

Un coup de chasse-mouches

Au début du XIXe siècle, la régence d'Alger (le nord de l'Algérie actuelle) est sous souveraineté ottomane. Le 29 avril 1827, son représentant, le dey Hussein, frappe « du manche de son chasse-mouches » le consul de France Pierre Deval, avec qui il est en désaccord sur une question financière.

Trois ans plus tard, Charles X saisit ce prétexte pour engager une « expédition punitive » censée réparer l'affront. En réalité, il voit dans cette offensive militaire – 450 navires, 27000 marins, 37000 soldats – un moyen de faire oublier les tensions intérieures et de restaurer la grandeur nationale. Le 14 juin 1830, les Français débarquent à Sidi-Ferruch puis se dirigent vers Alger. La ville est prise le 5 juillet 1830, mais quelques semaines plus tard, le régime de Charles X s'effondre (► p. 270).

« Je vois ces plaines verdoyantes, ces vergers, ces forêts, ces fleuves et ces rivières ; tant d'abondance ! Quel besoin ont les Français d'occuper mon pays de sable et de rochers ? »

Abd el-Kader, en captivité en France, 1848.

La conquête totale de l'Algérie

En 1840, le maréchal Bugeaud est nommé gouverneur général de l'Algérie par Louis-Philippe (► p. 271), avec pour mission de mener une conquête systématique du pays. Celui-ci se livre à une guerre impitoyable : il augmente les effectifs de l'armée (60000 hommes en 1840, 107000 en 1847) et applique des méthodes radicales. Les exactions sont nombreuses (enfumages, razzias, récoltes brûlées, villages rasés) et conduisent en 1847 à la reddition de l'émir Abd el-Kader, grande figure de la résistance.

En 1848, l'Algérie est organisée en trois départements. Le gouvernement, qui cherche à favoriser l'installation de colons, redistribue à leur profit les terres confisquées aux familles et aux tribus.

Les conquêtes coloniales françaises

1830	Début de la conquête de l'Algérie.
1862	Début de la conquête de l'Indochine.
1881	Protectorat sur la Tunisie.
1895	Création de l'Afrique occidentale française (AOF).
1910	Création de l'Afrique équatoriale française (AEF).
1912	Protectorat sur le Maroc.

1830 Début de la conquête de l'Algér

M. C.*	Iʳᵉ République	Consulat	Premier Empire	Restauration	Monarchie de Juillet

1789 1792 1799 1804 1814 1830

1789-1799 Révolution française

1805-1815 Conquêtes napoléoniennes

*Monarchie constitutionnelle

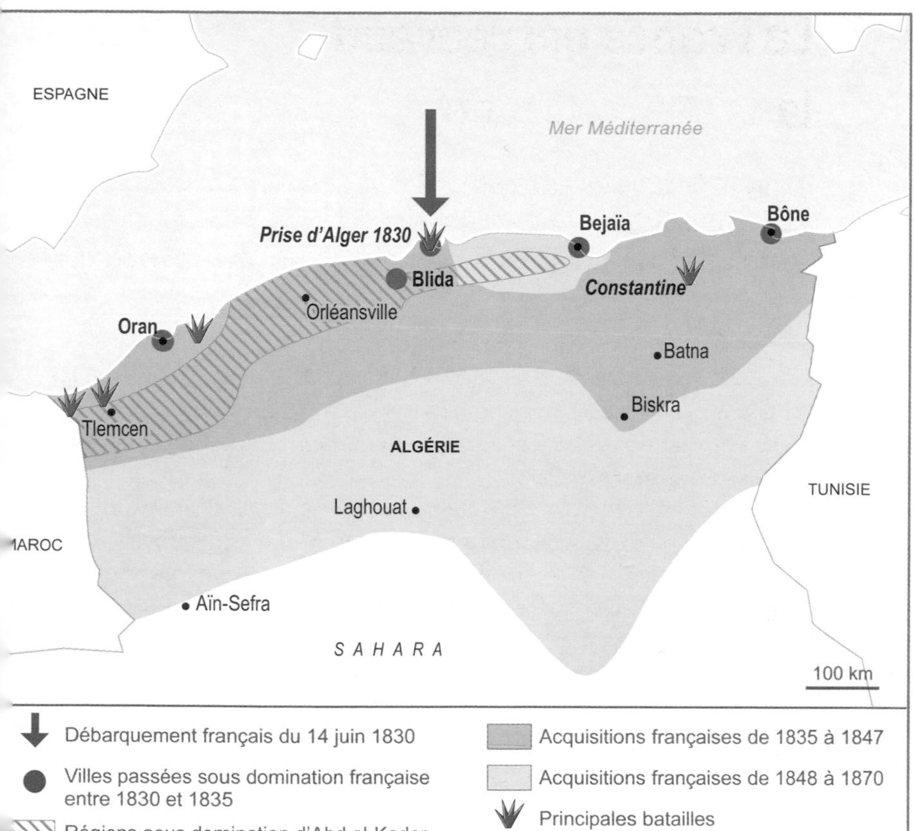

La conquête de l'Algérie

Après la prise d'Alger le 5 juillet 1830, la conquête s'étend sur plusieurs années. Les Français doivent faire face à la résistance des Turcs, puis à celle d'Abd el-Kader. Le nord de l'Algérie n'est vraiment contrôlé qu'en 1857 avec la soumission de la Kabylie. La conquête du Sahara est presque réalisée en 1914.

Abd el-Kader (1808-1883), ou la résistance au colonisateur français

Fer de lance de la résistance à la tutelle ottomane et à la présence française, l'émir Abd el-Kader parvient à fédérer les tribus de l'Ouest algérien et à créer, en 1837, un véritable État qui s'étend du centre de l'Algérie actuelle à la frontière marocaine. Mais, le 14 mai 1843, le duc d'Aumale s'empare de la smala, capitale « volante » de l'émir, composée de 30 000 hommes, femmes, enfants et serviteurs. En 1847, Abd el-Kader se rend aux autorités françaises et est emmené en détention en métropole. Il est libéré en 1852 par Napoléon III (► p. 278).

27, 28, 29 juillet 1830

Charles X est renversé lors des Trois Glorieuses

Durant trois journées d'insurrection, le peuple ouvrier de Paris s'allie à la bourgeoisie libérale et aux étudiants républicains pour renverser le régime de Charles X.

Les quatre ordonnances « scélérates »

Le 18 mars 1830, 221 députés, hostiles au ministère Polignac nommé par Charles X (▶ p. 266), signent une adresse au roi exigeant une monarchie parlementaire. En réponse, le souverain dissout la Chambre, mais les élections de juillet donnent à nouveau la victoire aux libéraux.

Le 25 juillet, Charles X prend alors des ordonnances qui prévoient la suspension de la liberté de la presse, le renvoi de la Chambre et la limitation du droit de vote. L'émoi dans la bourgeoisie libérale et le petit peuple parisien est immédiat. Le journaliste Adolphe Thiers (▶ p. 286) rédige une protestation solennelle, signée par 44 de ses confrères et publiée le lendemain par *Le National*, *Le Temps*, *Le Globe* et *Le Journal du commerce*, journaux qui paraissent tous sans autorisation.

Les Trois Glorieuses, une nouvelle révolution ?

Les premières barricades s'élèvent à Paris dans la nuit du 27 au 28 juillet 1830. Au cri de « Vive la Charte, à bas la royauté ! », les manifestants envahissent l'hôtel de ville. Le drapeau tricolore est hissé sur son fronton ainsi que sur la cathédrale Notre-Dame. La zone située entre l'hôtel de ville et la place de la Bastille devient un camp retranché inexpugnable pour les soldats dont certains fraternisent avec les 10 000 insurgés, anciens de l'Empire et surtout artisans et ouvriers des quartiers populaires. Les combats font 200 victimes côté soldats, un millier côté insurgés. Le 29 juillet, Charles X et sa famille fuient Paris.

> *« En arrivant au pont de la Révolution, je m'arrêtai tout étourdi, croyant avoir mal vu et me frottant les yeux : le drapeau tricolore flottait sur Notre-Dame ! [...] je sentis une étrange émotion s'emparer de moi. »*
>
> Alexandre Dumas, *Mes Mémoires*, 1852-1856.

Des députés nomment le vieux marquis de La Fayette (▶ p. 222) chef de la garde nationale, comme en 1789, et constituent une « commission municipale » à l'hôtel de ville pour contrer les républicains dans la rue. Le 30 juillet, Thiers rédige un appel en faveur du duc Louis-Philippe d'Orléans, cousin du roi. Charles X abdique le 2 août, faisant de son petit-fils son successeur et de son cousin le régent. Mais ce dernier prend le pouvoir sous le nom de Louis-Philippe Ier : c'est le début de la monarchie de Juillet.

La Liberté guidant le peuple

C'est au peuple citoyen, révolté contre la tentative du dernier Bourbon de restaurer un Ancien Régime mythifié, que Delacroix rend hommage. Par son lyrisme et son souffle historique, le tableau apparaît également comme l'expression du romantisme pictural français dont le peintre est le chef de file.

Eugène Delacroix, huile sur toile, 325 × 260 cm, 1830 (musée du Louvre, Paris).

Louis-Philippe Ier (1830-1848), « roi des Français »

Le 9 août 1830, Louis-Philippe d'Orléans devient « roi des Français par la grâce de Dieu et la volonté nationale ». Porté au pouvoir par la bourgeoisie hostile au régime républicain, il installe une monarchie parlementaire et libérale. Le drapeau tricolore est adopté, la censure levée, mais l'opposition républicaine est réprimée. Dans les années 1840, la conjoncture économique se dégrade et l'opposition au régime se renforce. La révolution de février 1848 le conduit à abdiquer.

ép. | **Second Empire** | **IIIe République**

1852 — 1870 — 1905

1830-1905 Expansion coloniale française

1830-1880 Première révolution industrielle en France

1880 Début de la deuxième révolution industrielle

1894-1906 Affaire Dreyfus

Juin **1846**

La gare Denfert-Rochereau est inaugurée à Paris

Entrée tardivement dans l'ère du rail, la France se dote, grâce aux initiatives conjointes d'ingénieurs et d'entrepreneurs, d'un réseau de chemin de fer organisé autour de la capitale.

Une nouvelle ligne entre Sceaux et Paris

En 1844, le polytechnicien Jean-Claude Arnoux, inventeur d'un système de trains articulés pouvant parcourir à grande vitesse des courbes de très petit rayon, obtient pour une durée de cinquante ans la concession de la ligne reliant Paris à Sceaux. Le tracé retenu doit permettre l'extension ultérieure de la ligne vers la province et la desserte de la vallée de Chevreuse. Le terminus est situé à Paris, place d'Enfer devenue la place Denfert-Rochereau.

La plus ancienne gare du système ferroviaire français

La gare est inaugurée le 23 juin 1846 par les ducs de Nemours et de Montpensier, représentant leur père, le roi Louis-Philippe (► p. 271). Édifiée par l'architecte Dulong, cette station est la plus ancienne des gares subsistant à Paris.

La ligne permet aux Parisiens d'aller se divertir, aux beaux jours, dans les bals de Sceaux. Mais souffrant d'un déficit d'exploitation l'hiver, elle n'est pas rentable et Arnoux la cède à la compagnie Paris-Orléans en 1857.

La gare de Sceaux

Comme celle de Denfert-Rochereau à Paris, la gare de Sceaux présente des ailes incurvées pour permettre aux locomotives d'effectuer un demi-tour dans la gare.

Carte postale, vers 1900.

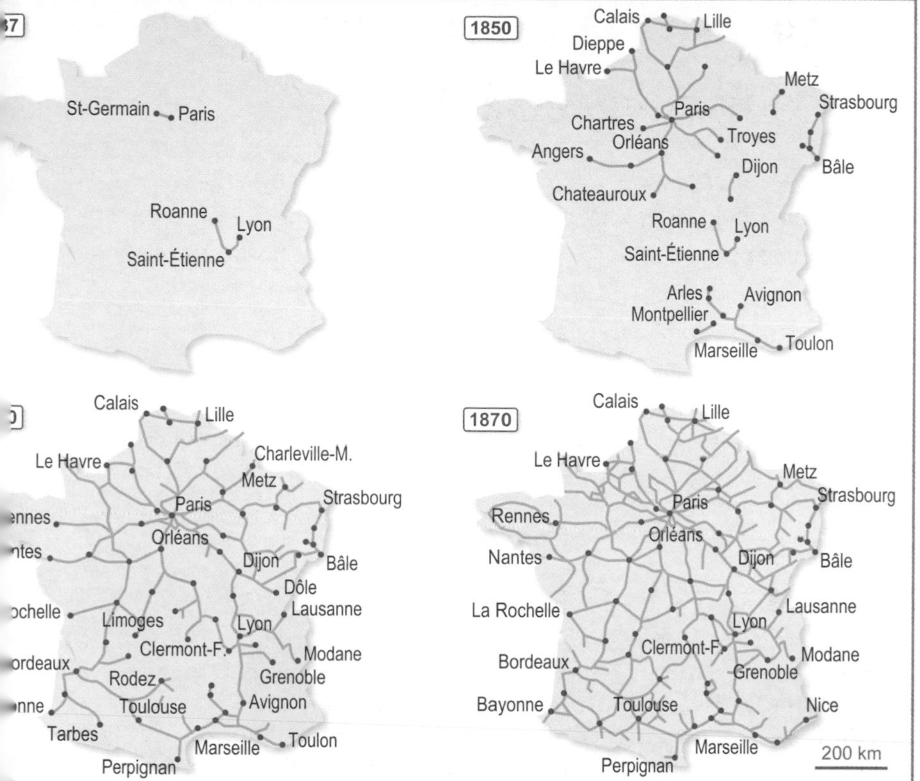

Un réseau en étoile autour de Paris

Pendant le Second Empire, des compagnies ferroviaires obtiennent en concessions l'exploitation de vastes régions (Paris-Lyon-Marseille, Paris-Orléans, Nord, Est, Ouest, Midi). En 1870, 17 500 kilomètres de voies sont achevés. Durant la IIIe République, le plan Freycinet (1879) prévoit la construction de 150 nouvelles lignes (10 000 kilomètres) pour assurer la desserte de toutes les sous-préfectures. Il est achevé en 1914. La disposition des lignes en étoile autour de Paris favorise l'unification du territoire, mais renforce la centralisation autour de la capitale.

La première révolution industrielle

Entamée en Angleterre à la fin du XVIIIe siècle, la première industrialisation se diffuse au milieu du XIXe siècle en Europe occidentale et aux États-Unis. Ce premier essor de l'industrie est fondé sur l'exploitation des mines de charbon et de fer permettant de fabriquer des machines utilisées dans l'industrie textile, sur une nouvelle source d'énergie – la vapeur – et sur le développement des chemins de fer. La production industrielle devient le moteur de la croissance économique.

Ces secteurs bénéficient de nouvelles techniques. Le système Bessemer (1854) et le four de Martin-Siemens (1864) améliorent ainsi la transformation de la fonte en acier qui trouve de nouvelles applications, dans le bâtiment par exemple.

Second Empire | **IIIe République**

1852 — 1870 — 1905

1830-1905 Expansion coloniale française

1830-1880 Première révolution industrielle en France

1880 Début de la deuxième révolution industrielle

1894-1906 Affaire Dreyfus

1848 L'implantation difficile de la IIe République

La IIe République est proclamée à la suite de la révolution de février 1848 et de l'abdication de Louis-Philippe. Les premiers temps du nouveau régime sont marqués par l'affirmation de nombreux droits et libertés, avant un virage conservateur.

Un élan démocratique accompagne la fondation de la IIe République...

De la monarchie de Juillet à la IIe République

« L'esclavage est un attentat contre la dignité humaine ; [...] il est une violation flagrante du dogme républicain : Liberté, Égalité, Fraternité. »

Victor Schœlcher, 27 avril 1848.

En 1847-1848, une campagne de banquets en faveur de l'élargissement du corps électoral est organisée dans toute la France. L'interdiction par Louis-Philippe (► p. 271) de l'un de ces rassemblements, prévu à Paris le 22 février 1848, conduit au soulèvement du peuple de la capitale. Suite à cette révolution de février, le roi abdique.

Pour éviter que la révolution ne soit confisquée comme en 1830 (► p. 270), un gouvernement provisoire est immédiatemment mis en place. Le 24 février 1848, ce nouveau pouvoir proclame la République.

Des libertés et des droits nouveaux

Dans le prolongement de la Révolution française, la peine de mort en matière politique et l'esclavage dans les colonies sont abolis (► p. 198). Les libertés de presse, d'association, de réunion et de conscience sont garanties.

Le gouvernement souhaite également répondre aux attentes des ouvriers et des artisans, fortement touchés par la crise économique : il proclame le droit au travail, raccourcit la durée de la journée et crée des Ateliers nationaux.

Lamartine devant l'Hôtel de Ville de Paris le 25 février 1848 refuse le drapeau rouge

Face aux radicaux proposant le drapeau rouge, Lamartine, alors ministre des Affaires étrangères, use de son éloquence pour maintenir le drapeau tricolore.

Henri Félix Emmanuel Philippoteaux, huile sur toile, 63 × 27,5 cm, vers 1848 (musée du Petit-Palais, Paris).

L'élaboration d'une nouvelle Constitution

Le suffrage universel masculin est instauré le 5 mars 1848 et les premières élections se déroulent dans un climat d'enthousiasme. Les républicains modérés sont majoritaires au sein de l'Assemblée constituante chargée de rédiger une nouvelle Constitution.

Adoptée le 4 novembre, celle-ci établit une Chambre unique élue pour trois ans et un président de la République aux larges pouvoirs, élu au suffrage universel pour un mandat non renouvelable de quatre ans. La séparation des pouvoirs est stricte : la Chambre ne peut renverser le président, et ce dernier ne peut dissoudre la Chambre.

Mais le texte de la Constitution témoigne d'une évolution par rapport à l'élan réformateur de février : ainsi le droit à l'assistance remplace le droit au travail proclamé par le gouvernement provisoire.

Les Ateliers nationaux

Les Ateliers nationaux sont ouverts le 27 février 1848, trois jours après la proclamation de la IIe République. En échange de leur participation à de grands travaux (construction de routes, etc.), les ouvriers qui y sont employés reçoivent une indemnité. Néanmoins, du fait de la crise économique, le nombre de chômeurs affluant vers les Ateliers nationaux augmente très rapidement : ils sont 50 000 le 9 avril, puis 120 000 à la mi-juin. Ces ateliers représentent donc un coût considérable, alors même qu'en raison d'une mauvaise organisation, le travail manque. En outre, la réunion de nombreux désœuvrés en ces lieux considérés comme des foyers d'agitation inquiète le gouvernement. Le 21 juin, l'annonce de leur fermeture provoque l'insurrection des journées de Juin.

… mais l'idéal d'une République démocratique et sociale s'efface peu à peu

Les journées de Juin

Le 21 juin 1848, la fermeture des Ateliers nationaux provoque un soulèvement dans les quartiers populaires de Paris. Le 23 juin, de nouvelles barricades sont élevées. « Du pain ou du plomb ! », tel est le cri de ralliement des insurgés.

Le général républicain Cavaignac est chargé de rétablir l'ordre. Les affrontements entre les insurgés et l'armée font plus de 5 500 morts. Ces trois journées de Juin s'achèvent par une répression sévère : 1 500 personnes sont fusillées sans jugement et 11 000 sont condamnées à la prison ou à la déportation.

Cet épisode détache les Français de la République

Les ouvriers n'ont plus confiance dans ce régime qui a montré son caractère répressif, tandis que les ruraux rejettent le nouvel **impôt des 45 centimes*** mis en place en mars 1848 pour financer les Ateliers nationaux. Les campagnes se détournent alors des républicains considérés comme des « partageux » au profit des conservateurs qui incarnent l'ordre.

Louis-Napoléon Bonaparte est élu président

Lors de l'élection présidentielle du 10 décembre 1848, Louis-Napoléon Bonaparte (► p. 278), qui exploite habilement les mécontentements au cours de sa campagne, s'impose très largement face aux candidats républicains, dont le général Cavaignac et Alphonse de Lamartine. Il réunit plus de 74 % des suffrages sur son nom.

Forts de près des deux tiers des sièges à la Chambre après les législatives de 1849, les partisans de l'ordre votent des lois conservatrices : la loi Falloux du 15 mars 1850 favorise l'enseignement catholique, tandis que la loi du 31 mai 1850 restreint fortement le suffrage universel.

Barricades rue Saint-Maur à Paris avant l'attaque, 25 juin 1848

La « culture de la barricade » marque l'histoire des Parisiens, des Trois Glorieuses en 1830 à Mai 1968, en passant par la Commune en 1871 (► p. 287).

Thibault, daguerréotype, 11,2 × 14,5 cm, 1848 (musée d'Orsay, Paris).

*Il signifiait une augmentation de 45 centimes pour un franc d'impôt payé, soit une hausse de 45 % des contributions directes.

Une république universelle

Cette lithographie porte comme sous-titre « Peuples, formez une Sainte-Alliance et donnez-vous la main ». Pour les républicains, la France doit guider les autres nations et diffuser les valeurs de la démocratie sociale, dans le prolongement de l'idéal de la Révolution française.

La République universelle démocratique et sociale – Le Pacte, Frédéric Sorrieu, lithographie, 31 × 45 cm, 1848 (musée Carnavalet, Paris).

Le « printemps des peuples »

La révolution de 1848 a des répercussions dans de nombreux États d'Europe. En Italie, en Prusse, en Autriche, des patriotes se soulèvent au nom de la liberté et tentent de remettre en cause le pouvoir absolu des monarques. Ils portent également des revendications nationalistes, souhaitant, au nom du principe d'indépendance nationale, que les frontières des États correspondent aux nations. Les patriotes allemands et italiens appellent en outre de leurs vœux l'unification des différents royaumes allemands et italiens (► p. 283).
Partout, ces mouvements échouent et sont réprimés dans le sang par les armées restées fidèles aux souverains.

Le suffrage universel en France

1793	La Constitution de l'an I instaure le suffrage universel masculin, mais elle n'est jamais appliquée.
1799-1815	Durant le Consulat et l'Empire, des plébiscites au suffrage universel masculin sont organisés, mais le vote est contraint.
5 mars 1848	Le suffrage universel masculin est restauré : 9 millions de Français peuvent voter, contre 250 000 environ à la fin de la monarchie de Juillet.
31 mai 1850	Une loi ôte le droit de vote à près de 3 millions d'électeurs.
2 déc. 1851	Louis-Napoléon Bonaparte rétablit le suffrage universel masculin. Les Français sont ensuite consultés dans le cadre de plébiscites et d'élections législatives, mais le vote est très encadré.
21 avril 1944	Le Comité français de libération nationale accorde le droit de vote et d'éligibilité aux femmes en raison notamment de leur engagement dans la Résistance.

2 décembre 1851

Le coup d'État de Louis-Napoléon Bonaparte sonne le glas de la IIe République

Le 2 décembre 1851, le coup d'État de Louis-Napoléon Bonaparte, alors président de la IIe République, constitue la première étape vers le rétablissement de l'Empire.

Le temps de la confrontation

Afin de pouvoir se présenter à l'élection présidentielle prévue en 1852, Louis-Napoléon Bonaparte tente d'obtenir une révision de la Constitution. En vertu de celle-ci, il ne peut en effet briguer un nouveau mandat (► p. 275). Mais la Chambre, avec laquelle il est en conflit, s'y oppose.

Dès lors, le président prend position en faveur de la révision de la loi électorale du 31 mai 1850 qui a considérablement limité le suffrage universel (► p. 277). Il se heurte de nouveau au refus de la Chambre, mais peut désormais se poser en défenseur de la démocratie.

Le coup d'État

Au matin du 2 décembre 1851, date choisie en référence au sacre de Napoléon Ier et à la victoire d'Austerlitz (► p. 258 et 260), des affiches en tous points semblables aux proclamations officielles sont placardées sur les murs de la capitale. Louis-Napoléon Bonaparte y annonce la dissolution de la Chambre, ce qui est contraire à la Constitution, le rétablissement du suffrage universel et l'organisation d'un plébiscite sur les nouvelles dispositions institutionnelles.

Une forte agitation républicaine se développe à Paris et en province. Louis-Napoléon Bonaparte instaure alors l'état d'urgence et s'appuie sur l'armée pour écraser les résistances : la répression est sévère et certains opposants, tel Victor Hugo, s'exilent.

Vers le Second Empire

Consultés dans le cadre d'un plébiscite le 21 décembre 1851, plus de 7,4 millions d'électeurs accordent à Louis-Napoléon Bonaparte le pouvoir de rédiger une nouvelle Constitution. Celle-ci est promulguée en janvier 1852. Le suffrage universel est rétabli et le président de la République, élu pour dix ans, devient la clé de voûte des institutions. Cette Constitution apparaît donc comme républicaine et démocratique. Mais le texte prépare en réalité une restauration impériale.

Après un nouveau plébiscite le 21 novembre 1852, l'Empire est proclamé le 2 décembre 1852.

La résistance au coup d'État

Dans le faubourg Saint-Antoine, quartier ouvrier de la capitale, plusieurs députés ont rejoint les ouvriers sur les barricades érigées à la suite du coup d'État. Parmi eux, se dresse Alphonse Baudin. Tué lors d'un échange de tirs entre les insurgés et l'armée, il devient une figure symbolique de la résistance au coup d'État.

Alphonse Baudin sur la barricade du faubourg Saint-Antoine le 3 décembre 1851, Ernest Pichio, huile sur toile, 197 × 128 cm, 1869 (musée Carnavalet, Paris).

«Napoléon le Petit»

Napoléon III est très largement critiqué par les partisans de la République qui, tels Honoré Daumier ou Victor Hugo, le comparent à son oncle. Ainsi Victor Hugo l'affuble-t-il du surnom «Napoléon le Petit».

Honoré Daumier, caricature parue dans *Le Charivari*, 2 décembre 1848.

Napoléon III (1808-1873)

Louis-Napoléon Bonaparte est le neveu de Napoléon Ier (► p. 258). Après avoir lutté aux côtés des *carbonari* italiens dans sa jeunesse, il fomente, en 1836 et en 1840, deux coups d'État qui se soldent par des échecs. Il est élu président de la République en décembre 1848 (► p. 276) puis, un an après le coup d'État du 2 décembre 1851, il fonde le Second Empire et devient l'empereur Napoléon III. Il capitule face aux Prussiens à Sedan le 2 septembre 1870 et est fait prisonnier (► p. 284). Il s'exile ensuite en Angleterre où il meurt en 1873.

1851 **Coup d'État de Louis-Napoléon Bonaparte**

Second Empire | **IIIe République**

1852 — 1870 — 1905

1830-1905 Expansion coloniale française

1830-1880 Première révolution industrielle en France

1880 Début de la deuxième révolution industrielle

1894-1906 Affaire Dreyfus

1853

Les travaux d'Haussmann transforment Paris

Pendant le Second Empire, Napoléon III souhaite donner un nouveau visage à la capitale. Il charge le baron Haussmann de mener à bien ce projet.

Une capitale en pleine expansion

Au XIXe siècle, la population parisienne augmente considérablement, en raison de la révolution industrielle et de l'**exode rural***, mais aussi du doublement de la superficie de la ville suite à l'annexion de la proche banlieue en 1860.

Si des travaux ont été prévus dès le Premier Empire, la grande instabilité politique a fait que peu ont été réalisés. Ainsi, les conditions de vie dans la capitale sont souvent médiocres, les logements pour beaucoup insalubres et surpeuplés : l'épidémie de choléra qui a fait des milliers de victimes en 1832 en témoigne.

Une logique de modernisation tout autant que de maintien de l'ordre

Marqué par la modernité de la ville de Londres où il a vécu, Napoléon III (▶ p. 279) charge le baron Georges Eugène Haussmann, alors préfet de la Seine, de coordonner de grands travaux. Il s'agit à la fois d'assainir Paris, d'y améliorer la circulation des hommes et des marchandises, et d'en faire une ville moderne et bourgeoise qui reflète la prospérité impériale. Au-delà, le centre de Paris étant constitué d'un dédale de ruelles, Napoléon III souhaite y empêcher l'érection de barricades (▶ p. 276).

Ainsi, les réseaux d'égouts et d'adduction d'eau sont considérablement développés, des espaces verts sont aménagés et de grandes artères, tels les avenues qui partent de la place de l'Étoile ou le boulevard Saint-Germain, sont percées. Des gares sont créées et un nouvel opéra, dont les plans sont dessinés par le jeune architecte Charles Garnier, est édifié.

De nombreuses critiques

Ces travaux entraînent de nombreuses expropriations et une hausse des prix immobiliers qui obligent beaucoup d'ouvriers à quitter le centre de la capitale.

En outre, ces transformations ont un coût considérable. Elles sont financées par des emprunts très lourds qui endettent la ville de Paris. L'opposition républicaine dénonce cette situation, en particulier Jules Ferry qui met au jour, dans un pamphlet, les « comptes fantastiques d'Haussmann ».

* Migration vers les villes des habitants des campagnes, en particulier de ceux qui travaillent dans l'agriculture.

Le quartier de l'opéra

La façade de l'opéra Garnier se dresse au bout d'une grande artère bordée d'immeubles dits « haussmanniens ». Ils sont dotés des commodités modernes (eau courante, tout-à-l'égout, gaz et plus tard électricité) et leur hauteur globale ainsi que celles des différents étages sont strictement fixées.

Photographie, fin XIXe siècle (collection particulière).

Le Paris des impressionnistes

Les transformations de Paris inspirent une nouvelle génération de peintres, qui rompent avec la tradition par leur technique comme par les motifs qu'ils choisissent de représenter. En 1874, suite à un article consacré à la toile de Claude Monet *Impression, soleil levant*, ils sont appelés les « impressionnistes ».

Jeune homme à la fenêtre, Gustave Caillebotte, huile sur toile, 80,9 × 116 cm, 1875 (collection particulière).

Le Second Empire, une période de modernisation économique

Le Second Empire est marqué par l'essor du capitalisme. L'émergence d'un système bancaire permet l'accroissement des investissements. Le réseau de chemin de fer s'étend alors considérablement, passant de 3 500 à 17 500 kilomètres (► p. 272), ce qui favorise les échanges. Parallèlement, la mécanisation se diffuse et entraîne une rationalisation du travail. En cette période de croissance et d'augmentation des prix, ces évolutions vont de pair avec un développement de l'emploi. L'enracinement du régime de Napoléon III doit largement à cette bonne conjoncture économique. Les industriels, les ouvriers comme les agriculteurs ont en effet tendance à mettre les augmentations de salaires ou de profits au crédit de l'Empire.

1853 **Début des travaux d'Haussmann**

Second Empire | **IIIe République**

1852 — 1870 — 1905

1830-1905 Expansion coloniale française

1830-1880 Première révolution industrielle en France

1880 Début de la deuxième révolution industrielle

1894-1906 Affaire Dreyfus

1860

La Savoie et le comté de Nice sont rattachés à la France

En échange de l'aide apportée au mouvement d'indépendance italien, Napoléon III obtient en 1860 le rattachement à la France de la Savoie et du comté de Nice. C'est la dernière grande extension du territoire français.

Le soutien aux idéaux du « printemps des peuples » de 1848

Napoléon III décide d'apporter son concours aux peuples en lutte pour leur indépendance ou engagés dans des processus d'unification nationale (► p. 277).

En juillet 1858, alors que l'Autriche tient sous sa domination le nord de l'Italie, Napoléon III rencontre en secret à Plombières, dans les Vosges, le président du Conseil du royaume de Piémont-Sardaigne, le comte de Cavour. Il lui promet le soutien militaire de la France en cas de conflit avec l'Autriche, en échange du rattachement de la Savoie et du comté de Nice.

La défaite de l'Autriche

Suite aux victoires de Magenta et de Solférino que l'Italie remporte en juin 1859 grâce à l'aide de la France, l'Autriche se retire de la péninsule. Le roi du Piémont, Victor-Emmanuel II, a ainsi le champ libre pour unifier le nord de l'Italie.

Le rattachement de la Savoie et du comté de Nice

Le 28 avril 1860, les habitants de ces deux territoires se prononcent à une majorité écrasante en faveur de la réunion avec la France. Ainsi, dans le duché de Savoie, seuls 235 électeurs sur plus de 130 000 votent non ! Une poignée d'irréductibles s'opposent néanmoins à ce rattachement, tel Giuseppe Garibaldi, héraut de l'indépendance italienne d'origine niçoise.

Les Français et l'Empire

Jusque dans les années 1860, l'Empire est un régime autoritaire : les libertés sont limitées et le pouvoir policier omniprésent. Les opposants sont durement réprimés, notamment après le coup d'État. La participation massive aux manifestations officielles ou aux plébiscites révèle néanmoins une réelle adhésion des Français au régime.

À partir de 1860, Napoléon III perd progressivement une partie de ses soutiens. Les industriels s'opposent au traité de libre-échange signé avec l'Angleterre, car la suppression des barrières douanières les expose à une vive concurrence. En outre, la politique italienne de l'empereur choque les catholiques qui souhaitent que la France continue d'apporter son soutien au pape et protège les États pontificaux. La dernière décennie de l'Empire est ainsi marquée par une opposition de plus en plus vive.

Le voyage à Chambéry

La foule qui accueille l'empereur et l'impératrice à Chambéry en 1860 témoigne de l'enthousiasme suscité en Savoie par le rattachement à la France.

Séjour à Chambéry – Défilé des populations devant Leurs Majestés, sur la place du Château, Édouard Riou et Louis Tazzini, dessin d'après Louis Moullin, *Le Monde illustré*, 1860.

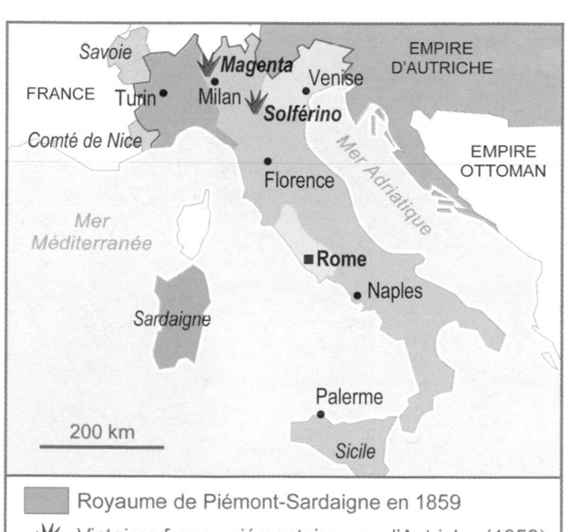

Les étapes de l'unité italienne

Les voyages du couple impérial

Dès le début de son règne, Napoléon III fait de nombreux voyages en province, parfois longs de plusieurs semaines. Accompagné ensuite de l'impératrice Eugénie, il va à la rencontre du peuple, afin de mieux connaître les différentes régions ou pour montrer sa sollicitude, en cas d'inondations ou d'épidémies par exemple. S'inscrivant dans le prolongement des tours de France royaux (► p. 164), ces voyages sont aussi des « opérations de communication » qui diffusent l'image d'un couple impérial pieux, généreux et soucieux de son peuple.

1860 Rattachement de la Savoie et du comté de Nice

Second Empire | IIIe République

1852 — 1870 — 1905

1830-1905 Expansion coloniale française

1830-1880 Première révolution industrielle en France

1880 Début de la deuxième révolution industrielle

1894-1906 Affaire Dreyfus

1870-1871

« L'année terrible » (Victor Hugo)

Le 2 septembre 1870, la capitulation de Napoléon III à Sedan entraîne la chute du Second Empire et la proclamation de la IIIe République, mais les républicains sont d'emblée confrontés à de nombreuses difficultés.

2 septembre 1870 • La défaite de Sedan signe la fin du Second Empire

La Prusse, une puissance qui s'affirme

Napoléon III, qui soutient les mouvements d'indépendance nationale (► p. 282), apporte son concours à l'empereur prussien Guillaume Ier dans sa tentative d'unification de l'Allemagne. Il souhaite obtenir en retour des compensations territoriales, mais l'empereur refuse cette « politique des pourboires ». Par la suite, le chancelier Otto von Bismarck provoque un incident diplomatique de façon à pousser la France à déclarer la guerre, misant sur le fait qu'un conflit conduira les États allemands à s'allier derrière la Prusse contre l'adversaire.

L'entrée en guerre

Le 19 juillet 1870, la France déclare la guerre à la Prusse. L'enthousiasme est général en raison d'un fort sentiment antiprussien, mais les Français sous-estiment l'adversaire. La Prusse est en effet dotée d'une armée nombreuse, bien encadrée et disposant d'un armement moderne.

La défaite française

Après une première victoire le 2 août à Sarrebruck, l'armée française, mal commandée, connaît une série de revers qui conduit Napoléon III et le maréchal de Mac-Mahon à se replier à Sedan, non loin de la frontière belge, où ils sont encerclés par les troupes adverses. Le 2 septembre, les Français tentent une percée, mais ils sont totalement dépassés par la puissance de feu des Prussiens. Napoléon III se rend et est fait prisonnier avec 83 000 hommes.

La cavalerie française à la bataille de Sedan

Les tentatives des troupes françaises pour briser leur encerclement sont vaines face à l'artillerie prussienne. La bataille est une hécatombe pour les Français. Elle préfigure les grands affrontements du XXe siècle, en particulier le rôle très meurtrier de l'artillerie dans les deux conflits mondiaux.

Imagerie de Pont-à-Mousson (musée Carnavalet, Paris).

4 septembre 1870 • La proclamation de la IIIe République

Du Second Empire à la IIIe République

Lorsque la nouvelle de la défaite de Sedan parvient à Paris, dans la nuit du 3 au 4 septembre, les partisans de l'Empire tentent de maintenir le régime en place.

Mais, dans la journée du 4 septembre, une foule nombreuse envahit le Palais Bourbon aux cris de « La déchéance ! » et « Vive la France ! Vive la République ! ». En cortège, les députés républicains se rendent alors à l'hôtel de ville où Léon Gambetta proclame la République. Un gouvernement de « défense nationale » est institué, auquel participent notamment, outre Gambetta, Jules Ferry et Jules Favre.

« J'ai retrouvé mon chiffre » ou la chute de l'Empire

La chute du Second Empire n'est pas liée à des raisons de politique intérieure. En effet, un plébiscite organisé le 8 mai 1870 pour entériner la révision de la Constitution dans un sens libéral montre l'adhésion des Français au régime : le « oui » l'emporte à plus de 82 %. Devant ce résultat, Napoléon III s'exclame : « J'ai retrouvé mon chiffre ! », soulignant qu'il jouit de nouveau d'un soutien massif dans l'opinion (► p. 282), alors que Gambetta lui-même conclut : « L'Empire est plus fort que jamais. » Le régime semble alors solidement enraciné, notamment grâce au soutien des campagnes qui restent fidèles à l'empereur (► p. 276).

La jeune République confrontée à de nombreuses difficultés

La France est en partie occupée par les Prussiens et Paris assiégée. Malgré la résistance orchestrée par Gambetta, la Prusse l'emporte et, de façon humiliante, l'Empire allemand que Bismarck appelait de ses vœux est proclamé le 18 janvier 1871 dans la galerie des Glaces du château de Versailles.

Les républicains modérés doivent par ailleurs faire face à une double opposition. D'une part, les élections législatives de février 1871 sont remportées par les monarchistes, qui incarnent la paix alors que les républicains sont associés à la poursuite de la guerre. D'autre part, au mois de mars 1871, s'élève dans un certain nombre de villes un mouvement insurrectionnel en faveur d'une République sociale, que symbolise la Commune de Paris.

Le départ de Gambetta en ballon

Alors que les Prussiens assiègent Paris, Gambetta quitte la capitale en ballon pour tenter de lever une armée en province.

*Départ de Gambetta pour Tours sur l'*Armand-Barbès *le 7 octobre 1870*, Jules Didier et Jacques Guiaud, huile sur toile, 400 × 250 cm, 1872 (musée Carnavalet, Paris).

« Le gouvernement de Monsieur Thiers »

Le 10 mai 1871, Adolphe Thiers, qui a été nommé « chef du pouvoir exécutif à titre provisoire », signe un traité de paix avec l'Empire allemand. La France, qui perd l'Alsace et la Moselle, restera occupée jusqu'au paiement complet de la réparation colossale à laquelle elle est astreinte.

Avec le concours des Prussiens, Thiers écrase ensuite la Commune de Paris à la fin du mois de mai. La répression très sévère qui s'ensuit décapite la gauche pour de longues années, mais fonde également la légitimité d'une République modérée, capable de rétablir l'ordre.

Adolphe Thiers (1797-1877)

Partisan d'une monarchie parlementaire, Adolphe Thiers est deux fois président du Conseil durant la monarchie de Juillet. Il se rallie à la République en 1848 et joue ensuite un rôle important dans l'opposition à l'Empire. En février 1871, il est nommé par la Chambre « chef du pouvoir exécutif à titre provisoire » et s'engage à ne pas se prononcer sur la nature du régime. Après avoir écrasé la Commune de Paris, il devient le premier président de la IIIe République. En conflit avec la majorité monarchiste de la Chambre, il démissionne en 1873.

La Commune de Paris

En mars 1871, le gouvernement de Thiers, réfugié à Versailles, s'inquiète de l'agitation parisienne et décide de récupérer les canons de la garde nationale, financés par les Parisiens et entreposés sur la butte Montmartre. Cette tentative provoque une insurrection le 18 mars et l'élection à Paris, le 26, d'un gouvernement autonome favorable à une République sociale. Des mesures radicales sont prises, telles la séparation de l'Église et de l'État ou la mise en place d'une école gratuite, laïque et obligatoire.

Ce mouvement insurrectionnel, qui propose l'instauration d'une fédération de communes à travers la France, est réprimé par Thiers lors de la Semaine sanglante (21-28 mai 1871). Le bilan est très lourd : entre 20 000 et 30 000 Parisiens sont exécutés et 40 000 sont arrêtés. Plus de 4 000 d'entre eux sont ensuite déportés vers Cayenne ou la Nouvelle-Calédonie, dont l'institutrice Louise Michel, figure emblématique de la Commune de Paris.

Le mur des Fédérés

La Semaine sanglante s'achève par l'exécution de 147 communards par les troupes versaillaises contre le mur d'enceinte du cimetière du Père-Lachaise.

Le Cimetière du Père-Lachaise, dimanche 28 mai 1871, Henri Alfred Darjou, mine de plomb et lavis d'encre noire rehausssés de gouache blanche, XIXe siècle (musée Carnavalet, Paris).

« Y penser toujours, n'en parler jamais... » (Gambetta)

Après la défaite de 1871, la France doit abandonner l'Alsace et la Moselle à l'Allemagne. Ceux qui le souhaitent peuvent s'installer en France tandis que les autres sont soumis à une germanisation linguistique, architecturale, culturelle, etc. Peu à peu, les mouvements de contestation reculent dans ces régions.
En revanche, cette situation est très mal vécue en France. Sur les cartes destinées aux salles de classe, le géographe Paul Vidal de La Blache représente ces territoires en violet, la couleur du deuil. Retrouver ces territoires nourrit ainsi l'idée de revanche jusqu'en 1914.

Le 14 juillet devient la fête nationale

Dix ans après la proclamation de la IIIe République, l'adoption de symboles liés à la Révolution française témoigne de l'enracinement du régime dans le pays.

La difficile conquête de la République

Durant les premières années de la IIIe République, la Chambre est profondément divisée entre monarchistes et républicains. Les lois constitutionnelles de 1875 instaurent une République (cinq ans après sa proclamation !), mais laissent la porte ouverte à une révision qui permettrait une restauration monarchique.

Dans ce contexte, les républicains tentent de rallier les campagnes à la République. D'élection en élection ils progressent et en 1879, pour la première fois, un président républicain, Jules Grévy, est élu.

Enraciner la République

En 1879, *La Marseillaise* devient l'hymne national (► p. 247). Puis en 1880, le débat fait rage pour savoir quel événement célébrer dans le cadre d'une fête nationale. Les dates des Trois Glorieuses (► p. 270) ou de la proclamation de la République, le 4 septembre 1870, ne suscitent guère l'enthousiasme.

Le 14 juillet est finalement choisi, en double référence à la prise de la Bastille le 14 juillet (► p. 236) et à la fête de la Fédération le 14 juillet 1790, symbole unificateur et moins violent.

Le premier 14 Juillet

Le 14 juillet 1880, la fête nationale est célébrée pour la première fois : un défilé militaire symbolisant l'union des citoyens dans la défense de la patrie est organisé, suivi le soir de nombreux bals et festivités populaires.

Des libertés nouvelles permettent de faire des Français des citoyens

Les républicains votent, dans le prolongement des idées des Lumières (► p. 213), des lois destinées à permettre aux Français de jouer pleinement leur rôle de citoyens. Ainsi, en 1881, la liberté de réunion et la liberté de la presse sont instaurées : après avoir été étroitement contrôlées, les réunions, notamment politiques, sont autorisées, tandis que les journaux se multiplient. Les Français peuvent dès lors prendre part au débat politique en ayant pleinement conscience des enjeux.

M. C.*	Ire République	Consulat	Premier Empire	Restauration	Monarchie de Juillet
1789	1792	1799	1804	1814	1830

1789-1799
Révolution française

1805-1815
Conquêtes napoléoniennes

*Monarchie constitutionnelle

La République triomphante préside à la grande fête nationale du 14 juillet 1880

La personnification de la République assiste à la remise à l'armée des nouveaux drapeaux, ornés des lettres RF (« République française »). À l'arrière-plan sont célébrés l'anniversaire de la prise de la Bastille et, à travers le bateau qui symbolise le retour des exilés, l'amnistie des communards (► p. 287), décidée quelques jours auparavant pour sceller la réconciliation nationale.

Lithographie, 38 × 22 cm, 1880 (Archives nationales, Paris).

« Le 14 juillet, c'est la Révolution tout entière. C'est bien plus que le 4 août, qui est l'abolition des privilèges féodaux ; c'est bien plus que le 21 septembre, qui est l'abolition du privilège royal, de la monarchie héréditaire. C'est la victoire décisive de l'ère nouvelle sur l'Ancien Régime. »

Rapport du sénateur Henri Martin, 1880.

Les lois scolaires de Jules Ferry

En 1881-1882, des lois votées à l'initiative du ministre de l'Instruction publique, Jules Ferry, mettent en place une école gratuite, laïque et obligatoire de 6 à 13 ans. Ces lois permettent un accroissement de l'alphabétisation, même si la scolarisation a déjà beaucoup progressé depuis la loi Guizot de 1833 organisant l'enseignement primaire. L'école de la IIIe République a également vocation à inculquer à tous les enfants une même langue – le français – et non plus des patois, des connaissances historiques et géographiques ainsi que des valeurs communes.

1880 14 juillet, fête nationale

Second Empire | IIIe République

52 | 1870 | 1905

-1905 Expansion coloniale française

-1880 Première révolution industrielle en France

1880 Début de la deuxième révolution industrielle

1894-1906 Affaire Dreyfus

21 mars 1884

Les syndicats sont légalisés

En 1884, la loi Waldeck-Rousseau institue la liberté syndicale. Les ouvriers peuvent dès lors se regrouper pour revendiquer des améliorations de leurs conditions de travail et des augmentations de salaires.

Le droit de coalition : un premier jalon

Soucieux de lutter contre le paupérisme mais aussi de se ménager le soutien de la population ouvrière, Napoléon III accorde le droit de coalition en 1864. Les ouvriers ont alors la possibilité de faire grève, tant qu'ils ne portent pas atteinte à l'ordre public. Cesser le travail devient un moyen de revendiquer.

Le développement du mouvement ouvrier

Dans le prolongement des lois libérales du début des années 1880 (► p. 288), la loi Waldeck-Rousseau, du nom du ministre de l'Intérieur, autorise le 21 mars 1884 les associations professionnelles, sauf dans la fonction publique.

Cette loi permet au mouvement ouvrier, qui se reconstitue depuis l'amnistie des communards en 1880 (► p. 287), de se développer. La classe ouvrière s'organise, en particulier dans les métiers urbains, chez les mineurs et les cheminots. On compte ainsi un million de syndiqués en 1910.

Développement industriel et paupérisme

Au XIXe siècle, la France entre pleinement dans l'industrialisation (► p. 273) : une partie de plus en plus importante de la population travaille dans le secteur industriel, même si les paysans restent majoritaires. Cette évolution entraîne le développement du paupérisme. En raison de la faiblesse des salaires, les ouvriers habitent le plus souvent dans des logements exigus, voire insalubres, et une fois réglées les dépenses liées au logement et à l'alimentation, ils n'ont plus rien à consacrer à l'épargne ou aux loisirs.

Le mouvement se structure

Les syndicats s'unissent en 1895 dans le cadre de la Confédération générale du travail (CGT), qui regroupe 334 000 membres en 1910. Les revendications ouvrières prennent de l'ampleur, et les années 1890 et 1900 sont marquées par de grands mouvements sociaux comme la grève générale des mineurs en 1902, suivie par 108 000 ouvriers, ou la révolte des vignerons du Languedoc en 1907.

La grève des cheminots de 1910

Malgré les moyens déployés, le mouvement échoue : les revendications des cheminots ne sont guère satisfaites et plus de 2 000 d'entre eux sont révoqués.

Jules Grandjouan, affiche réalisée pour le syndicat national des chemins de fer, 1910 (musée d'Histoire contemporaine, Paris).

M. C.*	Ire République	Consulat	Premier Empire	Restauration	Monarchie de Juill
1789 1792	1799	1804	1814	1830	

1789-1799 **Révolution française**

1805-1815 **Conquêtes napoléoniennes**

*Monarchie constitutionnelle

La fusillade de Fourmies

Le 1er mai 1891, la grève organisée à Fourmies, ville textile du nord de la France, vire au drame : la troupe tire sur la foule et fait neuf morts, dont quatre jeunes femmes et un enfant.

Gravure d'après photographie parue dans *L'Illustration*, 9 mai 1891 (bibliothèque des Arts décoratifs, Paris).

DICAT NATIONAL DES CHEMINS DE FER
IC APPREND QUE CHAQUE SEMAINE
CCIDENTS DE TRAVAIL TUENT
DES NÔTRES ET EN BLESSENT QUINZE
HAIR À TAMPON EST POUR RIEN
JS AVONS DES SALAIRES DÉRISOIRES
BLIC, SOIS SYMPATHIQUE À TOUT CE QUE NOUS
S TENTER POUR AMÉLIORER NOTRE SORT
MÊME ASSURER TA SÉCURITÉ. »

Le 1er mai, journée internationale du travail

Le 1er mai 1886, aux États-Unis, des centaines de milliers d'ouvriers font grève pour obtenir la réduction de la durée de la journée de travail à huit heures. À Chicago, la manifestation se prolonge et s'achève par des violences qui font des morts parmi les ouvriers et les policiers. En 1889, par solidarité avec les victimes de Chicago, la IIe Internationale (► p. 323) adopte le 1er mai comme jour de manifestation et fait sienne la demande de la semaine de 48 heures – seul le dimanche est alors chômé. Pour les travailleurs du monde entier, le 1er mai devient un jour de revendication.

1884 **Légalisation des syndicats**

Second Empire | **IIIe République**

52 — 1870 — 1905

0-1905 Expansion coloniale française

0-1880 Première révolution industrielle en France

1880 Début de la deuxième révolution industrielle

1894-1906 Affaire Dreyfus

1885

Louis Pasteur découvre le vaccin contre la rage

Le 6 juillet 1885, Louis Pasteur vaccine un jeune Alsacien qui a été mordu par un chien. Cette première a un retentissement considérable : elle transforme en profondeur la médecine et les sciences vétérinaires.

Les ravages des épidémies au XIXe siècle

Après avoir perdu trois de ses enfants, morts du choléra et de la typhoïde, le physicien et chimiste Louis Pasteur se spécialise au cours des années 1870 dans la lutte contre les maladies infectieuses, encore très meurtrières.

Deux idées fondatrices et une méthode expérimentale

Les travaux de Pasteur sont basés sur deux idées : l'une, bien connue depuis l'Antiquité, repose sur le constat selon lequel un patient ne peut pas attraper une seconde fois une maladie contagieuse dont il a guéri ; l'autre, tirée de ses propres recherches, suppose que ce sont des germes qui sont responsables des épidémies.

Dans son laboratoire, il identifie tout d'abord des microbes à l'origine de certaines maladies frappant les animaux, puis il en obtient des formes plus faibles qui, **inoculées*** à des poules, des porcs ou des moutons, les protègent.

> *« Dans les champ de l'observation, le hasard ne favorise que les esprits préparés... »*
>
> Louis Pasteur, 7 décembre 185

Le vaccin contre la rage

Le 6 juillet 1885, Pasteur inocule à un jeune Alsacien, Joseph Meister, qui a été mordu par un chien peut-être enragé, un vaccin qu'il a fabriqué dans son laboratoire. C'est la première fois qu'il utilise ce procédé pour un homme.

Cet essai réussi est révolutionnaire. Même si certains mettent en cause son efficacité, notamment car Pasteur n'est pas médecin, les études portant sur les vaccins se multiplient par la suite puis des campagnes de vaccination systématiques sont menées. Le choléra, la diphtérie, le tétanos, la variole, etc. qui provoquaient de redoutables épidémies sont ainsi progressivement endigués.

*** Introduites dans l'organisme.**

Hygiène et santé

Le second XIXe siècle est marqué par un fort accroissement démographique en Europe, où la population (Russie exclue) passe de 209 à 395 millions. Cette augmentation est liée non seulement aux progrès de la médecine (campagnes de vaccination) mais aussi à une évolution des mentalités. Ainsi, une attention de plus en plus grande est portée au corps (gymnastique, alimentation...).

M. C.*	Ire République	Consulat	Premier Empire	Restauration	Monarchie de Juill
1789	1792	1799	1804	1814	1830

1789-1799 Révolution française

1805-1815 Conquêtes napoléoniennes

*Monarchie constitutionnelle

178 DE NAPOLÉON A AUJOURD'HUI

Vous voyez que l'homme peut faire bien des choses qu'il ne pouvait faire autrefois. Il règne sur la terre, sur l'eau et dans l'air.

6. Pasteur. — Vous avez tous été *vaccinés*. Le vaccin vous empêche d'avoir la petite vérole.

PASTEUR FAIT VACCINER UN ENFANT MORDU PAR UN CHIEN ENRAGÉ.

C'est une maladie terrible. Autrefois, presque tous ceux qui en étaient atteints mouraient.

Un grand homme, *Pasteur*, qui est mort il y a quelques années, a inventé un vaccin contre la rage.

Autrefois, ceux qui étaient mordus par des chiens enragés avaient la *rage*. Ils souffraient atrocement et mouraient en hurlant dans des convulsions.

Voyez l'image. On conduit chez Pasteur un enfant qui a été mordu par un chien enragé. C'est un brave garçon, cet enfant-là. Il a été mordu en se battant contre un chien pour l'empêcher de mordre ses camarades. Il est debout devant un médecin assis qui le vaccine. Derrière lui, on lui tient les bras pour qu'il ne bouge pas.

Pasteur, un grand homme

La portée de ses recherches est telle que Louis Pasteur est très vite évoqué dans les manuels scolaires parmi les grandes figures de l'histoire de France, comme Vercingétorix ou Louis XIV.

Ernest Lavisse, *Histoire de France : cours élémentaire*, Paris, A. Colin, 1913, p. 178.

Marie Curie (1867-1934)

À la fin du XIXe siècle et au début du XXe siècle, la recherche scientifique progresse très rapidement dans des domaines variés. De nombreux scientifiques français s'illustrent, au premier rang desquels la physicienne et chimiste d'origine polonaise Marie Curie. Elle étudie avec son mari, Pierre Curie, la radioactivité, ce qui leur vaut de se voir décerner, conjointement avec Henri Becquerel, le prix Nobel de physique en 1903. Puis elle reçoit en 1911 le prix Nobel de chimie pour ses recherches sur le polonium et le radium.

Marie Curie dans son laboratoire

1885 Découverte du vaccin contre la rage

Second Empire | IIIe République

352 — 1870 — 1905

30-1905 Expansion coloniale française

30-1880 Première révolution industrielle en France

1880 Début de la deuxième révolution industrielle

1894-1906 Affaire Dreyfus

1894-1906

L'affaire Dreyfus

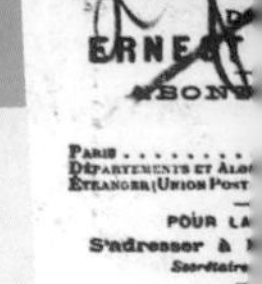

En 1894, Alfred Dreyfus, un capitaine alsacien de confession juive, est reconnu coupable d'espionnage. Rapidement, cette condamnation étayée par de fausses preuves devient une affaire d'État.

D'une banale affaire d'espionnage…

La condamnation de Dreyfus

Le 15 octobre 1894, le capitaine Alfred Dreyfus est arrêté ; il est accusé d'avoir livré à l'Allemagne des informations sur l'armement français. Son procès devant un conseil de guerre, instruit à charge dans un climat violemment antisémite et sans respect des droits de la défense, aboutit à sa condamnation pour trahison et espionnage. Il est dégradé et déporté sur l'île du Diable, au large de la Guyane.

En 1896, le lieutenant-colonel Picquart, nouveau chef du service des renseignements du ministère de la Guerre, découvre que le coupable n'est pas Dreyfus mais le commandant d'infanterie Esterházy. Après s'en être ouvert à sa hiérarchie, Picquart est muté en Tunisie.

Le triomphe de la raison d'État

La famille de Dreyfus puis le vice-président du Sénat multiplient les démarches pour faire reconnaître l'innocence du capitaine. Néanmoins, le 11 janvier 1898, le conseil de guerre acquitte Esterházy malgré les preuves accablantes réunies contre lui. La raison d'État semble avoir triomphé.

La République face aux crises

Plusieurs crises ont secoué la IIIe République dans les années 1880-1890.
En 1886-1889, le général Boulanger, surnommé le « général Revanche », fédère de très nombreux mécontents. Favorable à un renforcement du pouvoir exécutif, il est poussé par ses partisans à marcher sur l'Élysée, mais il s'y refuse, fidèle au légalisme.
Par ailleurs, des « affaires » éclaboussent des hommes politiques de tout bord. Ainsi, le scandale des décorations conduit en 1887 à la démission du président Jules Grévy, et celui du canal de Panama révèle en 1892 la corruption de nombreux parlementaires. Du fait de la confession religieuse de certains des mis en cause, un fort regain d'antisémitisme marque la fin des années 1890.

Cinq Centimes

JEUDI 13 JANVIER 1898

L'AURORE

Littéraire, Artistique, Sociale

Directeur
ERNEST VAUGHAN

LES ANNONCES SONT REÇUES :
142 — Rue Montmartre — 142
AUX BUREAUX DU JOURNAL

Les manuscrits non insérés ne sont pas rendus

ADRESSER LETTRES ET MANDATS :
à M. A. BOUIT, Administrateur

Téléphone : 102-88

J'Accuse...!

AU PRÉSIDENT DE LA RÉPUBLIQUE

Par ÉMILE ZOLA

des papiers disparaissaient, … il en disparaît aujourd'hui en… et l'auteur du bordereau était …ché, lorsqu'un *a priori* se fit …peu que cet auteur ne pouvait …'un officier de l'état-major, et …icier d'artillerie : double er… …anifeste, qui montre avec quel superficiel on avait étudié ce …eau, car un examen raisonné …re qu'il ne pouvait s'agir que …ficier de troupe. On cherchait …ns la maison, on examinait

Est-ce donc vrai, les choses indicibles, les choses dangereuses, capables de mettre l'Europe en flammes, qu'on a dû enterrer soigneusement derrière ce huis clos ? Non ! il n'y a eu, derrière, que les imaginations romanesques et démentes du commandant du Paty de Clam. Tout cela n'a été fait que pour cacher le plus saugrenu des romans-feuilletons. Et il suffit, pour s'en assurer, d'étudier attentivement l'acte d'accusation lu devant le conseil de guerre.

profondément, s'inquiètent, cherchent, finissent par se convaincre de l'innocence de Dreyfus.

Je ne ferai pas l'historique des doutes, puis de la conviction de M. Scheurer-Kestner. Mais, pendant qu'il fouillait de son côté, … graves à l'état-… lonel Sandherr … lieutenant-colone… succédé comme … renseignements

avec lui une correspondance amicale. Seulement, il est des secrets qu'il ne fait pas bon d'avoir surpris.

A Paris, la vérité marchait, irrésistible, et l'on sait de quelle façon l'orage attendu éclata. M. Mathieu Drey-

conseil de guerre déferait ce qu'un conseil de guerre avait fait ?

Je ne parle même pas du choix toujours possible des juges. L'idée supérieure de discipline, qui est dans le sang de ces soldats, ne suffit-elle à in… …ouvoir même d'équité ? …pline dit obéissance. …inistère de la guerre, … établi publiquement

Lettre ouverte d'Émile Zola, *L'Aurore*, 13 janvier 1898

Pour avoir publié ce texte, Zola est poursuivi pour diffamation. Il est condamné en juillet 1898 à un an de prison ferme et radié de la Légion d'honneur. Il s'exile alors en Angleterre.

Deux jours plus tard, l'écrivain Émile Zola publie en première page du journal de Georges Clemenceau, *L'Aurore*, une lettre ouverte au président de la République intitulée « J'accuse ». Il y dénonce la malhonnêteté de l'état-major et du ministre de la Guerre. Le journal se vend à 300 000 exemplaires et le texte de Zola est affiché dans les rues.

En août 1898, la révélation de l'existence d'un faux ayant servi à condamner Dreyfus et le suicide de son auteur en prison exacerbent les passions.

> « *Pas de huis clos ! Pas de ténèbres !*
> *Au plein jour la justice ! Au plein jour la révision pour le salut de l'innocent, pour le châtiment des coupables, pour l'enseignement du peuple, pour l'honneur de la Patrie !* »
>
> Jean Jaurès, *Les Preuves*, 1898.

Dreyfusards contre antidreyfusards

Les « dreyfusards » refusent que la liberté et la justice soient bafouées au nom de la raison d'État. Au contraire, pour les « antidreyfusards », mieux vaut taire la vérité que de mettre en cause l'armée, en particulier dans un contexte où l'idée d'une revanche contre l'Allemagne reste présente (► p. 287).

D'une affaire d'espionnage, le cas de Dreyfus devient ainsi un combat d'idées qui divise en profondeur la classe politique et la société françaises.

... à l'« affaire »

Des affrontements violents

Les antidreyfusards adoptent des positions nationalistes, antisémites et antirépublicaines d'autant plus dures que le nouveau président de la République, Émile Loubet, est partisan d'une révision du procès de Dreyfus. Le 23 février 1899, Paul Déroulède tente ainsi un coup d'État contre la République puis en juin Loubet est agressé physiquement.

La « défense républicaine »

En réaction, le nouveau président du Conseil, Pierre Waldeck-Rousseau, forme le 22 juin 1899 un cabinet de « défense républicaine » afin de rétablir l'ordre dans le respect de la République.

En 1899, un nouveau procès est organisé. Dreyfus est reconnu coupable de trahison, mais avec des circonstances atténuantes, avant que le président Loubet ne lui accorde sa grâce. Dreyfus rentre alors en France. Une nouvelle révision aboutit à sa réhabilitation le 12 juillet 1906 et à sa réintégration dans l'armée.

La naissance des intellectuels

Avec l'engagement d'Émile Zola lors de l'affaire Dreyfus, l'adjectif « intellectuel » prend un sens nouveau et devient un substantif. Il est utilisé au départ de façon péjorative par les antidreyfusards pour critiquer les articles publiés en faveur de Dreyfus par des hommes de lettres. Même si de telles prises de position ne sont pas nouvelles – ainsi Voltaire et l'affaire Calas au XVIIIe siècle (► p. 214) –, le terme « intellectuel » rentre alors dans le vocabulaire courant. Globalement, la conception de la place de l'artiste évolue : l'idée qu'il doit s'engager, jouer un rôle dans la sphère publique et notamment défendre des causes ou des valeurs est désormais admise et même valorisée.

Une transformation profonde du jeu politique

Un nationalisme antisémite, porté notamment par le mouvement d'extrême droite l'Action française, s'enracine, tandis qu'en regard se développe l'anticléricalisme des républicains, du fait de l'engagement massif des catholiques contre Dreyfus.

Néanmoins, malgré la violence des affrontements, la République sort renforcée de cette nouvelle crise.

Zola et Goliath

Armé d'un simple lance-pierre, Émile Zola défend la Justice, implorante, face à l'armée qui, sous les traits du géant Goliath, s'oppose à la vérité.

F.-T. Richards, dessin paru dans le magazine *Life*, New York, 24 février 1898.

UN DINER EN FAMILLE

– Surtout ! ne parlons pas de l'affaire Dreyfus !

... Ils en ont parlé ...

La société française divisée

L'affaire Dreyfus suscite des passions, y compris au sein des familles. Elle remet également en cause les clivages traditionnels. En effet, alors que la question de la nature du régime a structuré l'opposition entre droite et gauche pendant les premières décennies de la IIIe République (► p. 288), l'« affaire » fait émerger de nouvelles lignes de fracture.

Caran d'Ache, dessin paru dans *Le Figaro*, 14 février 1898.

La loi de 1901 sur les associations

Le cabinet Waldeck-Rousseau fait voter le 1er juillet 1901 une loi sur la liberté d'association. Complétant celles du début des années 1880 (► p. 288 et 290), elle permet, moyennant une déclaration préalable, la création de regroupements à but non lucratif. Les congrégations – associations de religieux qui ont prononcé un vœu d'obéissance –, au cœur de la politique anticléricale du cabinet de « défense républicaine », en sont exclues.
Cette loi participe également d'une modernisation de la vie politique en rendant possible la création de partis. C'est ainsi que le Parti radical est fondé en 1901, puis la Section française de l'Internationale ouvrière (SFIO) en 1905 (► p. 322).

28 décembre 1895

Les frères Lumière organisent une projection payante de cinéma

Le Voyage dans la Lune

Georges Méliès réalise en 1902 le premier film de science-fiction, *Le Voyage dans la Lune*. Sur cette image restée célèbre, la fusée atterrit dans l'œil de la Lune.

Inventé par Auguste et Louis Lumière dans les dernières années du XIXe siècle, le cinéma rencontre tout de suite un grand succès. Il témoigne à la fois des innovations technologiques de la Belle Époque et de l'apparition d'une société de loisirs.

L'invention du cinématographe

En 1891, l'Américain Thomas Edison invente un procédé qui révolutionne le domaine de la photographie. S'inscrivant dans le prolongement des progrès réalisés tout au long du XIXe siècle, il met au point le kinetoscope grâce auquel il est possible de regarder à travers une visionneuse des images en mouvement. Cet appareil est concurrencé dès 1895 par l'invention du cinématographe par les Français Louis et Auguste Lumière, lequel permet de projeter des images animées.

La première projection payante

Le 28 décembre 1895, le public se bouscule pour assister à la séance organisée dans le Salon indien du Grand Café, boulevard des Capucines à Paris. Plusieurs films en noir et blanc de courte durée, montrant des scènes de la vie quotidienne, sont présentés, dont *La Sortie de l'usine Lumière à Lyon*, *L'Arroseur arrosé* et *Le Repas de bébé*.

Le succès du cinéma

Cette invention séduit d'emblée le public. Ainsi, alors que le cinéma est au départ itinérant, les salles se multiplient devant le succès rencontré et les cinémas français enregistrent près de dix millions d'entrées en 1909.

Très vite, de nombreux films sont tournés. Les frères Lumière forment des opérateurs qui rapportent de leurs voyages les premiers documentaires. En parallèle, l'art cinématographique se développe sous l'impulsion notamment de Georges Méliès qui réalise les premiers films de fiction.

Naissance et évolution du cinéma

1895	Les frères Lumière déposent le brevet de l'invention du cinéma et organisent la première séance payante au Grand Café à Paris.
1908	Pathé est la plus grande firme cinématographique du monde.
Années 1910	Hollywood devient le principal centre de production de films.
1911	Le Gaumont-Palace est inauguré à Paris ; la salle peut accueillir jusqu'à 6 000 personnes.
1914	Paris compte 118 salles de cinéma.
1927	Le cinéma devient parlant.
1935	Le premier film en couleur est tourné.
1952	Le cinéma en relief est inventé.

L'Arroseur arrosé

Un public varié assiste, enthousiaste, à la représentation de l'un des premiers films des frères Lumière, *L'Arroseur arrosé*. Le cinéma est au départ muet et les représentations sont parfois accompagnées par un pianiste ou un chanteur dont la musique souligne l'action.

Marcelin Auzolle, affiche, 1896.

Projection des frères Lumière **1895**

...	Second Empire	IIIe République
	1852	1870 — 1905

1830-1905 Expansion coloniale française

1830-1880 Première révolution industrielle en France

1880 Début de la deuxième révolution industrielle

1894-1906 Affaire Dreyfus

1900

Une Exposition universelle est organisée à Paris

En 1900, Paris accueille pour la cinquième fois l'Exposition universelle. Celle-ci est l'occasion de montrer la puissance de la France de la Belle Époque.

La deuxième révolution industrielle à l'honneur

Depuis 1851, les grandes capitales européennes organisent à tour de rôle des expositions universelles et montrent de la sorte leur capacité d'innovation.

> « *Je suis persuadé que le vingtième siècle verra luire un peu plus de fraternité sur un peu moins de misères.* »
>
> Émile Loubet, président de la République, lors de l'inauguration de l'Exposition universelle de 1900.

L'Exposition universelle de 1900 présente les nouveautés technologiques de la deuxième révolution industrielle (► p. 273). Elle célèbre notamment les transformations dans le domaine de la métallurgie et de l'énergie. La « Fée électricité » y est à l'honneur : la tour Eiffel, qui avait été édifiée pour l'Exposition universelle de 1889, est parée d'un phare et la capitale est illuminée la nuit.

Plus largement, les dernières découvertes dans tous les domaines sont exposées. La galerie des Machines présente aussi bien des machines-outils que des attractions cinématographiques (► p. 298).

La transformation de Paris

Trois nouvelles gares, dont celle d'Orsay, sont construites pour permettre l'afflux des visiteurs, tandis qu'un métropolitain est inauguré afin de faciliter leur circulation dans la ville.

De nombreux monuments sont édifiés. Le Grand et le Petit Palais font de Paris une capitale pouvant recevoir des expositions artistiques et industrielles, et le pont Alexandre-III, arche métallique qui enjambe la Seine, célèbre à la fois les capacités techniques françaises et l'alliance diplomatique qui vient d'être conclue avec la Russie.

Le métropolitain

Longuement débattue, l'idée de construire un réseau ferré métropolitain à Paris est finalement retenue deux ans avant l'Exposition universelle. L'ingénieur Fulgence Bienvenüe mène à bien ce projet dans des délais très courts : une première ligne, qui relie la porte de Vincennes à la porte Maillot, est inaugurée le 19 juillet 1900. Puis le réseau se développe très rapidement : il atteint 92 kilomètres de voies en 1914 et transporte alors près de 500 millions de voyageurs par an.

M. C.* | Iʳᵉ République | Consulat | Premier Empire | Restauration | Monarchie de Juillet

1789 1792 1799 1804 1814 1830

1789-1799 Révolution française

1805-1815 Conquêtes napoléoniennes

*Monarchie constitutionnelle

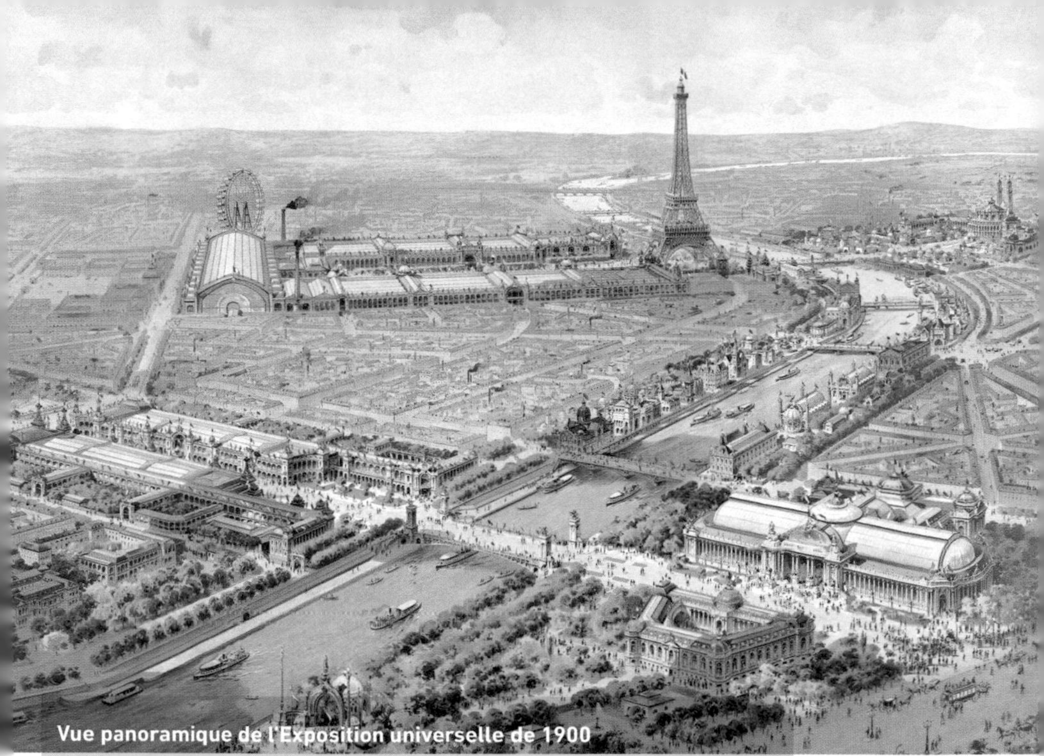

Vue panoramique de l'Exposition universelle de 1900

Des trottoirs roulants sont installés le long des quais pour permettre aux 50 millions de visiteurs de déambuler plus facilement entre les multiples attractions et pavillons installés sur les quais de la Seine, des Invalides au Champ-de-Mars.

Lucien Baylac, lithographie, 1900 (Library of Congress, Washington).

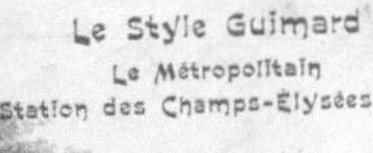

Le Style Guimard
Le Métropolitain
Station des Champs-Élysées

Une station de métropolitain

À la suite d'un concours d'architectes pour les entrées des stations de métro, le projet d'Hector Guimard, représentatif de l'Art nouveau, est retenu.

Carte postale colorisée, vers 1900.

Une Belle Époque ?

L'expression « Belle Époque » apparaît aux lendemains de la Première Guerre mondiale. Empreinte d'une certaine nostalgie, elle ne décrit pas de façon très exacte la période. En effet, si à l'articulation des XIXe et XXe siècles la France connaît une phase de prospérité et de croissance très importante, elle reste néanmoins largement rurale et se situe loin derrière les États-Unis, l'Allemagne et le Royaume-Uni dans le classement des puissances industrielles. En outre, les progrès ne profitent pas à tous, comme en témoignent les grèves parfois très dures des années 1900 (► p. 290).

Exposition universelle de Paris 1900

Second Empire | **IIIe République**

1852 — 1870 — 1905

1830-1905 Expansion coloniale française

1830-1880 Première révolution industrielle en France

1880 Début de la deuxième révolution industrielle

1894-1906 Affaire Dreyfus

1904

La France signe l'Entente cordiale avec le Royaume-Uni

La fin du XIXe siècle et la première décennie du XXe siècle sont marquées en Europe par la mise en place de deux grands réseaux d'alliances qui redessinent les relations internationales.

La Triple Alliance

Après la défaite française de Sedan en 1870 (► p. 284), le chancelier Otto von Bismarck met en place un réseau d'alliances en Europe centrale autour de l'Empire allemand, la Triple Alliance ou Triplice. Des traités sont ainsi signés en 1882 avec l'Empire austro-hongrois et l'Italie dans le but, notamment, d'isoler la France et de rendre sa revanche impossible (► p. 287).

La Triple Entente

Théophile Delcassé, ministre des Affaires étrangères français, cherche à contrecarrer cette politique. Il poursuit d'une part le rapprochement initié en 1891 avec la Russie, laquelle, en pleine industrialisation, a besoin des capitaux français. Surtout, il est l'un des artisans de l'Entente cordiale signée en 1904 entre la France et le Royaume-Uni malgré la rivalité coloniale qui les oppose. Pour Londres, il s'agit de se prémunir contre une puissance allemande en expansion dans les domaines industriel, maritime et colonial. Ces rapprochements sont complétés par un pacte secret conclu en 1907 entre la Russie et le Royaume-Uni. La Triple Entente est constituée.

Des tensions européennes

Bien qu'alliées, l'Autriche et l'Italie divergent sur la question des terres irrédentes qui, telles l'Istrie ou la Dalmatie, sont sous influence autrichienne quoique peuplées d'Italiens. C'est la raison pour laquelle l'Italie se détache de la Triplice et signe un pacte secret avec la France en 1902, puis avec la Russie en 1909.

De leur côté, la France et l'Allemagne se heurtent à plusieurs reprises au sujet de leurs possessions coloniales tandis que la Russie, s'opposant à la politique de domination que l'Autriche-Hongrie mène dans les Balkans majoritairement peuplés de Slaves, s'allie à la Serbie.

La crise de Fachoda

En 1898, la France et la Grande-Bretagne se heurtent à Fachoda au Soudan. Les Britanniques s'opposent aux velléités d'expansion des Français sur les rives du Haut-Nil car elles remettent en cause leur domination sur l'Égypte et leur projet de liaison Le Caire-Le Cap. Ils menacent d'attaquer l'expédition française. Face à l'ultimatum britannique, les Français cèdent.

Le Petit Journal, 20 novembre 1898.

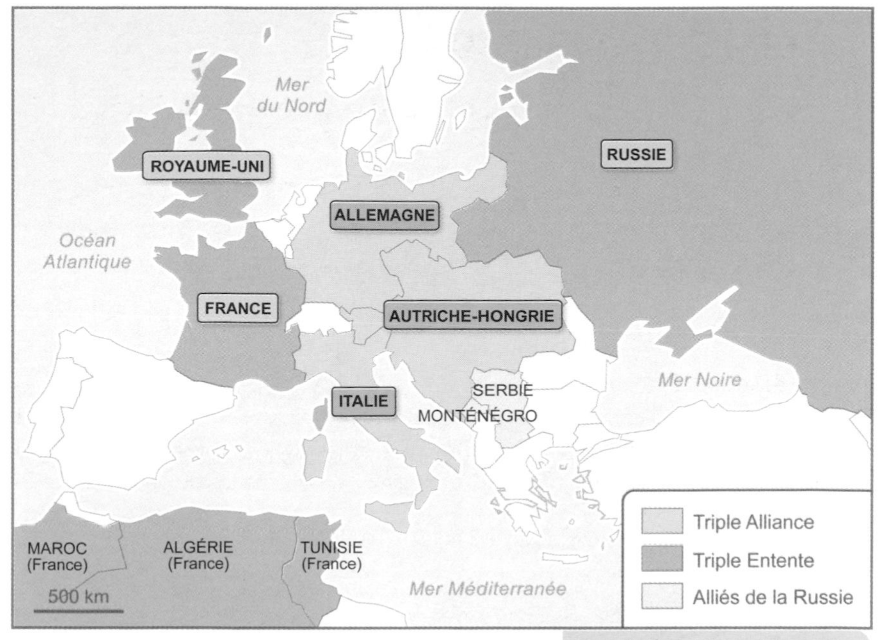

Les alliances militaires à la veille de la Première Guerre mondiale

Les crises marocaines

Contrainte de renoncer à ses prétentions en Égypte, la France tente d'imposer sa mainmise sur le Maroc au début du XXe siècle. Cherchant à étendre un empire colonial encore peu développé, le Reich allemand s'y oppose.

Cette question est source de tensions internationales en 1905 puis en 1911. À cette date, Guillaume II envoie une canonnière dans la baie d'Agadir. La France et la Grande-Bretagne, alliées au sein de l'Entente cordiale, font alors front commun contre l'Allemagne. La guerre est évitée de peu.

Entente cordiale 1904

Second Empire | IIIe République

1852 — 1870 — 1905

1830-1905 Expansion coloniale française

1830-1880 Première révolution industrielle en France

1880 Début de la deuxième révolution industrielle

1894-1906 Affaire Dreyfus

1905

La loi de séparation des Églises et de l'État est votée

Les républicains sont partisans d'une laïcisation* de l'État et de la vie sociale. Le vote en 1905 de la loi de séparation des Églises et de l'État constitue une étape majeure de cette évolution.

Une offensive laïcisante

« *On ne vous demande pas de faire contre l'Église une loi de persécution ou de ruse.* »

Aristide Briand à la Chambre des députés, 1905.

En 1901, le cabinet Waldeck-Rousseau fait voter la loi sur la liberté d'association dans le but, notamment, de contrôler les congrégations religieuses (► p. 297). Cette politique est durcie avec l'arrivée au pouvoir en 1902 d'Émile Combes, un ancien séminariste devenu partisan d'un anticléricalisme radical. En 1904, la France rompt ses relations diplomatiques avec le Vatican, ce qui rend caduque le concordat de 1804 et dès lors obligatoire une séparation des Églises et de l'État.

Établir des relations pacifiées

Après la chute du ministère Combes, le modéré Aristide Briand est nommé rapporteur de ce projet de loi et, en 1905, un texte de compromis est adopté.

La liberté de conscience est reconnue : chacun est libre de choisir et de pratiquer sa religion tant que cela ne perturbe pas l'ordre public. Néanmoins, le budget des cultes est supprimé : l'État ne salarie plus ni les prêtres, ni les pasteurs, ni les rabbins. Les bâtiments religieux restent la propriété de la nation, mais ils sont laissés à la disposition d'associations cultuelles.

Juifs, protestants et catholiques face à la loi

Si les juifs et les protestants se plient dès le 1er janvier 1906 aux obligations de la loi, les catholiques, obéissant aux directives du Vatican, s'y opposent. Ils refusent ainsi de créer les associations cultuelles qui doivent recevoir la jouissance des bâtiments et en être responsables. Dans certains cas, ils entravent aussi les inventaires des biens des Églises réalisés par les autorités publiques.

Les inventaires

Les oppositions aux inventaires sont généralement pacifiques. À Cominac, en Ariège, le curé, protégé par des ours, lit un texte en guise de protestation. Parfois cependant, des échauffourées opposent les manifestants aux forces de l'ordre.

Carte postale, 1906 (Archives départementales de l'Ariège).

* Exclusion des Églises du pouvoir politique, de l'administration et de l'enseignement.

M. C.*	Ire République	Consulat	Premier Empire	Restauration	Monarchie de Juillet
1789 1792	1799	1804	1814	1830	

1789-1799 Révolution française

1805-1815 Conquêtes napoléoniennes

*Monarchie constitutionnelle

La laïcisation de la société et de l'État dans les années 1880

1880	Suppression de l'obligation du repos dominical.
1881	Abolition du caractère confessionnel des cimetières.
1882	Instauration de la laïcité de l'école à l'initiative du ministre de l'Instruction publique Jules Ferry. Le catéchisme n'y est plus enseigné.
1884	Loi Naquet rétablissant le divorce.
1884	Suppression des prières publiques à l'ouverture de la session parlementaire.
1886	Loi Goblet interdisant aux religieux d'enseigner dans les établissements d'enseignement primaire publics.
1889	Suppression de la dispense du service militaire dont bénéficiaient les séminaristes – ce que résume l'expression « Les curés sac au dos ».

L'anticléricalisme

L'obscurantisme du clergé et la place qu'il occupe dans la société sont ici dénoncés. Représenté sous les traits d'une chauve-souris qui cache le soleil, un ecclésiastique tient dans ses serres et enveloppe de sa cape le Sacré-Cœur de Montmartre, basilique dont l'édification a été déclarée d'utilité publique durant la période de l'« ordre moral » (1873-1877).

Affiche pour la revue *La Lanterne*,1902.

Loi de séparation des Églises et de l'État 1905

Second Empire | **IIIe République**

1852 — 1870 — 1905

1830-1905 Expansion coloniale française

1830-1880 Première révolution industrielle en France

1880 Début de la deuxième révolution industrielle

1894-1906 Affaire Dreyfus

Le XXe siècle

De 1914 à nos jours

Le XXe siècle est celui de l'enracinement de la démocratie, dont la pratique, mis à part durant le régime de Vichy, est continue. Elle est étendue aux femmes qui deviennent électrices et éligibles en 1944. Elle se fait sociale à partir de 1945 avec la naissance puis le développement de l'État-providence, afin de pallier les insuffisances de l'État apparues dans les années 1930.

Mais avec les difficultés, dues aux chocs pétroliers des années 1970 et à la crise financière depuis 2008, se pose la question de la réforme de ce modèle.

Libération de Paris, le général Charles de Gaulle (1890-1970) descendant les Champs-Élysées, 25 août 1944 (photographe français, Archives de Gaulle, Paris).

Une mutation profonde de la société

Si la natalité n'évolue pas de façon linéaire, la société se modernise tout au long du XXe siècle. La population active se féminise, tandis que le poids de la famille ou de l'Église diminue peu à peu. La loi a pris acte de ces processus avec par exemple la légalisation de l'interruption volontaire de grossesse (IVG) en 1974, la création du Pacte civil de solidarité (Pacs) en 1999 puis l'instauration du mariage pour les couples de personnes de même sexe en 2013. Parallèlement, les transformations profondes de l'économie ont conduit à un recul de l'agriculture et de l'industrie et à un développement du secteur tertiaire. L'État a accompagné ce mouvement : son rôle dans l'orientation et l'organisation de l'économie s'est accru de la Seconde Guerre mondiale au début des années 1980.

La France, une puissance internationale ?

La France sort victorieuse des deux guerres mondiales, posant avec les autres Alliés les bases de la paix en 1918 puis en 1945. Mais la seconde moitié du XXe siècle est marquée par une évolution de son rôle sur la scène internationale : la décolonisation la prive de l'assise que lui donnait son empire colonial, tandis que la guerre froide conduit à redéfinir l'équilibre des puissances autour de deux Grands, les États-Unis et l'Union des républiques socialistes soviétiques (URSS), puis des seuls États-Unis à partir de 1991. À l'échelle de l'Europe en revanche, la France conserve un rôle actif et, si la francophonie a perdu du terrain, les grandes institutions internationales telle l'Organisation des Nations unies (ONU) demeurent des tribunes où elle peut exposer ses vues.

Représentative par de nombreux aspects des évolutions des démocraties occidentales au XXe siècle, la France a également tracé tout au long de ce siècle son chemin particulier.

1914
Entrée en guerre

28 juin 1919
Traité de Versailles

1931
Exposition coloniale internationale

6 février 1934
Manifestation des ligues à Paris

1936
Victoire du Front populaire

IIIe République

914

1940

1914-1918
Première Guerre mondiale

1939-1945
Seconde Guerre mondiale

1916
Bataille
Verdun

1917
La lassitude s'empare des Français

1920
Congrès de Tours

1925
Joséphine Baker à Paris

1938
Accords de Munich

18 juin 1940
Appel du général de Gaulle

16-17 juillet 1942
Rafle du Vel' d'Hiv'

1943
Fondation
du Conseil national
de la Résistance

6 juin1944
Débarquement
en Normandie

7 mai 1954
Bataille de Diên Biên Phu

1957
Traités de Rome

13 mai 1958
Putsch d'Alger

1962
Accords d'Évian

Vichy | GPRF* | IVe République

1940 1944 1945 1958

1939-1945
Seconde
Guerre
mondiale

1946-1962 Décolonisation

1947-1991 Guerre froide

Depuis 1948 Construction européenne

* Gouvernement provisoire de la République française

1er février 1954
Appel de l'abbé Pierre

1955
Commercialisation de la DS

1944-1946
Libération et rétablissement
de la République

1959
Salut
les copains

1958-1962
Mise en place
de la Ve République

1968
Mai 68

10 mai 1981
Élection
de François Mitterrand
à la présidence
de la République

24 octobre 2016
Démantèlement
de la « jungle »
de Calais

1980
Mort de
Jean-Paul
Sartre

1986
Première cohabitation

14 juillet 2016
Attentat à Nice

1988
Création du RMI

2012
Début d'une politique
sociale-démocrate

Ve République

1992
Traité de Maastricht

1998
Loi sur les 35 heures

7 mai 2017
Élection
d'Emmanuel
Macron
à la présidence
de la République

1974
Légalisation
de l'IVG

1er janvier 2002
L'euro devient
la monnaie européenne

21 avril 2002
Jean-Marie Le Pen au second tour
de l'élection présidentielle

2003
La France s'oppose aux États-Unis
sur l'intervention en Irak

2007-2010
Réforme de l'État

973
'remier
hoc pétrolier

2008
Ratification du traité de Lisbonne

1914-1916

La France entre dans la Première Guerre mondiale

Le 1er août 1914, la France s'engage, du fait du jeu des alliances, dans la Première Guerre mondiale. C'est un conflit d'un genre nouveau, une guerre totale, dans laquelle les sociétés sont impliquées dans leur ensemble.

Le basculement dans la guerre

L'assassinat de l'archiduc François-Ferdinand

Le 28 juin 1914, l'archiduc François-Ferdinand, héritier du trône d'Autriche-Hongrie, est assassiné à Sarajevo par un jeune nationaliste serbe de Bosnie, Gavrilo Princip, qui s'oppose à la tutelle impériale. Un mois plus tard, le 28 juillet 1914, l'Autriche déclare la guerre à la Serbie, démarche soutenue par l'Allemagne. Le 1er août, la mobilisation générale est décrétée en France et en Allemagne. La Russie réitérant son soutien à la Serbie, l'Allemagne lui déclare la guerre avant de faire de même avec la France le 3 août. À la suite de l'invasion de la Belgique par l'armée allemande, le Royaume-Uni entre à son tour dans le conflit.

En quelques jours, par le jeu des alliances (► p. 302), toute l'Europe a pris les armes.

l'Humanité

JOURNAL SOCIALISTE

Directeur Politique : JEAN JAURÈS

JAURÈS ASSASSI

JEAN JAURÈS

A NOTRE DIRECTEUR

LA RÉDACTION

LETTRE du président de la République à Mme Jaurès

GROUPE SOCIALISTE AU PARLEMENT

SA VIE

LE MANIFESTE DU GOUVERNEMENT

Le 31 juillet 1914, le nationaliste Raoul Villain abat d'un coup de pistolet Jean Jaurès

La mort du leader socialiste qui avait tenté d'empêcher le basculement de l'Europe dans la guerre contribue au ralliement des socialistes et des syndicalistes à la défense nationale et à l'union sacrée.

Une du quotidien *L'Humanité*, 1er août 1914.

Le départ des soldats
Ces manifestations de joie lors de la mobilisation ne sont en réalité que très minoritaires et ne se produisent que dans les grandes villes, comme ici à Paris.

Une mobilisation générale

L'annonce de l'entrée en guerre et la mobilisation sont accueillies avec stupeur par les Français. Néanmoins, parmi les trois millions d'appelés sous les drapeaux le 1er août 1914, il n'y a que 1,5 % d'insoumis. Largement pacifistes à la veille de l'affrontement, les socialistes et les syndicalistes se résignent, pour la plupart, à la guerre.

Les combattants rejoignent leur régiment, persuadés qu'ils seront rentrés pour les vendanges, au plus tard pour Noël.

De la guerre de mouvement à l'enlisement dans la guerre de position

L'échec des premières offensives

Du fait de la puissance des nouvelles armes industrielles (les mitrailleuses et les obus par exemple), les états-majors français et allemand ont fait l'hypothèse d'une guerre courte. Ainsi, du côté allemand, le plan Schlieffen prévoit d'attaquer la France par le nord en violant la neutralité belge, de l'emporter rapidement sur ce front, pour ensuite se retourner contre la Russie.

Dès septembre, l'armée française est en difficulté et Paris semble en danger. Mais les Français sont soudés dans un élan patriotique : ce sont ainsi les taxis parisiens qui amènent de nouvelles troupes sur le front permettant de stopper l'avancée allemande lors de la bataille de la Marne.

Les soldats s'enterrent dans les tranchées

Épuisés par ces premiers combats qui n'ont permis à aucun des camps de l'emporter, les fantassins mettent en place une défense improvisée : pour se protéger, ils creusent des trous, lesquels sont peu à peu reliés entre eux et constituent les premières tranchées. La ligne de front à l'ouest s'étend en novembre 1914 sur 800 kilomètres, de la mer du Nord à la frontière suisse.

C'est le début d'une guerre d'usure. Dans les tranchées, les « poilus » vivent dans des conditions très difficiles liées à la boue, au froid, aux poux et aux maladies. Hantés par la peur de la mort, ils supportent d'interminables périodes d'attente entre les assauts contre les tranchées adverses.

Les batailles, très meurtrières, durent parfois des mois et peuvent se solder par un *statu quo* : ainsi l'offensive de Verdun, de février à décembre 1916, coûte la vie à plus de 300 000 soldats français et allemands mais ne permet aucune avancée.

Les civils sont impliqués dans l'effort de guerre

Les femmes, les enfants, les vieillards remplacent, à la ferme ou à l'usine notamment, les hommes partis au front. Ils doivent fournir à l'armée les munitions, les vivres, les vêtements nécessaires. Pour améliorer le moral des soldats, de nombreuses lettres sont échangées et des colis sont envoyés sur le front. La population soutient également financièrement l'effort de guerre, en participant aux quatre emprunts nationaux lancés pendant le conflit.

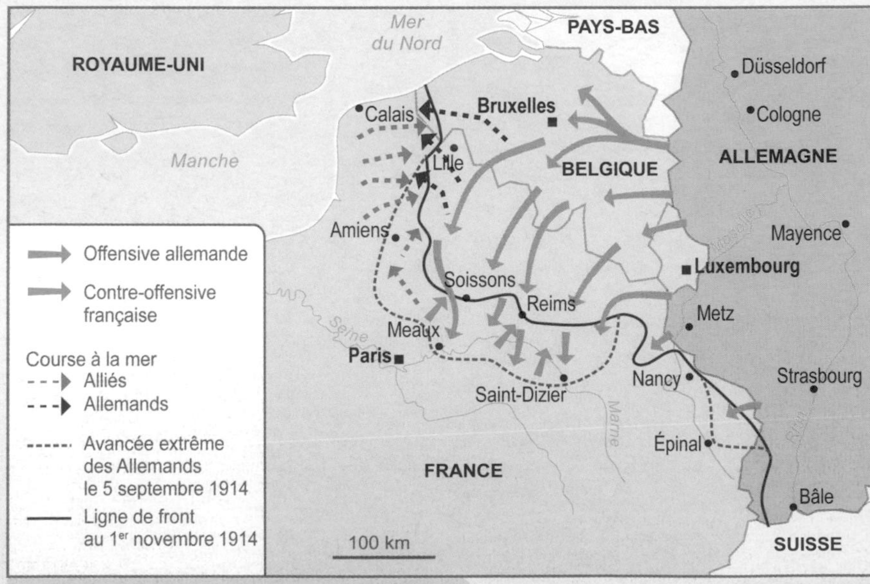

De la guerre de mouvement à la guerre de position

Des poilus dans une tranchée

Dans les boyaux étroits des tranchées, les soldats attendent la prochaine offensive, ici aux Éparges dans la Meuse en 1916.

L'union sacrée

L'union de la nation se manifeste d'emblée dans le domaine politique : René Viviani constitue le 26 août 1914 un gouvernement d'union nationale au sein duquel les différentes tendances politiques sont représentées ; les oppositions d'avant guerre sont dépassées et chaque parti se concentre sur le conflit en vue de l'emporter.

« *Dans la guerre qui s'engage, la France […] sera héroïquement défendue par tous ses fils, dont rien ne brisera devant l'ennemi l'union sacrée…* »

René Viviani au nom du président Raymond Poincaré, 4 août 1914.

Tous patriotes !

Les aventures de Bécassine, personnage de bande dessinée créé en 1905, témoignent de l'omniprésence de la guerre : les trois volumes publiés entre 1914 et 1918 y sont ainsi consacrés (*Bécassine pendant la guerre*, *Bécassine chez les Alliés*, *Bécassine mobilisée*). Le conflit imprègne l'univers enfantin à travers les lectures, les exercices scolaires ou les jouets.
Plus largement, alors que la censure est mise en place dès l'été 1914, les journalistes, les peintres, les écrivains, etc. témoignent de façon spontanée, à travers leurs œuvres, d'un grand patriotisme.

Bécassine pendant la guerre, de Joseph Porphyre Pinchon et Maurice Languereau, dit Caumery, 1916.

1917

La lassitude s'empare des Français

En 1917, la fatigue s'installe après trois ans d'un conflit qui semble ne jamais devoir finir. Au front comme à l'arrière, les Français manifestent leur lassitude et parfois leur mécontentement contre leurs dirigeants, mais ils restent patriotes.

Les soldats se rebellent contre leurs généraux

Après l'échec de l'assaut du Chemin des Dames mené en avril 1917 par le général Nivelle, de nombreuses mutineries éclatent : 30 000 à 40 000 soldats refusent d'obéir à des ordres qu'ils jugent injustes et de mener des attaques qui leur semblent conçues sans souci d'économiser le sang des poilus (► p. 314).

Le général Pétain, qui remplace Nivelle, rétablit l'ordre en punissant les mutinés – plus de 500 sont condamnés à mort et 49 exécutés –, mais aussi en améliorant les conditions de vie dans les tranchées et en allongeant la durée des permissions.

Ce mouvement de contestation se manifeste aussi à l'arrière

Les civils sont fatigués des efforts fournis depuis le début de la guerre. Les femmes doivent exploiter la ferme familiale ou travailler à l'usine tout en s'occupant de la maison et des enfants : les journées de travail sont longues et les périodes de repos rares. Le tout dans un climat marqué par le deuil, la solitude, la peur de perdre un proche…

Des mouvements de grève éclatent, menés par des femmes qui demandent une amélioration de leurs conditions de travail et des augmentations de salaires pour faire face à la hausse des prix.

Pour autant, les mutineries comme les grèves ne doivent pas faire perdre de vue le patriotisme des Français (► p. 315) qui, soudés derrière Georges Clemenceau, sont résolus à remporter la victoire.

Clemenceau (1841-1929), l'homme providentiel

Directeur du journal *L'Aurore* qui avait pris fait et cause pour le capitaine Dreyfus (► p. 294), Georges Clemenceau est au cours de la première décennie du XXe siècle ministre de l'Intérieur puis président du Conseil. En 1906, se présentant comme « le premier flic de France », il réprime sévèrement les grèves (► p. 290). En 1917, le président Raymond Poincaré le nomme président du Conseil en raison de son tempérament énergique – ce qui lui vaut d'être surnommé « Le Tigre » – et de sa popularité. Clemenceau fait de l'effort de guerre une priorité absolue.

Grève des ouvrières du textile à Paris le 18 mai 1917

Protestant notamment contre la longueur des journées de travail (11 à 12 heures), les « midinettes » obtiennent à la suite de ce mouvement un jour de repos par semaine.

La condition des femmes a-t-elle changé pendant la Première Guerre mondiale ?

La Première Guerre mondiale semble transformer profondément la condition des femmes en France. Pendant le conflit, elles sont plus nombreuses à travailler et, surtout, elles accèdent à des secteurs ou à des fonctions autrefois réservés aux hommes. Ainsi 430 000 « munitionnettes » travaillent dans les usines d'armement en 1918 et des femmes deviennent par exemple conductrices de tramway. Néanmoins, dès la fin de la guerre, elles sont invitées à rendre leurs emplois aux soldats revenus du front et à reprendre leur place et leurs tâches traditionnelles au sein du foyer. En outre, elles n'obtiennent pas le droit de vote, contrairement aux Allemandes et aux Américaines.

Clemenceau dans les tranchées en 1917

1918-1920

La fin de la Grande Guerre

Après quatre ans d'un conflit épuisant, la France, le Royaume-Uni et l'Italie rejoints par les États-Unis l'emportent en 1918. L'Allemagne demande l'armistice. Néanmoins, le retour à la paix est difficile après cette guerre totale extrêmement meurtrière.

1918 • La guerre s'achève

L'évolution des forces en présence

Les États-Unis qui refusaient traditionnellement de prendre part aux conflits européens entrent en guerre aux côtés des pays de la Triple Entente (► p. 302) en avril 1917. En Russie, Lénine et les bolcheviks, qui se sont emparés du pouvoir à la faveur de la révolution d'octobre 1917 en promettant « pain, paix [et] terre », négocient un armistice avec l'Allemagne dès le mois de décembre.

La reprise des offensives

N'ayant plus à combattre sur le front est et soucieux de l'emporter avant que les troupes américaines ne redonnent l'avantage aux Alliés, les Allemands reprennent la guerre de mouvement à l'ouest. Entre mars et juillet 1918, ils attaquent en Somme, en Flandre, au Chemin des Dames et en Champagne. Paris est de nouveau bombardé.

Vers la fin des combats

Malgré ces difficultés, les Français demeurent résolus à l'emporter. À l'inverse, les civils allemands, fortement éprouvés par les problèmes de ravitaillement, aspirent à la fin du conflit ; à partir d'août 1918, des centaines de milliers de soldats allemands abandonnent en outre le front par lassitude.

Débarquement d'un corps expéditionnaire américain

Les États-Unis envoient plus de quatre millions de soldats, mais aussi des armes et du matériel, en particulier des tanks.

Les « gueules cassées »
En réunissant des soldats défigurés par les combats lors de la signature du traité de paix à Versailles, Clemenceau souhaite rappeler le lourd bilan humain de la guerre et souligner la responsabilité de l'Allemagne.

Après la contre-offensive alliée de la fin de l'été, l'Allemagne demande l'armistice, qui est signé le 11 novembre 1918 dans la clairière de Rethondes.

28 juin 1919 • La signature du traité de Versailles

De la guerre à la paix

La signature de l'armistice ne met pas fin à la guerre : les combats sont interrompus mais les conditions de la paix restent à négocier. De janvier 1919 à août 1920, une conférence internationale de la paix se tient à Paris. Georges Clemenceau, Lloyd George, Vittorio Orlando et Woodrow Wilson y représentent respectivement la France, le Royaume-Uni, l'Italie et les États-Unis. Les vaincus sont exclus des négociations.

Les divergences des vainqueurs

George et Wilson, dans le prolongement des « quatorze points » que ce dernier a évoqués en janvier 1918, aspirent à établir un nouvel ordre international pacifié, fondé sur le droit et l'arbitrage.

Au contraire, Clemenceau veut imposer des clauses très dures à l'Allemagne. Il rappelle que la France a été envahie à plusieurs reprises et souligne le bilan dramatique du conflit qui s'achève. Au total, 8,5 millions de soldats ont péri, laissant 4 millions de veuves et 8 millions d'orphelins. En outre, certaines régions sont des champs de ruines où la terre n'est plus cultivable. C'est le cas notamment du nord et de l'est de la France et de la Belgique.

Les représentants allemands signent un traité qu'ils n'ont pas pu négocier

Le traité de Versailles astreint l'Allemagne à des clauses sévères. Elle perd des territoires – l'Alsace et la Moselle sont rendues à la France par exemple – ainsi que ses colonies. Sa flotte de guerre est confisquée, son armée est limitée à 100 000 hommes et elle n'a plus le droit de posséder ni artillerie lourde, ni chars, ni avions. Surtout, elle est reconnue seule responsable de la guerre et doit à ce titre payer des réparations dont le montant sera précisé ultérieurement.

> « *Une association générale des nations destinée à assurer des garanties mutuelles d'indépendance politique et d'intégrité territoriale aux petits comme aux grands États sera instaurée.* »
> Woodrow Wilson, janvier 1918.

Le traité prévoit également la création d'une Société des Nations (SDN) qui vise à éviter, par la concertation internationale, de nouveaux conflits.

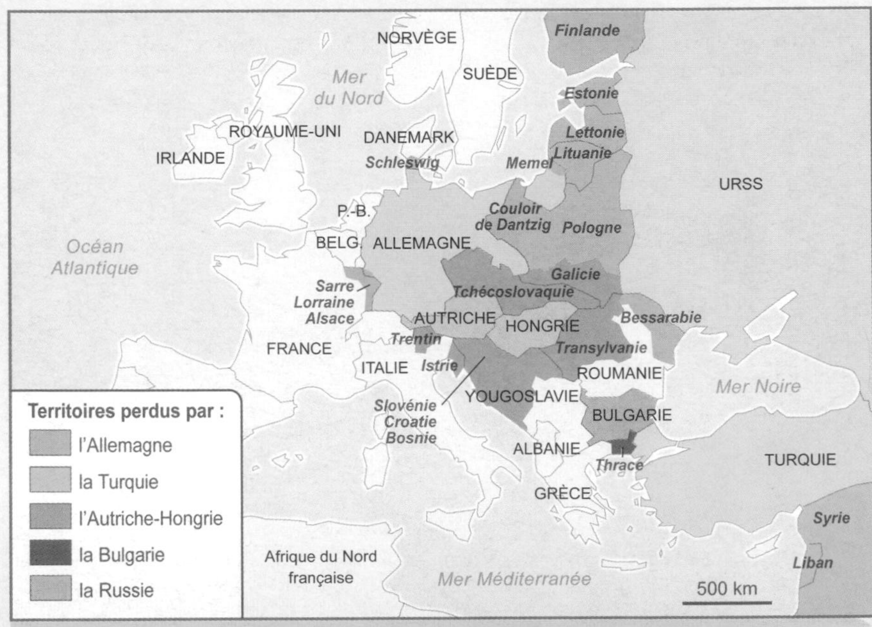

L'Europe en 1923

Outre celui de Versailles avec l'Allemagne, les traités de Saint-Germain-en-Laye, Neuilly, Trianon, Sèvres et Lausanne signés avec les autres membres de la Triplice (► p. 302) mettent fin à la Première Guerre mondiale. Deux idées principales régissent ces traités : la volonté d'affaiblir les vaincus, mais également le principe du droit des peuples à disposer d'eux-mêmes. En vertu de celui-ci, de nouveaux pays dont les frontières correspondent aux nationalités sont créés sur les décombres des anciens empires.

L'impossible application du traité de Versailles

28 juin 1919	Signature du traité de Versailles; les Allemands le considèrent d'emblée comme un *Diktat*.
1919	L'économiste britannique John Maynard Keynes met en évidence dans *Les Conséquences économiques de la paix* le caractère excessif et irréaliste des réparations.
1920	L'historien Jacques Bainville souligne, dans un essai intitulé *Les Conséquences politiques de la paix*, le risque que le traité crée un nouveau conflit.
1921	Après analyse du bilan de la guerre, le montant des réparations est fixé à 132 milliards de marks-or, une somme colossale.
1923	Alors président du Conseil, Raymond Poincaré décide d'occuper la Ruhr pour contraindre l'Allemagne à payer les réparations.
1924	Le plan Dawes vise à concilier les réparations dues par l'Allemagne et le redressement économique du pays.
1929	Le plan Young réduit et rééchelonne une nouvelle fois les dettes allemandes.
1933	En Allemagne, Adolf Hitler devient chancelier; il a promis à ses électeurs la révision du traité de Versailles.

La société française est plongée dans le deuil

Le bilan de la guerre est extrêmement lourd pour la France: 1,4 million de combattants et 300 000 civils ont péri. On compte en outre 600 000 veuves et près d'un million d'orphelins.

Dès la sortie de la guerre, la France se couvre de monuments aux morts: tous les villages en érigent pour garder le souvenir de ceux qui sont « morts pour la patrie » et les honorer. Le 11 novembre 1920, le corps d'un soldat inconnu tombé lors de la bataille de Verdun est inhumé sous l'Arc de triomphe à Paris. Il doit permettre aux familles des très nombreux soldats dont le corps n'a pas été retrouvé de faire leur deuil.

Inhumation du soldat inconnu sous l'Arc de triomphe à Paris le 11 novembre 1920

1920

La gauche se divise lors du congrès de Tours

Du 25 au 30 décembre 1920, la SFIO se réunit en congrès à Tours pour examiner la possibilité d'un rattachement à la IIIe Internationale. Après des débats houleux, le congrès se solde par une scission et la création du futur Parti communiste français.

Adhérer ou non à la IIIe Internationale

La IIIe Internationale – aussi appelée Internationale communiste ou *Komintern* – a été fondée par Lénine en 1919. C'est une association regroupant les partis communistes des différents pays qui a pour but de favoriser la révolution mondiale ; y adhérer signifie accepter les 21 conditions fixées par Lénine, parmi lesquelles l'obéissance aux directives élaborées par Moscou et l'organisation quasi militaire du parti.

Le débat fait rage

La révolution bolchévique de 1917 est encore mal connue en France (► p. 318). Beaucoup de jeunes militants, qui ont rejoint la Section française de l'Internationale ouvrière (SFIO) après la Première Guerre mondiale, en ont une image idéalisée, ce qui les pousse à voter en faveur de l'adhésion au *Komintern*. Ils y sont également encouragés par le député Marcel Cachin et le secrétaire de la SFIO Ludovic-Oscar Frossard qui, à l'été 1920, sont revenus enthousiastes d'un voyage en Russie.

« Nous sommes convaincus jusqu'au fond de nous-mêmes que, pendant que vous irez courir l'aventure, il faut que quelqu'un reste garder la vieille maison [...] ; malgré tout, restons des frères qu'aura séparés une querelle cruelle, mais une querelle de famille, et qu'un foyer commun pourra encore réunir. »

Léon Blum, 1920.

Au contraire, de grandes figures du socialisme français, au premier rang desquelles Paul Faure et Léon Blum (► p. 330), mettent en garde contre ce ralliement. Le second appelle ainsi à rester fidèle à la SFIO et à sa tradition réformiste. Selon lui, les avancées sociales ne doivent pas être réalisées par le recours à la révolution et à la violence, mais dans le cadre démocratique de la République.

La rupture entre révolutionnaires et réformistes

Le 29 décembre 1920, les trois quarts des délégués votent le ralliement au *Komintern*, selon les conditions fixées par Lénine. Le parti se divise alors : la minorité réformiste demeure au sein de la SFIO tandis que la majorité révolutionnaire fonde la Section française de l'Internationale communiste (SFIC), futur Parti communiste français (PCF). Cette rupture structure la vie politique française pendant tout le XXe siècle.

1920 Congrès de Tours

IIIe République | Vichy | GPRF* | IVe République

1914 — 1940 1944 1945 — 1958

1914-1918 Première Guerre mondiale

1939-1945 Seconde Guerre mondiale

1946-1962 Décolonisation

1947-1991 Guerre froide

Depuis 1948 Construction européenne

* Gouvernement provisoire de la République française

Les délégués du congrès de Tours

À la sortie du congrès de Tours, des délégués sont photographiés sous la bannière de la SFIO où figure le slogan marxiste « Prolétaires de tous pays, unissez-vous ».

La gauche française du congrès de Tours à l'élection de François Mitterrand

Décembre 1920	Congrès de Tours : division de la gauche entre SFIO et SFIC.
Février 1934	Défilé commun de la gauche contre le péril fasciste.
Juillet 1935	Programme commun des communistes, des socialistes et des radicaux, autour du slogan « le pain, la paix, la liberté ».
Mai 1936	Victoire de la coalition du Front populaire ; les communistes soutiennent le gouvernement de Léon Blum sans y participer.
1946	Tripartisme : coalition de la SFIO, du PCF et du MRP*.
1947	Les députés communistes sont exclus du gouvernement du socialiste Paul Ramadier (fin du tripartisme).
1972	Programme commun de la gauche.
Mai 1981	Victoire à l'élection présidentielle du socialiste François Mitterrand, soutenu par les communistes qui participent à deux gouvernements de Pierre Mauroy.

De la IIe à la IIIe Internationale

La IIe Internationale (ou Internationale ouvrière) a été fondée en 1889 par les partis socialistes de vingt pays. Dès sa création en 1905, la SFIO en fait partie comme son nom l'indique. Cependant, lors de la Première Guerre mondiale, les partis socialistes des pays belligérants renoncent à leur position pacifiste et soutiennent l'effort de guerre de leurs gouvernements (► p. 315). Lénine dénonce ce ralliement comme une trahison et fonde en 1919 la IIIe Internationale, convaincu que seule une révolution mondiale permettra l'union des prolétaires et mettra un terme aux guerres.

* Mouvement républicain populaire.

1925

Joséphine Baker se produit dans la « Revue nègre » à Paris

Après un début de carrière à Broadway, la jeune danseuse afro-américaine Joséphine Baker vient danser à Paris en 1925 dans la « Revue nègre ». C'est l'époque des Années folles : les Français veulent retrouver l'insouciance d'avant guerre et se laissent séduire par des modes nouvelles venues des États-Unis.

Du scandale à l'engouement

Les apparitions de Joséphine Baker au théâtre des Champs-Élysées puis aux Folies Bergère provoquent d'abord le scandale. Vêtue de façon fort légère – notamment d'un pagne orné de bananes –, la jeune femme danse le charleston sur des airs de jazz, avec une sensualité jugée provocante. Néanmoins, très vite, elle conquiert le public français, en particulier avec le titre *J'ai deux amours, mon pays et Paris*. Le jazz et le charleston importés des États-Unis sont adoptés avec le même enthousiasme.

Le climat des Années folles

Cet engouement traduit l'envie de changement et de divertissement qui anime la société française après l'hécatombe de la Grande Guerre. Alors que les associations d'anciens combattants rappellent inlassablement les méfaits de la guerre, nombreux sont ceux qui veulent oublier les temps difficiles et le deuil (► p. 321).

Ces Années folles sont marquées par une créativité débridée et un individualisme forcené, auxquels la crise économique de 1929 met brutalement fin.

La crise de 1929

En 1929, éclate à Wall Street un krach boursier. Les États-Unis rapatriant leurs capitaux et fermant leurs frontières aux produits étrangers, la crise, caractérisée notamment par une forte progression du chômage, se propage au reste du monde.

Joséphine Baker (1906-1975) : une femme engagée

Par ses succès sur scène, Joséphine Baker contribue à modifier l'image caricaturale que les Européens se font alors le plus souvent des Noirs. Plusieurs fois divorcée, coiffée « à la garçonne », exhibant ses formes, elle incarne également le modèle de la femme émancipée qui revendique le droit de disposer de son corps. Par la suite, elle s'implique dans d'autres combats : elle est volontaire de la Croix-Rouge et résistante pendant la Seconde Guerre mondiale, puis milite aux côtés de Martin Luther King contre la ségrégation raciale aux États-Unis dans les années 1960.

1925 Joséphine Baker à Paris

IIIe République | Vichy | GPRF* | IVe République

1914 — 1940 1944 1945 — 1958

1914-1918 Première Guerre mondiale

1939-1945 Seconde Guerre mondiale

1946-1962 Décolonisation

1947-1991 Guerre froide

Depuis 1948 Construction européenne

* Gouvernement provisoire de la République française

Joséphine Baker danse le charleston sur la scène des Folies Bergère en 1926

Cette danse nouvelle venue des États-Unis séduit les Français qui sont alors en quête de nouveauté et de modernité.

Photographie de Walery.

La « Revue nègre » : un spectacle inédit

La « Revue nègre » est créée en 1925 au théâtre des Champs-Élysées, dont le directeur souhaite renouveler la programmation. Sur les conseils du peintre Fernand Léger, depuis longtemps fasciné – comme beaucoup d'autres artistes – par ce que l'on appelle alors l'« Art nègre », il décide de présenter un spectacle entièrement joué par des Afro-Américains. Il fait ainsi appel à des musiciens et à des danseuses noirs venus des États-Unis, parmi lesquels Sydney Bechet et Joséphine Baker.

La revue mêle une musique de jazz-band et une chorégraphie imaginée pour répondre aux désirs d'exotisme du public. Joséphine Baker y danse en partie dénudée.

Ce spectacle participe à la diffusion d'une « culture nègre » qui se dégage des représentations souvent négatives construites au cours de la colonisation.

1931 L'Exposition coloniale célèbre la présence de la France dans le monde

En 1931, l'Exposition coloniale internationale organisée à Paris montre la puissance de l'empire colonial français sur lequel se replie la métropole, touchée par la crise économique qui a éclaté aux États-Unis en octobre 1929.

Une exposition grandiose

L'Exposition coloniale internationale s'étend sur 110 hectares à la lisière du bois de Vincennes, dans l'est parisien. Chaque colonie française (l'Algérie, l'Indochine, la Martinique, l'Afrique occidentale française, etc.) a son pavillon. Les autres puissances coloniales (les Pays-Bas, la Belgique, le Portugal, etc.), à l'exception de la Grande-Bretagne, y sont également représentées.

L'Exposition est l'occasion de mettre en scène « la plus grande France », dans une sorte de grand parc d'attractions colonial. Au fil de leur promenade, les visiteurs peuvent ainsi contempler des répliques de monuments, observer des scènes de la vie quotidienne reconstituées ou encore apprécier la diversité des produits coloniaux.

326

Les débuts de la contestation anticolonialiste

L'Exposition est un succès populaire, attirant huit millions de visiteurs. Pour autant, des voix commencent à s'élever contre la colonisation. Les communistes la dénoncent car ils considèrent qu'elle constitue une forme de la domination capitaliste. Surtout, des mouvements nationalistes émergent dans les colonies, où les inégalités politiques et sociales entre colons et colonisés sont maintenues malgré l'aide de ces derniers à la métropole lors de la Première Guerre mondiale.

Reconstitution grandeur nature du temple khmer d'Angkor Vat

Sous l'œil de nombreux curieux, des centaines de figurants, dont des cavaliers arabes, participent au défilé officiel inaugurant l'Exposition coloniale.

1931 Exposition coloniale internationale

IIIe République | Vichy | GPRF* | IVe République

1914 — 1940 1944 1945 — 195…

1914-1918 Première Guerre mondiale

1939-1945 Seconde Guerre mondiale

1946-1962 Décolonisation

1947-1991 Guerre froide

Depuis 1948 Construction européenne

* Gouvernement provisoire de la République française

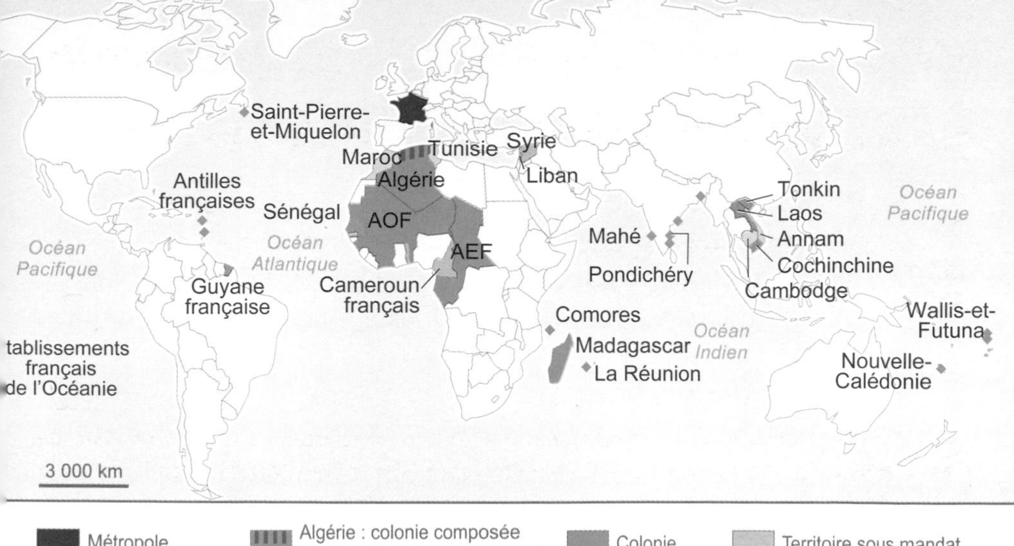

Métropole

Ancienne colonie

Algérie : colonie composée de trois départements au nord et des Territoires du Sud sous administration militaire

Colonie

Protectorat

Territoire sous mandat de la Société des Nations

AOF : Afrique occidentale française

AEF : Afrique équatoriale française

L'empire colonial français en 1931

Au début des années 1930, l'empire colonial français est l'un des plus vastes avec celui du Royaume-Uni. La France « des cinq parties du monde », selon l'expression du ministre des Colonies Paul Reynaud, s'étend sur 12 millions de km² et regroupe près de 65 millions d'habitants.

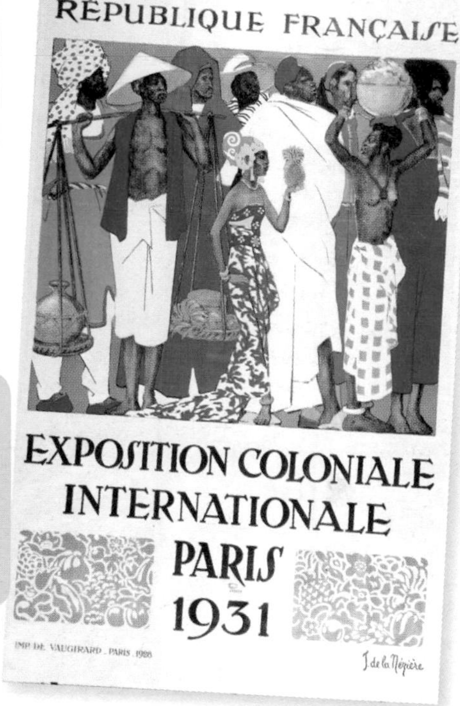

Affiche lauréate du concours organisé pour l'Exposition

En cette période de crise économique (► p. 324), la richesse de l'empire et la diversité des productions des colonies sont mises en avant.

Joseph de la Nézière, 1931.

6 février 1934

La République a-t-elle été en danger ?

Au début des années 1930, la IIIe République est mise en cause. Le 6 février 1934, face aux ligues d'extrême droite qui appellent à manifester place de la Concorde à Paris, le régime semble vaciller.

La République est contestée

Les gouvernements qui se succèdent à un rythme très rapide semblent incapables de résoudre la crise économique qui frappe la France depuis 1931 (► p. 324). Ce discrédit est renforcé par l'affaire Stavisky, scandale politico-financier impliquant plusieurs parlementaires et un ministre.

Le président de la République fait alors appel à une personnalité forte, le radical Édouard Daladier, pour constituer un nouveau cabinet. Celui-ci doit présenter son gouvernement devant les députés au Palais Bourbon le 6 février 1934.

Des manifestations sont organisées

Ce jour-là, des membres de l'Action française et de Solidarité française se rassemblent à proximité de la Chambre, notamment de l'autre côté de la Seine, place de la Concorde, pour témoigner leur mécontentement face à la faiblesse du régime parlementaire et à l'incapacité des dirigeants politiques. Des mouvements de gauche et des associations d'anciens combattants, soucieux de ne pas laisser à leurs opposants politiques le monopole de la contestation, défilent eux aussi.

La violence l'emporte

La manifestation tourne à l'émeute : des projectiles incendiaires sont notamment lancés contre les gardes républicains qui défendent le Palais Bourbon. Débordées, les forces de l'ordre tirent sur la foule : quatorze manifestants sont tués et près de 1 500 sont blessés.

Rendu responsable de ces violences, Daladier présente sa démission le lendemain, bien qu'il ait été investi par la Chambre. La rue l'a ainsi emporté sur le fonctionnement légal des institutions.

Des interprétations divergentes

À l'époque, les émeutes ont été interprétées comme une tentative de coup d'État fasciste. Le 12 février 1934, les partis de gauche ont ainsi, en réponse, défilé conjointement pour montrer leur volonté de défendre la République.
La majorité des historiens remettent à présent en cause cette lecture, soulignant notamment la très faible implantation en France au début des années 1930 des mouvements pouvant être réellement considérés comme fascistes.

1934 Manifestation des ligues d'extrême droite

IIIe République	Vichy	GPRF*	IVe République

1914 — 1940 1944 1945 — 1958

1914-1918 Première Guerre mondiale

1939-1945 Seconde Guerre mondiale

1946-1962 Décolonisation

1947-1991 Guerre froide

Depuis 1948 Construction européenne

* Gouvernement provisoire de la République française

« Voir dans le mouvement des ligues de droite des années trente un fascisme français, c'est, selon nous, prendre l'apparence pour la réalité ; les ligues n'ont emprunté – et encore – au fascisme que le décor et la mise en scène… »

René Rémond, *Les Droites en France*, 1982.

Vingt-septième année - N° 37 — Mardi 6 Février 1934

L'ACTION FRANÇAISE

ORGANE DU NATIONALISME INTÉGRAL

Tout ce qui est national est nôtre. — Le Duc d'ORLEANS.

Chef de la Maison de France, j'en revendique tous les droits, j'en assume toutes les responsabilités, j'en accepte tous les devoirs.

Le Duc de GUISE, héritier des quarante rois qui, en mille ans, firent la France.

Fondateur : HENRI VAUGEOIS — *Directeurs politiques :* LÉON DAUDET et CHARLES MAURRAS. — *Rédacteur en chef :* MAURICE PUJO.

Aujourd'hui, les voleurs se barricadent dans leur caverne.

Tissier de Mallerais

Contre les voleurs, contre le régime abject
TOUS, CE SOIR, DEVANT LA CHAMBRE

Une de *L'Action française*, 6 février 1934

Les ligues

Les ligues sont des mouvements politiques d'un genre nouveau qui émergent dans l'entre-deux-guerres en France. Généralement d'extrême droite, souvent antisémites et xénophobes, parfois paramilitaires, elles critiquent la faiblesse du régime parlementaire qu'est la IIIe République et prônent un exécutif fort. L'Action française créée après l'affaire Dreyfus, Solidarité française et le Francisme en sont autant d'exemples. Des historiens débattent pour déterminer la nature exacte des Croix de Feu, une association d'anciens combattants qui connaît une forte croissance de ses effectifs dans les années 1930.

Les affrontements

Le 6 février 1934, place de la Concorde à Paris, les manifestants se heurtent aux forces de l'ordre.

Ve République

Mai 1936

Le Front populaire remporte les élections législatives

Le 3 mai 1936, les élections législatives sont remportées par la coalition du Front populaire formée par les radicaux, les socialistes et les communistes. Ces derniers soutiennent le gouvernement de Léon Blum sans toutefois y participer. De grandes réformes sont attendues...

Une alliance conclue pour gagner les élections

Le rapprochement des partis de gauche a été initié en 1934. Il découle de la réaction spontanée face aux émeutes du 6 février 1934 (► p. 328), mais aussi du changement de ligne directrice du PCF ordonné par Moscou (► p. 322) afin de lutter contre le fascisme.

En mai 1936, la victoire électorale du Front populaire suscite de grands espoirs parmi les ouvriers. De vastes mouvements sociaux, souvent marqués par des occupations d'usine, débutent. Les grévistes revendiquent de meilleures conditions de vie et de travail.

Le temps des mesures sociales

À l'initiative du gouvernement de Léon Blum, les accords de Matignon sont signés le 7 juin 1936 : en échange de la reprise du travail, les salaires sont augmentés et des délégués du personnel sont instaurés dans les entreprises de façon à garantir les droits des travailleurs. Puis, pendant l'été, deux lois sociales sont votées : le temps de travail hebdomadaire (► p. 383) est réduit de 48 à 40 heures et deux semaines de congés payés annuels sont octroyées.

Une brève embellie

Mais le Front populaire se heurte à des difficultés d'ordre économique – l'inflation ronge l'augmentation salariale – et diplomatique dans le contexte de la guerre d'Espagne. Malgré des aménagements, cette expérience prend fin en 1938.

Léon Blum (1872-1950)

Intellectuel dreyfusard (► p. 294) entré en politique pendant la Première Guerre mondiale, Léon Blum est l'un des principaux leaders de la SFIO dont il refuse l'adhésion à la IIIe Internationale en 1920 (► p. 322).
En 1936, il devient le premier président du Conseil socialiste. Son action est largement dénoncée par la droite et il est lui-même victime de nombreuses attaques antisémites.
En 1940, il est emprisonné par l'État français (► p. 336), jugé à Riom en 1942, livré aux Allemands et déporté à Buchenwald. Libéré en 1945, il devient en décembre 1946 le dernier chef du Gouvernement provisoire de la République française (► p. 346).

1936 Victoire du Front populaire

IIIe République | Vichy | GPRF* | IVe République

1914 — 1940 1944 1945 — 1958

1914-1918 Première Guerre mondiale
1939-1945 Seconde Guerre mondiale
1946-1962 Décolonisation
1947-1991 Guerre froide
Depuis 1948 Construction européenne

* Gouvernement provisoire de la République française

Les congés payés

Le gouvernement du Front populaire engage une politique ambitieuse pour permettre au plus grand nombre d'accéder à la culture et aux vacances, grâce notamment à des billets de train à prix réduit. Néanmoins, nombreux sont ceux qui restent dans leur région et qui partent plutôt en vélo.

Tandem aux Sables-d'Olonne, 1937.

Le Front populaire et la guerre d'Espagne

Suite au coup d'État mené par le général Francisco Franco le 18 juillet 1936, une guerre civile éclate en Espagne : elle oppose les républicains – dont la coalition du *Frente popular* a remporté les élections législatives en février 1936 – aux nationalistes qui prônent la mise en place d'un régime autoritaire traditionaliste. Très vite, le conflit s'internationalise : Adolf Hitler et Benito Mussolini apportent leur concours à Franco, tandis que les républicains cherchent l'appui de l'URSS et des démocraties occidentales. Cette question divise le Front populaire français : alors que les communistes réclament « des canons, des avions pour l'Espagne », Léon Blum opte pour la non-intervention, du fait notamment de la réticence des radicaux à s'engager dans un nouveau conflit.

29–30 septembre 1938

Les accords de Munich sont signés dans l'espoir de préserver la paix

Alors que l'Europe semble au bord d'une nouvelle guerre, une conférence internationale est organisée à Munich les 29 et 30 septembre 1938. L'Allemagne, l'Italie, le Royaume-Uni et la France y étudient la revendication d'Hitler d'annexer la région des Sudètes.

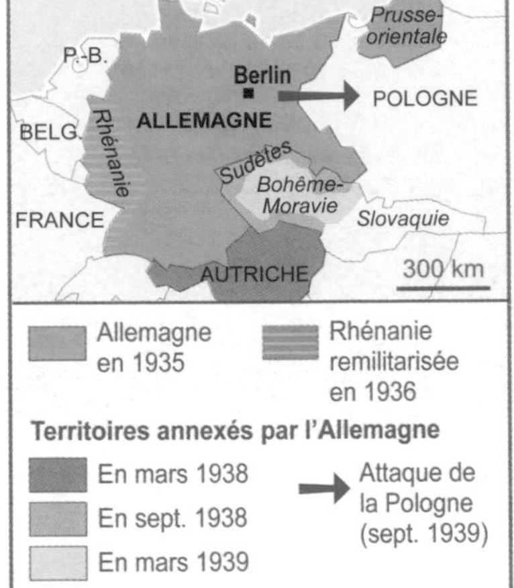

Les annexions allemandes (1936-1939)

Hitler et les Sudètes

Depuis son accession au pouvoir en 1933, Adolf Hitler poursuit son projet de réunir tous les individus de langue allemande dans un grand *Reich*. En mars 1938, il réalise l'*Anschluss*, c'est-à-dire l'annexion de l'Autriche. Puis en septembre 1938, il affirme être prêt à recourir à la force pour annexer les Sudètes. Cette région, peuplée de trois millions d'Allemands, fait partie de la Tchécoslovaquie, État composite créé par les traités de paix qui ont mis fin à la Première Guerre mondiale (► p. 320).

Le bref espoir de maintenir la paix

« Ils ont accepté le déshonneur pour avoir la paix. Ils auront le déshonneur et la guerre. »

Winston Churchill, 7 novembre1938.

Face à cette situation, une conférence internationale est organisée à l'initiative de Benito Mussolini ; la Tchécoslovaquie n'y est pas conviée.

À l'issue de cette rencontre, les dirigeants français et britannique Édouard Daladier et Neville Chamberlain estiment préférable de céder dans l'espoir de préserver, au moins temporairement, la paix en Europe : la Tchécoslovaquie, pourtant alliée de la France depuis 1925, a dix jours pour évacuer les Sudètes et démanteler ses forteresses frontalières.

Dès le lendemain, Hitler remodèle de sa propre initiative les frontières puis, en mars 1939, il fait de la Bohême-Moravie un protectorat du *Reich* : la Tchécoslovaquie n'existe plus.

1938 Accords de Munich

IIIe République | Vichy | GPRF* | IVe République

1914 — 1940 1944 1945 — 1958

1914-1918 Première Guerre mondiale

1939-1945 Seconde Guerre mondiale

1946-1962 Décolonisation

1947-1991 Guerre froide

Depuis 1948 Construction européenne

* Gouvernement provisoire de la République française

9° Lc² 3850

DERNIÈRE ÉDITION

Le Petit Parisien

LE PLUS LU DES JOURNAUX DU MONDE ENTIER

SAMEDI 1 OCTOBRE 1938

…aris acclame avec enthousiasme M. Daladier et la Paix sauvée

…ourget au ministère de la Guerre, le président du Conseil, qui avait voulu …. Georges Bonnet fût à ses côtés, fut l'objet, ainsi que son collaborateur, d'ovations ininterrompues d'une foule immense consciente du péril conjuré

…PRÈS-MIDI A 17 HEURES M. DALADIER RANIMERA LA FLAMME A L'ARC DE TRIOMPHE

MÈRES ET ENFANTS DE FRANCE

DITES : **MERCI !**

AUX HOMMES qui ont fait RECULER LA GUERRE qui ont SAUVÉ LA PAIX

Envoyez immédiatement au « Petit Parisien » vos signatures

Elles seront toutes réunies par nos soins dans un numéro spécial et transmises à :

NEVILLE CHAMBERLAIN
FRANKLIN ROOSEVELT
EDOUARD DALADIER
GEORGES BONNET

Avec une grandiose résignation les Tchécoslovaques se sont sacrifiés pour la paix

Hier en fin d'après-midi à l'Élysée dans un conseil des ministres le chef de l'État et les membres du cabinet ont vivement félicité et remercié M. Daladier et M. Georges Bonnet. Les Chambres sont convoquées pour mardi

L'échéance de la guerre repoussée

Accueilli en sauveur à son retour de Munich, Daladier aurait juré « Ah les cons ! » en voyant la foule exaltée l'acclamant à l'aéroport du Bourget. Selon lui, cet accord imposé par les circonstances risquait d'être lourd de conséquences.

Une du *Petit Parisien*, 1er octobre 1938.

Les réactions des anti-munichois

Le souvenir de la Première Guerre mondiale restant très présent, les opinions française et britannique sont alors majoritairement pacifistes. Pourtant, des voix discordantes dénoncent d'emblée l'enthousiasme avec lequel sont accueillis les accords de Munich. Ainsi, l'écrivain Henry de Montherlant stigmatise l'insouciance générale en constatant : « La France est rendue à la belote et à Tino Rossi. »

La montée des fascismes en Europe et la marche à la guerre

1922	En Italie, Mussolini est appelé au pouvoir suite à la marche sur Rome.
1925	Parution de *Mein Kampf* d'Hitler.
1929	La crise économique débute aux États-Unis.
1933	Hitler devient chancelier en Allemagne ; il a promis la révision du traité de Versailles.
Mars 1935	Hitler rétablit le service militaire en Allemagne.
Mars 1936	Hitler décide de remilitariser la Rhénanie.
1936-1939	Guerre d'Espagne.
Mars 1938	*Anschluss* (annexion de l'Autriche).
29-30 septembre 1938	Accords de Munich.
1er septembre 1939	L'Allemagne attaque la Pologne.
3 septembre 1939	La France et le Royaume-Uni déclarent la guerre à l'Allemagne ; début de la Seconde Guerre mondiale.

18 juin 1940

Depuis Londres, le général de Gaulle appelle à poursuivre le combat

Alors que le maréchal Pétain s'apprête à demander l'armistice aux Allemands, le général de Gaulle exhorte les Français à refuser la défaite et à continuer de se battre contre le nazisme. Il fonde ainsi la résistance extérieure, ou France libre.

De la « drôle de guerre » à l'occupation

Le 3 septembre 1939, la France et la Grande-Bretagne déclarent la guerre à l'Allemagne suite à l'invasion de la Pologne deux jours plus tôt. Les accords de Munich (► p. 332) n'ont pas permis de mettre un terme aux ambitions territoriales d'Hitler.

Pendant des mois, il n'y a pas de réels combats entre Français et Allemands, les premiers se pensant à l'abri derrière la ligne de fortifications Maginot : c'est la « drôle de guerre ».

En mai 1940, l'Allemagne lance le *Blitzkrieg* (« la guerre éclair ») à l'ouest. Le 14 juin, les troupes allemandes entrent dans Paris et trois jours plus tard le maréchal Pétain (► p. 316) , qui vient d'être nommé président du Conseil, appelle à la radio depuis Bordeaux à cesser le combat.

L'appel

Le 17 juin, de Gaulle gagne Londres. Soutenu par le Premier ministre anglais Winston Churchill dans son rejet de l'armistice, il entend engager les Français à refuser la défaite.

Ainsi, le 18 juin 1940, alors que les soldats luttent lors des derniers combats, que nombre d'entre eux ont été faits prisonniers et que des millions de civils fuient sur les routes devant l'armée nazie, de Gaulle lance un appel sur les ondes de la BBC. C'est l'acte fondateur de la Résistance.

> « *Quoi qu'il arrive, la flamme de la résistance française ne doit pas s'éteindre et ne s'éteindra pas.* »
>
> Général de Gaulle, 18 juin 1940.

La France libre

Ce discours a une faible audience. Néanmoins, dès le lendemain, des civils et des militaires se présentent pour apporter leur soutien à de Gaulle qui est reconnu le 28 juin chef de la France libre par le gouvernement britannique.

Par la suite, certains entendent parler de l'appel du Général, d'autres en lisent le contenu dans des journaux, en France comme à l'étranger, ou sur des affiches. Les rangs de la France libre s'étoffent peu à peu.

1940 Appel du général de Gaulle

IIIe République | Vichy | GPRF* | IVe République

1914 — 1940 1944 1945 — 1958

1914-1918 Première Guerre mondiale

1939-1945 Seconde Guerre mondiale

1946-1962 Décolonisation

1947-1991 Guerre froide

Depuis 1948 Construction européenne

* Gouvernement provisoire de la République française

Le général de Gaulle au micro pendant la guerre

Le discours du 18 juin 1940 n'a pas été enregistré et le Général n'a pas été photographié ce jour-là. Les documents qui y sont associés ont le plus souvent trait au discours, très proche, du 22 juin dans lequel il réitéra son appel à la résistance.

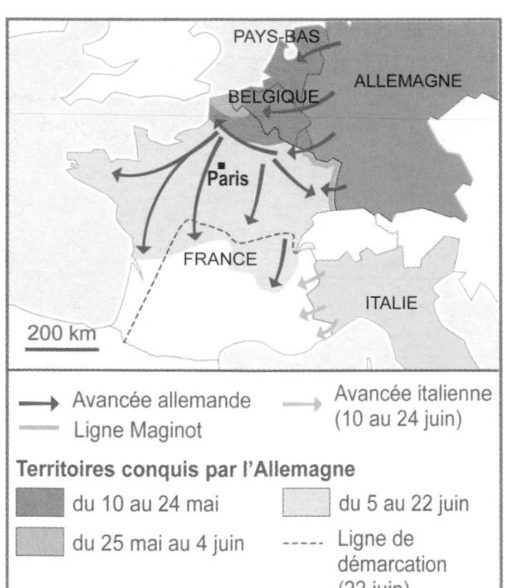

La guerre éclair

En mai 1940, l'Allemagne lance le *Blitzkrieg* à l'ouest comme elle l'avait fait précédemment en Pologne. Les Pays-Bas, la Belgique et le Luxembourg tombent très rapidement, puis la France est en grande partie occupée.

Charles de Gaulle (1890-1970)

Partisan d'une modernisation de l'armée durant l'entre-deux-guerres, le général de Gaulle commande un régiment de chars pendant la campagne de France avant d'intégrer le gouvernement de Paul Reynaud. Chef de la France libre à partir de juin 1940, il prend la tête du Gouvernement provisoire de la République française en 1944 et impose la France parmi les vainqueurs au sortir de la guerre. Il démissionne en janvier 1946 en raison des désaccords qui l'opposent aux socialistes et aux communistes(▸ p. 348). Il revient au pouvoir en 1958 dans le contexte de la guerre d'Algérie et devient le premier président de la Ve République (▸ p. 358). Réélu en 1965, il démissionne en 1969 (▸ p. 367).

1940-1944

La France occupée

Le régime de Vichy est instauré pendant l'été 1940, dans le contexte de la défaite. C'est une dictature traditionaliste qui s'incarne dans la personne du maréchal Pétain et rompt avec les valeurs républicaines. Alors que certains Français décident de résister et de poursuivre le combat, l'État français opte pour la collaboration avec l'Allemagne.

Juin-juillet 1940 • La mise en place du régime de Vichy

Signer l'armistice

Demandé par le maréchal Pétain, que le président Lebrun vient de nommer président du Conseil, l'armistice avec l'Allemagne est signé le 22 juin à Rethondes, dans le même wagon que le 11 novembre 1918 (► p. 319).

Alors coupée en deux par une ligne de démarcation, la France est soumise dans sa moitié nord à la domination des Allemands dont elle doit entretenir les forces d'occupation, tandis que dans la zone non occupée (dite libre) le gouvernement français, basé à Vichy, continue d'exercer sa souveraineté.

L'armée française est démobilisée et désarmée. Un million et demi de prisonniers de guerre sont emmenés en Allemagne, utilisés par Hitler comme un moyen de pression dans l'attente de la signature d'un traité de paix.

Un régime né de la défaite

Le 9 juillet 1940, les députés et les sénateurs présents à Vichy votent le principe de la révision des lois constitutionnelles de 1875 (► p. 288). Nombreux sont ceux qui pensent qu'il faut en finir avec un régime qui a, selon eux, largement montré ses faiblesses et contribué à la défaite.

Puis le 10 juillet, les parlementaires accordent les pleins pouvoirs à Philippe Pétain pour établir une nouvelle Constitution ; dans une période de désarroi, celui-ci apparaît à beaucoup comme le seul recours possible (► p. 316) .

L'exode de 1940

Suite à l'avancée des troupes allemandes, un mouvement de panique s'empare des Français. En mai-juin 1940, ils sont entre sept et huit millions à fuir vers le sud, parfois en train ou en voiture, le plus souvent à pied, tandis que l'aviation allemande bombarde les colonnes qu'ils forment sur les routes.

L'État français, un régime autoritaire

Par les quatre actes constitutionnels pris les 11 et 12 juillet 1940, Pétain met en place un nouveau régime dans lequel il cumule les pouvoirs du président de la République et du Conseil des ministres. Il concentre les fonctions législatives – le Parlement est ajourné – et, dans une certaine mesure, judiciaires. Il s'attribue également le droit de nommer lui-même son successeur. Les principes républicains sont balayés.

La « Révolution nationale »

Cette affiche de propagande de 1941 montre que le régime de Vichy place au cœur de son idéologie la famille et le retour à la terre. La devise du nouveau régime « Travail, Famille, Patrie » s'oppose à la République et à son triptyque « Liberté, Égalité, Fraternité ». Au centre figure la francisque, hache popularisée par les Francs (► p. 55), qui est le symbole du régime.

Octobre 1940 • La collaboration avec le *Reich*

L'entrevue de Montoire

Pariant sur le fait que les nazis vont gagner la guerre, Pétain rencontre Hitler à Montoire-sur-le-Loir le 24 octobre 1940 et engage la France dans la collaboration avec le *Reich*. Il espère obtenir de la sorte une amélioration des conditions de vie des Français et le retour des soldats prisonniers en Allemagne.

Pétain et Hitler à Montoire, le 24 octobre 1940

L'État français participe à l'effort de guerre allemand

La France devient vite le premier fournisseur en biens et en denrées du *Reich* et la collaboration s'intensifie après l'invasion de la zone libre le 11 novembre 1942. À la demande des autorités allemandes, le chef du gouvernement, Pierre Laval, instaure en février 1943 le Service du travail obligatoire (STO) : près de 700 000 travailleurs français partent outre-Rhin pour soutenir la machine de guerre nazie.

« *C'est dans l'honneur et pour maintenir l'unité française [...] que j'entre aujourd'hui dans la voie de la collaboration.* »

Philippe Pétain, discours radiodiffusé du 30 octobre 1940.

Une collaboration policière franco-allemande

Tout l'appareil d'État, auquel est adjoint en 1943 une organisation paramilitaire, la Milice, collabore avec l'Allemagne dans le maintien de l'ordre, la lutte contre les résistants, mais aussi la mise en œuvre de la Solution finale (► p. 340).

Les Français sous l'occupation

La vie quotidienne est très difficile, marquée par la pénurie, le rationnement ainsi que les privations de liberté et la soumission aux contrôles allemands. Certains, comme les industriels Louis Renault ou Marius Berliet, font le choix d'apporter leur concours à l'occupant et de soutenir son effort de guerre. Peu nombreux sont ceux qui décident de rejoindre la Résistance (► p. 342). Néanmoins, la majeure partie de la population française fait montre d'une très grande défiance à l'encontre de la politique de collaboration d'État.

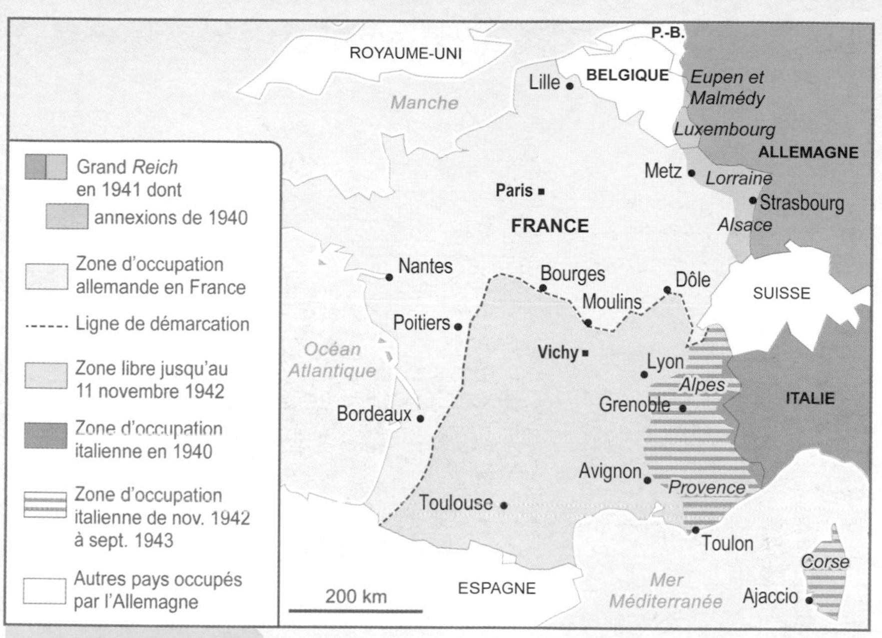

La France occupée (1940-1944)

La moitié nord de la France est occupée dès 1940. Le régime de Vichy exerce sa souveraineté dans la zone libre, au sud de la ligne de démarcation. Cette zone est envahie par les Allemands le 11 novembre 1942. À partir de cette date, le territoire tout entier est occupé.

Les Français et Pétain

Le 20 avril 1944, la foule se masse sur la place de l'hôtel de ville de Paris pour écouter un discours prononcé par le maréchal Pétain en hommage aux victimes des bombardements. Celui-ci conserve une grande popularité, même si la plupart des Français se sont détournés de l'État français à partir de 1942, notamment en raison des conditions de vie difficiles et de la mise en place du STO et de la Milice.

16-17 juillet 1942

L'État français organise la rafle du Vel' d'Hiv'

Durant l'été 1942, le régime de Vichy apporte son soutien à la campagne d'extermination des juifs menée par les nazis en Europe. Les 16 et 17 juillet 1942, une rafle de grande ampleur est menée par les autorités françaises. Elle marque une nouvelle étape dans la collaboration et le début de la mise en œuvre de la Solution finale en France.

La rafle

Dans le cadre de l'opération *Vent printanier* organisée par les nazis dans toute l'Europe, plus de 13000 juifs étrangers dont plus de 4000 enfants sont arrêtés par la police française à Paris et en banlieue parisienne les 16 et 17 juillet 1942. Ces arrestations sont effectuées à partir de listes établies par les autorités. Certains y échappent après avoir été alertés par des policiers ou des résistants.

Pour la première fois, des femmes et des enfants sont concernés, le chef du gouvernement, Pierre Laval, ayant en effet proposé de rafler également les enfants âgés de moins de seize ans.

Une étape avant la déportation à Auschwitz-Birkenau

Les célibataires et les couples sans enfants sont internés au camp de Drancy, tandis que les familles sont parquées dans un complexe sportif, le Vélodrome d'hiver, dit le Vel' d'Hiv'. Les conditions sanitaires y sont épouvantables, le corps médical réduit à une poignée de médecins et d'infirmières de la Croix-Rouge. Les familles sont ensuite transférées aux camps de Pithiviers et de Beaune-la-Rolande (dans le Loiret). Tous sont déportés à Auschwitz-Birkenau (en Haute-Silésie), où l'immense majorité est exterminée.

Les autobus de la Société des transports en commun de la région parisienne

Les véhicules qui ont servi à la rafle sont garés le long du Vélodrome d'hiver. Du fait de l'importance de la censure de la presse, cette photographie est l'une des seules qui existent.

1942 Rafle du Vel' d'Hiv'

IIIe République	Vichy	GPRF*	IVe République

1914 — 1940 1944 1945 — 195

1914-1918 Première Guerre mondiale

1939-1945 Seconde Guerre mondiale

1946-1962 Décolonisation

1947-1991 Guerre froide

Depuis 1948 Construction européenne

* Gouvernement provisoire de la République française

Parc à jeux interdit aux juifs à Paris, en novembre 1942

À partir de 1940, la législation antisémite de Vichy met les juifs au ban de la société. L'opinion, longtemps indifférente à leur sort, se divise après la rafle du Vel' d'Hiv'.

> « *La France, ce jour-là, accomplissait l'irréparable. Manquant à sa parole, elle livrait ses protégés à leurs bourreaux.* »
>
> Jacques Chirac, discours au Vélodrome d'hiver, 16 juillet 1995.

La législation antisémite de Vichy

Le régime de Vichy (► p. 336) met en place dès octobre 1940 une législation antisémite destinée à combattre l'influence supposée des juifs dans la société française. Les lois du 3 octobre 1940 et du 2 juin 1941, dites « statuts des juifs », remettent en cause l'égalité républicaine. Les juifs sont dans un premier temps exclus des fonctions électives, de la fonction publique, des médias, des professions libérales. Par la suite, leurs biens et leurs entreprises peuvent être confisqués.

À partir du 29 mai 1942, les Allemands obligent les juifs à porter l'étoile jaune dans la zone occupée, puis en décembre 1942 une loi impose que la mention « Juif » figure sur leurs papiers d'identité.

La mémoire de la rafle du Vel' d'Hiv' et de la Shoah en France

Contrairement à la commémoration unanime des disparus de la Première Guerre mondiale (► p. 321), les revendications qui émergent progressivement après 1945 sont plutôt catégorielles (anciens combattants, communistes, etc.). La communauté juive est pour sa part traumatisée par la persécution qu'elle a subie. Il faut attendre 1954 pour voir instaurée une « journée nationale du souvenir des victimes et des héros de la Déportation » et les années 1980 pour que la mémoire de la Shoah apparaisse sur la scène politique française. Ce n'est qu'en 1995 que le président Jacques Chirac (► p. 383) reconnaît la responsabilité de l'État dans la rafle du Vel' d'Hiv'.

27 mai 1943

Jean Moulin préside la première réunion du Conseil national de la Résistance

Envoyé en France par le général de Gaulle, Jean Moulin œuvre à la création du Conseil national de la Résistance, organisme qui unifie les différents courants de la résistance intérieure.

Un développement désordonné

La France libre, ou résistance extérieure, se structure à partir du 18 juin 1940 autour du général de Gaulle (► p. 334), tandis que la résistance intérieure se constitue au coup par coup. Peu à peu, des hommes et des femmes décident de s'engager dans le combat contre les nazis et contre le régime de Vichy (► p. 336). Différents réseaux se créent (Combat, Libération-Nord, Ceux de la Résistance, Francs-Tireurs, etc.), qui fournissent des renseignements aux Alliés, mènent des actions de sabotage, impriment des tracts…

Néanmoins, leurs orientations politiques sont très variées et les mouvements de résistance de la zone libre et de la zone occupée sont confrontés à des problématiques différentes. De fait, leurs actions sont peu coordonnées, ce qui limite leur efficacité.

Jean Moulin et le CNR

Le général de Gaulle envoie Jean Moulin en France pour fédérer les mouvements de résistance intérieure et faire reconnaître son autorité. Parachuté en zone libre le 2 janvier 1942, ce dernier prend contact avec des réseaux de résistance, des partis et des syndicats désireux de préparer l'après-guerre (► p. 346).

Le 27 mai 1943, Jean Moulin préside à Paris la première réunion du Conseil national de la Résistance (CNR). Il souligne alors le rôle que doit jouer la Résistance dans le combat contre les forces de l'Axe.

« Les buts de la France combattante tels que les avait définis son chef : 1) Faire la guerre. 2) Rendre la parole au peuple français. 3) Rétablir les libertés républicaines […]. 4) Travailler avec les Alliés à l'établissement d'une collaboration internationale réelle, sur le plan économique et spirituel, dans un monde où la France aura regagné son prestige. »

Jean Moulin, 27 mai 1943.

1943 Première réunion du CNR

IIIe République | Vichy | GPRF* | IVe République

1914 — 1940 1944 1945 — 1958

1914-1918 Première Guerre mondiale

1939-1945 Seconde Guerre mondiale

1946-1962 Décolonisation

1947-1991 Guerre froide

Depuis 1948 Construction européenne

* Gouvernement provisoire de la République française

Sabotage par des résistants d'un train servant aux Allemands en Saône-et-Loire en 1944

Au cours de l'été 1944, les Alliés estiment les forces de la Résistance entre 400 000 et 480 000 hommes, dont plus de 50 % sont armés.

Jean Moulin (1899-1943)

Préfet d'Eure-et-Loir, Jean Moulin est révoqué par Vichy en novembre 1940. Il rejoint ensuite le général de Gaulle à Londres (► p. 334). Figure importante de la Résistance –dans laquelle il est connu sous le nom de « Rex » –, il joue un rôle fondamental dans la coordination de la résistance intérieure et la constitution du CNR. Arrêté le 21 juin 1943, il est torturé par la Gestapo et meurt le 8 juillet au cours de son transfert vers l'Allemagne. Il est enterré au Panthéon parmi les « grands hommes » auxquels la République manifeste sa reconnaissance.

1942-1943, le tournant de la guerre

23 octobre-3 novembre 1942	Les Alliés l'emporte à El-Alamein (Égypte) contre l'*Afrikakorps* du général Rommel.
8 novembre 1942	Débarquement américain au Maroc et en Algérie.
11 novembre 1942	Les Allemands occupent la zone libre en France.
27 novembre 1942	La flotte française se saborde dans le port de Toulon.
2 février 1943	Victoire soviétique à Stalingrad et première défaite allemande à l'est.
10 juillet 1943	Débarquement allié en Sicile.
24 juillet 1943	Le Grand Conseil du fascisme abolit la dictature personnelle de Mussolini, qui est arrêté le lendemain.
28 novembre-1er décembre 1943	Conférence de Téhéran au cours de laquelle le plan *Overlord* est adopté.

6 juin **1944**

Les Alliés débarquent en Normandie

Le 6 juin 1944, l'opération *Overlord*, dirigée par le général américain Dwight Eisenhower, permet aux Alliés de prendre pied en France.

Une opération minutieusement préparée

Décidé par Joseph Staline, Franklin D. Roosevelt et Winston Churchill en 1943, le plan *Overlord* prévoit un débarquement des Alliés sur les plages du Calvados et de la Manche. Il s'agit d'établir à l'ouest des têtes de pont afin de libérer l'Europe du joug nazi. Le débarquement est précédé de nombreux bombardements stratégiques.

Le débarquement

Dans la nuit du 5 au 6 juin 1944, des parachutistes sont largués à l'intérieur des terres de façon à prendre à revers l'armée allemande. Le 6 juin, 6000 navires partis d'Angleterre participent à l'opération *Neptune*, dans le cadre de laquelle plus de 130000 hommes débarquent sur les plages normandes, appuyés par l'aviation qui pilonne les très nombreux bunkers du « mur de l'Atlantique » édifié par les Allemands pour protéger les côtes.

Les combats sont très violents et les pertes considérables, mais quatre des cinq plages sur lesquelles les Alliés débarquent sont prises immédiatement, la dernière – Omaha Beach – tombant peu après.

Une base pour libérer l'Europe

Les Alliés construisent alors un port artificiel à l'aide de pièces détachées acheminées à travers la Manche. Il permet d'approvisionner les soldats en armes, en carburant, mais aussi en vivres ou en vêtements. En deux mois, plus de deux millions d'hommes, 430000 véhicules et trois millions de tonnes de matériel sont ainsi débarqués.

Les troupes alliées libèrent l'Europe

Épaulées par la résistance intérieure (► p. 342) et notamment par les maquisards, les troupes alliées débarquées en Normandie en juin 1944 et en Provence en août 1944 progressent peu à peu. La 2e division blindée (2e DB) du général Philippe Leclerc libère Paris le 25 août 1944.
Les troupes allemandes sont repoussées vers l'est jusqu'à la jonction avec les troupes soviétiques le 25 avril 1945 sur l'Elbe.
Le 30 avril 1945, Berlin est envahi et Hitler se suicide. L'armistice demandé par l'Allemagne est signé le 8 mai 1945.

Les Alliés débarquent avec succès en Normandie le 6 juin 1944

Les troupes allemandes sont alors prises en tenailles à l'ouest et à l'est.

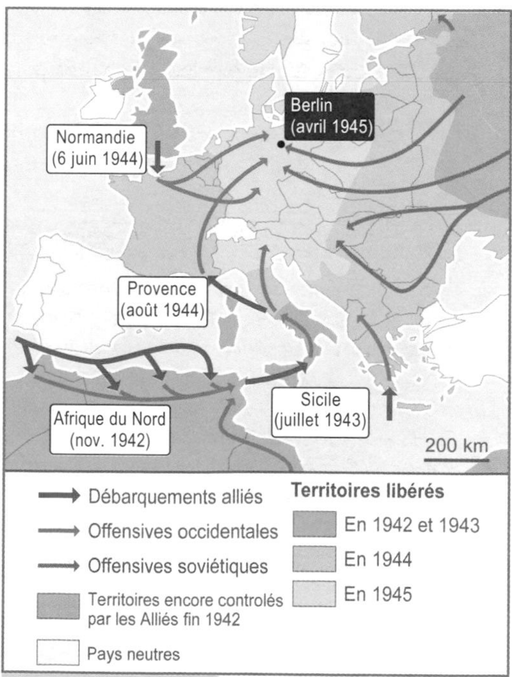

La libération de l'Europe

Le massacre d'Oradour-sur-Glane

Après le débarquement allié, les troupes allemandes remontent vers la Normandie. Elles sont harcelées par les maquisards qui cherchent à empêcher leur progression. L'état-major allemand décide alors de recourir à la terreur pour que les populations civiles cessent d'aider les résistants. Le 10 juin 1944, la 2e division SS *Das Reich* rassemble les habitants d'Oradour-sur-Glane (Haute-Vienne) sur la place principale du village sous prétexte d'un contrôle d'identité. Les hommes sont emmenés à part et exécutés à la mitrailleuse tandis que les femmes et les enfants sont enfermés dans l'église, qui est incendiée. Le massacre fait 642 victimes.

1944-1946

La Libération et le rétablissement de la République

Après la fin de l'occupation vient le moment de faire le bilan d'une guerre très destructrice, mais aussi de rétablir la légalité républicaine après l'expérience de Vichy.

La France libérée mais meurtrie

Le rétablissement de la souveraineté nationale

Après les débarquements en Normandie et en Provence (► p. 344), les Alliés libèrent la France avec le concours des résistants. Dirigé par le général de Gaulle avec des cadres issus de la France libre et de la résistance intérieure (► p. 334 et 342), le Gouvernement provisoire de la République française (GPRF), remplace le régime de Vichy (► p. 336).

« *Paris, Paris outragé, Paris brisé, Paris martyrisé mais Paris libéré ! Libéré par lui-même, libéré par son peuple avec le concours des armées de la France, avec l'appui et le concours de la France tout entière : c'est-à-dire de la France qui se bat. C'est-à-dire de la seule France, de la vraie France, de la France éternelle.* »

Général de Gaulle, discours prononcé à l'hôtel de ville de Paris le 25 août 1944.

Un bilan dramatique

Le conflit a fait plus de cinquante millions de morts, en particulier parmi les populations civiles. La France est moins touchée que les pays d'Europe de l'Est, et ses pertes militaires sont moins importantes que lors du conflit précédent. Néanmoins, 350 000 civils ont péri, victimes des bombardements, des privations, des exactions allemandes ou de la Shoah (► p. 340).

En outre, le pays est détruit. Soixante-quatorze départements et l'ensemble des domaines économiques sont atteints : les champs, les usines, mais aussi les routes, les ponts, les ports ou les voies de chemin de fer ont été dévastés par les bombardements allemands et alliés.

La libération de Paris

Les véhicules blindés de la division Leclerc sont triomphalement accueillis par les Parisiens le 25 août 1944.

Le retour des victimes de la guerre et de l'occupation

Les civils qui ont fui au moment de l'exode (▶ p. 337) rentrent peu à peu chez eux, tandis que les soldats prisonniers pendant de longues années en Allemagne, les travailleurs du STO (▶ p. 338) et les survivants des camps sont progressivement rapatriés. À Paris, un centre est installé à l'hôtel Lutetia pour collecter les informations sur les déportés et aider les membres des familles dispersées à se retrouver.

Restaurer la République

La fin de la IIIe République

Consultés le 21 octobre 1945 dans le cadre d'un référendum, les Français – et les Françaises qui ont obtenu le droit de vote en avril 1944 – rejettent à 96,4 % la IIIe République, discréditée par son impuissance face à la crise économique des années 1930 (▶ p. 328) puis par la défaite. Ils se prononcent pour la rédaction d'une nouvelle Constitution.

Le tripartisme

Trois partis, auréolés de leur rôle dans la Résistance, dominent l'Assemblée constituante élue le même jour : le PCF – qui se dénomme de façon exagérée « le parti des 75 000 fusillés » –, la SFIO et le MRP (▶ p. 322). Le général de Gaulle est nommé chef du gouvernement.

Ces partis s'unissent dans une nouvelle bataille : celle de la reconstruction. Très vite néanmoins, des différends les opposent, ce qui conduit de Gaulle à démissionner en janvier 1946.

Une IVe République

À Bayeux le 16 juin 1946, le général de Gaulle appelle à une séparation des pouvoirs et au renforcement des prérogatives du président de la République. Beaucoup rejettent ces idées en raison à la fois de la tradition instaurée pendant la IIIe République et du souvenir de Vichy. Le PCF et la SFIO souhaitent pour leur part que l'Assemblée domine.

Leur conception, d'inspiration marxiste, est au cœur d'un premier projet de Constitution, lequel est rejeté par les Français. Un second projet, qui est un compromis établissant un régime parlementaire avec un gouvernement exerçant l'essentiel du pouvoir exécutif, est rédigé. Adopté en octobre 1946, il n'est en réalité soutenu que par une minorité de Français car un tiers des électeurs se sont abstenus.

La IVe République manque donc dès son origine d'un soutien populaire aussi bien que politique.

La reconstruction

Sur cette affiche de 1945, le PCF, qui est alors le premier parti politique de France, appelle les ouvriers à placer leur énergie au service de la reconstruction. Dès 1949, la production française atteint le niveau d'avant la crise économique de 1929 (► p. 324).

Une nouvelle forme de démocratie : la démocratie sociale

Au lendemain de la Seconde Guerre mondiale, les démocraties évoluent en Europe. L'État-providence (*Welfare State*) se développe dans le prolongement des idées présentées pendant la guerre par le rapport Beveridge au Royaume-Uni et par le programme du Conseil national de la Résistance en France (► p. 342). Il s'agit à la fois de répondre aux efforts fournis par les populations pendant la guerre et de ne pas réitérer les erreurs de l'entre-deux-guerres.

En France, l'ordonnance d'octobre 1945 établit un système de Sécurité sociale. En outre, la protection sociale, le droit au travail et la solidarité sont inscrits dans le préambule de la Constitution de la IVe République.

La Tondue

Une femme tondue pour avoir eu un enfant d'un soldat allemand est exhibée. On estime que près de 20 000 femmes sont ainsi châtiées à la Libération.

Robert Capa, photographie, Chartres, 18 août 1944.

L'épuration à la fin de la guerre

Traduits devant la Haute Cour de justice en 1945, le maréchal Pétain et Pierre Laval sont condamnés à mort pour haute trahison, le premier étant en outre reconnu coupable d'entente avec l'ennemi (► p. 338). Laval est fusillé, tandis que le maréchal, en raison de son grand âge, voit sa peine commuée en détention à vie. 350 000 dossiers sont instruits. 1 500 collaborateurs sont passés par les armes à l'issue de procès, 14 000 condamnés aux travaux forcés et 23 000 à des peines de prison. Une nouvelle peine est créée, la dégradation nationale, entraînant la privation de certains droits dont le droit de vote : 47 000 personnes y sont condamnées. La police et l'armée sont épurées.

Parallèlement, la population se livre à des violences contre ceux et celles qui sont accusés d'avoir collaboré ou d'avoir entretenu des relations personnelles avec l'ennemi.

Germaine Tillion (1907-2008)

Ethnologue, résistante au sein du réseau du Musée de l'Homme pendant la guerre, Germaine Tillion est arrêtée en 1942 puis déportée à Ravensbrück (au nord de Berlin). Elle y compose une opérette, *Le Verfügbar aux Enfers*, dans laquelle s'entremêlent des scènes sur les difficiles conditions de vie des détenues et des airs populaires. Elle entreprend dans le même temps une étude sur l'univers concentrationnaire qu'elle poursuit après la guerre. Elle est désignée comme observateur par l'Association des déportées et internées de la Résistance au procès des responsables du camp de Ravensbrück. Elle prend ensuite position contre la torture pendant la guerre d'Algérie (► p. 365). Le 27 mai 2015, elle est symboliquement enterrée au Panthéon aux côtés de trois autres figures qui ont incarné les valeurs de la Résistance durant la Seconde Guerre mondiale.

1er février 1954

L'abbé Pierre lance un appel à la radio pour dénoncer les problèmes de logement

Pendant l'hiver 1954, particulièrement rigoureux, s'impose le constat que des millions de personnes en France sont mal logées. L'abbé Pierre dénonce cette situation et engage une campagne en faveur de la charité.

Les exclus de la croissance

Les lendemains de la Seconde Guerre mondiale sont marqués par une forte croissance économique, par l'entrée dans la société de consommation (► p. 354) et par un mouvement important de reconstruction de logements. Mais cette prospérité ne bénéficie pas à tous : 9 à 10 % de la population, soit cinq millions de personnes, disposent de revenus inférieurs ou égaux au **SMIG***. Personnes âgées, petits commerçants, travailleurs immigrés, chômeurs de longue durée... ils sont nombreux à être mal logés, c'est-à-dire à occuper des logements vétustes, à vivre dans des bidonvilles ou encore à être sans domicile.

L'hiver 1954

Début 1954, une vague de froid provoque la mort de milliers de sans-abri. Le 1er février 1954, l'abbé Pierre dénonce sur les ondes de Radio-Luxembourg cette situation et, face à ces drames, en appelle à la solidarité. Largement entendu, son message suscite un immense mouvement de générosité : 500 millions de francs sont collectés, tandis que les dons en nature (vêtements, couvertures, etc.) sont si importants qu'il faut des semaines pour les trier.

En 1956, une loi est votée par le Parlement pour interdire les expulsions pendant l'hiver.

« *Mes amis, au secours... Une femme vient de mourir gelée, cette nuit à trois heures, sur le trottoir du boulevard Sébastopol, serrant sur elle le papier par lequel, avant-hier, on l'avait expulsée...* »

Abbé Pierre, appel du 1er février 1954.

Le bidonville de Nanterre

Cette photographie prise dans les années 1960 souligne les clivages qui traversent la société des Trente Glorieuses : on voit au premier plan le bidonville de Nanterre et au second des habitations à loyer modéré (HLM). Ces grands ensembles construits pour résoudre la crise du logement restent peu accessibles aux travailleurs immigrés.

* Salaire minimum interprofessionnel garanti, créé en 1950.

Appel de l'abbé Pierre 1954

IIIe République | Vichy | GPRF* | IVe République

1914 — 1940 1944 1945 — 1958

1914-1918 Première Guerre mondiale

1939-1945 Seconde Guerre mondiale

1946-1962 Décolonisation

1947-1991 Guerre froide

Depuis 1948 Construction européenne

* Gouvernement provisoire de la République française

Les bidonvilles dans la France des Trente Glorieuses

Marquées par un recours très important à l'immigration de travail, les Trente Glorieuses (► p. 355) voient se développer les bidonvilles. Les immigrés algériens, portugais, etc. s'entassent dans des baraquements insalubres aux alentours des grandes villes, en particulier Paris, Lyon et Marseille, subissant le froid, la boue, les rats... En banlieue parisienne, les bidonvilles de Nanterre et de Champigny-sur-Marne rassemblent plus de 10 000 personnes dans les années 1960.

L'abbé Pierre (1912-2007)

Henri Grouès est d'abord moine avant de devenir prêtre en 1938. Pendant la Seconde Guerre mondiale, il s'engage dans la Résistance et prend le nom d'« abbé Pierre ». Député MRP de Meurthe-et-Moselle de 1945 à 1951, il commence son combat contre la misère. Après avoir fondé en 1949 une auberge de jeunesse, il crée les communautés Emmaüs, organisations laïques luttant contre la pauvreté et l'exclusion. L'élan de solidarité de l'hiver 1954 donne une nouvelle dimension à ce mouvement qui se structure et mène des actions variées comme la vente des objets donnés ou récupérés, l'accueil des sans-abri ou encore la construction de logements HLM. En 1988 est créée la Fondation Abbé-Pierre pour le logement des défavorisés, reconnue d'utilité publique en 1992.

7 mai
1954

La bataille de Diên Biên Phu signe la fin de l'Indochine française

Après cinquante-sept jours de résistance, les Français, encerclés dans la cuvette de Diên Biên Phu dans le Haut-Tonkin, sont vaincus par les Nord-Vietnamiens. Mettant un terme à la guerre qui dure depuis huit ans, cette défaite consacre l'indépendance de l'ancienne colonie française.

L'essor des revendications nationalistes

Dans les colonies, les mouvements indépendantistes sortent renforcés de la Seconde Guerre mondiale. Dans ce contexte, le leader nationaliste Hô Chi Minh proclame le 2 septembre 1945 à Hanoï l'indépendance de son pays et instaure un régime communiste : la République démocratique du Vietnam.

Les tentatives de négociation avec la métropole échouent, un long conflit s'engage.

L'ultime bataille

Après huit années d'une guerre sanglante, les soldats français commandés par le général de Castries sont encerclés en mars 1954 dans la cuvette de Diên Biên Phu. Soutenues par l'URSS et la Chine, les troupes communistes nord-vietnamiennes menées par le général Giáp les pilonnent systématiquement depuis les collines environnantes.

Malgré une résistance héroïque, les Français se rendent le 7 mai. Leurs pertes sont lourdes : près de 3 500 tués et disparus, auxquels il faut ajouter plus de 11 000 prisonniers, dont 7 000 environ périssent en captivité.

> *« Le gouvernement que je constituerai, si vous en décidez ainsi, poursuivra [la négociation], animé par une volonté constante de paix, mais également décidé, pour sauvegarder nos intérêts et parvenir à une conclusion honorable, à faire sentir le poids des atouts que la France possède toujours… »*
>
> Pierre Mendès France, 17 juin 1954.

La fin de l'Indochine française

Cette défaite, qui intervient quelques jours après l'ouverture de la conférence de Genève dont la visée est de régler diplomatiquement les conflits d'Asie, contraint les Français à négocier. C'est à cette fin que, le 18 juin 1954, Pierre Mendès France est nommé président du Conseil et ministre des Affaires étrangères.

Le 20 juillet 1954, les accords de Genève actent officiellement la disparition de l'Indochine française.

La cuvette de Diên Biên Phu

Encerclées par les Nord-Vietnamiens qui les bombardent depuis les collines environnantes, les troupes françaises sont ravitaillées par voie aérienne.

La France face à la décolonisation

1945	Émeutes à Sétif (Algérie).
1947	Insurrection à Madagascar.
1954	Accords de Genève : indépendance de l'Indochine française.
1956	Indépendance de la Tunisie et du Maroc.
1960	Indépendance des colonies françaises d'Afrique noire.
1962	Accords d'Évian : indépendance de l'Algérie.

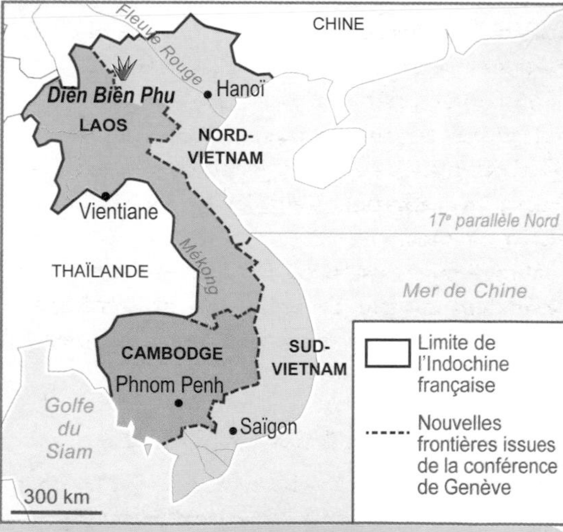

Les accords de Genève

En vertu des accords signés à Genève le 20 juillet 1954, la France accorde l'indépendance au Laos et au Cambodge, tandis que le Vietnam est divisé au niveau du 17e parallèle, le Nord-Vietnam devenant un État communiste et le Sud pro-occidental.

1955

Citroën commercialise la DS

Plus qu'un simple modèle de voiture, la DS est une icône de la modernisation des Trente Glorieuses. Elle incarne les transformations rapides que connaissent alors l'industrie et la société françaises.

L'entrée dans la société de consommation

Pendant les Trente Glorieuses, l'environnement matériel des Français est transformé en profondeur. Les produits électroménagers (réfrigérateur, machine à laver, robot, etc.) et la télévision pénètrent dans les foyers, tandis que les voitures se multiplient, indice à la fois de la hausse du niveau de vie et de l'allongement des distances lié au développement des banlieues.

La DS, un chef-d'œuvre technologique

La nouvelle voiture que le constructeur Citroën présente au Salon de l'automobile de 1955 témoigne du virage que prend alors l'industrie française.

Sa fabrication sur des chaînes de montage automatisées en révèle les transformations : le travail des ouvriers spécialisés (OS) est de plus en plus assuré par des machines et les ingénieurs jouent un rôle croissant dans le processus de production.

Sur le plan technique, la DS est en outre à la pointe de l'innovation. Sa suspension, sa tenue de route, son système de freinage en font un véhicule sûr et confortable, tandis que sa ligne aérodynamique et son tableau de bord au design révolutionnaire incarnent la modernité.

Un immense succès commercial

Même si la DS tombe souvent en panne dans ses débuts et que les garagistes peinent à la réparer du fait de la complexité de sa technologie, Citroën en vend plus de 1,5 million d'exemplaires en vingt ans. Représentant un idéal de progrès pour les Français, elle constitue un modèle de luxe qui se fait cependant de plus en plus accessible grâce à la production de masse. Elle reste ainsi, dans les mémoires, un symbole mythique de cette période.

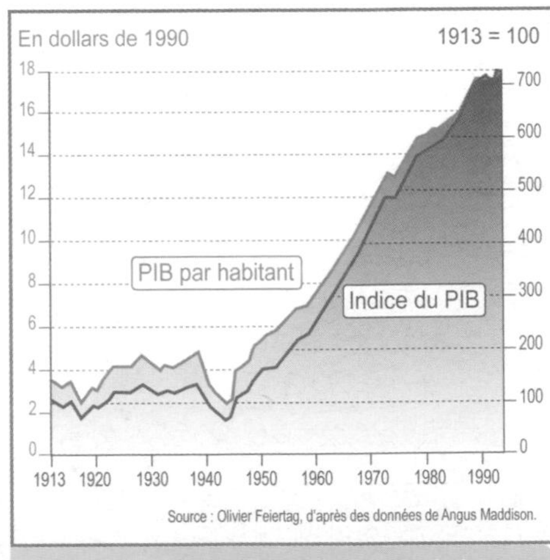

Une période de croissance sans précédent

Le taux de croissance annuel moyen (+5,5 %) est nettement supérieur à celui de la Belle Époque (+2 %).

Commercialisation de la DS **1955**

IIIe République | Vichy | GPRF* | IVe République

1914 — 1940 1944 1945 — 1958

1914-1918 Première Guerre mondiale

1939-1945 Seconde Guerre mondiale

1946-1962 Décolonisation

1947-1991 Guerre froide

Depuis 1948 Construction européenne

* Gouvernement provisoire de la République française

Les Trente Glorieuses (1945-1975)

Du fait de la croissance, des mutations techniques et du développement de la société de consommation, les structures économiques et sociales évoluent considérablement pendant les Trente Glorieuses. La forte hausse de la productivité dans le domaine agricole entraîne un recul du nombre de paysans, tandis que la proportion d'actifs travaillant dans le secteur tertiaire atteint 50 % au début des années 1970.

Cette croissance est liée au développement des services mais aussi à la place accrue de l'ingénierie dans le domaine industriel. Les effectifs du secteur secondaire restent pour leur part très importants, le recul des charbonnages et de l'industrie textile étant compensé par l'essor de nouveaux secteurs, tels l'automobile ou l'électroménager.

La France, une puissance innovante

1965	Lancement du premier satellite artificiel français (Astérix) ; la France devient la troisième puissance spatiale après l'URSS et les États-Unis.
1969	Premier vol du Concorde, avion supersonique franco-britannique.
1972	Premier vol de l'Airbus A300, avion de ligne conçu avec les Allemands et les Britanniques.
1979	Lancement, suite à une coopération européenne, de la fusée Ariane 1 depuis la base de Kourou (Guyane).
1981	Entrée en service du Train à grande vitesse (TGV).

La voiture du général de Gaulle

La DS a été utilisée comme voiture officielle de la présidence par le général de Gaulle, comme ici dans le Nord en septembre 1959. C'est à bord d'une DS qu'il circulait le 22 août 1962 lorsqu'il fut victime d'un attentat au Petit-Clamart. Il dut sa survie tant à l'avancée technologique du véhicule qu'au sang-froid de son chauffeur.

25 mars 1957

La signature des traités de Rome relance la construction européenne

Entamé après la Seconde Guerre mondiale, le processus de construction européenne connaît un coup d'arrêt en 1954 avant d'être relancé en 1957 par la signature de deux nouveaux traités à Rome.

Un contexte de reconstruction et de guerre froide

En 1948, l'Organisation européenne de coopération économique (OECE) est créée pour répartir l'aide financière octroyée par les États-Unis dans le cadre du plan Marshall. Sous la pression de l'URSS, les pays d'Europe de l'Est refusent d'y participer.

Ce premier lien entre les démocraties d'Europe occidentale est renforcé en 1951 par la mise en place, sous l'impulsion de Jean Monnet et de Robert Schuman, de la Communauté européenne du charbon et de l'acier (CECA). Dans ce cadre, sont mis en commun le charbon et l'acier de la France, de la République fédérale d'Allemagne (RFA), de l'Italie et des pays du Benelux (Belgique, Luxembourg, Pays-Bas) et une zone de libre-échange est instaurée.

> « *Un jour viendra où vous France, vous Russie, vous Italie, vous Angleterre, vous Allemagne, vous toutes, nations du continent, sans perdre vos qualités distinctes et votre glorieuse individualité, vous vous fondrez étroitement dans une unité supérieure, et vous constituerez la fraternité européenne…* »
>
> Victor Hugo, discours prononcé le 21 août 1849 lors du Congrès de la paix.

La tentative d'union militaire

La création d'une armée européenne est envisagée, ce qui permettrait, dans le contexte de guerre froide, de réarmer l'Allemagne sans que celle-ci ne dispose seule d'une force armée. Mais cette Communauté européenne de défense (CED) est rejetée par l'Assemblée nationale française en 1954.

Les traités de Rome

La construction européenne est rapidement relancée dans des domaines moins sensibles. Deux traités sont ainsi signés à Rome le 25 mars 1957. L'un constitue la Communauté économique européenne (CEE) et met en place un marché commun, tandis que l'autre instaure la Communauté européenne de l'énergie atomique (Euratom), structure destinée à faire de l'Europe une puissance nucléaire. Sont également créés un parlement (► p. 381) et un exécutif indépendant des États (la Commission européenne).

Traités de Rome 1957

IIIe République	Vichy	GPRF*	IVe République
1914	1940	1944	1945 … 1958

1914-1918 Première Guerre mondiale

1939-1945 Seconde Guerre mondiale

1946-1962 Décolonisation

1947-1991 Guerre froide

Depuis 1948 Construction européenne

* Gouvernement provisoire de la République française

Unir les États d'Europe, une idée ancienne

L'idée d'une Europe unie n'est pas née après la Seconde Guerre mondiale. Au milieu du XIXe siècle, dans une visée pacifiste, Victor Hugo bâtit ainsi le projet d'États-Unis d'Europe. De nombreuses initiatives allant dans ce sens marquèrent également la sortie de la Grande Guerre et les années 1920, tels la fondation de la revue *L'Europe nouvelle* par Louise Weiss ou le projet d'union européenne présenté en 1929 à la SDN par les ministres des Affaires étrangères français et allemand Aristide Briand et Gustav Stresemann.

Jean Monnet (1888-1979) : un « Père de l'Europe »

Issu d'une famille de négociants en cognac, Jean Monnet est très tôt familiarisé avec le commerce international et la langue anglaise. Il participe à la coordination des efforts de guerre des Alliés pendant la Première puis la Seconde Guerre mondiale.
À la Libération, il devient commissaire au Plan : il est alors chargé de superviser la stratégie de reconstruction de la France et de l'économie française.
Partisan convaincu de l'union européenne, il participe activement à sa construction et est à ce titre considéré comme l'un des « Pères de l'Europe ».

La signature des traités de Rome

Les traités de Rome sont signés le 25 mars 1957 par les six États réunis au sein de la CECA depuis 1951.

1958-1962

De la IVe à la Ve République

Manquant d'appuis dès sa création, la IVe République s'effondre à cause de la guerre d'Algérie. C'est dans ce contexte que la Ve République est fondée.

13 mai 1958 • Un putsch à Alger précipite la chute de la IVe République

L'agitation en Algérie

À partir de 1954, les positions inconciliables des Français d'Algérie et du Front de libération nationale algérien (FLN) conduisent à une escalade de violences. L'état d'urgence est déclaré en 1955 et des soldats du contingent sont envoyés sur place. Le FLN crée un climat de terreur en organisant des attentats et en s'en prenant aux civils (massacres, viols, mutilations, etc.). Dépassés par les événements, les gouvernements successifs cèdent devant l'armée et couvrent le recours à la torture (► p. 365).

L'émeute du 13 mai 1958 à Alger

Ce jour-là, un nouveau gouvernement dirigé par Pierre Pflimlin se présente devant la Chambre des députés pour être investi. Il suscite une profonde hostilité chez les Français d'Algérie car il semble favorable à une solution négociée avec les partisans de l'indépendance. À cela s'ajoutent les tensions suscitées par l'exécution, quelques jours plus tôt, de trois soldats français par le FLN.

Des manifestations sont organisées à Paris et à Alger, où l'armée fraternise avec les manifestants qui envahissent les bâtiments du gouvernement général et de la radio. Un Comité de salut public, avec à sa tête le général gaulliste Jacques Massu, prend le pouvoir. Son objectif est le maintien de l'Algérie française. Le commandant en chef de l'armée en Algérie, le général Raoul Salan, en appelle au général de Gaulle. Le pays semble au bord de la guerre civile.

> « *Est-ce que j'ai jamais attenté aux libertés publiques fondamentales ? Je les ai rétablies. [...] Pourquoi voulez-vous qu'à 67 ans, je commence une carrière de dictateur ?* »
>
> Général de Gaulle, 19 mai 1958.

Un recours

Le 23 mai 1958, des partisans de l'Algérie française manifestent à Alger devant les bâtiments du gouvernement général. Comme l'indiquent les pancartes qu'ils brandissent, ils misent sur le retour du Général.

Le retour du Général

De Gaulle prend officiellement la parole le 15 mai et affirme qu'il se tient « prêt à assumer les pouvoirs de la République ». Auréolé du prestige acquis pendant la Seconde Guerre mondiale (► p. 334), il apparaît à beaucoup comme un recours. Et de fait, il est nommé président du Conseil par le président de la République, puis légalement investi par la Chambre des députés le 1er juin 1958. Il reçoit en outre des députés les pleins pouvoirs pour six mois et engage dans ce cadre la rédaction d'une nouvelle Constitution. C'est la fin de cette IVe République à laquelle il n'a jamais cru (► p. 348).

« Le coup d'État permanent »

« Qu'est-ce que la Ve République sinon la possession du pouvoir par un seul homme ? » s'interroge François Mitterrand dans son essai *Le Coup d'État permanent* publié en 1964. Très hostile tant à la personne de De Gaulle qu'à ses idées, il le soupçonne d'avoir intrigué pour abattre la IVe République et imposer son pouvoir personnel. C'est ainsi qu'il interprète le fait que le Général ait cautionné le putsch du 13 mai 1958 puis le projet d'un coup de force à Paris, mais aussi la révision constitutionnelle de 1962 (► p. 361).

Paradoxalement, pendant ses deux septennats (► p. 374), le président Mitterrand se moule parfaitement dans les institutions de cette Ve République qu'il a pourtant combattue.

Une Ve République

Une nouvelle Constitution

Portant l'empreinte du général de Gaulle et du garde des Sceaux Michel Debré, la nouvelle Constitution est approuvée le 28 septembre 1958 par les Français, consultés dans le cadre d'un référendum. Près de 83 % des électeurs se prononcent pour le « oui », la participation dépassant 80 % du corps électoral.

Le renforcement du pouvoir exécutif

Ce nouveau régime est un régime parlementaire comportant deux chambres, l'Assemblée nationale et le Sénat, devant lesquelles le gouvernement est responsable. Néanmoins, l'exécutif, et en particulier le président de la République, y dispose de pouvoirs beaucoup plus étendus que précédemment. Le gouvernement « détermine et conduit la politique de la nation » tandis que le président, qui est à la tête de l'armée, peut dissoudre l'Assemblée nationale, consulter les Français par référendum et, en vertu de l'article 16, s'octroyer les pleins pouvoirs si la République est menacée. On retrouve en cela l'idéal d'un exécutif fort exposé par le général de Gaulle dans le discours de Bayeux en 1946 (► p. 348).

La pratique gaullienne du pouvoir

Élu président de la République le 21 décembre 1958, de Gaulle, par sa pratique du pouvoir, renforce encore la fonction suprême : il prend en charge les dossiers importants, notamment le règlement de la question algérienne, et consulte largement les Français par référendum.

Il est également un pionnier dans l'utilisation de la télévision, multipliant les allocutions lorsqu'il prend une décision importante ou qu'un événement grave survient.

La présentation du projet de Constitution de la Ve République

Le 4 septembre 1958, jour anniversaire de la proclamation de la IIIe République en 1870 (► p. 285), le général de Gaulle présente place de la République à Paris le projet de Constitution qui va être soumis au peuple français par référendum. Tous les symboles républicains sont mobilisés pour inscrire cette nouvelle République dans le prolongement des précédentes.

Le général de Gaulle et les Français

Le chef de l'État va à la rencontre des Français lors de ses déplacements. Sur cette photographie prise lors d'une visite à Gray (Franche-Comté) en juin 1962, on le voit serrant de nombreuses mains.

L'élection du président de la République au suffrage universel direct

En vertu de la Constitution de 1958, l'élection du président de la République se faisait au suffrage universel indirect par le biais d'un collège de 80 000 grands électeurs (parlementaires, conseillers généraux, etc.) élus par le peuple.
En 1962, le général de Gaulle décide de proposer par référendum que le président de la République soit désormais élu au suffrage universel direct de façon à jouir d'une légitimité plus importante. Pendant la campagne, les débats font rage : la gauche, très attachée au rôle du Parlement, refuse cette révision constitutionnelle qui apparenterait, selon elle, le régime à une dictature.
Les électeurs sont consultés le 28 octobre 1962 et le « oui » l'emporte à plus de 60 %.

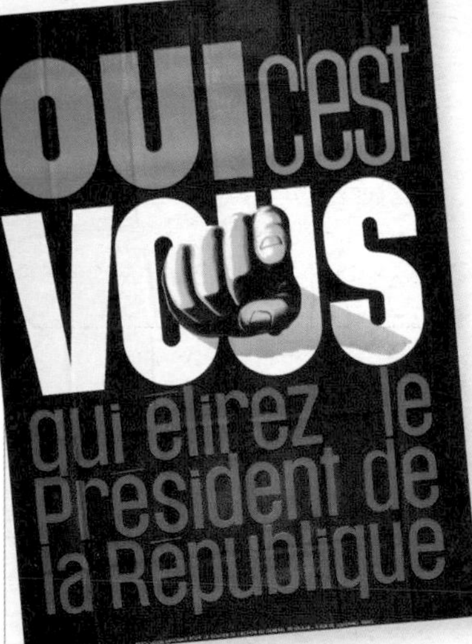

OUI c'est
VOUS
qui elirez le
President de
la Republique

Affiche en faveur du « oui » au référendum de 1962

Le référendum donne lieu à une forte mobilisation chez les tenants de l'élection du président au suffrage universel direct comme chez ses opposants.

Europe n° 1 lance l'émission *Salut les copains*

Pendant les Trente Glorieuses, la France change sur les plans non seulement économique, mais également social et culturel. L'émission *Salut les copains* témoigne d'une époque marquée par un rajeunissement de la population, l'entrée dans la société de consommation et la diffusion d'une culture de masse.

Une société en mutation

Avec le *baby-boom*, la composition démographique de la France change rapidement et radicalement. Un rajeunissement s'opère : les moins de vingt ans représentent un tiers de la population dans les années 1960.

Or, dans un contexte de développement de la société de consommation et d'évolution rapide des technologies (► p. 354), les jeunes deviennent un marché à part entière. Leur argent de poche leur permet d'acquérir des électrophones ou des radios : le nombre de transistors passe ainsi de 260 000 à 2 215 000 entre 1958 et 1961 !

L'émergence d'une culture jeune

Diffusée sur la radio Europe n° 1 du lundi au vendredi de 17 h à 19 h, l'émission *Salut les copains* s'adresse aux 12-25 ans avec un grand succès : 40 % d'entre eux la suivent selon les sondages. Grâce à elle, Sylvie Vartan, Sheila, Richard Anthony, Johnny Hallyday, Eddy Mitchell, etc. deviennent les idoles des jeunes.

L'émission adapte des modes venues des États-Unis. Cette nouvelle génération de chanteuses et chanteurs, que l'on appelle les « yéyés », diffuse en France le rock'n roll et le twist, et ce avec succès : les ventes de disques explosent.

Très vite, le concept est décliné et dès 1962 un magazine mensuel est lancé, illustré notamment par les photographies de Jean-Marie Périer. Les adolescents décorent les murs de leurs chambres de posters et suivent les histoires de cœur de leurs idoles, tels Johnny et Sylvie.

« Copains » contre « croulants » ?

Les chansons diffusées s'opposent par leur tonalité à celles de la génération précédente, interprétées par Luis Mariano ou Charles Trenet. Néanmoins, elles ne sont pas, pour la plupart, contestataires. Le pouvoir de l'amour, le coup de foudre, le flirt, l'amitié, etc. sont les thèmes récurrents évoqués avec un certain sentimentalisme.

IIIe République | Vichy | GPRF* | IVe République

1914 | 1940 1944 1945 | 195

1914-1918 Première Guerre mondiale

1939-1945 Seconde Guerre mondiale

1946-1962 Décolonisation

1947-1991 Guerre froide

Depuis 1948 Construction européenne

* Gouvernement provisoire de la République française

SALUT LES COPAINS

Les idoles des jeunes

Ce poster, qui a orné les murs des chambres de très nombreux adolescents, réunit un certain nombre d'artistes lancés par *Salut les copains*. On reconnaît entre autres France Gall, Johnny Hallyday, Serge Gainsbourg, Eddy Mitchell, Sheila, Claude François, Adamo, Antoine, Michel Berger…

Jean-Marie Périer, photographie, 1967.

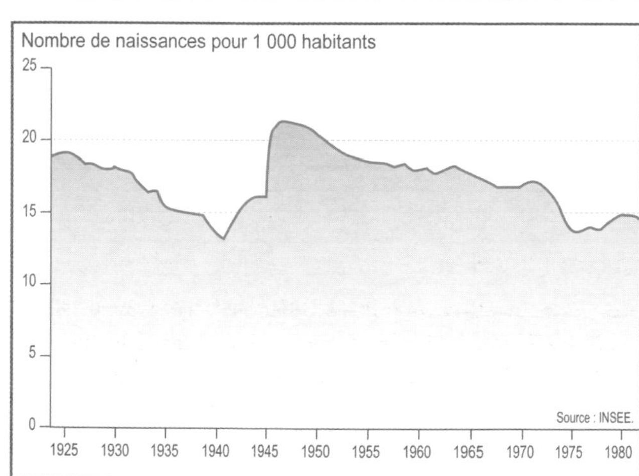

Le *baby-boom*

Entre 1946 et 1973, la natalité bat des records, avec plus de 800 000 naissances par an.

1962

Les accords d'Évian consacrent l'indépendance de l'Algérie

Après huit années de violences, les accords d'Évian sont signés le 18 mars 1962. Ils scellent l'indépendance de l'ancienne colonie française, mais ne permettent pas un retour immédiat à la paix.

Vers l'autodétermination

Revenu au pouvoir en 1958 (► p. 359), le général de Gaulle affirme sa volonté de mettre un terme à la « sale guerre » qui dure depuis 1954. Celle-ci est de plus en plus impopulaire en métropole : les intellectuels, tels Jean-Paul Sartre ou Albert Camus (► p. 372), dénoncent ouvertement le recours à la torture, tandis que la population refuse les envois de soldats du contingent. En outre, les soutiens au Front de libération nationale algérien (FLN) se multiplient, en France comme à l'étranger.

En 1959, de Gaulle se prononce en faveur de l'autodétermination, c'est-à-dire de la liberté de choix du peuple algérien. Consultés par référendum le 8 janvier 1961, les Français sont 75 % à l'approuver. En revanche, les partisans de l'Algérie française la rejettent : pour empêcher l'indépendance, l'Organisation armée secrète (OAS) est fondée puis, en avril 1961, quatre généraux français tentent, sans succès, un coup de force en Algérie.

> *« La cause du peuple algérien, qui contribue de façon décisive à ruiner le système colonial, est la cause de tous les hommes libres. »*
>
> Manifeste des 121, « Déclaration sur le droit à l'insoumission dans la guerre d'Algérie », 1960.

Les accords d'Évian

Des pourparlers sont engagés en mai 1961 entre les autorités françaises et le FLN. Ils aboutissent le 18 mars 1962 à la signature des accords d'Évian qui établissent l'indépendance de l'Algérie, le retrait progressif des troupes françaises et la mise en place d'une coopération franco-algérienne. Consultés par référendum le 8 avril 1962, les Français sont plus de 90 % à accepter ces accords.

Un difficile retour à la paix

Les extrémistes de l'OAS multiplient les attentats en France comme en Algérie, tandis que le FLN exécute ceux qui s'étaient rangés du côté de la métropole, tels les harkis, combattants algériens enrôlés volontairement dans l'armée française. Près d'un million de **pieds-noirs*** quittent l'Algérie, préférant « la valise au cercueil » selon la formule de l'époque. De nombreux harkis se réfugient également en France, où ils vivent le plus souvent dans des conditions misérables.

* Français d'Algérie.

Le 3 juillet 1962, l'Algérie devient indépendante

Consultés à leur tour par référendum le 1er juillet 1962, les Algériens se prononcent à 99,72 % en faveur de l'indépendance.

Le recours à la torture

Alors que les indépendances de la Tunisie et du Maroc sont acquises par le dialogue en 1956, la situation est très différente en Algérie, qui n'est pas un protectorat mais un ensemble de trois départements français où vivent un million de Français d'Algérie. Les camps en présence y multiplient les violences. Les travaux récents d'historiens ont montré que le recours à la torture, couvert par le pouvoir, servait non seulement à obtenir des renseignements, mais aussi à réaffirmer la domination coloniale, c'est-à-dire à rappeler la puissance de la métropole. Il s'inscrit ainsi dans le prolongement des formes de violence utilisées en Algérie depuis 1830 (► p. 268).

La répression en métropole

Le 17 octobre 1961, une manifestation pacifique de protestation contre le couvre-feu qui est imposé aux Nord-Africains en métropole est durement réprimée à Paris. Le bilan officiel fait état de trois morts et de 64 blessés, mais les victimes furent en réalité beaucoup plus nombreuses.

Ve République

Mai 1968

Un mouvement de contestation ébranle la France des Trente Glorieuses

Au mois de mai 1968, une contestation étudiante et ouvrière révèle les inégalités et les divisions que connaît la France à l'heure de la société de consommation. Surpris par la portée du mouvement, le général de Gaulle tente de réaffirmer son autorité.

Le mouvement du 22 mars

Le 22 mars 1968, un mouvement de contestation étudiante naît à Nanterre, université nouvelle construite en bordure d'un bidonville (▶ p. 350). Les étudiants dénoncent à la fois le conservatisme, les limites de la démocratisation des études, l'inégale répartition des fruits de la croissance, la société de consommation et la guerre du Vietnam.

La révolte s'étend

Mené notamment par l'étudiant en sociologie Daniel Cohn-Bendit, le mouvement gagne le Quartier latin où la Sorbonne est occupée le 3 mai. Dans une ambiance festive, les étudiants refont le monde.

Après l'érection de barricades dans la nuit du 10 au 11 mai, le gouvernement envoie les Compagnies républicaines de sécurité (CRS). Le 13 mai, une grande manifestation soutenue par les syndicats et les partis politiques de gauche est organisée pour dénoncer les violences policières. Un mouvement de grève sans précédent éclate alors : près de dix millions de salariés cessent le travail.

La crise devient politique

La gauche, en particulier François Mitterrand (▶ p. 375), dénonce la faiblesse et le manque de réaction du général de Gaulle et de Georges Pompidou. Tous deux semblent sous-estimer la crise et les réponses proposées par le Premier ministre dans le cadre des accords de Grenelle ne mettent pas fin aux grèves.

De Gaulle annonce le 30 mai la dissolution de l'Assemblée nationale et appelle ses partisans à défiler sur les Champs-Élysées. Ils sont des centaines de milliers à répondre présents, réaction conservatrice confirmée lors des élections législatives anticipées du mois de juin.

IIIe République		Vichy	GPRF*	IVe République
1914		1940 1944	1945	195

1914-1918 Première Guerre mondiale

1939-1945 Seconde Guerre mondiale

1946-1962 Décolonisation

1947-1991 Guerre froide

Depuis 1948 Construction européenne

* Gouvernement provisoire de la République française

Les affrontements entre étudiants et forces de l'ordre

Le 6 mai 1968, sur le boulevard Saint-Germain dans le Quartier latin, les manifestants utilisent les pavés comme projectiles tandis que voitures ou grilles d'arbre servent à construire des barricades.

Une contestation planétaire

Parti de l'université de Berkeley (Californie) en 1964, dont les étudiants s'opposent notamment à la guerre du Vietnam, le mouvement de contestation se répand aux États-Unis puis gagne la France, le Royaume-Uni, l'Italie, l'Allemagne, le Japon... Les jeunes remettent en cause la société de consommation et les exclusions créées ou renforcées par les transformations économiques et sociales. À travers le monde, les portraits de Fidel Castro, de Che Guevara ou encore de Mao Zedong fleurissent lors des manifestations, tandis que toute une génération communie sur les chansons des Rolling Stones, des Beatles, des Who ou de Jimi Hendrix.

« Il est interdit d'interdire »
« Élections, piège à cons »

Slogans de 1968.

Affiche de mai 1968

Les affiches couvrent les murs et portent les messages de contestation de la jeunesse. Elles montrent souvent son rejet d'un pouvoir jugé trop personnel.

Atelier populaire des Beaux-Arts, 1968, Paris.

La démission du général de Gaulle

La crise de mai 1968 est également révélatrice de l'usure du pouvoir du général de Gaulle. Aussi engage-t-il des projets de réforme du Sénat et de régionalisation pour répondre aux attentes des Français et les soumet-il à référendum en 1969. La victoire du « non » témoigne du rejet de sa personne, ce qui le conduit à démissionner en avril 1969.

1973

La France entre en crise avec le premier choc pétrolier

En 1973, les principaux pays du Golfe producteurs de pétrole décident d'augmenter brutalement le prix du baril. L'économie française, très dépendante de ces importations, entre alors dans la crise.

Le pétrole, une ressource clé

Entre 1950 et 1973, la consommation mondiale d'énergie par habitant double. Or, depuis le début du XXe siècle, le pétrole s'est peu à peu substitué au charbon. Les pays qui, comme la France, n'en possèdent pas sont donc dans une situation de dépendance, relative néanmoins car, jusqu'au début des années 1970, le coût de cette ressource est faible et tend même à diminuer.

Une brusque hausse des prix

L'année 1973 marque une rupture. Les pays arabes producteurs de pétrole, réunis au sein de l'Organisation des pays exportateurs de pétrole (OPEP) depuis 1960, augmentent brutalement le prix du baril. Leur décision est une réaction face aux dévaluations du dollar, monnaie dans laquelle s'effectuent les ventes de pétrole, et à l'engagement des États-Unis aux côtés d'Israël lors de la guerre du Kippour.

La fin des Trente Glorieuses

Cette augmentation de la « facture énergétique » est lourde de conséquences. Si elle influe fortement sur la balance commerciale, c'est-à-dire sur l'équilibre entre les valeurs des exportations et des importations, elle crée également de l'**inflation*** et conduit à une diminution des investissements et des salaires.

Ce choc pétrolier se produit en outre à un moment où la France est confrontée à l'arrivée sur le marché du travail de la génération du *baby-boom* (► p. 362), et en particulier des femmes qui souhaitent de plus en plus mener une carrière professionnelle. Dans ce double contexte de ralentissement de l'activité économique et d'augmentation de la population active, le taux de chômage double entre 1973 et 1979.

C'est la fin d'une période de croissance soutenue (► p. 355) fondée sur une énergie à bon marché : la France entre dans une crise économique durable.

*** Hausse générale et durable des prix correspondant à un accroissement de la masse monétaire.**

IIIe République | Vichy | GPRF* | IVe République

1914 | 1940 1944 1945 | 19[...]

1914-1918 Première Guerre mondiale

1939-1945 Seconde Guerre mondiale

1946-1962 Décolonisation

1947-1991 Guerre froide

Depuis 1948 Construction européenne

* Gouvernement provisoire de la République française

La mobilisation des sidérurgistes

Le 23 mars 1979, 80 000 personnes convergent vers Paris pour manifester contre les suppressions d'emplois dans la sidérurgie. La crise frappe alors durement les industries traditionnelles et les bastions industriels comme la Lorraine et le Nord. En 1981, on compte 620 000 ouvriers parmi les deux millions de chômeurs enregistrés.

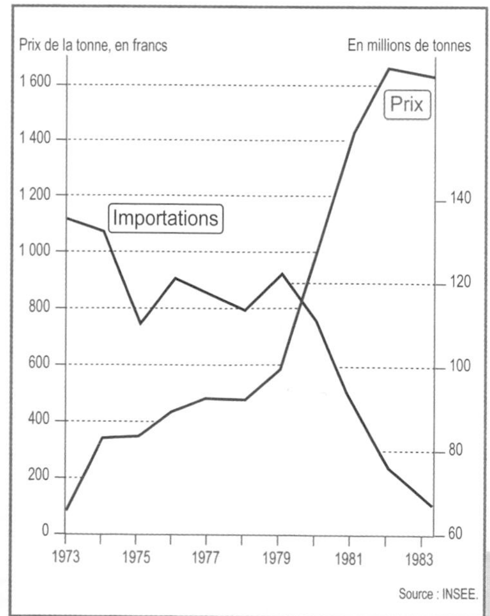

L'évolution du prix du pétrole et du volume des importations de pétrole en France

De nouvelles politiques énergétiques

Face à la brutale augmentation des prix du pétrole à partir de 1973 puis suite au second choc pétrolier de 1979, la France tente de diminuer sa dépendance énergétique. Des campagnes de communication sont mises en place pour encourager la « chasse au gaspi », et un tournant nucléaire est amorcé dès 1973. L'énergie ainsi produite permet de diminuer de moitié les importations de pétrole en l'espace d'une décennie.

1973 Premier choc pétrolier

La loi sur l'interruption volontaire de grossesse est votée

Valéry Giscard d'Estaing souhaite prendre en compte l'évolution des mœurs qui a marqué les Trente Glorieuses. Peu de temps après son élection à la présidence de la République, une loi légalisant l'interruption volontaire de grossesse (IVG) est adoptée par le Parlement.

Une loi obsolète

Au début des années 1970, la contraception et l'avortement sont interdits en France en vertu d'une loi de 1920. La société, au sein de laquelle le poids de l'Église reste important, est marquée par un fort conservatisme. Néanmoins, la loi est largement bafouée : chaque année, des dizaines de milliers d'avortements sont réalisés dans la clandestinité ou à l'étranger. Cette situation crée un problème de santé publique, ces avortements clandestins mettant en danger la vie des femmes.

L'opinion publique évolue après le procès, en 1972, d'une jeune fille de 17 ans poursuivie pour un avortement réalisé à la suite d'un viol. Ce procès devient politique : il est utilisé comme une tribune par les féministes qui militent pour la légalisation de l'avortement.

Un projet de loi porté par Simone Veil

Dès son élection en 1974, Valéry Giscard d'Estaing fait de cette question une priorité et charge sa ministre de la Santé, Simone Veil, de la régler au plus vite. Celle-ci défend un projet de loi sur la légalisation de l'interruption volontaire de grossesse qui est adopté le 20 décembre 1974 grâce aux voix de l'opposition progressiste.

le nouvel
OBSERVATEUR
la liste des 343 françaises
qui ont le courage
de signer le manifeste
« JE ME SUIS FAIT AVORTER »

Le « Manifeste des 343 »

À l'initiative du Mouvement de libération des femmes (MLF), le « Manifeste des 343 » paraît le 5 avril 1971 dans *Le Nouvel Observateur*. Dans cette pétition en faveur de la légalisation de l'avortement, 343 femmes (parmi lesquelles Simone de Beauvoir, Catherine Deneuve, Gisèle Halimi, etc.) déclarent s'être fait avorter et acceptent de s'exposer à des poursuites pour susciter le débat.

« … ces femmes, ce ne sont pas nécessairement les plus immorales ou les plus inconscientes. Elles sont 300 000 chaque année. Ce sont celles que nous côtoyons chaque jour et dont nous ignorons la plupart du temps la détresse et les drames. C'est à ce désordre qu'il faut mettre fin. C'est cette injustice qu'il convient de faire cesser. »

Simone Veil, 26 novembre 1974.

Simone Veil à la tribune de l'Assemblée nationale, le 26 novembre 1974

L'Assemblée est alors majoritairement masculine et il faut un grand courage à la ministre pour prononcer son discours face à une Chambre hostile et sous les insultes.

Une société en pleine évolution

Pendant la présidence de Valéry Giscard d'Estaing, un ensemble de lois est adopté pour répondre à la modernisation de la société française. Celle-ci a en effet beaucoup évolué pendant les Trente Glorieuses, comme l'illustrent le mouvement de Mai 1968 (► p. 366)aussi bien que l'arrivée de nombreuses femmes sur le marché du travail.

En 1974, l'âge de la majorité et donc du droit de vote est abaissé de 21 à 18 ans, tandis qu'en 1975 le divorce par consentement mutuel est institué. La même année, la réforme Haby instaure le « collège unique » afin de démocratiser l'enseignement.

La contraception en France

1920	Loi renforçant la répression de l'avortement, interdisant la vente de contraceptifs et punissant la propagande en faveur de la contraception.
1956	Invention de la pilule aux États-Unis.
1961	Ouverture à Grenoble du premier centre du Planning familial où il est possible de se procurer des moyens de contraception.
1967	Loi Neuwirth autorisant la contraception orale.
1971	« Manifeste des 343 ».
1974	Remboursement de la contraception par la Sécurité sociale et suppression de l'autorisation parentale pour les mineures.
1974	Légalisation de l'IVG (interruption volontaire de grossesse) jusqu'à dix semaines de grossesse.
1982	Remboursement de l'IVG par la Sécurité sociale.
2001	Allongement à douze semaines de grossesse du délai de recours à l'IVG et suppression de l'autorisation parentale pour les mineures.
2013	Remboursement de l'IVG à 100 % par la Sécurité sociale ainsi que de la contraception pour les jeunes femmes de 15 à 18 ans.
2014	La motion de « détresse » figurant dans la loi de 1974 est supprimée.
2015	Le délai de réflexion de 7 jours obligatoire avant une IVG est supprimé.

15 avril 1980

La mort de Jean-Paul Sartre suscite une grande émotion

La disparition de Jean-Paul Sartre, philosophe et écrivain engagé, a un écho très important. Ses obsèques réunissent des dizaines de milliers de personnes, témoignant de la place que les intellectuels occupent dans la société française depuis la fin du XIXe siècle.

Une foule considérable

Le 19 avril 1980, 50 000 personnes escortent dans les rues de Paris la dépouille de Jean-Paul Sartre de l'hôpital Broussais jusqu'au cimetière du Montparnasse. Ce cortège funéraire composite, qui réunit personnalités et anonymes, accompagne en silence le cercueil de cet homme de lettres qui a marqué par sa pensée et ses écrits la France de la seconde moitié du XXe siècle.

Tous ceux qui sont réunis ce jour-là ne sont pas précisément familiers de son œuvre, néanmoins leur présence montre la place que tient alors Sartre dans les imaginaires collectifs.

Un défenseur de la liberté

Anarchiste au début de sa carrière, Sartre s'engage à partir de la Seconde Guerre mondiale dans de nombreux combats. Devenu un « compagnon de route » du parti communiste à partir de 1952 dans le contexte de la guerre de Corée, il s'oppose à l'autoritarisme et aux violences de Moscou à partir de 1956. Dans les années 1950 et 1960, il milite contre l'idée d'une Algérie française et dénonce l'usage de la torture (► p. 364).

À la fin de sa vie, diminué par la maladie, il poursuit son combat et demande par exemple au président Giscard d'Estaing d'accueillir en France les *boat-people* vietnamiens.

Dans le prolongement de figures comme Victor Hugo ou Émile Zola (► p. 296), Sartre fut ainsi un intellectuel qui plaça sa plume au service de ses idées.

Jean-Paul Sartre (1905-1980), parcours d'un homme de plume

Ancien élève de l'École normale supérieure de la rue d'Ulm, agrégé de philosophie, Sartre est à la fois (ou tour à tour) professeur, écrivain, philosophe et homme de presse. Il est l'auteur d'essais philosophiques (*L'Être et le Néant*), de romans et de nouvelles (*Le Mur*, *La Nausée*), de pièces de théâtre (*Les Mouches*, *Huis clos*). Il fonde la revue *Les Temps modernes* en 1945 avec sa compagne Simone de Beauvoir, le philosophe Maurice Merleau-Ponty ou encore Raymond Aron. Rejetant les honneurs, il refuse en 1964 le prix Nobel de littérature. Par la suite, il lance en 1973 avec Serge July le quotidien *Libération*.

Une foule nombreuse et bigarrée participe aux funérailles de Sartre

Ce cortège rappelle celui qui a accompagné la dépouille de Victor Hugo près d'un siècle plus tôt.

« *L'écrivain est en situation dans son époque : chaque parole a des retentissements. Chaque silence aussi.* »

Jean-Paul Sartre, *Les Temps modernes*, 1er numéro, 1945.

Albert Camus (1913-1960), ami et opposant

Comme Sartre, Albert Camus est un homme de lettres et un journaliste qui s'est illustré par son engagement. Il est l'auteur d'une œuvre variée, composée de romans (*La Peste*, *L'Étranger*, *La Chute*), de pièces de théâtre (*Caligula*, *Les Justes*), d'essais (*L'Homme révolté*), de poèmes et de films, récompensée par le prix Nobel de littérature en 1957. Il lutte pour la liberté, d'abord dans la Résistance, puis lors de la guerre d'Algérie par exemple. Ami de Sartre qu'il rencontre pendant la guerre, il se brouille avec lui à propos du parti communiste et de l'URSS.

1980 Mort de Jean-Paul Sartre

Ve République

10 mai

1981 François Mitterrand devient le premier président socialiste de la Ve République

Le 10 mai 1981, le socialiste François Mitterrand est élu président de la République. Son élection suscite de grands espoirs.

La première alternance de la Ve République

Dans un contexte de forte croissance du chômage – le nombre de sans-emploi passe de 440 000 en 1974 à un million et demi en 1980 –, François Mitterrand, candidat du Parti socialiste (PS), fait campagne autour du slogan « Changer la vie ». Il met en avant 110 propositions pour transformer en profondeur la France.

Le 10 mai 1981, grâce au soutien du centre gauche et du parti communiste, il est élu face au président sortant, Valéry Giscard d'Estaing (► p. 370), avec 51,76 % des voix. Cette première élection d'un président socialiste est accueillie par des manifestations de liesse : une grande fête est organisée place de la Bastille à Paris au soir de l'élection. Les électeurs, qui sont nombreux à avoir rejeté par leur vote le choix du néolibéralisme fait par la droite, attendent beaucoup de cette alternance.

Une politique novatrice dans les domaines économique et social

Lors des élections législatives de juin 1981, les socialistes remportent à eux seuls la majorité absolue des sièges. Forts de cette victoire, François Mitterrand et son Premier ministre Pierre Mauroy rompent avec la politique d'austérité menée par le précédent gouvernement.

Un grand programme de nationalisations est réalisé, une décentralisation est effectuée avec des transferts de compétences aux régions et, surtout, une politique de lutte contre la crise et le chômage par la relance de la consommation est engagée.

Des mesures sociales emblématiques sont votées : les 39 heures de travail hebdomadaires, la cinquième semaine de congés payés, la retraite à 60 ans, etc. De nombreuses réformes sont également entreprises dans le domaine de la justice : défendue par Robert Badinter, ministre de la Justice de 1981 à 1986, l'abolition de la peine de mort est promulguée le 9 octobre 1981.

> *« Demain, grâce à vous, la justice française ne sera plus une justice qui tue. Demain, grâce à vous, il n'y aura plus, pour notre honte commune, d'exécutions furtives, à l'aube, sous le dais noir, dans les prisons françaises. Demain, les pages sanglantes de notre justice seront tournées. »*
>
> Robert Badinter à l'Assemblée nationale, 17 septembre 1981.

François Mitterrand au Panthéon

Le 21 mai 1981, François Mitterrand rend hommage devant le Panthéon à Victor Schœlcher, héraut de l'abolition de l'esclavage, Jean Jaurès, leader socialiste du début du XXe siècle, et Jean Moulin, fondateur du CNR (► p. 342).

Le « tournant de la rigueur »

Fondée sur une forte augmentation des dépenses publiques, la politique menée à partir de 1981 creuse le déficit dans un contexte de crise économique marqué par les hausses du chômage et de l'inflation.
Dès 1983 un plan de rigueur est décidé et, en 1984, le nouveau Premier ministre, Laurent Fabius, abandonne le projet de transformation de la société. Cette réorientation suscite une grande déception parmi les Français, à l'origine de la première cohabitation en 1986 (► p. 376).

François Mitterrand (1916-1996)

Agent contractuel sous le régime de Vichy, décoré de l'ordre de la Francisque, François Mitterrand s'engage dans la Résistance en 1943. Il est à onze reprises ministre durant la IVe République, régime qu'il défend notamment face à la conception du pouvoir du général de Gaulle (► p. 359).
Candidat des socialistes à l'élection présidentielle de 1965, il devient premier secrétaire du Parti socialiste (PS) en 1971 et est à l'origine du Programme commun de la gauche qui, signé en 1972, fonde le rapprochement des socialistes et des communistes. Battu de nouveau en 1974 par Valéry Giscard d'Estaing, il devient le premier président socialiste de la Ve République en 1981 et est réélu en 1988. Il permet l'alternance politique et fait du PS un parti de gouvernement.

1981 Élection de François Mitterrand à la présidence de la République

Ve République

François Mitterrand nomme Jacques Chirac Premier ministre

Les élections législatives de 1986 sont remportées par la droite. François Mitterrand appelle alors le leader de la nouvelle majorité, Jacques Chirac, à former un gouvernement. Cette cohabitation met à l'épreuve les institutions de la Ve République.

Une configuration qui n'avait pas été envisagée par le général de Gaulle

Depuis 1958 (► p. 360), c'est la première fois que le président de la République et la majorité de l'Assemblée nationale, et donc le Premier ministre, ne sont pas de la même couleur politique. Un partage des champs d'action s'établit peu à peu entre l'Élysée et Matignon. Si le Premier ministre « détermine et conduit la politique de la nation » (article 20 de la Constitution), le président ne se contente pas d'« inaugurer les chrysanthèmes », selon la célèbre formule du général de Gaulle : la politique étrangère et la défense deviennent ses domaines réservés.

Entre tensions et consensus

Jacques Chirac (► p. 383) rompt avec les politiques menées par les socialistes et adopte une orientation libérale, privatisant de nouveau la plupart des entreprises nationalisées entre 1981 et 1984 sous les gouvernements Mauroy (► p. 374). Face à cette politique, François Mitterrand ne se prive pas de critiquer ouvertement les choix de son Premier ministre. Ainsi déclare-t-il, en 1986, être « sur la même longueur d'onde » que les lycéens et les étudiants qui manifestent contre le projet de réforme de l'enseignement supérieur.

Les conférences internationales suscitent également des tensions. En effet, les délégations disposant de deux chaises, destinées habituellement au président de la République et au ministre des Affaires étrangères, se produit ce que l'on appelle la « querelle de la troisième chaise ».

Pour autant, la cohabitation fonctionne jusqu'à l'élection présidentielle de 1988 qui voit la réelection de François Mitterrand face à son ancien Premier ministre. Cette pratique partagée du pouvoir révèle la solidité de la Ve République dont les institutions font désormais consensus.

Le président François Mitterrand et son Premier ministre Jacques Chirac lors du défilé du 14 juillet 1987

La première cohabitation vue par le dessinateur Plantu
Dessin paru dans *Le Monde*, 10 novembre 1986.

Le débat télévisé, temps fort de la campagne présidentielle

L'existence d'un débat télévisé entre les deux candidats en lice pour le second tour de l'élection présidentielle est une habitude en France depuis 1974. Cette pratique est importée des États-Unis, où une telle rencontre est organisée depuis 1960.
Le débat qui oppose François Mitterrand et Jacques Chirac entre les deux tours de l'élection présidentielle de 1988 s'inscrit dans le prolongement des deux années de cohabitation qui viennent de s'écouler. Le président de la République y prend l'ascendant en appelant son contradicteur « Monsieur le Premier ministre » et en refusant de la sorte de se placer sur un pied d'égalité avec lui.

1er décembre 1988

Le RMI est créé

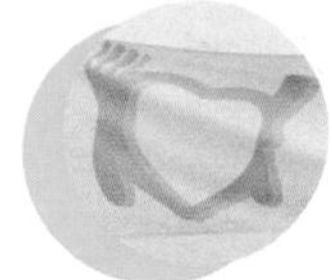

Après la désignation de François Mitterrand pour un second mandat présidentiel, les élections législatives de 1988 donnent la majorité à la gauche. Pour faire face aux conséquences de la crise, le nouveau Premier ministre, Michel Rocard, propose l'instauration d'un revenu minimum d'insertion (RMI).

Une conjoncture difficile

Depuis les années 1970, la pauvreté a considérablement progressé en raison de la crise et du chômage (► p. 368). On note notamment l'apparition de « nouveaux pauvres », c'est-à-dire de gens ayant un emploi mais courant le risque de basculer dans la précarité du fait de la faiblesse de leurs revenus.

Pour lutter contre cette situation, Michel Rocard défend le projet d'un revenu minimum d'insertion (RMI). Fait rare dans l'histoire parlementaire, cette loi est votée à la quasi-unanimité le 1er décembre 1988.

> *« Toute personne qui, en raison de son âge, de son état physique ou mental, de la situation de l'économie et de l'emploi, se trouve dans l'incapacité de travailler a le droit d'obtenir de la collectivité des moyens convenables d'existence. »*
>
> Loi du 1er décembre 1988 relative au RMI.

Étendre l'État-providence

Un droit nouveau est ainsi créé pour lutter contre l'exclusion : celui de recevoir un complément de ressources permettant de vivre dignement. En retour, les bénéficiaires s'engagent à participer à des programmes devant les aider à s'insérer professionnellement et socialement. Le dispositif est financé par l'impôt de solidarité sur la fortune (ISF) instauré en 1989, la solidarité nationale devant ainsi permettre de lutter contre l'exclusion.

Trois mois plus tard, 200 000 personnes bénéficient déjà du RMI, chiffre qui progresse de façon ininterrompue jusqu'à dépasser le million à la fin de la décennie 1990.

François Mitterrand et Michel Rocard à l'Élysée le 29 juin 1988

En 1988, François Mitterrand est réélu avec plus de 54 % des voix. Il dissout l'Assemblée nationale de façon à sortir de la cohabitation. Alors même que les deux hommes se sont opposés au sein du Parti socialiste dpuis les années 1970, il nomme Michel Rocard Premier ministre.

Les bénévoles des « Restos du cœur »

Coluche pose avec des bénévoles qui participent à des distributions de repas gratuits.

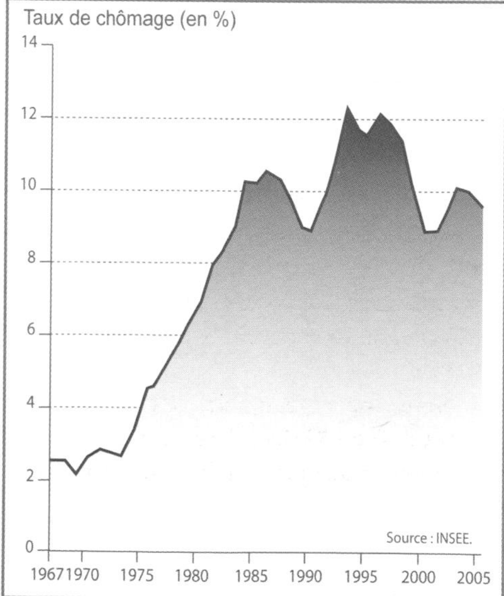

L'évolution du chômage en France

La France entre à partir des chocs pétroliers des années 1970 dans une période de crise. La barre du million de chômeurs est franchie en 1976, celle des deux millions en 1981 et ils sont plus de trois millions en 1993.

Les « Restos du cœur »

En 1985, l'humoriste engagé Coluche, qui fustige le gaspillage et les inégalités de la société de consommation, fonde l'association les Restaurants du cœur – les Relais du cœur, dans le but de lutter contre la pauvreté et l'exclusion sociale.

Grâce à des dons, à des legs et au soutien de très nombreux bénévoles, les « Restos du cœur » apportent une aide aux plus démunis, dans le domaine alimentaire mais aussi dans celui du logement.

En 28 ans d'existence, l'association a servi plus d'un milliard de repas ; en 2013, le nombre de ses bénéficiaires a dépassé le million.

20 septembre 1992

Le traité de Maastricht est ratifié suite à un référendum

En 1992, les Français sont consultés dans le cadre d'un référendum sur la question de la ratification du traité de Maastricht. Le « oui » l'emporte de peu, témoignant d'une crise de l'idée d'Europe.

Le traité de Maastricht

Impulsé par le socialiste français Jacques Delors, président de la Commission européenne de 1985 à 1995, et soutenu par François Mitterrand, le traité sur l'Union européenne signé à Maastricht le 7 février 1992 complète ceux de Rome de 1957 (► p. 356). Il prévoit la création d'une citoyenneté européenne et participe ainsi, comme affirmé dans le préambule, d'« une union sans cesse plus étroite entre les peuples de l'Europe ». Il marque également une nouvelle étape dans le processus d'intégration des économies européennes avec le passage d'une Communauté économique européenne (CEE) à une Union économique et monétaire, prélude à la mise en place d'une monnaie unique (► p. 384).

La nécessaire modification de la Constitution française

Le traité de Maastricht donne aux ressortissants des autres pays membres le droit de voter ou de se présenter aux élections locales et européennes. Toute modification de la composition du corps électoral imposant une révision de la Constitution, un référendum est organisé en France sur la question de la ratification du traité.

Une campagne houleuse

Les divergences sur le traité ne correspondent pas au clivage gauche-droite : ainsi, face à une coalition variée en faveur du « non », François Mitterrand, mais aussi Valéry Giscard d'Estaing et Jacques Chirac, s'engagent pour la victoire du « oui ». Le 20 septembre 1992, les Français se prononcent à une courte majorité en faveur de la ratification du traité (51,04 %). De fait, l'idée d'Europe apparaît en crise et semble davantage portée par les hommes politiques que par les électeurs. Les résultats montrent en outre que les urbains y sont plus favorables que les ruraux.

Les drapeaux de l'Europe et des quinze États membres devant le Parlement européen de Strasbourg

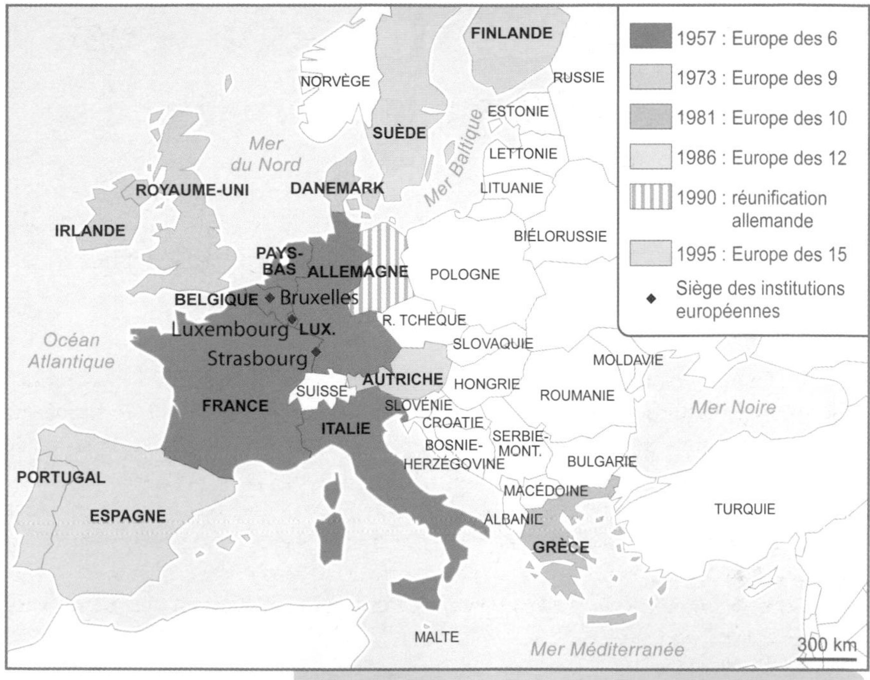

La construction européenne

En 1973, le Royaume-Uni entre dans l'Europe en même temps que l'Irlande et le Danemark, alors que le général de Gaulle avait opposé son veto à l'entrée de ce pays qu'il considérait comme le « cheval de Troie » des États-Unis. Dans les années 1980, la CEE s'étend à l'Europe méditerranéenne. Les années 1990 sont marquées par le passage à l'Europe des Quinze mais aussi, après la chute du mur de Berlin en 1989, par des pourparlers en vue d'un élargissement à l'Est.

Le Parlement européen

Créée en 1957, l'Assemblée parlementaire européenne est à l'origine composée des députés des différents États membres, qui y siègent par groupes politiques et non par délégations nationales, et elle n'a qu'un pouvoir consultatif. À partir de 1979, le Parlement européen est élu au suffrage universel direct, ce qui donne une signification concrète au fait d'être citoyen européen. En outre, ses pouvoirs sont progressivement accrus. Aujourd'hui, il participe à l'élaboration des actes législatifs communautaires et au vote du budget européen, approuve la composition de la Commission européenne et élit son président sur proposition du Conseil européen.

1992 Traité de Maastricht

Ve République

13 juin 1998

L'Assemblée nationale fixe la durée hebdomadaire du travail à 35 heures

En 1997, une nouvelle cohabitation débute, selon une configuration inverse de celle de 1986. Le président de la République, Jacques Chirac, nomme un Premier ministre socialiste, Lionel Jospin, dont le gouvernement engage des réformes sociales, en particulier celle du temps de travail.

Un gouvernement de gauche plurielle

En juin 1997, Lionel Jospin forme un gouvernement de gauche plurielle, suite à l'accord conclu pour les élections législatives entre les socialistes, les radicaux de gauche, les Verts, les communistes et le Mouvement des citoyens fondé par Jean-Pierre Chevènement. Arrivé au pouvoir dix-huit mois après le grand mouvement de grèves de novembre-décembre 1995 contre les réformes des retraites et de la Sécurité sociale du gouvernement d'Alain Juppé, Lionel Jospin place au cœur de son action la lutte contre le chômage.

Sortir de la crise par la réduction du temps de travail

Présenté par Martine Aubry, ministre de l'Emploi et de la Solidarité, le projet de loi réduisant le temps de travail hebdomadaire à 35 heures est voté le 13 juin 1998. Il s'agit, en maintenant les salaires – les 35 heures travaillées sont payées 39 –, de créer de nouveaux emplois par le « partage du travail » et donc de faire reculer le chômage.

Si la loi est dans l'ensemble bien accueillie par les salariés qui y voient une amélioration de leur vie quotidienne, elle suscite une très forte opposition de la part du patronat et de la droite.

Des effets discutés

Revenue au pouvoir en 2002 (► p. 386), la droite met en avant l'impact limité sur l'emploi de la loi Aubry, tandis que patrons et salariés dénoncent son caractère trop rigide et son inadaptation à certaines branches d'activité. La loi est ensuite progressivement assouplie.

L'évolution du temps de travail en France

1848	Loi limitant la journée de travail des adultes à 11 heures en province et à 10 heures à Paris. Cette loi est abrogée la même année : la durée maximale de la journée de travail est alors fixée à 12 heures.
1900	« Loi Millerand » limitant la journée de travail à 10 heures.
1919	Loi sur la journée de huit heures (48 heures hebdomadaires).
1936	Loi instaurant la semaine de 40 heures.
1982	Loi sur les 39 heures hebdomadaires.
1998	Loi sur les 35 heures hebdomadaires.

Lionel Jospin et Jacques Chirac au sommet franco-allemand de Rambouillet (17 avril 2003)

En 1995, Jacques Chirac remporte l'élection présidentielle face à Lionel Jospin. Néanmoins, les élections législatives organisées en mai-juin 1997 à la suite de la dissolution décidée par le président voient la victoire d'une coalition de gauche plurielle. Lionel Jospin est alors appelé à former un gouvernement.

L'écologie dans la vie politique française

Depuis la candidature de René Dumont à l'élection présidentielle de 1974 et la fondation du parti Les Verts au début des années 1980, les préoccupations écologiques ont peu à peu pris place sur la scène politique. En 1997, après le rapprochement entre le PS et les Verts, Dominique Voynet devient ministre de l'Aménagement du territoire et de l'Environnement au sein du gouvernement de gauche plurielle de Lionel Jospin. En 2007, plusieurs candidats à l'élection présidentielle signent le Pacte écologique de la fondation Nicolas-Hulot pour la nature et l'homme, puis un ensemble de décisions en faveur de l'écologie et du développement durable est pris dans le cadre du « Grenelle Environnement » initié par Nicolas Sarkozy (► p. 390).

Jacques Chirac, une carrière politique sous la Ve République

Ancien élève de Sciences Po Paris et de l'École nationale d'administration (ENA), Jacques Chirac devient membre du cabinet du Premier ministre Georges Pompidou en 1962. Il est élu en 1967 député de Corrèze. Premier ministre au début du septennat de Valéry Giscard d'Estaing (► p. 370), il démissionne en août 1976 à cause de leurs divergences de vues. Il fonde alors un parti, le Rassemblement pour la République (RPR), et remporte la mairie de Paris en 1977. Il échoue à l'élection présidentielle de 1981 puis devient en 1986 Premier ministre de François Mitterrand dans un contexte de cohabitation (► p. 376). Après un nouvel échec à l'élection présidentielle de 1988, il l'emporte en 1995 puis est réélu en 2002 (► p. 386).

1er janvier 2002

L'euro devient la monnaie européenne

Le 1er janvier 2002, une monnaie unique, l'euro, est mise en circulation en France et dans onze autres pays de l'Union européenne. C'est un grand changement dans la vie quotidienne de plus de 300 millions d'Européens, mais surtout une nouvelle étape fondamentale dans le processus de construction européenne.

L'adoption d'une monnaie unique : un long processus

L'idée d'une monnaie unique est avancée dès 1970. En 1979, le Système monétaire européen (SME) et une unité de compte, l'ECU (*European Currency Unit*), sont adoptés par les neuf États membres de la CEE (► p. 356). Ils doivent permettre de créer une synergie entre les monnaies européennes.

En 1992, le traité de Maastricht (► p. 380) prévoit la création d'une monnaie commune et fixe des conditions aux pays qui souhaitent l'adopter, tels une inflation et un déficit budgétaire réduits. La monnaie unique doit en effet non seulement faciliter les échanges et la circulation des hommes et des marchandises, mais aussi assurer la solidité d'une économie européenne intégrée.

Les étapes du passage à une monnaie unique

Conséquence de l'Acte unique européen de 1986, la libre circulation des personnes, des marchandises, des capitaux et des services est instaurée le 1er janvier 1993.

Puis, en 1998, la Banque centrale européenne (BCE) est créée. Indépendante des États membres, elle doit préparer la mise en place de la monnaie unique puis en assurer le bon fonctionnement.

Le 1er janvier 1999, l'euro naît en tant que monnaie de compte, c'est-à-dire comme unité utilisée sur les marchés financiers mais sans existence sous forme de pièces et de billets.

La mise en circulation de l'euro

Le 1er janvier 2002, le franc français, le deutschemark, le florin hollandais, la peseta espagnole, etc. disparaissent. Ils sont remplacés par des pièces et des billets qui deviennent la monnaie des douze États qui ont adopté l'euro. Membres de l'Union européenne, le Royaume-Uni, la Suède et le Danemark font le choix de rester en dehors de la zone euro et conservent leurs propres devises.

Les euros

La monnaie est produite par chacun des États, sous le contrôle de la BCE. Si les billets sont les mêmes, les pièces possèdent en revanche une face partout identique et une autre propre au pays émetteur.

Les traités de la construction européenne

1951	Signature à Paris du traité instaurant la Communauté européenne du charbon et de l'acier (CECA).
1957	Signature des traités de Rome, instituant la Communauté économique européenne (CEE) et l'Euratom.
1985	Signature de l'accord de Schengen qui instaure la libre circulation des personnes entre les États signataires.
1986	Signature de l'Acte unique européen. Il aboutit le 1er janvier 1993 à la mise en place d'un marché unique des marchandises, des personnes, des capitaux et des services.
1992	Signature à Maastricht du traité instaurant l'Union européenne (UE).
2007	Signature du traité de Lisbonne.

La zone euro

L'euro a aussi cours légal dans quatre micro-États (les principautés d'Andorre et de Monaco, la République de Saint-Marin et l'État de la Cité du Vatican), qui utilisaient auparavant la monnaie de l'un des douze pays de la zone euro. Sauf dérogation (accordée au Royaume-Uni et au Danemark), l'ensemble des pays de l'UE se sont engagés à adopter l'euro une fois que leur économie répondrait aux critères fixés par le traité de Maastricht.

21 avril **2002**

Jean-Marie Le Pen se qualifie pour le second tour de l'élection présidentielle

Lors du premier tour de l'élection présidentielle de 2002, le candidat d'extrême droite, Jean-Marie Le Pen, créant la surprise, arrive en deuxième position derrière le président sortant Jacques Chirac, devant le socialiste Lionel Jospin.

Les élections de 2002 : la démocratie en crise

Pendant la campagne présidentielle de 2002, Jean-Marie Le Pen exploite les scandales qui ont éclaboussé les partis de gouvernement depuis le milieu des années 1980 : écoutes téléphoniques, sang contaminé, financement des organisations politiques... Cet argumentaire et la reprise par les médias de l'un de ses thèmes de prédilection, celui de l'insécurité, que Jacques Chirac (► p. 383) a également placé au centre de sa campagne, lui permettent d'attirer de nouvelles voix.

Le 21 avril

Dans un contexte où les électeurs se détournent de la vie politique, l'abstention au premier tour du scrutin atteint un nouveau record : plus de 28 % des inscrits ne se rendent pas aux urnes. Cette conjoncture explique les scores médiocres réalisés par Jacques Chirac et par Lionel Jospin (► p. 382) : le premier ne réunit que 19,88 % des votes, score le plus bas pour un président sortant depuis 1965, et le second 16,18 %. Jean-Marie Le Pen obtient quant à lui 16,86 % des voix.

> « *Le résultat du premier tour [...] est comme un coup de tonnerre. Voir l'extrême droite représenter 20 % des voix dans notre pays et son principal candidat affronter celui de la droite au second tour est un signe très inquiétant pour la France et pour notre démocratie.* »
>
> Lionel Jospin le soir des résultats, avant d'annoncer son retrait de la vie politique.

Jacques Chirac face à Jean-Marie Le Pen

Entre les deux tours, les manifestations dénonçant le programme de Jean-Marie Le Pen se multiplient. Une large coalition se forme qui, dépassant l'opposition droite-gauche, appelle à voter pour Jacques Chirac au nom de la défense de la démocratie. Le président sortant est réélu avec 82,2 % des voix le 5 mai 2002, score le plus important jamais réalisé depuis la fondation de la Ve République.

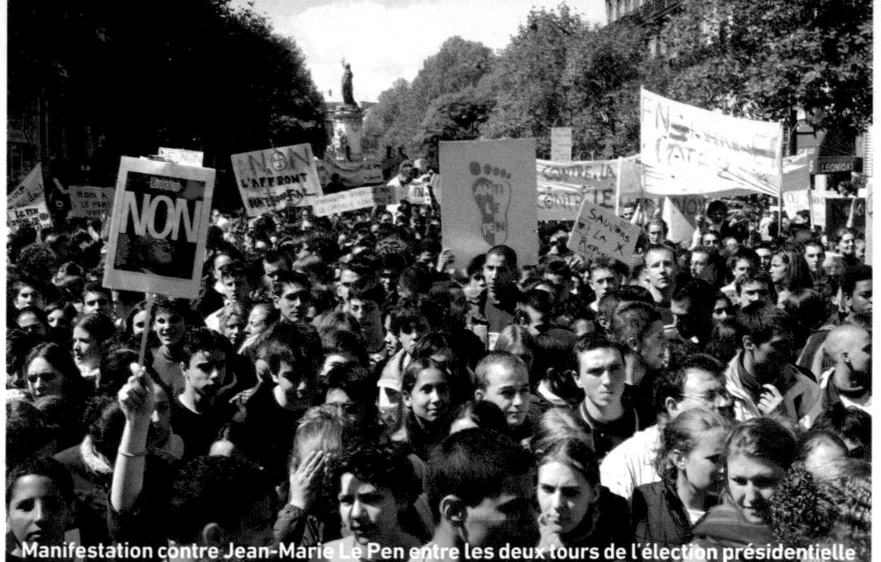

Manifestation contre Jean-Marie Le Pen entre les deux tours de l'élection présidentielle

La présence de Jean-Marie Le Pen au second tour provoque une vague de manifestations en France. Entre un et deux millions de personnes défilent le 1er mai 2002, jour de la fête du Travail (► p. 291) mais aussi du rassemblement traditionnel du Front national.

L'extrême droite de la fin du XIXe siècle à 2002

1899	Dans le contexte de l'affaire Dreyfus, création de la *Revue de l'Action française*.
1908	Création des Camelots du roi, troupes de choc de l'Action française.
6 février 1934	Manifestation à Paris organisée par des ligues d'extrême droite.
11 et 12 juillet 1940	Le maréchal Pétain promulgue quatre actes constitutionnels instaurant le régime de Vichy.
1956	Rallié à Pierre Poujade, Jean-Marie Le Pen est élu député pour la première fois.
1972	Jean-Marie Le Pen fonde le Front national.
1974	Jean-Marie Le Pen ne réunit que 0,7 % des voix lors de l'élection présidentielle.
1981	Jean-Marie Le Pen ne réussit pas à obtenir les 500 parrainages d'élus nécessaires au dépôt d'une candidature.
1986	Le FN obtient 35 sièges de députés aux législatives, premières élections de la Ve République à se dérouler intégralement au scrutin proportionnel.
1988	Jean-Marie Le Pen réunit 14,38 % des suffrages lors de l'élection présidentielle.

Le quinquennat

Les élections de 2002 sont le premier scrutin organisé afin de désigner un président de la République pour cinq ans. Depuis 1873, celui-ci était élu pour sept ans, soit un mandat plus long que celui des députés afin d'assurer une certaine stabilité des institutions. L'idée de le réduire à cinq ans, pour limiter le rôle du président mais aussi éviter les cohabitations (► p. 376), avait été avancée – sans suite – par Georges Pompidou puis François Mitterrand. En 2000, Valéry Giscard d'Estaing, en tant que député, dépose à l'Assemblée un projet de loi constitutionnelle visant à instaurer le quinquennat. Jacques Chirac se rallie à cette idée et la soumet en septembre 2000 aux Français par référendum. Plus de 73 % des votants s'y déclarent favorables.

2003 La France s'oppose aux États-Unis sur la question de l'intervention en Irak

Le 14 février 2003, Dominique de Villepin, ministre des Affaires étrangères, prend la parole à l'Organisation des Nations unies (ONU) pour s'opposer à la volonté des États-Unis de faire la guerre à l'Irak. Il réaffirme par là-même la place de la France sur la scène internationale.

Les États-Unis et la guerre contre l'« Axe du Mal »

Après les attentats du 11 septembre 2001 perpétrés aux États-Unis par l'organisation Al-Qaïda, le président américain George W. Bush décide de lutter contre le terrorisme international et les pays susceptibles de détenir des armes de destruction massive en violation des conventions internationales.

Soutenu par l'Organisation du traité de l'Atlantique nord (OTAN), il engage dès octobre 2001 les États-Unis dans une guerre contre l'Afghanistan, soupçonné d'abriter le chef d'Al-Qaïda, Oussama Ben Laden. Puis il accuse l'Irak de Saddam Hussein de détenir des armes de destruction massive.

> *« La lourde responsabilité et l'immense honneur qui sont les nôtres doivent nous conduire à donner la priorité au désarmement dans la paix.*
> *Et c'est un vieux pays, la France, d'un vieux continent comme le mien, l'Europe, qui vous le dit aujourd'hui, qui a connu les guerres, l'occupation, la barbarie. »*
>
> Dominique de Villepin à l'ONU, 14 février 2003.

Le désarmement de l'Irak

Le Conseil de sécurité de l'ONU décide en novembre 2002 de laisser à l'Irak une dernière chance de se plier à l'injonction de désarmement qui lui a été faite. Ses dirigeants doivent collaborer avec les inspecteurs de l'Agence internationale de l'énergie atomique (AIEA) sous peine de s'exposer à de « graves conséquences ».

Or, le 5 février 2003, les États-Unis affirment devant le Conseil de sécurité qu'une intervention en Irak est impérative.

L'opposition de la France

Le 14 février, Dominique de Villepin prend la parole à l'ONU. Il s'oppose à la volonté belliciste des États-Unis, dénonce leur argumentaire et souligne la nécessité de ne pas précipiter la guerre et de se concerter. Il brandit la menace d'un veto français et montre de la sorte que la France reste une puissance avec laquelle il faut compter.

Des manifestants s'opposent à la guerre en Irak

L'imminence de la guerre suscite de nombreuses manifestations à travers le monde. Le 15 février 2003, des millions d'opposants à la guerre défilent ainsi dans les rues de Paris, Madrid, Londres, Montréal ou encore New York.

L'ONU

Fondée en 1945, l'Organisation des Nations unies (ONU) a pour vocation de garantir une paix durable, de protéger les droits de l'homme et d'œuvrer en faveur du progrès économique et social. Elle compte aujourd'hui 193 membres. Ses institutions comprennent en particulier une Assemblée générale, dans laquelle chaque membre dispose d'une voix, et un Conseil de sécurité composé de quinze membres. Parmi ces derniers, cinq sont permanents (Chine, États-Unis, France, Royaume-Uni et Russie) et ont un droit de veto sur les « questions de fond ». L'ONU n'a pas de force armée propre, mais elle peut réunir les Casques bleus, des « forces de maintien de la paix » appartenant à ses différents membres.

La guerre en Irak

En 1990-1991, une première guerre en Irak, la guerre du Golfe, est menée sous l'égide de l'Organisation des Nations unies (ONU) suite à l'annexion du Koweït par Saddam Hussein. L'opération *Tempête du désert* permet de rendre son indépendance au petit émirat.

Le 20 mars 2003, les États-Unis alliés au Royaume-Uni déclenchent sans l'aval de l'ONU une nouvelle guerre. Le régime de Saddam Hussein tombe rapidement mais aucune arme de destruction massive, cause de la guerre, n'est découverte sur le territoire irakien. Les Américains achèvent de se retirer du pays en décembre 2011, sans être parvenus à y mener à bien la marche vers la démocratie.

À partir d'août 2014, une coalition arabo-occidentale intervient militairement en Irak pour y endiguer l'expansion de l'organisation terroriste État islamique.

2007

Nicolas Sarkozy engage une profonde réforme de l'État

À partir de 2007, un vaste programme de réforme de l'État est lancé, visant à moderniser ce dernier mais aussi à atteindre l'équilibre entre les recettes et les dépenses publiques.

L'élection présidentielle de 2007

La campagne présidentielle de 2007 est marquée par les thèmes du chômage et du déficit public. En 1992, avec le traité de Maastricht (► p. 380), la France s'est en effet engagée comme les autres membres de l'Union européenne à limiter celui-ci à 3 % de son produit intérieur brut (PIB). Cette contrainte conduit à poser la question des dépenses publiques et de l'efficacité de l'État, en particulier de l'État-providence tel qu'il s'est développé depuis 1945 (► p. 348).

Le candidat de l'Union pour un mouvement populaire (UMP), Nicolas Sarkozy, qui prône des idées libérales comme l'incarne le slogan « Travailler plus pour gagner plus », l'emporte au second tour face à la candidate socialiste, Ségolène Royal, en obtenant 53,06 % des suffrages.

Le gouvernement engage une révision générale des politiques publiques (RGPP)

L'ensemble des politiques publiques est évalué de façon à réorganiser et à simplifier l'État, aboutissant à l'adoption de 450 mesures de modernisation entre 2007 et 2011. L'une des plus emblématiques est le non-remplacement d'un fonctionnaire sur deux partant à la retraite. D'autres chantiers pour limiter les dépenses publiques sont également entrepris, tel le développement des services publics en ligne.

L'efficacité de ces révisions, très mal vécues par les fonctionnaires, est contestée dans un contexte de difficultés économiques liées à la crise financière qui débute en 2008 (► p. 393).

Le tandem exécutif

François Fillon a été le Premier ministre de Nicolas Sarkozy pendant toute la durée de son mandat. Il est, après Georges Pompidou, celui qui a exercé le plus longtemps cette fonction en continu au cours de la Ve République.

IIIe République | Vichy | GPRF* | IVe République

1914 — 1940 1944 1945 — 1958

1914-1918 Première Guerre mondiale

1939-1945 Seconde Guerre mondiale

1946-1962 Décolonisation

1947-1991 Guerre froide

Depuis 1948 Construction européenne

* Gouvernement provisoire de la République française

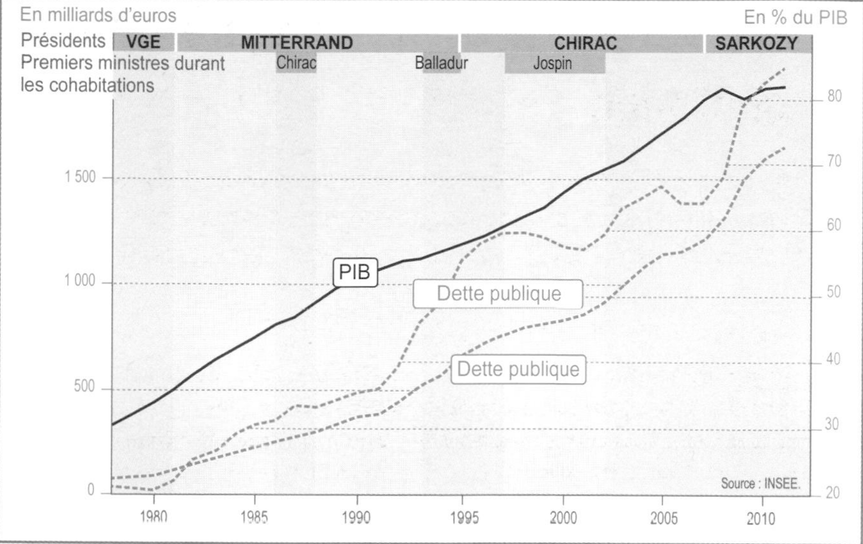

L'accroissement de la dette publique depuis 1978

Depuis la fin des Trente Glorieuses (► p. 355), le déficit public n'a cessé de se creuser dans un contexte de progression du chômage et de la pauvreté. Dans les années 2000, le financement des retraites suscite de nombreuses interrogations alors que la génération du *baby-boom*, particulièrement nombreuse (► p. 363), parvient à l'âge de la retraite.

La réforme constitutionnelle de 2008

Nicolas Sarkozy se prononce au cours de la campagne présidentielle de 2007 en faveur d'une « nouvelle avancée démocratique » et d'une modernisation de la Constitution de la Ve République, rédigée cinquante ans auparavant (► p. 360). En vertu de la loi constitutionnelle adoptée le 23 juillet 2008 par le Congrès – c'est-à-dire la réunion conjointe de l'Assemblée nationale et du Sénat –, les pouvoirs du Parlement sont renforcés et le président de la République ne peut exercer plus de deux mandats consécutifs. Les Français établis hors de France peuvent élire des représentants (députés et sénateurs). Par ailleurs, un défenseur des droits est institué pour veiller au respect des droits, des libertés et de l'égalité des citoyens.

8 février 2008

Le Parlement ratifie le traité de Lisbonne

Après l'abandon du projet de Constitution en 2005, la construction européenne semble au point mort. Elle est néanmoins relancée en 2007 par des concertations qui aboutissent au traité de Lisbonne.

L'échec du projet de Constitution européenne

Signé à Rome le 29 octobre 2004 par les 25 chefs d'État et de gouvernement des pays de l'Union européenne (UE), le traité établissant une Constitution pour l'Europe doit remplacer les traités précédents (► p. 385) et améliorer le fonctionnement des institutions de l'Europe élargie. Son entrée en vigueur est soumise à la ratification de chacun des États membres. Les refus des électeurs français et hollandais, consultés par référendum les 29 mai et 1er juin 2005, conduisent à l'abandon du projet.

La construction européenne est relancée en 2007

En 2007, un traité « modificatif » est rédigé afin de résoudre les difficultés auxquelles se heurte une Union comptant alors 27 membres.

En vertu de celui-ci, le processus de décision au sein du Conseil européen est modifié de façon à être plus démocratique et le principe de sa présidence tournante abandonné : un président est désormais élu par les chefs d'État et de gouvernement des pays de l'UE pour un mandat de deux ans et demi, tandis que la diplomatie européenne est incarnée par un représentant. La Commission européenne voit également son indépendance à l'égard des États membres renforcée et les pouvoirs du Parlement se trouvent accrus (► p. 381). Ce texte est signé le 13 décembre 2007.

La ratification française

Après l'échec du référendum de 2005, le président de la République, Nicolas Sarkozy, décide de recourir à une ratification par voie parlementaire. Le 8 février 2008, l'Assemblée nationale et le Sénat réunis en Congrès adoptent ainsi le traité de Lisbonne.

Ce choix politique suscite l'opposition de ceux qui avaient fait campagne en faveur du « non » en 2005, parmi lesquels les partis d'extrême droite et d'extrême gauche, mais aussi des parlementaires socialistes ou centristes qui souhaitent la tenue d'un référendum.

Le traité de Lisbonne entre en application le 1er décembre 2009 après sa ratification par l'ensemble des États membres de l'Union européenne.

Le Conseil européen réuni en octobre 2007

Autour de Nicolas Sarkozy figurent le ministre des Affaires étrangères portugais Luís Amado (à gauche) et le Premier ministre portugais José Sócrates (à droite), ainsi que leurs homologues français Bernard Kouchner et François Fillon.

La crise de 2008

À l'été 2007, la crise des *subprimes* éclate. Elle résulte d'une bulle spéculative immobilière aux États-Unis et d'une multiplication de prêts hypothécaires à risque, accordés à des personnes aux revenus modestes qui, pour beaucoup, se retrouvent dans l'incapacité de rembourser leurs crédits. Elle entraîne une crise de confiance envers certains types de créances puis envers des fonds d'investissement ou des banques susceptibles d'en détenir. La crise ainsi provoquée s'amplifie à l'automne suivant. Plusieurs grands établissements financiers risquent de faire faillite. Certains sont mis en liquidation, d'autres rachetés par des concurrents, d'autres encore renfloués par les États, ce qui entraîne en Islande et en Irlande des crises de la dette publique. C'est là le point de départ d'une très grave récession mondiale.

L'Union européenne élargie

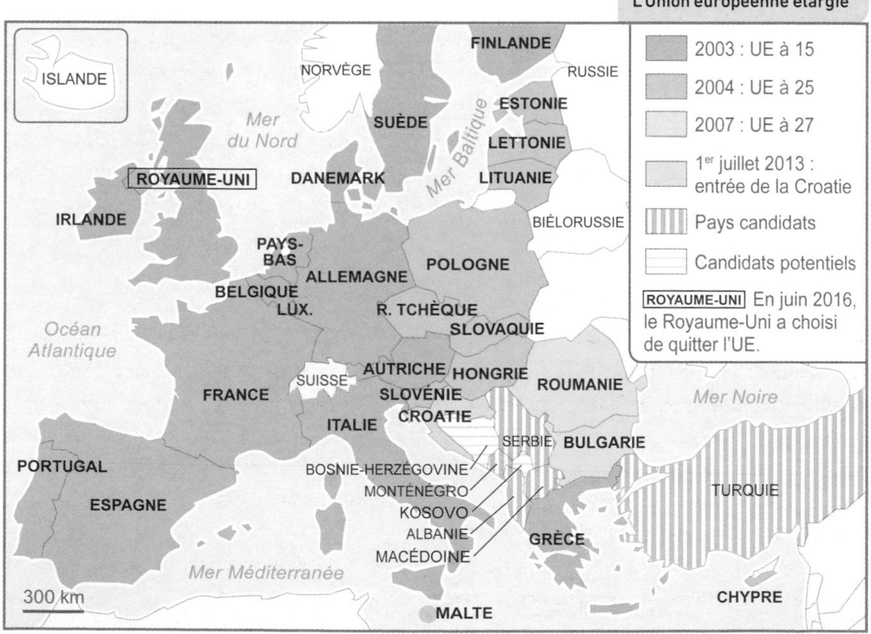

2012

François Hollande engage une politique sociale-démocrate

Le 6 mai 2012, après 17 années de présidence de droite, le candidat socialiste remporte l'élection présidentielle. Cette victoire fait naître de grandes attentes, mais très vite les difficultés s'accumulent.

« Le changement c'est maintenant »

Au cours de la campagne électorale, François Hollande s'est fermement opposé aux orientations retenues par Nicolas Sarkozy depuis 2007, affirmant notamment sa volonté de remettre en cause les choix fiscaux de ce dernier et la RGPP (► p. 390).
Le 6 mai 2012, il est élu président avec 51,6 % des suffrages exprimés.
Les élections législatives organisées au mois de juin donnent la majorité absolue aux socialistes. Jean-Marc Ayrault devient Premier ministre et compose un gouvernement de coalition, auquel participent deux représentants du parti Europe Écologie Les Verts (EELV) (► p. 383).

Le temps des difficultés

Néanmoins, dans un contexte marqué par la crise économique de 2008 (► p. 393) et la forte progression du chômage, la cote de popularité de François Hollande s'effondre d'emblée. Alors qu'il initie une politique sociale-démocrate, visant la réduction du déficit public et la relance de l'emploi et de l'investissement par des aides aux entreprises, des « frondeurs » socialistes, tels Benoît Hamon et Arnaud Montebourg, font entendre leur opposition. Le président semble peiner à faire respecter son autorité comme à tenir ses promesses de campagne.

Une série de défaites électorales

Les 23 et 30 mars 2014, la gauche subit une défaite historique lors des élections municipales : elle perd 151 villes de plus de 10 000 habitants, quand la droite en gagne 142. Le Front national (► p. 387), quant à lui, en conquiert 11. Malgré la nomination d'un nouveau Premier ministre, Manuel Valls, le recul des socialistes, les progrès de la droite et l'essor du Front national sont confirmés lors des élections européennes et sénatoriales de 2014 puis des départementales et des régionales de 2015.

Le président Hollande face à la vague de droite
Dessin satirique de Kak, hommage à l'artiste japonais Katsushika Hokusai, paru dans *L'Opinion* le 31 mars 2014.

IIIe République	Vichy	GPRF*	IVe République
1914	1940	1944 1945	1958

1914-1918 Première Guerre mondiale
1939-1945 Seconde Guerre mondiale
1946-1962 Décolonisation
1947-1991 Guerre froide
Depuis 1948 Construction européenne

* Gouvernement provisoire de la République française

François Hollande en meeting au Bourget le 22 janvier 2012

Pendant la campagne, François Hollande se démarque de la politique menée par Nicolas Sarkozy et plus largement par la droite.

La parité en politique

Même si elles sont électrices et éligibles depuis 1944 (▶ p. 346), les femmes restent peu nombreuses en politique. Entre 1958 et 1973, elles ne représentent jamais plus de 2 % des députés. Ce n'est que dans les années 1990 que la question de la représentation politique des femmes devient une priorité. En 1999, l'article 3 de la Constitution est modifié : il est dès lors stipulé que « la loi favorise l'égal accès des femmes et des hommes aux mandats électoraux et fonctions électives ». Des quotas en faveur des femmes sont mis en place, les partis politiques qui ne les respectent pas s'exposant à des amendes. Néanmoins, les résultats sont contrastés.
En 2012, Jean-Marc Ayrault applique le principe de la parité à son gouvernement : celui-ci comprend autant de femmes que d'hommes.

Le « mariage pour tous »

Le 18 mai 2013, la loi ouvrant le mariage et l'adoption aux couples de personnes de même sexe est promulguée. Elle divise profondément l'opinion et des centaines de milliers de personnes défilent pour ou contre, les manifestations de ceux qui la défendent au nom de l'égalité alternant avec les rassemblements de contestation organisés en particulier à l'appel d'organisations de droite et de mouvements catholiques.
Les refus initialement annoncés par certains maires de célébrer ces unions n'empêchent pas l'application de la loi et, entre mai 2013 et décembre 2014, 17 500 mariages entre personnes de même sexe ont lieu.

14 juillet 2016

Un terroriste lance son camion sur la foule à Nice

Pour la troisième fois en un an et demi, le pays est la cible d'un attentat djihadiste commis symboliquement le jour de la fête nationale.

Un carnage sur la promenade des Anglais

Ce 14 juillet 2016, peu après la fin du feu d'artifice que plus de 30 000 personnes sont venues admirer sur la célèbre promenade niçoise, un camion de 19 tonnes fonce délibérément dans la foule. Sa course meurtrière prend fin 4 minutes plus tard quand le conducteur est abattu par la police. Le bilan très lourd – 86 morts et 458 blessés – s'ajoute à la longue liste des victimes du terrorisme djihadiste qui a ensanglanté le pays en 2015.

Une nouvelle étape dans la violence terroriste

Le 7 janvier 2015 déjà, deux frères s'en sont pris au siège parisien du journal *Charlie Hebdo*, qui avait publié des caricatures du prophète Mahomet. Douze personnes sont tuées. Le lendemain, un complice abat une policière puis, le 9 janvier, quatre clients d'une supérette casher. Les terroristes sont tués lors du double assaut des forces de l'ordre.

Le 13 novembre 2015, trois attaques simultanées à Saint-Denis et à Paris ont fait 130 morts et 351 blessés. Alors que trois kamikazes se font exploser aux abords du Stade de France, une deuxième équipe de terroristes fait feu sur les clients de terrasses bondées des 10e et 11e arrondissements de la capitale. Un troisième groupe mitraille les spectateurs réunis pour un concert dans la salle du Bataclan. Les terroristes sont finalement abattus par les forces de l'ordre.

La France, une cible privilégiée des djihadistes

Si les terroristes ayant agi en France ont tous proclamé leur allégeance à une mouvance islamiste, Al-Qaïda ou l'organisation État islamique (EI), les différences d'origine, de milieu social, de nationalité, ne permettent pas de dresser le profil type du djihadiste. Motivations politiques et religieuses se mêlent contre le symbole que représente la France : ancienne puissance coloniale, État laïc, intervenant militairement en Irak, en Syrie et au Mali.

La radicalisation des terroristes s'opère le plus souvent *via* les réseaux sociaux. Et elle ne se limite pas à la France : fin 2016, près de 2 500 Européens combattaient dans les rangs de l'EI en Syrie.

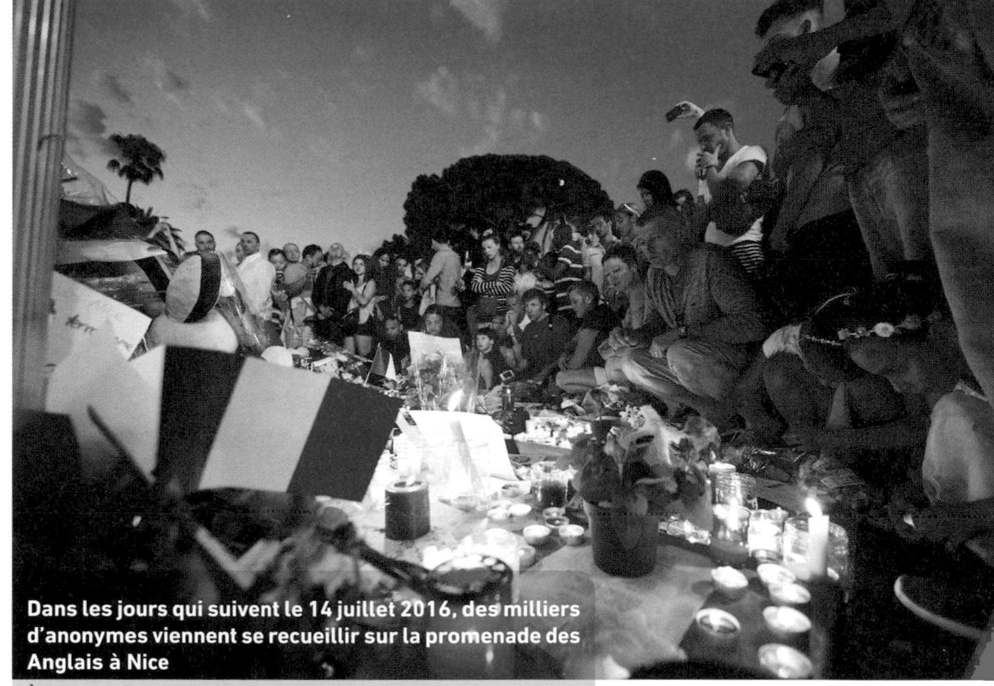

Dans les jours qui suivent le 14 juillet 2016, des milliers d'anonymes viennent se recueillir sur la promenade des Anglais à Nice

À chaque attentat, passé la période de sidération, les Français répondent par des rassemblements et des manifestations pacifiques comme lors de la marche républicaine du 11 janvier 2015 qui réunit 1,5 million de personnes à Paris.

JE SUIS CHARLIE

Largement repris après l'attaque du 7 janvier 2015 contre le journal satirique *Charlie Hebdo*, ce slogan symbolise la défense des valeurs de la République, en particulier la liberté d'expression.

Les conséquences politiques des attentats

Pour faire face à la situation, l'état d'urgence est décrété le 14 novembre 2016, et prorogé à plusieurs reprises depuis cette date. Régime civil de crise, il facilite les enquêtes (perquisitions, contrôle de l'information, surveillance, etc.), allant jusqu'à restreindre certaines libertés, notamment de circulation et de manifestation. Un projet de loi du gouvernement de Manuel Valls visant à constitutionnaliser l'état d'urgence et à étendre la déchéance de nationalité aux binationaux nés français et condamnés pour terrorisme est, face au tollé suscité, finalement retiré en mars 2016.

24 octobre **2016**

La « jungle » de Calais est démantelée

Le camp, situé dans les Hauts-de-France, accueille des milliers de migrants, originaires du Proche et Moyen-Orient et d'Afrique, dans des conditions précaires. Arguant de raisons humanitaires, le gouvernement décide de le fermer.

Un problème ancien

La région autour de Calais concentre depuis longtemps des migrants désireux de se rendre au Royaume-Uni, attirés par la perspective d'une vie meilleure. En 1999, la Croix-Rouge a ainsi organisé un camp à Sangatte pour accueillir les réfugiés du Kosovo. Le lieu est fermé en 2002 par Nicolas Sarkozy, alors ministre de l'Intérieur.

Mais avec les crises qui touchent la corne de l'Afrique et le Moyen-Orient, les migrants reviennent et s'installent non loin du port et du tunnel sous la Manche, dans une forêt surnommée la « jungle » par les Afghans et les Iraniens.

Une situation sanitaire préoccupante

Le camp abrite, sur une dizaine d'hectares, entre 7 000 et 10 000 personnes, hommes, femmes et enfants. Progressivement la vie s'organise avec la création de petits commerces, de salles de classe et de lieux de culte. Malgré l'aide des associations et de la population locale, la promiscuité et le manque d'infrastructures rendent l'hygiène déplorable et favorisent la propagation de maladies.

Après plusieurs démantèlements partiels, c'est officiellement pour des raisons de respect de la dignité humaine, auxquelles s'ajoute le mécontentement d'une partie des Calaisiens, que le gouvernement décide la fermeture de la « jungle ».

Une évacuation organisée

La population du camp a été préalablement informée par les services de l'État du déroulement des opérations et des solutions envisagées. Le 24 octobre à 8 heures du matin, le démantèlement débute, mobilisant 1 250 policiers et gendarmes ainsi que des observateurs. Les migrants sont conduits vers des centres d'accueil répartis dans onze régions françaises tandis que près de 300 mineurs peuvent se rendre au Royaume-Uni pour rejoindre leur famille. Une partie des migrants échappent à l'évacuation qui a concerné officiellement 7 424 personnes, dont 1 952 mineurs.

Mais, bientôt, les causes des migrations n'ayant pas disparu, de petits bidonvilles se reconstituent de façon informelle à proximité de Paris et de nouveaux migrants arrivent dans le Calaisis.

La partie nord de la «jungle» de Calais, le 17 octobre 2016, quelques jours avant l'évacuation

Les migrants du camp vivent dans des tentes, des caravanes, des conteneurs ou des abris de fortune, construits avec des matériaux de récupération.

> *C'est une opération qui a été conduite de manière humaine et digne, mais aussi efficace et ferme.»*
>
> François Hollande, entretien à *La Voix du Nord*, le 31 octobre 2016.

La crise migratoire en Europe

L'expression fait référence à l'augmentation très forte dans les années 2010 du nombre de migrants arrivant en Europe. Durant la seule année 2015, l'Union eropéenne (UE) doit accueillir plus de 1,2 million de migrants qui demandent l'asile, quatre fois plus qu'en 2010. La plupart d'entre eux sont originaires de Syrie, déchirée depuis 2011 par la guerre civile et où sévit l'organisation État islamique (EI).

Au départ très frileuse, l'UE décide de s'organiser et de respecter les accords internationaux en matière de droit d'asile. Ceux-ci instituent un statut de «réfugié» et interdisent de renvoyer une personne dans un pays en guerre, qu'elle ait obtenu ou non ce statut (clause de non-refoulement). Mais la politique d'accueil reste très variable selon les pays. En 2015, l'Allemagne accorde près de 150 000 statuts de réfugiés, contre 26 700 pour la France. Cependant, les États qui accueillent le plus de migrants restent ceux proches des zones en crise, telles la Turquie, voisine de la Syrie et de l'Irak, ou l'Éthiopie, proche de la Somalie, de l'Érythrée ou du Soudan.

7 mai 2017

Emmanuel Macron est élu président de la République

À 39 ans, Emmanuel Macron, qui entend proposer une offre politique nouvelle, devient le plus jeune président de la Ve République au terme d'une campagne hors norme.

Un candidat « nouveau »

Emmanuel Macron, ministre de l'Économie de François Hollande (► p. 394), fonde en avril 2016 le mouvement En marche ! puis quitte le gouvernement. À l'automne, il annonce officiellement sa candidature à l'élection présidentielle. Il met en avant la nécessité de dépasser le clivage gauche/droite et porte un programme de réformes centré sur la libéralisation de l'économie, la modernisation de l'État-providence, la moralisation de la vie publique et la réaffirmation de la place de la France dans le monde.

Une campagne marquée par de nombreux rebondissements

En novembre 2016, François Fillon remporte la primaire de la droite et du centre, mais très vite un scandale éclate. Soupçonné de détournement de fonds publics, l'ancien Premier ministre de Nicolas Sarkozy (► p. 390) est mis en examen.

À gauche, le président sortant, François Hollande, annonce en décembre qu'il renonce à briguer un second mandat, après un quinquennat au bilan économique décevant et face à une impopularité persistante. La primaire de janvier 2017 aboutit à la désignation comme candidat du Parti socialiste et de ses alliés d'un frondeur, Benoît Hamon. Mais celui-ci est rapidement dépassé dans les sondages par Jean-Luc Mélenchon qui représente la gauche radicale.

À l'extrême droite, la présidente du Front national (► p. 386), Marine Le Pen, semble assurée d'une place au second tour.

La vague En marche !

Au soir du 23 avril, l'électorat apparaît très divisé mais Emmanuel Macron arrive en tête avec 24,01 % des suffrages, devant Marine Le Pen. Puis, après un débat virulent contre cette dernière, il l'emporte avec 66,1 % des voix à l'issue du second tour.

Le nouveau président nomme Édouard Philippe Premier ministre et constitue un gouvernement composé de personnalités de droite, de gauche ou issues de la société civile. Lors des élections législatives des 11 et 18 juin 2017, le parti du président, renommé La République en marche !, présente de nombreux candidats néophytes. Il obtient la majorité absolue des sièges, ce qui offre la possibilité à Emmanuel Macron et au gouvernement d'engager des réformes importantes.

Emmanuel Macron, dans la cour du Louvre, le 7 mai 2017

Au soir de sa victoire, Emmanuel Macron s'adresse aux Français devant la pyramide du Louvre. La scénographie de son arrivée symbolise sa volonté de renforcer la figure présidentielle et le choix de l'*Ode à la joie*, son orientation pro-européenne.

« *Mes chers concitoyens, une nouvelle page de notre longue Histoire s'ouvre ce soir. Je veux que ce soit celle de l'espoir et de la confiance retrouvés. Le renouvellement de notre vie publique s'imposera à tous dès demain.* »

Emmanuel Macron, 7 mai 2017.

L'Europe en crise

Dans un contexte marqué par le choix du Royaume-Uni de quitter l'Union (Brexit), par les difficultés économiques et par la crise des migrants (► p. 399), l'Union européenne (UE) et l'euro constituent un sujet clivant au cours de la campagne présidentielle. Celle-ci est représentative de l'euroscepticisme qui traverse l'Europe. Si Emmanuel Macron défend fermement l'UE, quatre des douze candidats, dont Marine Le Pen, appellent à une remise en cause de l'appartenance de la France à l'Union, quand d'autres, tel Jean-Luc Mélenchon, présentent la réforme des traités européens comme la condition *sine qua non* d'un maintien du pays dans l'UE.

Chronologie détaillée

Index des lieux, des notions et des personnages

Chronologie détaillée

VIIe-Ve siècle av. J.-C.

VIIe siècle av. J.-C. p. 14
Des migrants celtes s'installent sur notre territoire

600 av. J.-C. p. 16
Les Grecs fondent Marseille

v. 540 av. J.-C.: Victoire de la flotte marseillaise sur les Carthaginois et les Étrusques à Alalia

509 av. J.-C.: À Rome, Tarquin le Superbe est renversé, début de la République romaine dirigée par le Sénat et deux consuls

451 av. J.-C. : Loi des Douze Tables: premières lois romaines

IVe-IIe siècle av. J.-C.

396 av J.-C.: Les Romains prennent la ville étrusque de Véies et se hissent à la tête des peuples latins

390 av. J.-C. p. 18
Les Gaulois mettent Rome à sac

IIe siècle av. J.-C. p. 20
La Gaule avant la conquête romaine

264-241 av. J.-C. : Première guerre punique contre le royaume de Carthage

202 av. J.-C. : Victoire romaine de Zama sur: le Carthaginois Hannibal qui met fin à la deuxième guerre punique: Rome domine la Méditerranée occidentale

133-121 av. J.-C.: Réformes des frères Gracques à Rome

122 av. J.-C.: Fondation de la colonie romaine d'Aix-en-Provence

121 av. J.-C. p. 24
Les Romains répondent à l'appel des Éduens

118 av. J.-C. : Fondation de la colonie romaine de Narbonne

Ier siècle av. J.-C.

76 av. J.-C. : Création de la province romaine de la Narbonnaise

58-52 av. J.-C. p. 26
La guerre des Gaules

49-44 av. J.-C: Dictature de Jules César à Rome

52 av. J.-C. : Siège d'Alésia

27 av. J.-C. : Début du principat:
Auguste, premier empereur romain
La Gaule chevelue est divisée en trois provinces romaines

27 av. J.-C.-68 ap. J.-C.: Dynastie des Julio-Claudiens: Auguste, Tibère, Caligula, Claude, Néron

12 av. J.-C. p. 30
Les Romains construisent l'autel des Trois Gaules à Lyon

Ie-IIIe siècle ap. J.-C.

9 ap. J.-C. : Défaite romaine face aux Germains, dit « désastre de Varus »

Ier-IIe siècle: Persécutions ponctuelles des chrétiens

21: Révolte gauloise des Trévires et des Éduens

48 p. 32
Des Gaulois entrent au Sénat romain

69-96: Dynastie des Flaviens: Vespasien, Titus, Domitien

v. 80 p. 34
Les Romains fortifient la frontière du Rhin

96-192: Dynastie des Antonins: Nerva, Trajan, Hadrien, Antonin, Marc-Aurèle, Lucius Aurelius Verus, Commode

IIe siècle p. 36
L'apogée de la Gaule gallo-romaine

138: Antonin le Pieux, d'origine gauloise, devient empereur romain

177: Martyre de Blandine à Lyon

193-235: Dynastie des Sévères: Septime Sévère, Caracalla, Macrin, Élagabal, Sévère Alexandre

250: L'empereur Dèce oblige les chrétiens à sacrifier aux dieux païens sous peine de mort

IVe siècle

312: Date supposée de la première conversion de l'empereur Constantin

313: Édit de Milan autorisant le christianisme

330: Fondation de Constantinople, deuxième capitale de l'Empire romain

371 p. 40
Martin de Tours évangélise les campagnes gauloises

380: Le christianisme, religion de l'Empire romain

395: Division de l'Empire romain

Ve siècle

Ve siècle p. 42
Les invasions barbares

407: Début des « invasions » barbares

410: Les Wisigoths prennent Rome

v. 457: Childéric Ier, roi des Francs saliens

451: Attila assiège Lutèce

451: Bataille des Champs catalauniques

476: Fin de l'Empire romain d'Occident

Fin Ve-VIIe siècle

v. 481: Clovis, roi des Francs, début de la dynastie mérovingienne

486 p. 52
Un guerrier franc brise un vase à Soissons devant Clovis

496: Victoire de Tolbiac contre les Alamans

v. 500 p. 54
L'évêque Rémi baptise Clovis à Reims

507: Victoire de Vouillé contre les Wisigoths

511: Mort de Clovis

541-767: La peste justinienne touche le bassin méditerranéen (première pandémie)

623: Dagobert Ier, roi d'Austrasie

629: Dagobert règne sur l'ensemble du royaume des Francs

19 janvier 639 p. 56
La mort de Dagobert Ier ouvre une période de déclin pour les Mérovingiens

VIIIe siècle

25 octobre 732 p. 58
Charles Martel bat les Arabes à Poitiers

737: Après la mort de Thierry IV, le trône reste vacant

743: Début du règne de Childéric III, dernier roi mérovingien

751 p. 60
Pépin III dit le Bref devient le premier roi carolingien

28 juillet 754: Sacre de Pépin le Bref et de ses deux fils par le pape

768: Début du règne de Charlemagne

Juillet 778: Échec des Francs devant Saragosse

Août 778: Les Francs pillent Pampelune

15 août 778 p. 62
L'arrière-garde de l'armée franque est massacrée à Roncevaux

795: Naissance de Lothaire Ier

IXe siècle

25 décembre 800 p. 64
Charlemagne est couronné empereur à Rome

v. 805: Naissance de Louis II dit le Germanique

814: Mort de Charlemagne, début du règne de Louis Ier le Pieux

819: Fondation de l'abbaye de Conques par Louis Ier le Pieux

823: Naissance de Charles II dit le Chauve

840: Mort de Louis Ier dit le Pieux

841: Défaite de Lothaire à Fontenoy-en-Puisaye contre Louis le Germanique et Charles le Chauve

14 février 842 p. 66
Charles et Louis prêtent serment à Strasbourg

Août 843 p. 68
L'empire de Charlemagne est divisé en trois à Verdun

843: Charles le Chauve, roi de Francie occidentale

866: « Vol pieux » des reliques de sainte Foy désormais conservées à Conques

875: Charles le Chauve, empereur

877: Mort de Charles le Chauve

898: Charles II dit le Simple, seul roi en France

Xe siècle

Xe-XIIe siècle p. 70
L'essor du monachisme

v. 909: Fondation de l'abbaye de Cluny

911 p. 74
Charles le Simple cède la Normandie aux Vikings

3 juillet 987 p. 76
Hugues Capet est sacré à Noyon

987: Début de la dynastie capétienne

989: Lancement du mouvement de la paix de Dieu (concile de Charroux)

996: Mort d'Hugues Capet, début du règne de Robert II dit le Pieux

XIe siècle

v. 1027 p. 78
L'évêque de Laon définit la vision chrétienne de la société

1031: Mort de Robert le Pieux, début du règne d'Henri Ier

1040 p. 80
La construction de l'église romane de Conques débute

1041 p. 82
Le concile d'Arles officialise la trêve de Dieu

1060: Mort d'Henri Ier, début du règne de Philippe Ier

14 octobre 1066 p. 84
Guillaume, duc de Normandie, remporte la bataille d'Hastings

25 décembre 1066: Guillaume le Conquérant est couronné roi d'Angleterre

v. 1070: Réalisation de la tapisserie de Bayeux

1073-1085: Pontificat de Grégoire VII

1087: Mort de Guillaume le Conquérant

1088: Début de la construction de l'église abbatiale de Cluny (Cluny III)

XIe-XIIIe siècle p. 86
Les croisades en Orient

27 novembre 1095: Urbain II lance son appel à la première croisade (concile de Clermont)

1096: Début de la première croisade

1098 : Fondation de l'abbaye de Cîteaux par Robert de Molesme

1098 : Plus ancienne version écrite de la *Chanson de Roland*

15 juillet 1099 : Prise de Jérusalem par les croisés, fin de la première croisade

XIe-XIIIe siècle p. 92
De la chanson de geste au roman courtois

XIIe siècle

1108 : Mort de Philippe Ier, début du règne de Louis VI dit le Gros

1115 : Fondation de l'abbaye de Clairvaux par Bernard de Fontaine

1119 : Fondation de l'ordre militaire religieux des Templiers

Juillet 1137 : Mariage de Louis (futur Louis VII) et d'Aliénor d'Aquitaine

Août 1137 : Mort de Louis VI, début du règne de Louis VII dit le Jeune

1144 : Chute du comté d'Édesse en Orient

1146 : Début de la deuxième croisade

1148 : Échec du siège de Damas par les croisés

Milieu du XIIe siècle : Rédaction de la chanson de *Raoul de Cambrai*

1152 : Aliénor d'Aquitaine épouse Henri Plantagenêt (futur Henri II d'Angleterre)

1153 : Mort de Bernard de Clairvaux

1174 : Canonisation de Bernard de Clairvaux

1177-1181 : Rédaction de *Lancelot ou le Chevalier de la charrette* par Chrétien de Troyes

1180 : Mort de Louis VII, début du règne de Philippe II dit Philippe Auguste

1187 : Prise de Jérusalem par les musulmans, appel à la troisième croisade

1190 : Philippe Auguste part pour la troisième croisade

1191 : Les croisés prennent Acre

1198 : Appel à la quatrième croisade

1199 : Mort de Richard Cœur de Lion, son frère Jean sans Terre devient roi d'Angleterre

Fin XIIe siècle p. 90
Les foires de Champagne deviennent un lieu d'échanges incontournable en Europe

XIIIe siècle

1202 : Philippe Auguste confisque les fiefs de Jean sans Terre

1204 : Les croisés pillent Constantinople

6 mars 1204 p. 96
Philippe Auguste prend Château-Gaillard

1209 : Philippe Auguste assure la protection des foires de Champagne

1209 : Première croisade contre les cathares (ou Albigeois) dirigée par Simon de Montfort

6 mai 1211 p. 98
La construction de la cathédrale de Reims débute

1213 : Victoire de Simon de Montfort à Muret

2 juillet 1214 : Victoire du dauphin Louis contre les Anglais à La Roche-aux-Moines

27 juillet 1214 p. 100
Philippe Auguste remporte la bataille de Bouvines

1215 : Appel à la cinquième croisade

1223 : Mort de Philippe Auguste, début du règne de Louis VIII dit le Lion

1226 : Deuxième croisade contre les cathares

1226 : Mort de Louis VIII, début du règne de Louis IX (régence de Blanche de Castille)

1228 : Appel à la sixième croisade

1231 : Création de l'Inquisition

1231 : Bulle *Parens scientiarum* qui organise l'université de Paris

1235 : Fin de la régence de Blanche de Castille

Mai 1243 : Début du siège de Montségur

16 mars 1244 p. 102
Le château de Montségur se rend à l'armée de Louis IX

1245 : Appel à la septième croisade

Avril 1248 : Consécration de la Sainte-Chapelle à Paris

Août 1248 : Louis IX embarque à Aigues-Mortes pour la septième croisade

1249 : Victoire des croisés à Damiette

1250 : Défaite des croisés à la bataille de la Mansourah

1254 : Louis IX rentre en France

Février 1257 p. 104
Robert de Sorbon fonde un collège à Paris

1263 : Appel à la huitième croisade

15 mars 1270 : Louis IX part pour la huitième croisade

25 août 1270 p. 106
Louis IX meurt près de Tunis

1270 : Début du règne de Philippe III dit le Hardi

1285 : Mort de Philippe le Hardi, début du règne de Philippe IV dit le Bel

1291 : Prise d'Acre par les musulmans, fin des États latins d'Orient

1294 : Début du conflit entre Philippe le Bel et le pape Boniface VIII

1297 : Canonisation de Louis IX sous le nom de saint Louis de France

XIVe siècle

Juillet 1301 : Philippe le Bel fait arrêter l'évêque de Pamiers

Décembre 1301 : Bulle pontificale *Ausculta fili*

1302 : Convocation des premiers états généraux

7 septembre 1303 **p. 108**
Le pape Boniface VIII est humilié à Anagni

1303 : Fondation d'une université à Avignon

1305 : Élection du pape Clément V

1307 : Philippe le Bel fait arrêter les Templiers

9 mars 1309 **p. 110**
Le pape Clément V arrive en Avignon

1312 : Clément V dissout l'ordre des Templiers

1314 : Mort de Clément V, son successeur demeure en Avignon : Mort de Philippe le Bel

Avril 1328 : Philippe VI de Valois devient roi de France

1328 **p. 112**
Philippe VI compte ses sujets dans un état des paroisses et des feux

1331 : Édouard III prête hommage à Philippe VI

1334 : Début de la construction du palais des papes à Avignon

1337 : Édouard III revendique la couronne de France

1337 **p. 114**
La guerre de Cent Ans commence entre la France et l'Angleterre

1337-1360 : Succès anglais durant la guerre de Cent Ans

1339 : Début des chevauchées d'Édouard III en France

26 août 1346 **p. 116**
Philippe VI est défait à Crécy par Édouard III d'Angleterre

1347-1352 : La peste noire touche une partie de l'Asie et l'Europe (deuxième pandémie)

Août 1347 : Prise de Calais par Édouard III

Novembre 1347 **p. 118**
La peste noire débarque à Marseille

1348 : La papauté achète la ville d'Avignon

1350 : Mort de Philippe VI, début du règne de Jean II dit le Bon

1352 : Fin de la peste noire en Occident

19 septembre 1356 **p. 120**
Jean II est capturé à la bataille de Poitiers

1360-1380 : Reconquête française durant la guerre de Cent Ans

1360 : Traité de Brétigny, création du franc, Jean II rentre en France

Janvier 1364 : Jean II retourne en captivité en Angleterre

Avril 1364 : Mort de Jean II, début du règne de Charles V dit le Sage

Mai 1364 : Bataille de Cocherel (Bertrand du Guesclin bat le roi de Navarre allié aux Anglais)

2 octobre 1370 **p. 122**
Bertrand du Guesclin devient connétable de France

1377 : Le pape Grégoire XI quitte Avignon pour Rome

1378 : Début du grand schisme d'Occident

1380-1415 : Période de trêve et d'accalmie durant la guerre de Cent Ans

1380 : Mort de Charles V et de Bertrand du Guesclin, début du règne de Charles VI dit le Fol

1392 : Début des crises de folie de Charles VI

XVe siècle

Première moitié du XVe siècle : Le prince portugais Henri le Navigateur finance des expéditions qui découvrent les côtes occidentales de l'Afrique

1404 : Mort de Philippe le Hardi, duc de Bourgogne, Jean sans Peur lui succède

1404 : L'antipape Benoît XIII quitte Avignon

23 novembre 1407 **p. 124**
Le duc de Bourgogne fait assassiner le duc d'Orléans

1410 : Charles d'Orléans épouse la fille du comte d'Armagnac

v. 1410 **p. 126**
Jean de Berry commande *Les Très Riches Heures* aux frères de Limbourg

25 octobre 1415 **p. 128**
L'armée française est écrasée à Azincourt

1415-1429 : Succès anglais durant la Guerre de Cent Ans

1416 : Mort de Jean, duc de Berry

1417 : Fin du grand schisme d'Occident

1419 : Assassinat de Jean sans Peur, duc de Bourgogne à Montereau

1420 : Traité de Troyes

1422 : Mort de Charles VI, Charles VII dit le Victorieux lui succède

1429-1453 **p. 130**
Jeanne d'Arc, Charles VII et la fin de la guerre de Cent Ans

1429 : Jeanne d'Arc se met au service de Charles VII

1429 : Les Français mettent fin au siège d'Orléans

1431 : Mort de Jeanne d'Arc

1435 : Paix d'Arras entre Charles VII et Philippe le Bon, duc de Bourgogne

1438 : Pragmatique Sanction de Bourges

1440 : Charles d'Orléans épouse la fille de Philippe le Bon

1445 : Création des compagnies d'ordonnances, début de l'armée royale permanente

1449 : Charles VII entreprend la reconquête de la Normandie

v. 1450 : Mise au point de l'imprimerie avec des caractères mobiles par Gutenberg à Mayence

1453 : Bataille de Castillon, fin de la guerre de Cent Ans

1456 : Réhabilitation de Jeanne d'Arc

1461 : Mort de Charles VII, début du règne de Louis XI dit le Prudent

1467 : Charles le Téméraire devient duc de Bourgogne

Octobre 1476 : Début du siège de Nancy par Charles le Téméraire

5 janvier 1477 p. 134
Charles le Téméraire meurt devant Nancy

1481 : Louis XI récupère le Maine, l'Anjou et la Provence

1482 : Louis XI récupère la Bourgogne

1483 : Mort de Louis XI, début du règne de Charles VIII

6 décembre 1491 p. 136
Charles VIII épouse Anne de Bretagne

1492 : Fin de la *Reconquista* en Espagne, découverte de l'Amérique par Christophe Colomb

1494-1514

Juin 1494 : Traité de Tordesillas

1494-1495 : Première campagne d'Italie de Charles VIII

Février 1495 : Charles VIII est couronné roi de Naples

6 juillet 1495 p. 144
Charles VIII remporte la bataille de Fornoue en Italie

Avril 1498 : Mort de Charles VIII, début du règne de Louis XII

1498 : Expédition de Vasco de Gama qui double le cap de Bonne-Espérance et atteint l'Inde

Janvier 1499 : Louis XII épouse Anne de Bretagne

1499 : Louis XII entreprend une expédition en Italie

1501 : Louis XII investit le royaume de Naples

1504 : Perte du royaume de Naples

1513 : Perte du Milanais

1514 : Claude de France, fille de Louis XII et d'Anne de Bretagne, épouse François d'Angoulême (futur François Ier)

1515-1546

Janvier 1515 : Mort de Louis XII, début du règne de François Ier

13-14 septembre 1515 p. 146
François Ier remporte la bataille de Marignan

Décembre 1515 : Rencontre entre François Ier et le pape Léon X à Bologne

18 août 1516 p. 148
François Ier et Léon X signent le concordat de Bologne

Novembre 1516 : Paix perpétuelle avec les Suisses

Mai 1519 : Mort de Léonard de Vinci au Clos-Lucé

Juin 1519 : Charles Quint est élu empereur

Septembre 1519 p. 150
La construction du château de Chambord débute

Septembre 1519 : Début de l'expédition de Fernand de Magellan

1520 : Entrevue du « camp du Drap d'or » entre François Ier et Henri VIII d'Angleterre

1521 : Excommunication de Martin Luther

24 février 1525 p. 152
François Ier est fait prisonnier à la bataille de Pavie

Août 1529 : Paix des Dames

1532 p. 154
François Rabelais publie les aventures de Pantagruel

1534 p. 156
Jacques Cartier découvre la baie du Saint-Laurent

1534 : Henri VIII d'Angleterre rompt avec le pape

1535 : Deuxième expédition de Jacques Cartier au Canada

1536-1538 : Échec de l'expédition de François Ier dans le Milanais

1537 : Création du dépôt légal

15 août 1539 p. 158
Le français devient la langue officielle du royaume

1541 : Troisième expédition de Jacques Cartier au Canada

1542-1544 : Nouvel échec de François Ier dans le Milanais

1547-1559

1547 : Mort de François Ier, début du règne d'Henri II

1552 : La France occupe Metz, Toul et Verdun

1553 : Mort de François Rabelais

1555 : Abdication de Charles Quint

1557 : Défaite à Saint-Quentin contre les Espagnols

1558 : Prise de Calais aux Anglais

2-3 avril 1559 p. 160
Henri II signe les traités du Cateau-Cambrésis

10 juillet 1559 : Mort d'Henri II lors d'un tournoi, début du règne de François II

1560-1588

1560 : Mort de François II, début du règne de Charles IX (régence de Catherine de Médicis)

1561 : Colloque de Poissy

1562-1570 p. 162
Les débuts des guerres de religion

Janvier 1562 : Édit de tolérance en faveur des protestants

1er mars 1562 : Massacre de Wassy

Décembre 1562 : Victoire des catholiques à Dreux

Février 1563 : Assassinat de François, duc de Guise, à Orléans

Mars 1563 : Édit de pacification d'Amboise (fin de la première guerre de religion)

1564-1566 : Tour de France de Charles IX et de Catherine de Médicis

Mai 1564 : Mort de Jean Calvin à Genève

Septembre 1567-mars 1568 : Deuxième guerre de religion

1568 : Début de la troisième guerre de religion

Mars 1569 : Victoire des catholiques à Jarnac

Octobre 1569 : Victoire des catholiques à Moncontour

1570 : Édit de Saint-Germain qui met fin à la troisième guerre de religion

18 août 1572 : Mariage de Marguerite de Valois et d'Henri de Navarre

24 août 1572 **p. 166**

Les catholiques massacrent les protestants le jour de la Saint-Barthélemy

Début de la quatrième guerre de religion

1574 : Mort de Charles IX, début du règne d'Henri III

Novembre 1574-mai 1576 : Cinquième guerre de religion

Juin 1576 : Constitution de la Sainte Ligue

Décembre 1576-octobre 1577 : Sixième guerre de religion

Novembre 1579-novembre 1580 : Septième guerre de religion

1584 : Mort de François d'Alençon, frère d'Henri III

Juillet 1585 : Début de la huitième guerre de religion

20 octobre 1587 **p. 168**

Henri de Navarre défait l'armée royale à Coutras

Mai 1588 : Journée des barricades, Henri III fuit Paris

23 décembre 1588 : Assassinat d'Henri de Guise à Blois

1589-1610

2 août 1589 **p. 170**

Après l'assassinat d'Henri III, Henri de Navarre devient roi de France

1590 : Siège de Paris, bataille d'Ivry

25 juillet 1593 : Henri IV se convertit au catholicisme

27 février 1594 : Henri IV est sacré à Chartres

22 mars 1594 **p. 172**

Henri IV entre dans Paris

1596 : Maximilien de Béthune est à la tête du Conseil des finances

Avril 1598 **p. 174**

L'édit de Nantes met fin aux guerres de religion

1600 : Mariage d'Henri IV et de Marie de Médicis

12 décembre 1604 **p. 176**

Henri IV impose une nouvelle taxe, la paulette

1606 : Maximilien de Béthune est fait duc de Sully

1608 : Fondation de Québec par Samuel Champlain

14 mai 1610 **p. 178**

Henri IV est assassiné par François Ravaillac

1610-1661

1610 : Début du règne de Louis XIII, régence de Marie de Médicis

1614 : Fin de la régence de Marie de Médicis

24 avril 1617 **p. 180**

Louis XIII fait assassiner Concini

1618 : Début de la guerre de Trente Ans

1621 : Première guerre de Louis XIII contre les protestants

1621 : Mort de Charles-Albert de Luynes

1622 : Armand Jean du Plessis de Richelieu devient cardinal

1624 : Le cardinal de Richelieu entre au Conseil du roi

1625 : Deuxième guerre de Louis XIII contre les protestants, défaite de La Rochelle

1627 : Troisième guerre de Louis XIII contre les protestants, début du siège de La Rochelle

30 octobre 1628 **p. 182**

Louis XIII met fin au siège de La Rochelle

1629 : Édit de grâce d'Alès

1631 : Fuite de Marie de Médicis

29 janvier 1635 : Création de l'Académie française

19 mai 1635 : Guerre avec l'Espagne

5 janvier 1637 : Première représentation du *Cid* de Pierre Corneille

Mai 1637 **p. 184**

René Descartes publie le *Discours de la méthode*

1638 : Prise de possession de La Réunion (île Bourbon)

1642 : Mort du cardinal de Richelieu

14 mai 1643 : Mort de Louis XIII, début du règne de Louis XIV (régence d'Anne d'Autriche)

19 mai 1643 : Victoire à Rocroi contre l'Espagne

1644 : Début des congrès de paix en Westphalie

1648 : Victoire des Français et des Suédois à Zusmarshausen

20 août 1648 : Victoire à Lens contre l'Espagne

26 août 1648 **p. 186**

Paris se soulève contre le pouvoir royal : c'est le début de la Fronde

Octobre 1648 p. 188
La France signe les traités de Westphalie
1650 : Début de la Fronde des princes dirigée par le prince de Condé
1651 : Union des deux frondes
7 septembre 1651 : Louis XIV est déclaré majeur, fin de la régence
1652 : Grande guerre condéenne dans la région parisienne
1er-2 juillet 1652 : Bataille du faubourg Saint-Antoine
Octobre 1652 : Louis XIV entre dans Paris
3 février 1653 : Le cardinal Mazarin rentre en France après son exil, fin de la Fronde
8 février 1653 : Nicolas Fouquet est nommé surintendant des finances
1659 : Traité des Pyrénées, fin de la guerre avec l'Espagne
1660-1670 : Essor de la traite négrière atlantique (commerce triangulaire)
1660 : Mariage entre Louis XIV et Marie-Thérèse, infante d'Espagne
9 mars 1661 : Mort du cardinal Mazarin

1661-1715

10 mars 1661 p. 190
Louis XIV décide de gouverner seul
5 septembre 1661 : Arrestation de Nicolas Fouquet, surintendant des finances
24 février 1662 : François Michel Le Tellier de Louvois est nommé secrétaire d'État à la guerre
27 octobre 1662 : Achat de Dunkerque à l'Angleterre
28 mai 1664 : Création de la Compagnie des Indes occidentales
Novembre 1665 : Jean-Baptiste Colbert est nommé contrôleur général des finances
1667 : Début de la guerre de Dévolution
1668 : Traité d'Aix-la-Chapelle qui met fin à la guerre de Dévolution
30 juin 1670 : Création de la Compagnie du Levant
XVIIe siècle p. 192
Le théâtre classique
14 octobre 1670 : Première représentation du *Bourgeois gentilhomme* de Molière
1672 : Début de la guerre de Hollande
1673 : Mort de Molière
1678 : Traité de Nimègue qui met fin à la guerre de Hollande
1679 : Début de la politique des réunions
1680 : Création de la Comédie-Française
Mars 1681 : Début des dragonnades dans le Poitou
Septembre 1681 : Réunion de Strasbourg à la France
Avril 1682 : Prise de possession de la Louisiane
6 mai 1682 p. 196
Louis XIV et la cour s'installent à Versailles
Juillet 1683 : Mort de la reine Marie-Thérèse
Septembre 1683 : Mort de Jean-Baptiste Colbert
Octobre 1683 : Louis XIV épouse secrètement Madame de Maintenon
Mars 1685 p. 198
Louis XIV signe le Code noir
Avril 1685 : Dragonnades dans le Béarn
18 octobre 1685 p. 200
L'édit de Fontainebleau interdit le culte protestant
1687 : Application du Code noir dans les Antilles
1688 : Début de la guerre de la Ligue d'Augsbourg
1691 : Mort de François Michel Le Tellier de Louvois, secrétaire d'État à la guerre
1692-1694 p. 202
Les Français meurent de faim
1694 : Charles Perrault écrit *Le Petit Poucet*
1695 : Création d'un nouvel impôt, la capitation
1697 : Traité de Ryswick, fin de la guerre de la Ligue d'Augsbourg
1699 : Mort de Jean Racine
1701 : Début de la guerre de succession d'Espagne
1702 : Révolte des Camisards (protestants) dans les Cévennes
1704 : Application du Code noir en Guyane
1707 : Mort du maréchal de Vauban
1710 : Création d'un nouvel impôt, le dixième
1711 : Mort du Grand Dauphin, fils et successeur de Louis XIV
1712 : Mort du duc de Bourgogne, petit-fils et successeur de Louis XIV
1713 : Traités d'Utrecht
1714 : Traité de Rastatt, fin de la guerre de succession d'Espagne
1715 p. 204
La mort de Louis XIV : la fin d'un règne marqué par des guerres

1715-1773

1er septembre 1715 : Début du règne de Louis XV, régence de Philippe d'Orléans
1716 : Fondation de la Banque générale, début du système de Law
1717 : Création de la Compagnie d'Occident pour exploiter le Mississipi
1718 : La Banque générale devient Banque royale
1719 : La Compagnie d'Occident devient Compagnie des Indes
Janvier 1720 : John Law est nommé contrôleur général des finances

25 mai 1720 p. 208
La peste frappe la Provence

17 juillet 1720 : Émeutes à Paris contre la Banque royale

Juillet 1720 : Fermeture de la ville de Marseille pour limiter la propagation de la peste

14 décembre 1720 p. 210
John Law fuit Paris après la faillite de son système

1723 : Application du Code noir à la Réunion

Février 1723 : Louis XV est déclaré majeur, fin de la régence

1724 : Application du Code noir en Louisiane

1725 : Mariage de Louis XV et de Marie Leszczyńska

1726 : Voltaire s'exile en Angleterre

1731 : Philibert Orry réorganise la Compagnie des Indes

1740 : Début de la guerre de succession d'Autriche

1743 : Mort du cardinal de Fleury, Louis XV gouverne sans Premier ministre

1744 : Confession de Louis XV tombé malade à Metz

1748 : Parution de *Zadig* de Voltaire et de *De l'esprit des lois* de Montesquieu

1748 : Traité d'Aix-la-Chapelle, fin de la guerre de succession d'Autriche

1749 : Création d'un nouvel impôt, le vingtième

1751 p. 212
Diderot et d'Alembert dirigent la rédaction de l'*Encyclopédie*

28 juin 1751 : Parution du premier tome de l'*Encyclopédie*

22 janvier 1752 : Parution du deuxième tome de l'*Encyclopédie*

7 février 1752 : Interdiction des deux premiers tomes de l'*Encyclopédie*

1753 : Reprise de la parution de l'*Encyclopédie*

1756 : Début de la guerre de Sept Ans

1758 : Voltaire s'installe à Ferney

1759 : Nouvelle interdiction de l'*Encyclopédie*

1759 : Parution de *Candide* de Voltaire

13 septembre 1759 : Prise de Québec par les Anglais

Septembre 1760 : Prise de Montréal par les Anglais

1761-1765 p. 214
L'affaire Calas connaît un grand retentissement en France

13 octobre 1761 : Suicide de Marc-Antoine Calas : début de l'affaire Calas

10 mars 1762 : Exécution de Jean Calas

3 novembre 1762 : Cession de la Louisiane à l'Espagne

1762 : Parution *Du Contrat social* de Jean-Jacques Rousseau

10 février 1763 p. 216
Le traité de Paris met fin à la guerre de Sept Ans

1763 : Perte du Québec (traité de Paris)

1765 : Réhabilitation de Jean Calas

1768 : René Nicolas de Maupeou est nommé chancelier

16 mai 1770 : Mariage du dauphin (futur Louis XVI) et de Marie-Antoinette

24 décembre 1770 : Disgrâce du duc de Choiseul

1771 : Dernières épidémies de peste en Europe de l'Est (Moscou)

1771 : Rédaction de *Jacques le Fataliste et son maître* par Denis Diderot (publié en 1796)

23 février 1771 p. 218
Louis XV réforme les parlements

1772 : Fin la parution de l'*Encyclopédie*

Octobre 1773 : Denis Diderot à la cour de Catherine II de Russie

1774-1788

10 mai 1774 p. 220
Louis XVI succède à son grand-père Louis XV

24 août 1774 : Jacques Turgot est nommé contrôleur général des finances

1776-1783 p. 222
La France soutient les colonies américaines révoltées

12 mai 1776 : Renvoi de Jacques Turgot

4 juillet 1776 : Déclaration d'indépendance des États-Unis d'Amérique

31 décembre 1776 : Benjamin Franklin demande l'appui de la France

27 juillet 1777 : La Fayette débarque en Amérique

17 décembre 1777 : Louis XVI reconnaît l'indépendance des États-Unis

1778 : Mort de Voltaire

20 octobre 1781 : Fin du siège de Yorktown et capitulation des Anglais

1783 : Traité de Paris qui met fin à la guerre d'indépendance des États-Unis

1784 : Première représentation du *Mariage de Figaro* de Beaumarchais

1er août 1785 p. 224
La Pérouse part explorer l'océan Pacifique

Février 1786 : La Pérouse franchit le cap Horn

Janvier 1787 : Escale de La Pérouse à Macao

1787-1789 p. 226
Trouver une solution à la crise financière de l'État

10 avril 1787 : Renvoi de Charles Alexandre de Calonne

1er mai 1787 : Étienne Charles de Loménie de Brienne nommé chef du Conseil royal des finances

14 août 1787 : Louis XVI exile le parlement à Troyes

Janvier 1788 : Dernière position connue de La Pérouse à Botany Bay (Australie)

8 août 1788 : Louis XVI convoque les états généraux pour 1789

26 août 1788 : Louis XVI rappelle Jacques Necker

1789

5 mai 1789 : Ouverture des états généraux à Versailles

17 juin 1789 : Les députés du tiers état se proclament Assemblée nationale

20 juin 1789 : Serment du Jeu de paume

9 juillet 1789 : Assemblée nationale constituante

11 juillet 1789 : Louis XVI renvoie Jacques Necker

14 juillet 1789 **p. 236**
La Bastille est prise

Mi-juillet/début août 1789 : Grande Peur

Août 1789 **p. 238**
La Révolution et la fin de l'Ancien Régime

Novembre 1789 : Nationalisation des biens du clergé

26 août 1789 : Première Déclaration des droits de l'homme et du citoyen en France

1790-1794

Juillet 1790 : Constitution civile du clergé adoptée par l'Assemblée constituante

1791 : Deux navires partent à la recherche des restes de l'expédition de La Pérouse

20-22 juin 1791 **p. 242**
Louis XVI est arrêté à Varennes

17 juillet 1791 : Massacre du Champ-de-Mars

1791 : Déclaration des droits de la femme et de la citoyenne, jamais adoptée

20 avril 1792 : La France déclare la guerre à l'Autriche

Août-septembre 1792 **p. 244**
La monarchie est abolie

20 septembre 1792 **p. 246**
L'armée révolutionnaire remporte sa première victoire à Valmy

26 décembre 1792 : Ouverture du procès de Louis XVI

1793 : Instauration du suffrage universel masculin par la Constitution de l'an I (jamais appliquée)

21 janvier 1793 **p. 248**
Louis XVI est guillotiné

1793-1797 : Première coalition des monarchies européennes contre la France

1er février 1793 : Déclaration de guerre à l'Angleterre

7 mars 1793 : Déclaration de guerre à l'Espagne

Mars 1793 : Première levée en masse, soulèvement de la Vendée

5 et 17 septembre 1793 **p. 250**
La loi des suspects, instrument de la Terreur, est votée

5 septembre 1793 : La Terreur à l'ordre du jour

1794 : Abolition de l'esclavage par la Convention

1794 : Décret qui fait du français la langue de l'administration

10 juin 1794 : Grande Terreur

27 juillet 1794 : Robespierre est guillotiné

1795-1799

1795-1799 : Formation des Républiques sœurs

20 mai 1795 : Répression de la révolte des sans-culottes

Septembre 1795 : Mise en place du Directoire

1795 **p. 252**
Le Directoire met fin à la Terreur

1795 : Déclaration des droits et des devoirs

10 mai 1796 : Découverte de la conjuration des Égaux

17 novembre 1796 : Victoire de Bonaparte au pont d'Arcole

18 octobre 1797 : Traité de Campo Formio

1798-1800 : Deuxième coalition des monarchies européennes contre la France

1798 **p. 254**
Bonaparte conduit l'expédition d'Égypte

21 juillet 1798 : Victoire des Pyramides en Égypte

1er août 1798 : Défaite d'Aboukir

15 juillet 1799 : Découverte de la pierre de Rosette

Août 1799 : Bonaparte quitte l'Égypte

1799-1815

9-10 novembre 1799 **p. 256**
Le coup d'État du 18 brumaire met en place le Consulat

1799-1815 : Organisation de plébiscites au suffrage universel masculin

9 février 1801 : Traité de Lunéville

15 juillet 1801 : Signature du concordat : réconciliation de la France et de la papauté

31 août 1801 : Capitulation de l'armée d'Égypte

1802 : Rétablissement de l'esclavage par Napoléon Bonaparte

25 mars 1802 : Traité d'Amiens

1er mai 1802 : Création des premiers lycées

19 mai 1802 : Fondation de l'ordre national de la Légion d'honneur

2 août 1802 : Bonaparte consul à vie

28 mars 1803 : Création du franc germinal, en vigueur jusqu'en 1914

2 décembre 1804 **p. 258**
Napoléon est sacré empereur

Février 1804 : Publication du Code civil

20 octobre 1805 : Victoire d'Ulm

2 décembre 1805 **p. 260**
La France bat l'Autriche et la Russie à Austerlitz

26 décembre 1805 : Paix de Presbourg

1806 : Mise en place du catéchisme impérial

12 juillet 1806 : Création de la Confédération du Rhin par Napoléon Ier

1806 : Mise en place d'un blocus continental contre le Royaume-Uni

14 octobre 1806 : Victoire contre les Prussiens à Iéna

14 juin 1807 : Victoire contre les Russes à Friedland

8 juillet 1807 : Traité de Tilsit créant le grand-duché de Varsovie

1808 : Création de l'université

Mai 1808 : Soulèvement de Madrid contre l'invasion de l'armée française

5-6 juillet 1809 : Victoire contre les Autrichiens à Wagram

Septembre 1812 : Bataille de la Moskova qui ouvre la route de Moscou aux Français

Décembre 1812 : Retraite de Russie

6 avril 1814 : Première abdication de Napoléon Ier, Louis XVIII proclamé roi de France

4 juin 1814 : Charte constitutionnelle accordée par Louis XVIII

Novembre 1814 : Ouverture du congrès de Vienne

1er mars 1815 : Napoléon débarque en Provence

9 juin 1815 **p. 262**
L'Acte final du congrès de Vienne impose un nouvel ordre européen

18 juin 1815 **p. 264**
La bataille de Waterloo met fin au Premier Empire

1822-1847

14 septembre 1822 : Champollion déchiffre les hiéroglyphes

Avril 1825 : Le « milliard des émigrés »

29 mai 1825 **p. 266**
Charles X est sacré roi à Reims

1827 : Expédition de Dillon pour retrouver les restes de l'expédition de La Pérouse

1828 : Expédition de Dumont d'Urville pour retrouver les restes de l'expédition de La Pérouse

18 mars 1830 : Adresse des 221 au roi

5 juillet 1830 **p. 268**
La France entreprend la conquête de l'Algérie

27-28-29 juillet 1830 **p. 270**
Charles X est renversé lors des Trois Glorieuses

9 août 1830 : Louis-Philippe Ier, roi des Français

1840 : Le général Bugeaud est nommé gouverneur général d'Algérie

Juin 1846 **p. 272**
La gare Denfert-Rochereau est inaugurée à Paris

1847 : Reddition d'Abd el-Kader

1848-1850

1848 **p. 274**
L'implantation difficile de la IIe République

22 février 1848 : Révolution de février

24 février 1848 : Abdication de Louis-Philippe et proclamation de la République

25 février 1848 : Proclamation du droit au travail

27 février 1848 : Création des Ateliers nationaux ; abolition de la peine de mort en matière politique

2 mars 1848 : Décret limitant la durée de la journée de travail des adultes à 10 heures à Paris et à 11 heures en province

4 mars 1848 : Proclamation de l'abolition de l'esclavage

Instauration des libertés de presse, de réunion, d'association et de conscience

5 mars 1848 : Instauration du suffrage universel masculin

16 mars 1848 : Création de l'impôt des 45 centimes

23 avril 1848 : Premières élections législatives ; élection de l'Assemblée constituante

27 avril 1848 : Abolition de l'esclavage dans les colonies

21 juin 1848 : Annonce de la fermeture des Ateliers nationaux

23-26 juin 1848 : Journées de Juin

9 septembre 1848 : Loi fixant la durée maximale de travail à 12 heures par jour

4 novembre 1848 : Adoption de la Constitution de la IIe République

10 décembre 1848 : Louis-Napoléon Bonaparte est élu président de la République

15 mars 1850 : Loi Falloux

31 mai 1850 : Loi restreignant le suffrage universel

1851-1869

2 décembre 1851 p. 278

Le coup d'État de Louis-Napoléon Bonaparte sonne le glas de la IIe République

21 décembre 1851: Premier plébiscite organisé par Louis-Napoléon Bonaparte

10 janvier 1852: Promulgation de la nouvelle Constitution

17 février 1852: Établissement du régime des avertissements pour la presse

2 décembre 1852: Rétablissement de l'Empire

1853 p. 280

Les travaux d'Haussmann transforment Paris

1853: Publication des *Châtiments* de Victor Hugo

1856: Publication de *Madame Bovary* de Gustave Flaubert

1857: Publication des *Fleurs du mal* de Charles Baudelaire

14 janvier 1858: Attentat d'Orsini contre Napoléon III

13 juillet 1858: Entrevue de Plombières

4 juin 1859: Bataille de Magenta

24 juin 1859: Bataille de Solférino

1860: Annexion à Paris des communes suburbaines

Janvier 1860: Traité de libre-échange avec l'Angleterre

1860 p. 282

La Savoie et le comté de Nice sont rattachés à la France

1862: Début de la conquête de l'Indochine

11 janvier 1864: Adolphe Thiers prononce le discours sur les « libertés nécessaires »

25 mai1864: Napoléon III accorde aux ouvriers le droit de coalition

28 septembre 1864: Fondation de la Première Internationale

1869: Programme de Belleville

17 novembre 1869: Inauguration du canal de Suez

1870-1871

8 mai 1870: Plébiscite entérinant les réformes libérales entreprises depuis 1860

19 juillet 1870: La France déclare la guerre à la Prusse

1870-1871 p. 284

« L'année terrible »

2 septembre 1870: Capitulation de Napoléon III à Sedan

4 septembre 1870: Déchéance de Napoléon III ; proclamation de la IIIe République

18 janvier 1871: Fondation de l'Empire allemand dans la galerie des Glaces du château de Versailles

8 février 1871: Les élections législatives sont remportées par les monarchistes

17 février 1871: Adolphe Thiers devient « chef du pouvoir exécutif à titre provisoire »

18 mars 1871: Début de la Commune de Paris

10 mai 1871: Traité de Francfort qui prévoit l'annexion de l'Alsace et de la Moselle par l'Allemagne

21-28 mai 1871: Semaine sanglante

31 août 1871: Adolphe Thiers est élu président de la République

1872-1879

24 mai 1873: Démission d'Adolphe Thiers ; Patrice de Mac-Mahon devient président de la République

1873-1877: « Ordre moral »

16 septembre 1873: Fin de l'occupation allemande

1874: Le tableau *Impression, soleil levant* de Claude Monet donne son nom au mouvement « impressionniste »

1875: Vote des lois constitutionnelles

3 mars 1875: Création de l'opéra *Carmen* de Georges Bizet

Février-mars 1876: Les républicains remportent la majorité des sièges aux élections législatives

1876: Publication de *L'Après-midi d'un faune* de Stéphane Mallarmé

1876: Auguste Renoir peint *Le Bal du Moulin de la Galette*

1877: Crise opposant les républicains aux partisans de l'« ordre moral »

1877: Publication de *L'Assommoir* d'Émile Zola

5 janvier 1879: Les républicains deviennent majoritaires au Sénat

30 janvier 1879: Démission de Patrice de Mac-Mahon ; Jules Grévy est élu président de la République

14 février1879: *La Marseillaise* devient l'hymne national

17 juillet 1879: Plan Freycinet

1880-1899

1880: Début de la deuxième révolution industrielle en France

6 juillet 1880 p. 288

Le 14 juillet devient la fête nationale

11 juillet 1880: Amnistie des communards

12 juillet 1880: Suppression de l'obligation du repos dominical

28 juillet 1881: Abolition du caractère confessionnel des cimetières

29 juillet 1881: Loi sur la liberté de la presse

30 juillet 1881 : Loi sur le droit de réunion

1881 : Établissement du protectorat sur la Tunisie

1881-1882 : Lois scolaires de Jules Ferry

20 mai 1882 : Conclusion de la Triplice

21 mars 1884 p. 290
Les syndicats sont légalisés

27 juillet 1884 : Loi Naquet rétablissant le divorce

18 août 1884 : Suppression des prières publiques à l'ouverture des sessions parlementaires

1885 p. 292
Louis Pasteur découvre le vaccin contre la rage

1886-1889 : Crise boulangiste

30 octobre1886 : Loi Goblet interdisant aux religieux d'enseigner dans les écoles primaires publiques

2 décembre 1887 : Démission de Jules Grévy à la suite du scandale des décorations

1888 : Auguste Rodin expose *Le Penseur*

1889 : Passage du service militaire à deux ans et recul des exemptions (en particulier pour les séminaristes)

14-21 juillet 1889 : Constitution d'une IIe Internationale ; le 1er mai est déclaré journée internationale du travail

1er mai 1891 : La troupe tire sur les manifestants à Fourmies

27 août 1891 : Entente franco-russe

8-21 mars 1893 : Procès du scandale de Panama

1894 : Alexandre Yersin découvre le bacille de la peste à Hong Kong

24 juin 1894 : Le président Sadi Carnot est assassiné par un anarchiste

1894-1906 p. 294
L'affaire Dreyfus

Décembre 1894 : Premier procès d'Alfred Dreyfus

1895 : Création de la Confédération générale du travail (CGT)

1895 : Création de l'Afrique occidentale française (AOF)

28 décembre 1895 p. 298
Les frères Lumière organisent une projection payante de cinéma

13 janvier 1898 : Émile Zola publie « J'accuse » dans *L'Aurore*

1898 : Création de l'Action française

28 juin 1898 : Théophile Delcassé devient ministre des Affaires étrangères

Septembre-novembre 1898 : La France et la Grande-Bretagne se heurtent à Fachoda (Soudan)

1899 : Création de la *Revue de l'Action française*

18 février 1899 : Émile Loubet est élu président de la République

23 février 1899 : Tentative de coup d'État de Paul Déroulède

Juin 1899 : Émile Loubet est agressé à l'hippodrome de Longchamp

22 juin 1899 : Constitution du cabinet de « défense républicaine »

7 août-9 septembre 1899 : Second procès d'Alfred Dreyfus

19 septembre 1899 : Émile Loubet gracie Alfred Dreyfus

Fin XIXe siècle : La peste de Yunnan sévit partout en Chine mais touche d'autres pays et continents (troisième pandémie)

1900-1913

1900 p. 300
Une Exposition universelle est organisée à Paris

30 mars 1900 : « Loi Millerand » limitant la journée de travail à 10 heures

1901 : Création du Parti radical

1er juillet 1901 : Loi sur la liberté d'association

1902 : Grève générale des mineurs

30 juin 1902 : Signature d'un pacte secret entre l'Italie et la France

1902-1904 : Ministère Émile Combes

8 avril 1904 p. 302
La France signe l'Entente cordiale avec le Royaume-Uni

30 juillet 1904 : La France rompt ses relations diplomatiques avec le Vatican

1905 : Première crise entre la France et l'Allemagne à propos du Maroc

25 avril 1905 : Jean Jaurès fonde la Section française de l'Internationale ouvrière (SFIO)

9 décembre 1905 p. 304
La loi de séparation des Églises et de l'État est votée

1906-1909 : Georges Clemenceau président du Conseil

13 octobre 1906 : Charte d'Amiens

1906 : Paul Poiret supprime le corset

12 juillet 1906 : Réhabilitation d'Alfred Dreyfus

1907 : Pablo Picasso peint *Les Demoiselles d'Avignon*

1907 : Révolte des vignerons du Languedoc

31 août 1907 : Signature d'un pacte secret entre la Russie et le Royaume Uni ; constitution de la Triple Entente

1908 : Création des Camelots du roi

24 octobre 1909 : Signature d'un pacte secret entre l'Italie et la Russie

15 janvier 1910 : Création de l'Afrique équatoriale française (EAF)

1911 : Seconde crise marocaine

1912 : Protectorat sur le Maroc

17 janvier 1913: Raymond Poincaré est élu président de la République

29 mai 1913: Création du ballet *Le Sacre du printemps* d'Igor Stravinsky

7 août 1913: Vote de la loi de trois ans

1914-1917

1914-1916 p. 312
La France entre dans la Première Guerre mondiale

28 juin 1914: Assassinat de l'archiduc François-Ferdinand d'Autriche à Sarajevo

28 juillet 1914: L'Autriche déclare la guerre à la Serbie

Juillet-août 1914: Les socialistes français se rallient à l'union sacrée

1er août 1914: La France et l'Allemagne mobilisent; l'Allemagne déclare la guerre à la Russie

3 août 1914: L'Allemagne déclare la guerre à la France

4 août 1914: Le Royaume-Uni déclare la guerre à l'Allemagne

Août-septembre 1914: Guerre de mouvement

26 août 1914: René Viviani constitue un gouvernement d'union sacrée

Septembre 1914: Bataille de la Marne; passage à la guerre de position

1915: Apparition de la figure du tirailleur sénégalais sur les emballages de Banania

Février-décembre 1916: Bataille de Verdun

Juillet-novembre 1916: Bataille de la Somme

Avril 1917: Entrée en guerre des États-Unis

1917 p. 316
La lassitude s'empare des Français

Avril-juin 1917: Échec de l'offensive menée au Chemin des Dames; vaste mouvement de mutineries dans l'armée

Mai-juin 1917: Nombreuses grèves de femmes

Octobre 1917: Lénine et les bolcheviks s'emparent du pouvoir en Russie par une révolution

16 novembre 1917: Georges Clemenceau devient président du Conseil

15 décembre 1917: Signature de l'armistice germano-russe; la Russie sort du conflit

1918-1928

1918-1920 p. 318
La fin de la Grande Guerre

Janvier 1918: Louise Weiss fonde la revue *L'Europe nouvelle*

1918: 430 000 femmes françaises travaillent dans les usines d'armement

Mars 1918: Les Allemands reprennent l'offensive sur le front ouest

11 novembre 1918: Signature de l'armistice franco-allemand à Rethondes

18 janvier 1919: Ouverture à Paris de la conférence internationale de la paix

Mars 1919: Lénine fonde la IIIe Internationale (Komintern)

23 avril 1919: Loi sur la journée de huit heures (48 heures hebdomadaires)

28 juin 1919: Signature du traité de Versailles

1919: John Maynard Keynes publie *Les Conséquences économiques de la paix*

1920: Jacques Bainville publie *Les Conséquences politiques de la paix*

15 juin 1920: Création du Destour, parti politique tunisien qui vise à libérer la Tunisie de la tutelle française

31 juillet 1920: Loi renforçant la répression de l'avortement, interdisant la vente de matériel contraceptif et punissant la propagande en faveur de la contraception

11 novembre 1920: Inhumation du soldat inconnu sous l'arc de triomphe à Paris

Décembre 1920 p. 322
La gauche se divise lors du congrès de Tours

1921: Le montant des réparations est fixé à 132 milliards de marks-or

29 octobre 1922: Mussolini accède au pouvoir en Italie

Janvier 1923: Occupation française de la Ruhr pour contraindre l'Allemagne à payer les réparations

25 janvier 1924: La France conclut une alliance avec la Tchécoslovaquie

24 juillet1924: Plan Dawes qui revoit les réparations dues par l'Allemagne

1925: Publication de *Mein Kampf* d'Adolf Hitler

1925 p. 324
Joséphine Baker se produit dans la « Revue nègre » à Paris

1925-1930: Apparition d'un mouvement nationaliste au Maroc

1927: Création des Croix-de-Feu

1927: Le PCF adopte la politique de « classe contre classe » de la IIIe Internationale

1927: Le cinéma devient parlant

1929-1938

7 juin1929: Plan Young, qui réduit et rééchelonne une nouvelle fois les dettes allemandes

5 septembre 1929: Présentation à la SDN d'un projet d'union européenne par Aristide Briand avec le soutien de l'Allemand Gustav Stresemann

24 octobre 1929 : Krach boursier à New York ; début de la crise économique

1929 : L'Allemagne est frappée par la crise économique

1930 : La France célèbre le centenaire de la conquête de l'Algérie

1931 : La France est touchée par la crise économique

1931 **p. 326**
L'Exposition coloniale célèbre la présence de la France dans le monde

1931 : Premier recensement montrant que la population urbaine est majoritaire en France

30 janvier 1933 : Adolf Hitler est nommé chancelier en Allemagne

6 février 1934 **p. 328**
La République a-t-elle été en danger ?
Manifestation des ligues d'extrême droite devant le Palais-Bourbon à Paris

12 février 1934 : Défilé commun de la gauche contre le péril fasciste

1935 : La IIIe Internationale abandonne la ligne « classe contre classe » au profit de l'union contre le fascisme

1935 : Premier film en couleur

Mars 1935 : Rétablissement du service militaire en Allemagne par Hitler

Juillet 1935 : Programme commun des communistes, des socialistes et des radicaux, autour du slogan « Le Pain, la Paix, la Liberté »

Février 1936 : Victoire de la coalition du *Frente popular* en Espagne

Mars 1936 : Rejet du projet Blum-Viollette, en vertu duquel 20 000 musulmans algériens devaient devenir citoyens français

Mars 1936 : Remilitarisation de la Rhénanie par Hitler

Mai 1936 **p. 330**
Le Front populaire remporte les élections législatives

Mai 1936 : Vaste mouvement de grèves

7 juin 1936 : Signature des accords de Matignon

Été 1936 : Vote de lois sociales ; premiers congés payés

1936-1939 : Guerre d'Espagne

20 juillet 1936 : Les républicains espagnols demandent son soutien à la France ; Léon Blum refuse

13 février 1937 : Léon Blum décide une « pause dans les réformes »

31 août 1937 : Création de la SNCF

Mars 1938 : *Anschluss*, l'Allemagne nazie annexe l'Autriche

Avril 1938 : Fin de l'expérience du Front populaire

Septembre 1938 : Hitler revendique les Sudètes

29-30 septembre 1938 **p. 332**
Les accords de Munich sont signés dans l'espoir de préserver la paix

1939-1944

Mars 1939 : Création du protectorat de Bohême-Moravie

1er septembre 1939 : L'Allemagne envahit la Pologne

3 septembre 1939 : La France et la Grande-Bretagne déclarent la guerre à l'Allemagne ; début de la Seconde Guerre mondiale

Septembre 1939-mai 1940 : « Drôle de guerre »

Mai 1940 : *Blitzkrieg*

14 juin 1940 : Les troupes allemandes entrent dans Paris

17 juin 1940 : Le maréchal Pétain annonce à la radio sa décision de demander l'armistice

18 juin 1940 **p. 334**
Depuis Londres, le général de Gaulle appelle à poursuivre le combat

22 juin 1940 : Signature de l'armistice à Rethondes

1940-1944 **p. 336**
La France occupée

Juin-juillet 1940 : Le régime de Vichy est instauré dans le contexte de la défaite

9 juillet 1940 : Les députés et les sénateurs présents à Vichy votent le principe de la révision des lois constitutionnelles de 1875

10 juillet 1940 : Les parlementaires accordent les pleins pouvoirs à Pétain pour établir une nouvelle Constitution

11-12 juillet 1940 : Pétain prend quatre actes constitutionnels par lesquels il met en place un régime autoritaire, l'État français

24 octobre 1940 : Pétain rencontre Hitler à Montoire

30 octobre 1940 et 2 juin 1941 : Lois sur le statut des Juifs

8 décembre 1941 : Entrée en guerre des États-Unis après l'attaque japonaise sur Pearl Harbor la veille

1942 : Début de la hausse de la natalité en France

1942 : Publication de *L'Étranger* d'Albert Camus

7 Juin 1942 : Les juifs sont astreints de porter l'étoile jaune dans la zone occupée

16-17 juillet 1942 **p. 340**
L'État français organise la rafle du Vel'd'Hiv'

23 octobre-3 novembre 1942 : Les Alliés l'emporte à El-Alamein (Égypte) contre l'*Afrikakorps* de Rommel

8 novembre 1942 : Débarquement américain au Maroc et en Algérie

11 novembre 1942 : Les Allemands occupent la zone libre en France

27 novembre 1942 : La flotte française se saborde dans le port de Toulon

30 janvier 1943 : Création de la Milice

2 février 1943 : Victoire soviétique à Stalingrad ; première défaite allemande

16 février 1943 : Instauration du Service du travail obligatoire (STO)

27 mai 1943 **p. 342**
Jean Moulin préside la première réunion du Conseil national de la Résistance

Juin1943 : Sartre et Camus se rencontrent lors de la première des *Mouches* à Paris

10 juillet 1943 : Débarquement allié en Sicile

24 juillet 1943 : En Italie, le Grand Conseil du fascisme abolit la dictature personnelle de Mussolini, qui est arrêté le lendemain

28 novembre-1er décembre 1943 : Le plan *Overlord* est adopté lors de la conférence de Téhéran

15 mars 1944 : Le CNR se dote d'un programme

Avril 1944 : Le Gouvernement provisoire de la République française (GPRF) octroie aux femmes le droit de vote et d'éligibilité

1944-1946 **p. 346**
La Libération et le rétablissement de la République

6 juin 1944 **p. 344**
Les Alliés débarquent en Normandie

Juin-août 1944 : La France est libérée par les Alliés avec le concours des résistants

Août 1944 : Débarquement allié en Provence

Juillet 1944-mai 1945 : Libération des camps de concentration par les Alliés

25 août 1944 : La 2e division blindée (2e DB) du général Leclerc libère Paris

1945-1957

Janvier 1945 : Nationalisation de Renault

16 avril-2 mai 1945 : Bataille de Berlin

30 avril 1945 : Suicide d'Hitler à Berlin

8 mai 1945 : Signature de l'armistice : fin de la Seconde Guerre mondiale en Europe
Émeutes à Sétif (Algérie)

Juin 1945 : Nationalisation d'Air France

26 juin 1945 : Création de l'Organisation des Nations unies (ONU)

Juillet-août 1945 : Procès de Pétain

Octobre 1945 : Procès de Laval

4 octobre 1945 : Création de la Sécurité sociale

21 octobre 1945 : Les Français optent par référendum pour la mise en place d'un nouveau régime ; fin de la IIIe République : Le PCF devient le premier parti de France suite aux élections législatives

1946 : Publication de *L'Existentialisme est un humanisme* de Jean-Paul Sartre

20 janvier 1946 : Le général de Gaulle démissionne

23 janvier 1946 : Tripartisme : coalition de la SFIO, du PCF et du MRP

16 juin 1946 : Discours de Bayeux prononcé par le général de Gaulle

Octobre 1946 : Adoption par référendum du second projet de Constitution ; fondation de la IVe République

Janvier 1947 : Promulgation du premier plan de modernisation et d'équipement, dont Jean Monnet est le commissaire général

29 mars 1947 : Insurrection à Madagascar

5 mai 1947 : Les députés communistes sont exclus du gouvernement Paul Ramadier (fin du tripartisme)

1947 : Jean Vilar fonde le Festival d'Avignon

1947 : Plan Marshall

1947 : Publication de *La Peste* d'Albert Camus

1947 : Publication de *Paris et le désert français* de Jean-François Gravier

1948 : Citroën présente la 2 CV au Salon de l'automobile

1948 : Création de l'Organisation européenne de coopération économique (OECE)

10 décembre 1948 : Déclaration universelle des droits de l'homme adoptée par l'ONU

1949 : Fin du rationnement ; la production industrielle retrouve son niveau de 1929

1949 : Publication de *Deuxième Sexe* de Simone de Beauvoir

1950 : Instauration du Salaire minimum interprofessionnel garanti (SMIG)

1950 : Convention européenne des droits de l'homme

18 avril 1951 : Signature à Paris du traité instaurant la Communauté européenne du charbon et de l'acier (CECA)

1952 : Alfred Sauvy forge le concept de « tiers-monde »

1952 : Le cinéma en relief est inventé

1953 : Création du Livre de poche

1954 : Instauration d'une « journée nationale du souvenir des victimes et des héros de la Déportation »

1er février 1954 **p. 350**
L'abbé Pierre lance un appel à la radio pour dénoncer les problèmes de logement

7 mai 1954 **p. 352**
La bataille de Diên Biên Phu signe la fin de l'Indochine française

20 juillet 1954 : Accords de Genève reconnaissant l'indépendance du Cambodge et du Laos et le partage du Vietnam au niveau du 17e parallèle

30 août 1954 : L'Assemblée nationale refuse de ratifier le traité instituant la Communauté européenne de défense (CED)

1955 **p. 354**
Citroën commercialise la DS

Avril 1955 : L'état d'urgence est déclaré en Algérie

1956 : Invention de la pilule

2 janvier 1956 : Le parti de Pierre Poujade obtient 2,5 millions de voix aux élections législatives ; Jean-Marie Le Pen est élu député

Mars 1956 : Indépendances de la Tunisie et du Maroc

25 mars 1957 **p. 356**
La signature des traités de Rome relance la construction européenne

1958-1967

1958-1962 **p. 358**
De la IVe à la Ve République

13 mai 1958 : Émeutes à Alger

24 mai 1958 : La Corse passe sous le contrôle des insurgés d'Alger ; menace de coup de force en métropole

1er juin 1958 : Le général de Gaulle est investi président du Conseil

28 septembre 1958 : Adoption par référendum de la Constitution de la Ve République ; fondation de la Ve République

1959 **p. 362**
Europe n° 1 lance l'émission *Salut les copains*

20 novembre 1959 : Déclaration des droits de l'enfant adoptée par l'ONU

1960 : Indépendances de l'Afrique noire française et de Madagascar

Septembre 1960 : *Manifeste des 121* (ou « Déclaration sur le droit à l'insoumission dans la guerre d'Algérie »), signé notamment par Jean-Paul Sartre

1961 : Ouverture à Grenoble du premier centre du Planning familial

17 octobre 1961 : Des Algériens manifestant pacifiquement à Paris contre le couvre-feu imposé aux Nord-Africains en métropole sont massacrés par les forces de l'ordre

1962 : Le paquebot *France* est mis en service sur la ligne Le Havre-New York

1962-1965 : Concile de Vatican II

18 mars 1962 **p. 364**
Les accords d'Évian consacrent l'indépendance de l'Algérie

30 juillet 1962 : Lancement de la Politique agricole commune (PAC)

22 août 1962 : Attentat du Petit-Clamart, organisé par l'OAS contre le général de Gaulle

28 octobre 1962 : Victoire du « oui » au référendum sur l'élection du président de la République au suffrage universel direct

1964 : Publication des *Mots* de Jean-Paul Sartre

1964 : Publication des *Héritiers* de Pierre Bourdieu et Jean-Claude Passeron

1964 : Publication du *Coup d'État permanent* de François Mitterrand

1964-1975 : Guerre du Vietnam

1964 : Premiers mouvements de contestation des étudiants à Berkeley

1965 : Lancement du premier satellite artificiel français (Astérix)

5 et 19 décembre 1965 : Première élection présidentielle au suffrage universel direct ; élection du général de Gaulle

1967 : Le sociologue Henri Mendras publie *La Fin des paysans*

Mai 1967 : À Stockholm, Bertrand Russell et Jean-Paul Sartre participent au tribunal international contre les crimes de guerre

19 décembre 1967 : Loi Neuwirth autorisant la contraception orale

1968-1969

Mars 1968 : Première contestation étudiante à Nanterre, menée par Daniel Cohn-Bendit (« mouvement du 22 mars »)

Mai 1968 **p. 366**
Un mouvement de contestation ébranle la France des Trente Glorieuses

13 mai 1968 : Grande manifestation contre les violences policières ; occupation de la Sorbonne

29 mai 1968 : Le général de Gaulle rencontre le général Massu à Baden-Baden

30 mai 1968 : Le général de Gaulle dissout l'Assemblée

1er juillet 1968 : Suppression des droits de douane entre les Six

1969 : Création de la comédie musicale *Hair* à Paris

2 mars 1969 : Premier vol du Concorde

27 avril 1969 : Victoire du « non » lors du référendum sur la réforme de la régionalisation et du Sénat ; de Gaulle démissionne le lendemain

15 juin 1969 : Georges Pompidou est élu président de la République

15-18 août 1969 : Festival de Woodstock

1970-1980

5 avril 1971 : Publication du « Manifeste des 343 » dans *Le Nouvel Observateur*

1972 : Jean-Marie Le Pen fonde le Front national

1972 : Programme commun de la gauche

28 octobre 1972 : Premier vol de l'Airbus A300

1er janvier 1973 : Entrée dans la CEE du Danemark, de l'Irlande et du Royaume-Uni

1973 **p. 368**
La France entre en crise avec le premier choc pétrolier

1974 : Début de la construction du site nucléaire de Tricastin

2 avril 1974 : Mort de Georges Pompidou ; le président du Sénat, Alain Poher, assure l'intérim

1974 : Premier débat télévisé entre les deux candidats en lice pour le second tour de l'élection présidentielle

19 mai 1974 : Valéry Giscard d'Estaing est élu président de la République

5 juillet 1974 : L'âge de la majorité est abaissé de 21 ans à 18 ans

4 décembre 1974 : Remboursement de la contraception par la Sécurité sociale ; les mineures peuvent y accéder sans autorisation parentale

20 décembre 1974 **p. 370**
La loi sur l'interruption volontaire de grossesse est votée

1975 : Réforme Haby sur le « collège unique »

1975 : Instauration du divorce par consentement mutuel

1977 : La barre du million de chômeurs est franchie

1979 : Deuxième choc pétrolier

1979 : Entrée en vigueur du Système monétaire européen (SME) et naissance à l'ECU (*European Currency Unit*)

7 et 10 juin 1979 : Premières élections au suffrage universel direct du Parlement européen

24 décembre 1979 : Lancement de la fusée européenne Ariane 1 de la base de Kourou en Guyane

15 avril 1980 **p. 372**
La mort de Jean-Paul Sartre suscite une grande émotion

1981-1994

1er janvier 1981 : La Grèce entre dans la CEE

10 mai 1981 **p. 374**
François Mitterrand devient le premier président socialiste de la Ve République

22 septembre 1981 : Entrée en service du Train à grande vitesse (TGV)

octobre 1981 : La barre des deux millions de chômeurs est franchie

9 octobre 1981 : Vote de la loi abolissant la peine de mort

1982 : Réduction de la semaine de travail à 39 heures ; instauration d'une 5e semaine de congés payés ; fixation de l'âge légal de la retraite à 60 ans

1982 : Remboursement de l'IVG par la Sécurité sociale

1982 : Création du parti Les Verts

1983 : « Tournant de la rigueur »

1985 : Le Français Jacques Delors devient président de la Commission européenne

14 juin 1985 : Signature de l'accord de Schengen

1er janvier 1986 : L'Espagne et le Portugal rejoignent la CEE

17 et 18 février 1986 : Signature de l'Acte unique européen

16 mars 1986 : Premières élections législatives de la Ve République à se dérouler intégralement au scrutin proportionnel ; le Front national obtient 35 sièges de députés

20 mars 1986 **p. 376**
François Mitterrand nomme Jacques Chirac Premier ministre

1986-1988 : Vague de privatisations

1986-1988 : Première cohabitation

1987 : Lancement du programme Erasmus qui permet aux étudiants d'étudier dans un autre État européen

8 mai 1988 : François Mitterrand est réélu président de la République

1er décembre 1988 **p. 378**
Le RMI est créé

1989 : Instauration de l'impôt de solidarité sur la fortune (ISF)

1990-1991 : Guerre du Golfe

1992 : Révision de la Constitution de la Ve République : la langue de la République est le français

20 septembre 1992 **p. 380**
Le traité de Maastricht est ratifié à la suite d'un référendum

1er janvier 1993 : Mise en place d'un marché unique des marchandises, des personnes, des capitaux et des services au sein de l'Union européenne

1993 : La barre des trois millions de chômeurs est franchie

1993-1995 : Deuxième cohabitation ; Édouard Balladur est nommé Premier ministre par François Mitterrand

1995-2005

1er janvier 1995 : L'Autriche, la Finlande et la Suède rejoignent l'UE

7 mai 1995 : Jacques Chirac est élu président de la République

16 juillet 1995 : Jacques Chirac reconnaît la responsabilité de l'État dans la rafle du Vel'd'Hiv'

1997-2002 : Nouvelle cohabitation ; Lionel Jospin est nommé Premier ministre par Jacques Chirac ; gouvernement de gauche plurielle

1997 : Traité d'Amsterdam

1998 : Création de la Banque centrale européenne (BCE)

13 juin 1998 **p. 382**
L'Assemblée nationale fixe la durée hebdomadaire du travail à 35 heures

29 juillet 1998 : Loi contre l'exclusion

1er janvier 1999 : L'euro naît en tant que monnaie de compte

1999 : Instauration du Pacte civil de solidarité (Pacs)

2000 : Instauration de la Couverture médicale universelle (CMU)

Septembre 2000 : Référendum instaurant le quinquennat

2001 : Extension des conditions de l'IVG (jusqu'à douze semaines de grossesse)

11 septembre 2001 : Attentats menés par Al-Qaïda sur le territoire américain contre le World Trade Center à New York et le Pentagone à Washington

1er janvier 2002 **p. 384**
L'euro devient la monnaie européenne

21 avril 2002 **p. 386**
Jean-Marie Le Pen se qualifie pour le second tour de l'élection présidentielle

5 mai 2002 : Jacques Chirac est réélu président de la République avec 82,2 % des voix

14 février 2003 **p. 388**
La France s'oppose aux États-Unis sur la question de l'intervention en Irak

2003 : Guerre en Irak, chute du régime de Saddam Hussein

1er mai 2004 : Dix nouveaux États rejoignent l'UE (Estonie, Lettonie, Lituanie, Pologne, République tchèque, Slovaquie, Hongrie, Slovénie, Chypre, Malte)

29 octobre 2004 : Signature à Rome du traité établissant une Constitution pour l'Europe

29 mai 2005 : Le « non » l'emporte en France lors du référendum sur la ratification de la Constitution européenne

2007-2017

1er janvier 2007 : Élargissement de la zone euro à la Slovénie ; la Roumanie et la Bulgarie rejoignent l'UE

6 mai 2007 : Nicolas Sarkozy est élu président de la République

2007 **p. 390**
Nicolas Sarkozy engage une profonde réforme de l'État

13 décembre 2007 : Signature du traité de Lisbonne

1er janvier 2008 : Élargissement de la zone euro à Chypre et à Malte

8 février 2008 **p. 392**
Le Parlement ratifie le traité de Lisbonne

23 juillet 2008 : Le Congrès vote une révision de la Constitution de la Ve République

1er juillet-31 décembre 2008 : Présidence française de l'UE

Août 2008 : Guerre entre la Géorgie, l'Ossétie du Sud et la Russie

Automne 2008 : Début de la crise financière

1er décembre 2008 : Le revenu de solidarité active (RSA) remplace le RMI

1er janvier 2009 : Élargissement de la zone euro à la Slovaquie

1er décembre 2009 : Entrée en application du traité de Lisbonne après ratification par l'ensemble des États membres de l'UE

1er janvier 2011 : Élargissement de la zone euro à l'Estonie

2012 **p. 394**
François Hollande engage une politique sociale-démocrate

Mars 2012 : Attentats terroristes perpétrés par Mohammed Merah à Toulouse et Montauban

15 mai 2012 : Jean-Marc Ayrault devient Premier ministre, deux membres du parti EELV participent à son gouvernement

Octobre 2012 : François Hollande reconnaît officiellement le massacre du 17 octobre 1961

2013 : Remboursement de l'IVG à 100 % par la Sécurité sociale ainsi que de la contraception pour les jeunes femmes de 15 à 18 ans

Janvier 2013-juillet 2014 : Opération *Serval* au Mali

18 mai 2013 : Loi ouvrant le mariage aux couples de personnes de même sexe

1er juillet 2013 : La Croatie rejoint l'UE

23 et 30 mars 2014 : Défaite historique de la gauche aux élections municipales

31 mars 2014 : Manuel Valls devient Premier ministre

Mai 2014 : Défaite de la gauche aux élections régionales

8 août 2014 : La France s'engage dans la coalition arabo-occidentale contre l'organisation État islamique

25 novembre 2014 : Les députés adoptent la nouvelle carte de France à 13 régions

7-9 janvier 2015 : Attentats perpétrés par des terroristes islamistes à Paris et en banlieue parisienne

13 novembre 2015 : Des attentats terroristes font 130 morts et 351 blessés à Paris

23 juin 2016 : Le Royaume-Uni décide de sortir de l'UE (Brexit)

14 juillet 2016 **p. 396**
Un terroriste lance son camion sur la foule à Nice

5 octobre 2016 : Jean-Pierre Sauvage reçoit le prix Nobel de chimie

24 octobre 2016 **p. 398**
La « jungle » de Calais est démantelée

5 décembre 2016 : Manuel Valls démissionne, remplacé à la tête du gouvernement par Bernard Cazeneuve

7 mai 2017 **p. 400**
Emmanuel Macron est élu président de la République

15 mai 2017 : Édouard Philippe devient Premier ministre

Index des lieux, des notions et des personnages

Les numéros de pages en rose renvoient à un encadré thématique, ceux en orange à une biographie.

D

E

F

Les numéros de pages en rose renvoient à un encadré thématique, ceux en orange à une biographie.

K L

M

Les numéros de pages en rose renvoient à un encadré thématique, ceux en orange à une biographie.

Q R

S

Les numéros de pages en rose renvoient à un encadré thématique, ceux en orange à une biographie.

Table des illustrations

193 ph © BnF
194 ph © Lauros-Giraudon / The Bridgeman Art Library
195 hg ph © Archives Hatier
195 hd ph © Aisa / Leemage
196 ph © Akg-Images
197 ph © Bertrand Rieger / hemis.fr
198 ph © Archives Hatier
199 h ph © Selva / Leemage
199 m ph © Giraudon / The Bridgeman Art Library
200, 201, h ph © The Bridgeman Art Library
201 b ph © Archives Hatier
202, 203 ph © Réunion des Musées Nationaux / RMN
204, 205 ph © The Bridgeman Art Library
206 ph © Christies'Images / The Bridgeman Art Library
207 ph © René-Gabriel Ojéda / RMN-Grand Palais
208, 209, h ph © DeAgostini / Leemage
209 b ph © Giraudon / The Bridgeman Art Library
210, 211 ph © Luisa Ricciarini / Leemage
212 ph © Roger-Viollet
213 hg ph © Josse / Leemage
213 hd ph © Roger-Viollet
214, 215, h Coll. Kharbine-Tapabor
215 m ph © Aisa / Leemage
216-217-b ph © Aisa / Leemage
216 hg ph © Aisa / Leemage
218, 219 ph © Josse / Leemage
220 ph © Josse / Leemage
221 ph © Erich Lessing / Akg-Images
222, 223 ph © Josse / Leemage
224, 225 ph © MnM / P. Dantec
226 ph © Josse / Leemage
227 ph © Archives Hatier
228 ph © Selva / Leemage
229 ph © Josse / Leemage
230-231 ph © The Bridgeman Art Library
232-233 ph © The Bridgeman Art Library
233 hg ph © Josse / Leemage
233 hd ph © The Bridgeman Art Library
233 b ph © Agence Bulloz / RMN- Grand Palais
234-235 ph © The Bridgeman Art Library
234 h ph © Agence Bulloz / RMN- Grand Palais
234 bg ph © Selva / Leemage
234 bd ph © The Bridgeman Art Library
235 h ph © Musée Carnavalet / Roger-Viollet
235 m ph © Leemage
235 b © Library of Congress
236, 237, h, b ph © Josse / Leemage
238 h ph © DeAgostini / Leemage
238 b ph © BnF
239 ph © Aisa / Leemage
240 ph © Jean-Gilles Berizzi / RMN
241 ph © DeAgostini / Leemage
242, 243, h ph © BnF
243 b ph © Archives Hatier
244 h ph © Josse / Leemage
244 b ph © Agence Bulloz / RMN- Grand Palais
245 ph © Josse / Leemage
246, 248, 249 ph © Agence Bulloz / RMN- Grand Palais
250, 251, h ph © Josse / Leemage
251 b ph © The Bridgeman Art Library
252 ph © Josse / Leemage
253 h ph © The Bridgeman Art Library
253 b ph © Gérard Blot / RMN-Grand Palais
254, 255 ph © BnF
256, 257 ph © Josse / Leemage
258, 259 ph © The Bridgeman Art Library
260 ph © Luisa Ricciarini / Leemage
262 ph © Giraudon / The Bridgeman Art Library
264, 265 ph © Gérard Blot / RMN- Grand Palais
266 ph © RMN- Grand Palais
267 h ph © Selva / Leemage
267 b ph © RMN-Grand Palais
268 ph © Leemage
269 ph © Selva / Leemage
270, 271, h ph © The Bridgeman Art Library
271 b ph © Josse / Leemage
272 h ph © Leemage
272 b ph © Roger-Viollet
274, 275 ph © The Bridgeman Art Library
276 ph © Giraudon / The Bridgeman Art Library
277 ph © The Bridgeman Art Library
278, 279, h ph © Giraudon / The Bridgeman Art Library
279 b ph © BnF
280, 281, hg Coll. Sirot-Angel / Leemage
281 b ph © The Bridgeman Art Library
282, 283 ph © Roger-Viollet
284 ph © The Bridgeman Art Library
285 ph © Archives Charmet / The Bridgeman Art Library
286 h ph © Josse / Leemage
286 b ph © Sirot-Angel / Leemage
287 h ph © Albert Harlingue / Roger-Viollet
287 b ph © The Bridgeman Art Library
288, 289 ph © Josse / Leemage
290 Coll. Dixmier / Kharbine-Tapabor / © Adagp, Paris 2015
291 h ph © Archives Charmet / The Bridgeman Art Library
291 b Coll. Dixmier / Kharbine-Tapabor / © Adagp, Paris 2015
292 ph © SSPL / Leemage
293, 294 ph © Roger-Viollet
295 ph © Josse / Leemage
296 ph © BnF
297 ph © Gusman / Leemage
298 hg Coll. Kharbine-Tapabor
298 hd Coll. Christophel
299 Coll. Kharbine-Tapabor
300, 301, h © Library of Congress
301 b Coll. IM / Kharbine-Tapabor
302, 303, 304 Coll. Kharbine-Tapabor
305 Coll. Kharbine-Tapabor
306-307 ph © Giraudon / The Bridgeman Art Library
308-309 ph © Giraudon / The Bridgeman Art Library
309 hg ph © Corbis
309 hd ph © Roger-Viollet
309 m ph © Akg-Images
309 b ph © The Bridgeman Art Library
310-311 ph © Giraudon / The Bridgeman Art Library
310 h ph © PVDE / Rue des Archives
310 bg ph © Neurdein / Roger-Viollet
310 bd ph © Roger-Viollet
311 h ph © Diego Goldberg / Corbis
311 bg ph © Gilbert Uzan / Gamma- Rapho
311 bd © Commission Européenne
312 h ph © Roger-Viollet
312 b © L'Humanité
313, 315, h ph © Roger-Viollet
315 b Coll. Kharbine-Tapabor
316 © Ecpad
317 h ph © Maurice-Louis Branger / Roger-Viollet
317 b ph © Ecpad
318 h ph © Lee / Leemage
318 b ph © The Bridgeman Art Library
319 © Yazid Medmoun / © Historial de la Grande Guerre- Péronne
321 ph © Lee / Leemage
322 ph © Lapi / Roger-Viollet
323 ph © Tal / Rue des Archives
324 h © Adagp, Paris, 2015
324 b ph © Akg-Images
325 ph © Washington DC, National Portrait Gallery Smithsonian Institution / Scala
326 h ph © Archives Charmet / The Bridgeman Art Library
326 b ph © Keystone-France / Gamma- Rapho
327 ph © Archives Charmet / The Bridgeman Art Library
328 ph © Roger-Viollet
329 h ph © BnF
329 b ph © Roger-Viollet
330 ph © Ullstein Bild / Roger-Viollet
331 ph © Roger-Viollet
332, 333 ph © BnF
334, 335 ph © Archives de Gaulle / The Bridgeman Art Library
336 ph © Ullstein bild / Akg-Images
337 h ph © Anthony Potter Collection Hulton Archive / Getty-Images
337 b Coll. IM / Kharbine-Tapabor
338 ph © Ullstein bild / Akg-Images
339 ph © Albert Harlingue / Roger-Viollet
340 h ph © Lapi / Roger-Viollet
340 b ph © Hulton Archive / Getty-Images Archive
341 ph © Lapi / Roger-Viollet
342 ph © RDA / Rue des Archives
343 h ph © Lapi / Roger-Viollet
343 b ph © RDA / Rue des Archives
344, 345 ph © Suddeutsche Zeitung / Rue des Archives
346, 347 ph © Neurdein / Roger-Viollet
348 ph © The Bridgeman Art Library
349 h ph Robert Capa / International Center of Photography / Magnum Photos
349 b © http://www.germaine-tillion.org/
350 ph © Manuel Litran / Corbis
351 h ph © AFP ImageForum
351 b ph © Manuel Litran / Corbis
352, 353 ph © PVDE / Rue des Archives
354, 355 ph © AFP Photo
356 © Commission Européenne
357 h ph © Keystone-France / Gamma- Rapho
357 b ph © Alinari / Roger-Viollet
358 ph © Raymond Darolle / Corbis
359 ph © Hulton-Deutsch Collection / Corbis
360 ph © Raymond Darolle / Corbis
361 h ph © AFP ImageForum
361 b Coll. Dixmier / Kharbine-Tapabor
362, 363 Coll. Jean-Marie Périer / Photo12
364, 365, h, b ph © AFP ImageForum
366 h ph © Roger-Viollet
366 b © Atelier populaire de l'École nationale des Beaux-Arts de Paris
367 ph © Roger-Viollet
368, 369 ph © AFP ImageForum
370, 371 ph © Gilbert Uzan / Gamma- Rapho
372 ph © René Saint Paul / Rue des Archives
373 h ph © Frilet / Sipa Press
373 b ph © Yousuf Karsh / CameraPress / Gamma- Rapho
374, 375 ph © Diego Goldberg / Corbis
376 © Plantu
377 h ph © AFP ImageForum
377 b © Plantu
378 h ph © Michel Gangne / AFP ImageForum
378 b ph © Patrick Hertzog / AFP ImageForum
379 ph © Michel Gangne / AFP ImageForum
380 ph © 3000ad | Daniela Mangiuca- Dreamstime.com
382 ph © Daniel Simon / Gamma- Rapho
383 ph © Georges Gobet / AFP ImageForum
384, 385 © Commission Européenne
386, 387 ph © Alain Buu / Gamma- Rapho
388 ph © Gilles Bassignac / Gamma- Rapho
389 ph © Joel Robine / AFP
390 ph © Christian Hartmann / Reuters
392, 393 ph © MigueL A. Lopes / Corbis
394 h ph © Gonzalo Fuentes / Reuters
394 b © Kak
395 ph © Gonzalo Fuentes / Reuters
396, 397 ph © Éric Gaillard / Reuters
398, 399 ph © Pascal Rossignol / Reuters
400, 401 ph © Philippe Lopez / Pool / Reuters

Iconographie : Hatier Illustration

Achevé d'imprimer en Italie par Rotolito Lombarda
Dépôt légal N° 99863 8/01 Août 2017